上海市属高校应用型本科试点专业建设项目

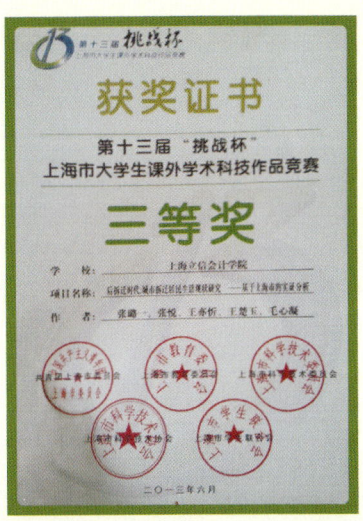

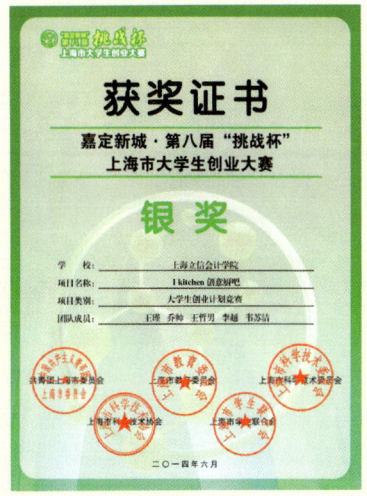

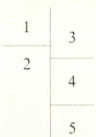

1. 第十三届"挑战杯"上海市大学生课外学术科技作品竞赛获奖证书

2. 第八届"挑战杯"上海市大学生创业大赛获奖证书

3. "后拆迁时代"城市拆迁居民生活现状研究项目组同学调研

4. 大城市与小农业：松江区家庭农场项目组同学调研

5. "惜护四叶草，让爱不罕见"项目组同学到儿科医院调研

1 2 3 4

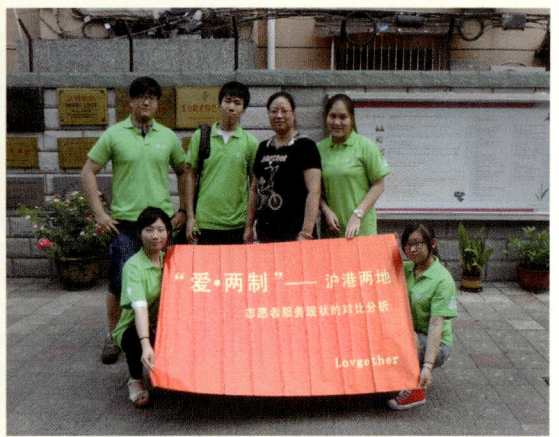

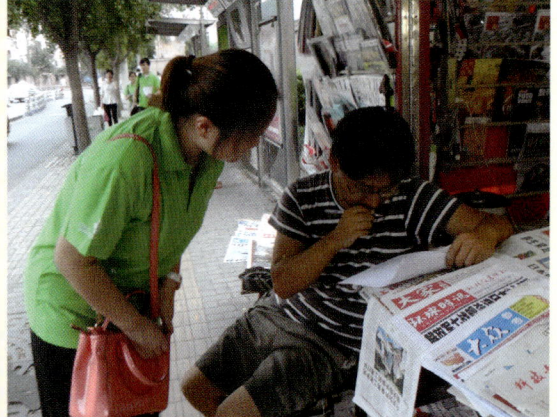

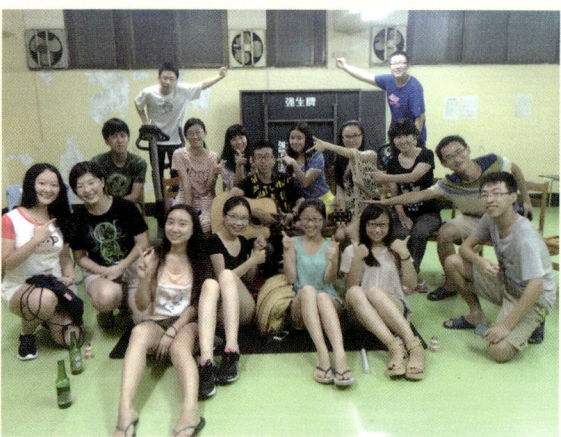

1–2．“爱 · 两制”——沪港两地志愿者现状的对比分析项目组同学调研

3．学生到台北大学交流学习

4．学生到英国赫特福德大学交流学习

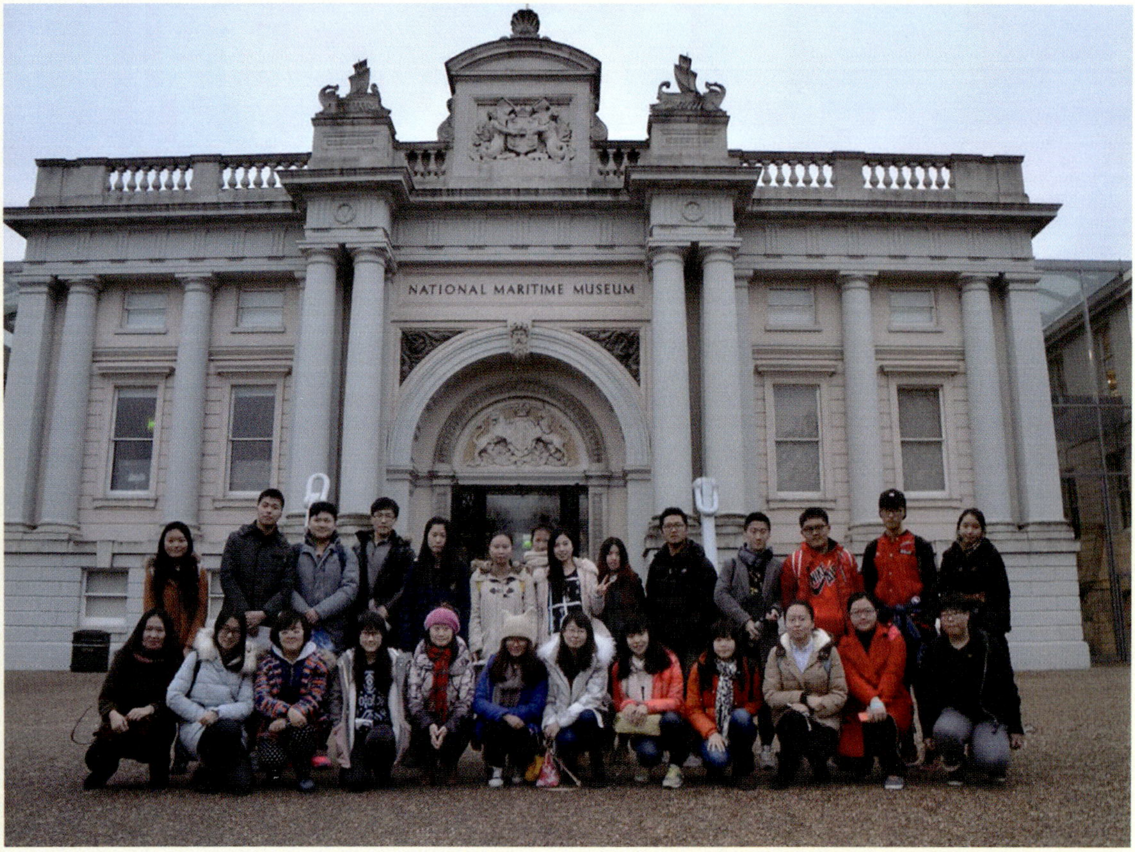

创新引领未来
实践启迪智慧
应用型税收人才培养与大学生创新实践论文集

王亭 罗秦 主编

图书在版编目(CIP)数据

创新引领未来　实践启迪智慧:应用型税收人才培养与大学生创新实践论文集/王亭,罗秦主编. —上海:立信会计出版社,2016.11
ISBN 978-7-5429-5243-1

Ⅰ.①创… Ⅱ.①王… ②罗… Ⅲ.①税收管理-人才培养-中国-文集　Ⅳ.①F812.423-53

中国版本图书馆CIP数据核字(2016)第256070号

策划编辑　方士华
责任编辑　黄成艮
封面设计　南房间

创新引领未来　实践启迪智慧
——应用型税收人才培养与大学生创新实践论文集
Chuangxin Yinling Weilai　Shijian Qidi Zhihui

出版发行	立信会计出版社		
地　　址	上海市中山西路2230号	邮政编码	200235
电　　话	(021)64411389	传　　真	(021)64411325
网　　址	www.lixinaph.com	电子邮箱	lxaph@sh163.net
网上书店	www.shlx.net	电　　话	(021)64411071
经　　销	各地新华书店		
印　　刷	虎彩印艺股份有限公司		
开　　本	787毫米×1092毫米	1/16	
印　　张	23	插　　页	2
字　　数	474千字		
版　　次	2016年11月第1版		
印　　次	2016年11月第1次		
书　　号	ISBN 978-7-5429-5243-1/F		
定　　价	59.00元		

如有印订差错,请与本社联系调换

前　言

　　创新是一个民族进步的灵魂，是一个国家兴旺发达的不竭动力。抓创新就是抓发展，谋创新就是谋未来。当今世界的竞争，归根到底，是综合国力的竞争，是知识总量、人才素质和科技质量的竞争。大学生是十分宝贵的人才资源，是民族的希望，是祖国的未来。高校作为科技创新的高地和人才培养的基地，担负着培养创新型人才、建设创新型国家的使命。如何将我们的大学生培养成为国家需要的创新型人才，是摆在每一个高校和每一位高等教育工作者面前的重要课题。

　　近几年，上海立信会计金融学院财税与公共管理学院紧紧抓住上海市教育综合改革的契机，税收学专业获得"上海市属高校应用型本科试点专业建设项目"。为了有效推进该项目的建设，学院围绕创新型人才培养进行了积极的探索，进一步明确了创新型人才培养目标定位，加大专业优化、课程结构调整和教学方法改革的力度，注重学生创新意识、创意思维和创造能力的培养，拓展国际合作办学平台、积极推进学生海外交流项目，引导学生积极投身于各类社会实践活动，在创新型人才培养方面取得了显著的成绩。近年来学院先后有多件学生作品获得全国"挑战杯"大学生科技作品大赛、"挑战杯"全国大学生创业计划竞赛上海市奖项，上海市大学生暑期社会实践活动优秀项目奖，"知行杯"上海市大学生社会实践大赛三等奖，学生先后共参与完成学校创新实践项目近百项，学生海外长、短期交流达百余人次，为学生开阔国际视野、了解国外行业发展动态、参与国际竞争提供了良好的平台与有利条件。

　　《创新引领未来　实践启迪智慧——应用型税收人才培养与大学生创新实践论文集》正是学院在应用型本科试点专业建设过程中创新型人才培养探索的成果体现，经过不断实践与积累，这本论文集终于得以出版。这不仅是学院专业建设的成果，更是学院人才培养质量的体现，是学院教师和学生集体智慧的结晶。本论文集共分为四个部分，第一部分为"挑战杯"项目，是学生在"挑战杯"竞赛中获奖项目论文；第二部分为社会实践项目，是学生在上海市大学生暑期社会实践大赛中获奖项目论文；第三部分为创新实践项目，是学生参与完成的学校创新实践项目论文；第四部分为国际交流项目，是学生参与长期访学交流项目所撰写的研究论文。这些项目成果是学生们在积极参与专业学习、社会实践以及国际交流过程中，对专业问题的思考、实践以及对创新性思维探索的总结和提炼，每一篇论文都经过指导教师的悉心指导和认真修改。可能有些思考还不够成熟，有些探索还需要深化，但却蕴含了师生的辛勤付出和智慧火花。因此,我们把它们汇集成册,希望借此推动学院应用型本科专业建设和人才培养质量的提升,激发更多学生积极投身于更多富有创新性的思考和实践中来。

本论文集能够出版,要感谢上海市属高校应用型本科试点专业建设项目的大力资助,感谢上海立信会计金融学院财税与公共管理学院师生的积极探索和共同努力,特别感谢立信会计出版社对本论文集出版给予的支持和帮助。

由于我们的水平有限,文中疏漏之处,敬请读者批评指正。

编 者

2016 年 11 月

目 录

"挑战杯"项目

"I kitchen 创意厨吧"创业计划书 …………………………………… (3)
有机农产品销售模式的调查研究
　　——以上海地区为例 …………………………………………… (31)
"后拆迁时代"城市拆迁居民生活现状研究
　　——基于上海市的实证分析 …………………………………… (51)

社会实践项目

困兽之斗
　　——待业"宅男宅女"职业发展与就业规划 …………………… (71)
网购征税现状、问题及政策建议
　　——基于上海市的调研分析 …………………………………… (96)
政府担保模式下的农民工欠薪保障机制探究
　　——基于上海市企业的实证调研 ……………………………… (103)
大城市与小农业：松江区家庭农场调研 ………………………… (115)
惜护四叶草，让爱不罕见 …………………………………………… (126)
"爱·两制"
　　——沪港两地志愿者服务现状的对比分析 …………………… (132)
上海自贸区税收政策的探究与分析 ……………………………… (145)
爸妈要上班，暑假去哪儿
　　——对上海市闵行区爱心暑托班的调查研究 ………………… (153)

创新实践项目

我国开征遗产税的阻力调研与可行性分析 ……………………… (161)

中国民间慈善体制的探讨
　　——基于上海市松江区某社区的试点调研……………………………(169)
上海户籍制度对在沪外地大学生就业影响的调查与分析………………(177)
关于上海公共厕所的治理以及发展的调查分析……………………………(185)
基本医疗体系建立中的社区医院发展状况调查
　　——居民看病为何不首选社区医院………………………………………(197)
上海养老院发展现状与前景分析
　　——基于上海居民及养老院的调查………………………………………(202)
"弃婴岛"将何去何从
　　——基于对"弃婴岛"南京、深圳试点的实证调研分析 ………………(208)
环保"新"未来
　　——基于新能源汽车现状的调研…………………………………………(216)
旧书籍都去哪儿了
　　——循环经济发展之路的探讨……………………………………………(222)
上海大学图书馆资源建设与利用情况调研
　　——基于松江大学城七校的实证调查……………………………………(231)
大学生社团联盟O2O模式的运行实践
　　——以松江大学城为例……………………………………………………(237)
高校学生使用教务系统中存在的问题及改进建议
　　——以上海立信会计金融学院为例………………………………………(244)

对外交流项目

中外大学教育比较
　　——以美国杜鲁门州立大学与上海立信会计金融学院为例……………(253)
中美企业年金制度的比较分析………………………………………………(259)
妈祖文化对台湾社会生活的影响……………………………………………(267)
台湾房产税制要素分析及其对大陆房产税的启示…………………………(273)
台湾夜市的功能与启示………………………………………………………(284)
"营改增"背景下两岸电信业税制比较………………………………………(291)
高校社团文化研究
　　——台北大学社团文化借鉴………………………………………………(297)
台湾环境保护规范之演进与借鉴……………………………………………(303)
台湾城市治理:无障碍环境建设的经验与启示
　　——以台北为例……………………………………………………………(308)
台湾便利店的经营特点研究…………………………………………………(315)

两岸房产税税制比较···(320)
台湾证券交易所得税制度演变···(327)
国际资本流动多样性下的国际税收趋势讨论·························(333)
关于大陆与台湾发票管理制度的比较分析·····························(341)
台湾遗赠税制度及其对大陆的启示······································(346)
两岸个人所得税制度比较分析···(354)

"挑战杯"项目

"I kitchen 创意厨吧"创业计划书

1 执行总结

1.1 公司介绍

I kitchen 创意厨吧是松江大学城内第一家也是目前为止唯一一家创意厨吧,是一个新型餐饮文化理念的实践者,它以为在校大学生提供时尚、休闲的体验式餐饮服务为创业目标,通过提供"自己下厨,锻炼厨艺"的体验式消费,达到"以厨会友"的目的,满足他们对时尚、休闲、创意、自己动手、个性的追求,也为在校大学生提供一个提高生活能力的平台,使其能够收获亲自下厨的喜悦。厨吧通过线上线下宣传、加强与合作伙伴的联系、提供高质量高水平的服务来吸引学生,目前已实现平均每月2万元的收入。

I kitchen 将以它的独特性创意和经营理念,成为大学城内一颗冉冉升起的创业新星!

1.2 公司商标

如图1所示,勺子的图案既像字母I又代表了DIY厨房的理念,我们的宗旨就是让消费者感受亲自下厨的乐趣,吃最健康的食物,爱上自己的厨房。

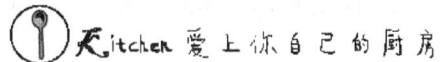

图 1　I kitchen logo

1.3 企业文化

以"家"和"情"为企业文化的核心,并将其传达给顾客,使顾客享受在家的愉悦和自由。尊重员工,服务大众;锐意进取,追求卓越。

第一,家庭文化,和睦相处,I kitchen 创意厨吧将力求使员工以吧为家,关心员工成长,加强与员工沟通互动,对员工不足之处要虚心启发,耐心指导,使员工在学习中成长,在厨吧这个大家庭内营造"互帮互助,互相学习"的氛围,为了厨吧的发展共同努力。

第二,平等文化,上和下睦,厨吧内部只有分工的不同,没有地位的高低,厨吧如家,在厨吧内可以畅所欲言,积极为厨吧发展献计献策。

第三,竞争文化,和而不同,竞争是一个家族长盛不衰的良药,竞争为企业注入了新鲜的血液与进取的动力。

2 服务介绍

2.1 服务项目

中华烹饪文化博大精深。本公司是一家已开业的DIY厨吧。本厨吧目前定位于体验式餐饮,满足大学生对美食的创意和体验需求,顾客既可以在我们的厨吧享受DIY做菜的过程,又可以享受食物的美味,即使你对厨艺不精通,但只要你怀着一份对厨艺的向往,厨吧有专人指导你做出自己想做的菜。本公司在松江大学城林立的餐饮店中独树一帜。但是,目前无论从经营模式还是满足大学生需求看,都有进一步拓展的空间,本公司基于"以厨会友"的理念,以实体空间和虚拟空间为平台,策划一个"三位一体"的多功能"厨吧":第一部分,"体验式餐饮",为大学生聚会、交友和尝试"自己动手"提供学习、交流和展示厨艺的场所,满足大学生对餐饮文化的体验;第二部分,基于"厨吧"以厨会友,在实体店面划分功能区,通过场地布景,营造温馨的环境,以此为大学生开展各种活动提供场所,定期开展厨艺比拼评奖等系列活动,提高关注度和参与度;第三部分,设计一个网络平台,通过会员注册,在可以享受会员优惠的同时,建立一个厨友交流和交友的平台,并最终使之成为大学生学习交流、开展公益活动、交友等的多功能网络平台,以此创立自己的厨吧品牌。

快乐的厨房体验,个性的烹饪经历,自己动手不仅仅是简单的劳动,更是一种分享,一种自我展示,一种交流合作。在这里,每次的体验都会不同,每次做的不一样,吃的不一样,玩的也不一样,创意厨吧给的就是不一样。

我们提供:

(1) 大学生聚会、生日party等集体活动的场所,以及一些棋类、桌游等休闲娱乐设施。

(2) 开放式厨房、厨具及下厨必备的各种调料,另有专人的指导让消费者享受DIY烹饪美食的乐趣。

(3) 经典的菜谱以及烹饪美食技术指导,让南北美食在此得到完美融合。

2.2 厨吧特色

一问:什么是厨吧?

答:厨吧是提供一个厨房让顾客自己享用自己烹饪食物的地方。

二问:厨吧里有什么?

答:厨吧里有煤气灶、抽油烟机、刀具、菜板等厨具以及近百种可以满足你不同的烹调需求的调料,对于可能还从未下过厨的您,还有专门的厨师指导,同时,还有扑克、五子棋、象棋、军棋、跳棋、麻将、桌游等各种娱乐项目供您休闲。

三问:创意厨吧可以为您做什么?

答：①能同时容纳50人左右的聚会。②为您设计独特的只属于你的浪漫的表白、求婚。③为您设计别具一格的生日聚会。④好友之间的创意烹饪。⑤能在这里定期品尝到来自不同地方的"创意厨师"的创意菜。

四问：来DIY创意厨吧可以自己带菜吗？

答：我们创意厨吧鼓励、提倡、欢迎您自己带菜。同时，我们也可根据您的需要为你安排食材。在这里你可以自己动手做自己喜欢的菜肴。

厨吧—我的厨房你的天地—厨房是家庭的心脏，是一个补充营养维系感情的地方，我们在这里增进感情，留下回忆，I kitchen创意厨吧的出现为我们提供了全新的休闲娱乐方式，这里有各类的书籍以供翻阅，当然烹调美味的书籍更是必不可少，如果您有需要，还会有专人指导您下厨。在这里你会有"我的厨房我做主"的感觉。在这里你就是大厨，你就是掌勺。

2.3 装饰风格

要营造大学城内"家"一样的氛围，让来自全国各地的消费者在这里都能感受到"家"的温暖、"情"的力量。

（1）环境舒适优雅，内外和谐统一。

（2）布局科学合理，色彩用料统一。

（3）独具特色魅力，硬件软件统一。

2.4 消费体验

创意厨吧，请带上心爱的食材，可心的朋友，让大家享受非一般的盛宴，吃的不仅是"美味"更是那份"真情"。做不一样的饭菜，感受不一样的情，续写不一样的故事，留下不一样的回忆。这里提供的不仅仅是场地，更是流行的饮食文化，专业的年会活动策划，团学联的目标制定分解，部员之间协作，团队凝聚力，执行力的培训等各种活动。我们致力于打造饮食新风尚，餐饮新体验，最时尚最潮的宴客方式，最安心最卫生的私家厨房，创意厨吧是传统聚餐形式上的创新，是恋人约会，亲朋小聚，同学、战友聚会，社团活动的不二场所。

可以自己做饭的厨吧，给你饮食新体验。保证干净卫生安全。为你的肠胃把关。做饭是一种技能，更是一种享受、一种爱的体验，为你爱的人做一桌丰盛的美食，品尝爱你的人为你做的盛宴，是多么值得回忆的情感！书写今天，不要让明天留下遗憾。现在都讲究DIY，同学、同事聚会如果自己能露一手岂不是很有面子，但是碍于家中太小接待不了很多朋友，该怎么办呢？DIY创意厨吧就是这样一种完全真正自主的餐吧，也许你去过自助烧烤店，但只是烧烤那么简单，而且所有的原料都是别人帮你调好的，完全没有自己下厨的感觉，而厨吧为你提供了所有的烹饪条件，包括原料、佐料、厨具等。让客户的下厨体验更加轻松愉快，也更加安全。

2.5 卫生安全

我们现在处于一个关注食品健康的时代，一谈及饮食，我们最先想到的不是是否可口,而是食品是否卫生安全。我们的厨吧与传统的餐馆不一样,我们的厨房是面向广大消费群体的,所以我们更加注意厨房的卫生安全。我们引进了奥普环保灶和奥普朗尼开放式厨房,前者源于环保,后者基于健康,这一套厨具在一定程度上满足了我们对卫生安全的要求,同时我们所有的装厨具的柜子都是带自动消毒功能的,这更加为我们的卫生安全增强了保障,包括指导顾客烹饪的师傅都有健康证,我们无时无刻不在为消费者的卫生安全着想,消费者尽可在我们厨吧放心地享受制作美食的乐趣。

3 公司战略

3.1 SWOT 分析

优势(S):Strength

服务优势:

(1) 关注消费者的健康,为消费者提供一个放松解压的平台。

(2) 人性化服务,感受家一般的温暖。

(3) 集休闲、娱乐为一体的厨房。

公司优势:地理位置优越,能吸引大量目标消费市场。

产业优势:

(1) 新概念形式,性价比高,吸引力强。

(2) 符合当代青年人时尚、休闲、勤动手、创意的特征。

(3) 进入、退出市场的壁垒较小。

劣势(W):Weakness

(1) 公司建立初期知名度低。

(2) 期初投资成本较大,宣传、推广需要大量资金,而公司资金不足。

(3) 大学生首次创业缺少领导管理经验。

机会(O):Opportunity

(1) 伴随经济不断发展,生活节奏会越来越快,学生的就业压力会很大,我们这里将是学生解压的首选之地,让学生体验慢生活,具有较大的市场需求。

(2) 政府鼓励大学生自主创业,会得到学校和专业团队的支持。

(3) 现在的餐饮业还没有提供自己动手的服务,DIY 是时尚的潮流。

(4) 食品安全问题越来越得到人们的重视。

挑战(T):Threats

(1) 餐饮业较多,加之学生可调配时间有限,可能因为没有足够多的时间亲自做饭,而选择了放弃。

(2) 可复制性强,所需的专业技术知识少。

(3) 顾客新鲜感的维持时间有限。

从分析来看,本餐厅的状况处于 SO、ST 组合阶段,尽快发展壮大,加快增长步伐,是短、中期经营的主要目标,长期目标则是发展自己品牌的多元化以及专业化,创建属于自己的品牌,提高核心竞争力,这才是长久发展之计。具体战略分析如图 2 所示。

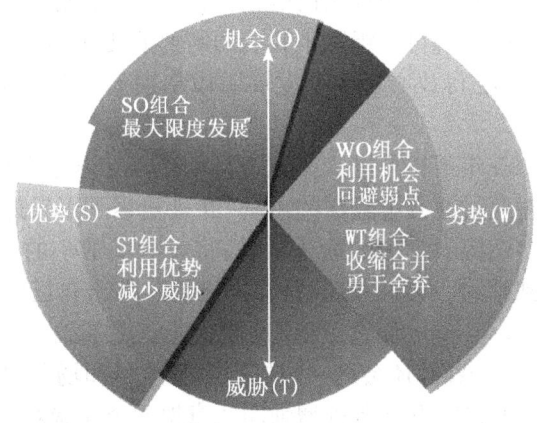

图 2　SWOT 分析示意图

3.2　阶段目标

因为我们的可复制性强,所以我们要抢占市场先机,创建自己的"I kitchen 创意厨吧"品牌,形成自己的品牌效应,增强自己的竞争力。为此我们制订了"三步走"战略,从短期、中期、成熟期三个阶段说明。

短期战略目标

第一年,即 2013 年是打基础的一年,我们的目标就是通过这个项目本身 DIY 烹饪的特色以及"大学生创业"来吸引客源,并通过线下的一些宣传巩固和吸引客源,另外结合线上的人人网、微信以及微博创立自己的"线上小天地",进一步扩大自己的影响力。因为是开业第一年,所以知名度、美誉度等都还不足,此时的目标就是扩大知名度。主要的消费群体是大一大二的学生,包括松江大学城内的老乡会、社团学生会等团体,以距离创意厨吧最近的立信会计学院学生为主要目标顾客。一方面他们刚步入大学,各种社交活动比较多,对新鲜事物的好奇心大、尝试欲强;另一方面也为日后的宣传打基础。因为大学城每年都有新生力量加入,所以日后的宣传还要靠今天的顾客推荐。营业额要达到每月 2 万元(就我们开业至今,我们已实现这一目标)。

中期发展目标

第二年和第三年即 2014—2015 年是中期发展阶段,我们将利用第一年所积累下来的客源,举办一些活动,比如七夕时推出情侣活动,元旦时进行节日派对等一系列大学生钟爱的活动,借此来吸引更多的消费者,并通过线上的人人网、微博等宣传自己的企业文化,再利用之前积累的客户口口相传,起到一个扩大知名度的作用,扩大

DIY厨吧在大学城内的影响力,争取把它发展成为松江大学城内首屈一指的特色场所。中期发展阶段我们的目标顾客为松江大学城内7所高校的在校大学生以及周边居民,比如六期公寓中租房居住的学生党和打工者。学生平时参加聚会等各种活动,是我们长期存在的主要目标顾客;打工者由于居住在六期公寓里没有可供做饭的厨具设备,因此需要常年在外面的小饭馆内购买食物,我们的创意厨吧就为他们提供了一个绝佳的做饭场所,打工者可以组队来我们的厨吧消费,既能改善平日里粗茶淡饭的伙食,又能吃得安全、吃得放心。中期发展阶段初期要达到月营业额2.5万元的目标。

同时我们会在2015年下半年进入拓宽市场的阶段。基于前两年积累下的客户资源,以及此时已经对此行业有了较深的了解,并且积累下了较好的口碑,可适当减少线下宣传,增加更多适应大学生的娱乐活动,将大学城唯一的DIY厨房发展成大学城的一大特色,达到盈利、步入正轨的目标。还要总结出自己的经营模式,为以后在全国各大学城发展"I kitchen 创意厨吧"连锁企业奠定基础。同时,我们不再将"I kitchen"局限在松江大学城内,还会进一步扩展经营项目和场所,如在上海市中小企业密集的地方设立连锁分店,开展各种增强团队意识的企业派对,在这里我们的目标顾客为中小企业的企业员工,部门经理可以在工作之余的休闲时间组织员工来厨吧聚餐,改变平日里由于忙碌而不能精心准备丰盛晚餐的情况,通过聚餐也能增进公司员工之间的互相了解,增强团队凝聚力。同时,我们还会考虑在上海市其他大学城开设分店(如南汇大学城、闵行大学城、奉贤大学城),此时的I kitchen 创意厨吧由于之前几年的努力已经积累了相当的名气,再在上海其他大学城开设分店,想必会有大批量的学生慕名而来,体验亲自下厨的乐趣,在这些地方我们的目标顾客主要仍为大学城里的学生,不仅仅局限于松江大学城的7所高校。中期发展的中后期阶段,我们计划实现月营业额3万的目标。

成熟期战略目标

三年以后即2015年之后是DIY创意厨吧成熟期发展阶段,此前由于在短期和中期的两个阶段我们已经积累了足够的经验和人气,而且也在逐步形成自己完整的产业链和经营模式,而且我们也有了一定的企业资本和员工团队,因此在成熟期,我们将在全国几个主要城市比如北京、武汉、南京等地陆续开设创意厨吧连锁店,同样的,我们将首要考虑在几大城市的大学城内开设分店,将I Kitchen 创意厨吧发展成为一个享誉全国的品牌,一个社会团体组织活动的最佳场所。我们要将I Kitchen 创意厨吧做大做强!达到年收入30万的宏伟目标!

3.3 合作伙伴与竞争对手

在合作中实现共赢,在竞争中加强创新。我们将充分利用区位优势,加强与周边的市场资源的合作,如酒店、教育机构、食品供应商等。

与此同时,我们也会成为新兴的日租房、别墅、传统的餐厅和娱乐休闲场所的强大竞争对手。

3.4 调查分析(见附录1)

4 市场分析

4.1 目标市场

鉴于服务的特性以及地理位置的特殊性,我们的目标顾客为大学城的大学生以及社会上的对创意菜向往的人。我将消费群体大致分为以下几个类别:老乡聚会、社团聚会、班级聚会、尝鲜人士和情侣等,如图3所示。

大学生是一个特殊的群体,他们处在一个连接社会与校园的象牙塔中,与之前相比,自我观念越来越强,逐渐开始摸索这个社会,并对社会也充满了好奇,同时,他们也渴望独立自主,摆脱父母的约束,自己独立做选择,正是由于大学校园的这种轻松与无拘无束,所以大学生更加渴望新鲜事物,渴望自己动手,而宿舍又是一个特殊的公寓,在这个他们四人一间20平米左右的房子里,只有简简单单的四张床与四张桌子,其他的什么都没有,所以吃饭只能在外面解决,而这就是一个机会,也是一个商机,这个DIY厨房正是弥补

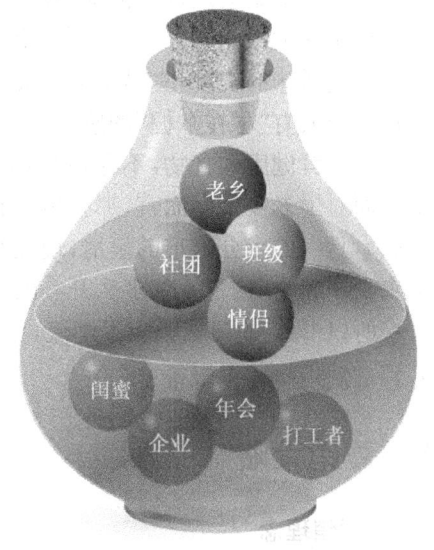

图3 目标人群示意图

了大学生宿舍不能亲自做饭的这一缺憾,为每个大学生提供一个开放式厨房,让每一个人都可以掌控自己的饭菜,这里有家的感觉,却比家里更自由。所以对于大学生而言,这是一个补充,更是一次机会,同样也是一种享受的方式。

传统的饮食在普通的餐厅都可以吃到,但是我们的DIY厨吧会定期邀请全国各地自己创新菜品的厨师来比拼(为节约成本,我们会请一些不知名的草根厨师),即使你不想做饭,在我们的厨吧依然可以享受DIY带来的乐趣。

接下来,我来分析一下我的目标顾客。据调查,在这之中情侣消费人数约占大学城学生人数的10%,而且现在的情侣都喜欢送对方一些有新意的礼物,也越来越重视礼物的心意,而非价格,所以DIY越来越被情侣们所喜欢,亲自下厨为亲爱的他(她)做一份爱心便当,自然是一件很温馨的事情。而且正是由于人数少,所以他们在非周末光临的可能性就会比其他的团体在非周末光临的可能性要大,所以他们是非周末的主力军。

团体也是创意厨吧的主要目标市场,大学城盘踞着七所大学,每个大学都有上百个班级、纷繁复杂的特色社团以及学院和学校的学生会、团学联等团体。而每一个组

织在每个学期都会有大大小小的各类活动,自然免不了为了增进大家相互之间感情所办的一些活动,可以让大家相互了解,因此,DIY餐饮的出现,为大家增添了一种新型的增进相互之间了解的娱乐方式,我们这里不仅为每一个团体提供了精良的厨具,让团队中的大厨们尽显自己的才能,还为大家准备了丰富多样的棋牌等娱乐活动,在大厨们精心烹饪美食的同时,其余的人也不用闲着,大家可以一起玩桌游、做游戏等,可谓一举两得。

参加班级聚会及社团活动的同学们在这里可以切磋厨艺,并将自己的家乡特色菜拿出来让大家品尝,十分有利于南北菜系文化的交流,而且大家在同一家餐厅却吃到了不同风味的美食,真是美哉快哉!与此同时,在自己动手中寻求做菜的乐趣,更让每一个人有"尽在掌握"的感觉,不仅自己可以掌握整个过程,并且可以确保自己吃到的是新鲜健康的食物,不存在"偷工减料"的行为,这也满足了当代大学生的心理需求。而对于老乡聚会而言,那就更具有现实意义了,远在异地他乡,想吃到家乡的美食原本是一件十分困难的事情,现在有了DIY餐饮,不仅可以尝到家乡菜,而且能和家乡人一起吃,这是一件多么开心的事情啊!

所以DIY的出现顺应了潮流,更顺应了大学生的消费心理。

4.2 调查分析(见附录1)

5 营销策略

5.1 营销理念

营销理念:以现代最新整合营销传播理论为基础,结合策划理念,传统与创新相结合,调动一切可以运用的手段,如广告、公关、事件行销、促销、新闻宣传等,协调一致地为品牌I kitchen打开市场,树立品牌服务。

营销组合是一种市场营销中用到的工具,营销组合对于确定产品和品牌的唯一销售点(把产品和竞争者区别开来的唯一质量)非常重要。一般还可以称为4P:价格price,产品product,促销promotion和地点place。我们的营销组合用一句话概括就是:"建立起客户对你的产品认识"。它是一种让顾客熟悉你,建立客户认识的过程,让产品变得好卖的一个过程。

5.2 促销策略

5.2.1 免费体验

(1)活动目的:塑造品牌形象,赢得口碑销售。

(2)活动创意原则:我们会定期开展厨艺大比拼的活动,顾客可以免费试吃,从而评出最受欢迎的菜谱,通过线上线下宣传,扩大知名度。免费试吃是近几年餐饮行业兴起的一种营销方式。试吃者体验完成后在网上精彩的点评是可以给商家带来很多顾客消费的。随着消费者一传十、十传百的相互宣传,逐步建立的品牌形象是相对稳固的,具有稳定性。

(3) 活动内容:开业后3~5天,进行免费赠饮,体验活动。凡来光顾的顾客(尝试邀请餐饮媒体人员前来体验感受最佳),每人都有机会选择任意饮品一杯。用品质、环境和服务赢得消费者的信赖和支持,为I kitchen品牌赢得口碑,扩大知名度,同时也为该品牌进军网上订餐市场奠定基础。

5.2.2 联合营销

(1) 活动目的:扩大营销层面,提高知名度。

(2) 活动创意原则:满足消费者大学生群体不断尝试新花样的需求;时间灵活多变,消费者根据需求选择延长就餐娱乐的时间。

(3) 活动内容:选择一,同银行信用卡部联合推出联名卡,或是与信用卡部合作,实行用某银行的信用卡在店面消费进行打折优惠;选择二,和酒店、大型餐饮店面进行联合销售,优惠券、打折卡的赠送,刺激消费,将吃、喝、玩、乐融为一体。

5.2.3 网络营销

(1) 活动目的:拓宽品牌覆盖面,抢占市场份额。

(2) 活动创意原则:随着互联网计算机行业的发展,人们生活压力的加大,大学生群体和白领阶层开始热衷于网上冲浪,在网上可以看到图文并茂的厨吧介绍,引起消费者的浓厚兴趣,吸引其前来体验消费。

5.3 事件行销

(1) 活动目的:强化品牌形象,扩大知名度,提高美誉。

(2) 活动创意原则:创新,双向沟通(让大众参与互动),紧紧把握时代脉搏,制造或引发社会热点,引领消费时尚。

5.4 未来营销

为了降低成本,我们采用"未来营销"的战略。

这里以5套油烟机整体厨具为例:在装修店面的时候,我们主动联系奥普油烟机总部,和他们进行协商谈判,给他们"未来营销"的建议,即大学生是潜在的未来消费者,如果把奥普的油烟机及厨具摆放在我们的厨吧里,一方面可以给奥普做实体广告,另一方面,也是最重要的方面,就是让来厨吧消费的顾客亲身体验奥普油烟机及厨具的各种性能。大学里聚餐的时光是美好而难以忘却的,这种体验将会在他们的脑海中留下深刻印象。在厨吧里亲身体验过奥普厨具的较强性能,会对他们日后的购买产生引导作用,对奥普厨具起到了好的消费反应与效应,也使得奥普厨具有一个更好的推广。正是我们的"超前营销"的理念,奥普总部免费提供了5套油烟机整体厨具。对我们而言,不仅与奥普建立起了合作双赢的关系,同时节省了6万的成本。

5.5 广告营销

广告营销的目的是:

(1) 锁定目标客户,集中在目标受众身上打广告,减少费用,避免浪费。

(2) 减少价格竞争,将广告投放在特定的消费群身上,制造差异化。

（3）给目标受众定位。

DIY创意厨吧是为广大学生群体提供的烹饪及娱乐平台,消费者在这里既可以享受到亲自下厨的乐趣,又能在饭后茶余之时开展娱乐休闲活动。因此我们的收费标准是分时间段以小时来计费。在创业初期,我们加大宣传力度,在大学生经常使用的人人网平台、微信、qq、大众点评上设置了公共主页,不定期发布一些关于厨吧特色与优惠的相关信息,以及一些菜肴的烹饪方法,吸引广大学生来消费。在传统节假日和部分西方的大型节日之时,我们会推出相对应的菜肴,如端午节推出各地各具特色的粽子的做法等。这样,我们既宣传了自己,又弘扬了中国的传统文化。我们与学校的社团也有合作,如我们为料理社提供活动地点,而料理社则多方面为我们做宣传。同时,我们在淡季时也会与英孚、剑桥、环球雅思等教育机构合作,为他们提供良好的教学地点,举办英语角等活动,以此来增加我们的额外营业收入。I kitchen创意厨吧与酒店相隔很近,因此,我们也加强了与酒店的合作,与邻近的格林豪泰酒店共同在美团网上推出优惠服务的营销策略,达到与酒店互利共赢的效果,同时扩大了厨吧的名气。

为了感谢消费者的光临,我们还特别用心制作了小挂件等装饰物作为赠品,让顾客在享受做饭带来的快乐之余对I kitchen创意厨吧有更好的印象,吸引更多消费者光临本店,扩大我们的市场,有利于我们的持续经营。

6 经营管理

6.1 业务流程

厨吧的业务流程为:消费者进店⇨下单⇨半小时准备时间⇨下厨、吃饭⇨结账。

按时间收费(所需食材鼓励消费者自行购买,也可委托我们代为购买,食材费用额外计算,均按市场价计算)。收费详情如表1所示。

表1　I kitchen收费价目表单　　　　　　单位:元

收费标准	计时	客户
快捷模式	1~2小时	40
标准模式	2~5小时	60
畅想模式	全天	80
包场	上午场 9:00-15:00	1 300/1 390
包场	下午场 16:00-22:00	1 400/1 490

注:会员可享受8.5折折扣,贵宾可享受7.5折折扣。办理会员:充值300元即可办理成为会员,消费满2 000元即可升级为贵宾卡。

6.2 食品安全

食品安全问题越来越受到人们的重视,地沟油、添加剂等的出现,使我们不得不重新审视食品安全问题,所以对于现在的消费者而言,最重要的一点是食品的安全卫生。随着人们生活品质的不断提升,人们不再局限于追求美味,而更加注重营养与健康。新闻上经常会爆出某某餐馆使用地沟油,在菜里添加各种化学物质来使味道更加鲜美,餐具不消毒、烤肉变味猛加料、过期点心配料继续使用、吃剩餐点再回餐桌、使用地沟油、食品添加剂等问题令人担忧。I kitchen 厨吧为顾客提供卫生的场所、餐具,同时,食材的选购,清洗以及加工都是顾客亲自动手来完成的,另外,厨吧的食用油、调味料等都是精心挑选的、口碑极好的牌子,这些顾客都是看得见的。我们的配套设备也会十分齐全,除了最基本的锅碗瓢盆,还会购入烤箱、豆浆机、榨汁机、微波炉等设备,这样,无论您是想吃中餐还是西餐,烘焙还是蒸煮,我们都能满足您的需求。因为厨吧针对的群体是大学生,他们缺乏这样的场所来施展自己的手艺,而就算他们不会做饭,大学期间在我们厨吧学会做一两道拿手菜也是一件很棒的事情。在闲暇时间,去菜场买些新鲜的时蔬,来厨吧做菜与朋友们分享,真的是一件快乐的事。我们的宗旨是宾至如归,充分享受自由的厨房,做出家的味道,吃得放心、安心、舒心。

6.3 食材

因为项目本身的特殊性,消费者前来消费需要自带食材,这就会存在一个问题:虽然地理位置上占有一定的优势,店铺的位置距离龙源菜市场并不远,但是如果让消费者自行前去购买食材,还是有一定的困难,因此,在食材采购这方面我们采取与菜贩合作的策略,通过与菜市场内的商家合作,让其送货上门。具体操作如下:

首先,如果消费者愿意自行前往菜市场买菜,则不会存在什么问题;如果消费者不愿自行前往菜市场买菜,觉得麻烦,则可以在店中通过菜单选定好菜的种类和数量,并告知消费者需要收取一定的送货费用,如果消费者同意,我们将让合作的菜市场商家把食材送到店内,我们可从中抽取一定的代办费。

其次,我们还可以提供半成品,消费者提前通过电话预约,并选定好要做的菜品,然后我们代其将材料准备好,就相当于是配菜一样,将菜买好,洗净,然后归类放好,并收取一定的劳务费,消费者来后便可直接进行炒菜环节的操作,这可省去前期准备工作的时间,就像现在饭店里的饭菜都是提前配好的,只等顾客点这道菜,然后上火开炒一样。

最后,因为与宾馆和菜农合作,所以我们可以囤积一部分菜品,放在店内出售,这样员工餐与 I kitchen 餐饮既可以相互辅助,又实现生态农业。为了资源的可持续发展,可将今天没有卖出去的菜品或者不新鲜的菜品低价卖给菜农,供其所需。这样一来就方便了消费者,不必每次都必须跑去菜市场买菜,而是直接可以在店内买菜,这样又方便又省力,而且还更有针对性,更适合大学生这类不经常做饭,对买菜不了解的群体。既可以从这里取得一部分利润,又为消费者省去了一些麻烦。尤其是在当今越来越提倡环保节约的时代背景下,我们这样的做法减少了对菜品的浪费,使其得到充分的利用。

我们还会定期请真正的大厨师前来指导,比如请川菜大厨、徽菜大厨、糕点师等,定期举办各类的厨艺比赛,让消费者在玩中学、学中乐,不仅体验了当厨师的感觉,还能学一手,通过这样的活动,让大家对厨房有个了解,对美食也有个了解。

6.4 设备购置

I kitchen 厨吧里有我们自行购置的煤气灶、抽油烟机、刀具、菜板、高压锅等各种常用烹饪厨具以及近百种调料,可以满足不同的烹调需求,消毒柜用来随时对碗筷进行消毒处理,顾客也可自行携带碗筷厨具;同时我们还会对抽油烟机煤气灶等进行不定期的清洁以保证顾客的饮食卫生与安全;营业过程中我们会记录下顾客所需,并陆续购进所需厨具,如爆米花机等做休闲食品的器具,让消费者可以尽显厨艺。厨吧还有扑克、五子棋、象棋、军棋、跳棋、麻将、桌游等各种娱乐项目供您休闲。

7 创业团队

彼得·杜拉克说过,目标并非命运,而是方向。目标并非命令,而是承诺。目标并不决定未来,而是动员企业的资源以便塑造未来的那种手段。每一个创业团队都会有自己的一个目标,我们团队的目标是:服务社会,质量第一,客户至上,高瞻远瞩,立志腾飞;全力打造一个健康、卫生、创新、完美的创意厨吧。

在中期发展后开连锁分店时,为了便于统一管理,我们将会聘请职业经理人以及各个分店的雇员和管理人员。

7.1 职业经理日常工作事项

(1) 制定年度工作目标和年度计划。
(2) 向下属员工设立工作目标,并帮助下属建立工作计划。
(3) 制定管理政策。
(4) 设定下属的绩效标准,进行评估和反馈,帮助下属员工提升和改进。
(5) 审查日常和每周、每月生产、销售情况以及上交的工作报告。
(6) 选择和面试员工(在发展成为大型连锁企业之后配合人力资源部),进行人员的录用与培训。

7.2 职业经理需要管理的对象

(1) 人员:在聘用公司员工时充分考虑应聘人员的数量、学历、经验、年龄、能力、态度等,制定好录用人员培训计划、岗位要求、员工手册等,深入贯彻企业文化,调节好下属员工之间的人际关系和工作关系。带领团队提高各个连锁分店的业绩。

(2) 无形资产:充分了解利用公司的品牌、商誉、知名度、美誉度、在行业中的影响力、在客户中的影响力等,扩大企业知名度,开拓市场业务。吸引更多消费者来 I kitchen 创意厨吧体验消费。

(3) 财务:在每个经营阶段开始要做好成本预算、费用支出、折扣、回款等财务规划,在保证服务质量的前提下尽可能地缩小成本,增加利润,同财务部负责人共同处理好财务状况,提升公司业绩。

（4）信息：不定期召开员工会议等，及时了解公司及所负责业务的信息，通过会议、报告、报表等发现公司在经营中出现的问题，商讨解决对策，并及时对问题和风险进行处理和预防。

（5）客户：与员工配合共同处理好与消费者、客户的合作关系，不定期在消费者中展开消费者满意度、对公司建议等的调查，针对消费者提出的问题及时解决，提高公司服务质量，为消费者营造更好更舒适地消费环境，让 I kitchen 创意厨吧真正给人"家"一样的感觉。

7.3　职业经理的四大职能

（1）计划：确定公司各分店的目标和发展方向，并为实现目标和发展方向制定最佳的行动步骤。计划将涉及如下几个方面的问题：①有助于达成目标的相关政策。②下属员工的目标和详细计划。③职业经理的详细行动计划和时间表。④关键点的控制。⑤经费预算、人员调配、组织方式等。

（2）组织：一旦职业经理确定了目标，制定了实现这一目标的计划和步骤，就必须设计和制定一项组织程序。组织将涉及如下方面的问题：①公司各个部门内的组织图、指挥链和管理关系，协调好管理人员和普通员工之间的合作关系。②各岗位的描述、设置和任务要求。③制定好外部工作流程和内部工作流程。④必须在下属员工之间建立良好的工作关系，使下属之间能够相互协作和配合。⑤处理好本部门与其他部门之间的关系。

（3）控制：当本部门或下属员工的工作目标或绩效偏离设定的目标时，要想办法使之回到正确的轨道上来。控制涉及的问题如下：①工作追踪，及时掌握工作进展情况。②诊断，将实际效果与预设目标进行比较，发现问题解决问题。③不定期或定期检查计划的执行情况。④制定好纠正错误的具体措施，并严格执行。

（4）协调：①职业经理人要用"三维"意识进行协调。②按照指挥链，与上司和下属员工协调关系。③通过与同级的工作协调，得到公司其他部门的积极支持。④帮助下属协调外部资源。

下面我们进行成本预测：职业经理人月薪 5 000～7 000 元，各个分店雇员成本和管理人员成本共 120 元/天。其中各个分店雇佣两到三名工作人员对店面日常经营进行管理，因为各分店规模不大，所以两到三名人员即可。工作范围包括接待顾客、打扫店面卫生、厨具的维护和修理等，具体分工见上文。

同时，我们将不断对业务进行补充更新：不定期更新创意菜，并做出样品进行宣传，让消费者免费试吃等。

7.4　投资成员

我们的创业团队一共有 5 人，乔帅是主要投资者，投资额占 60%，其余 4 人各占 10%。

乔帅：上海立信会计学院经贸学院 2010 级本科生，I kitchen 创意厨吧主要投资人与负责人,负责厨吧正常经营时的结账核算工作以及日常店面管理。

王瑾:上海立信会计学院财税学院2012级本科生,投资人之一,投资额占10%,负责创意厨吧的介绍宣传工作,招待顾客。

王哲男:上海立信会计学院财税学院2011级本科生,投资人之一,投资额占10%,负责厨吧的接待工作,为顾客提供良好的服务,解答顾客疑问。

李越、韦苏洁:上海立信会计学院会计与财务学院2012级本科生,厨吧投资人之一,投资额各占10%,负责厨吧设施的清洁维护工作,在旺季时兼负责顾客的招待,结合厨吧经营状况总结经验,提出利于厨吧持续经营的意见和建议。

此外,我们还会招聘大学生课余时间来兼职,在公共主页上做好DIY创意厨吧的宣传工作,以及娱乐设施的检查,及时向负责人汇报。

7.5 具体分工

目前我们小组一共有5人,初步计划一人在前台负责收费记录,两人负责安排顾客就座以及酒水饮料等服务,同时负责店内的清扫工作。剩下两人负责店内最重要的部分——厨房的清洁工作,在消费者烹饪时提供一定帮助,就餐后清洗碗筷。

7.5.1 厨吧主要负责人

(1) 监管店内营业额,对其升降分析原因并制定相关措施。

(2) 跟进其他服务人员的仪容仪表、精神面貌。

(3) 跟进服务方法以及服务质量,对发生的问题做相应处理。

(4) 负责安排店面的各项清洁工作。

(5) 合理控制店内的各项营业费用,降低营业成本。

(6) 时常与顾客进行交流,了解顾客的意见及相关信息。

(7) 负责顾客投诉和店内突发事件的处理。

(8) 了解周边市场,及时帮助 I kitchen 完善经营管理。

(9) 负责店内各项工作报表的填写与分析工作。

(10) 负责顾客餐单、餐式变更单的输入及账单的打印工作。

(11) 按店面现金管理制度以及顾客买单的具体情况(如:现金、签单、打折等)进行正确的收银操作工作。

(12) 负责收银台设备、用具和环境的日常清洁工作。

(13) 负责收银机和收银数据的维护、现金保管、假币识别、顾客遗留物品保管以及其他各项有关的安全工作。

(14) 负责营业款的储存以及上交、消费卡的领用记忆发放工作。

(15) 负责发票、各种财务票据的管理以及票据的传递。

(16) 完成收银台账面保存、清点、核算工作。

7.5.2 两名厨房负责人

(1) 按照要求合理调配厨房人员,保证出品质量和速度。

(2) 负责厨房所有的设备、器具正确使用情况的检查和指导工作,审批器械检修报告单。爱惜使用各种清洁机械和用具,及时做好保养及保修工作,确保安全有效。保持洗碗间的清洁卫生。

(3) 成本控制。合理规划厨房的水、电、气等各种资源的利用。

(4) 负责工作区域的卫生清洁,负责餐具、设备的保洁、维护以及存放工作。

(5) 严格执行《食品卫生法》,把好所购买菜品质量关。

(6) 管理好菜品贮藏、冷冻、保鲜工作,做到冰箱有专人保管,每周至少彻底清洁一次,并定期除霜和清理。

(7) 严格执行清洁工作程序,做到"一刮、二洗、三过、四消毒、五清洁"的规范作业。

7.5.3 两名店内负责人

(1) 按要求着装上岗。

(2) 负责检查店面的各项设施以及用品,确保完好无损。

(3) 在服务过程中,对顾客提出的问题以及反映的情况(包括顾客投诉),及时处理,超越职权范围的反映给厨吧主要负责人。

(4) 在工作期间,维护店内设备正常运转,比如各个娱乐设施。

(5) 清洁和搬放各类餐具、炊具,做到轻拿轻放,防止损坏。发现破损的餐具及时拣出,并且及时报告给厨吧主要负责人。

(6) 根据客人的多少,灵活安排人员以及购料工作的多少。

8 企业经济和财务状况

8.1 项目资金来源

项目资金来源如表 2 所示。

表 2　资金来源表　　　　　　　　　　　单位:元

资金来源	创始人投资
金　　额	300 000

8.2 成本核算

人工成本及管理人工成本将会是每天 120 元,而房屋租金成本一年 10 万元,每年的营业时间按 9 个月计算,平均每天的房租大约是 370 元,加上水电天然气调料等,每日的成本支出大约是 470 元左右,而初期的固定资本投入大约在 14 万元,分 3 年来均摊,每年的固定资本待摊额为 46 667 元,按照 1 年 9 个月的营业时间,算下来每天的待摊额大约在 170 元,综上所述,前 3 年内每日的平均成本大约在 840 元。如表 3 所示。

表 3　日均成本表

事　　项	费用	备　　注
人工成本及管理人工成本	120元/天	前期客流量不会太大,所以只需招收两名员工即可
房租及水电费	470元/天	房屋租金每天约370元
固定成本均摊	170元/天	固定成本总投入为14万元左右,分3年均摊
合　　计	760元/天	平均到每天的固定成本

而折扣政策则是因为办理会员卡可以在短期内回笼相当可观的资金,所以用了较大的折扣,最低折扣可达7.5折,用如此低价来吸引消费者办理会员卡,并充值300元,在开业期间还将会推出办卡免工本费用的优惠政策,办理会员卡一方面可以锁定消费者,另一方面也可获得消费者信息,如果推出新活动的话,可以在第一时间通知会员,并可通过会员建立进一步的口碑宣传,可谓一举多得。

所以,每天只需保证进店消费人数在15人次即可盈亏持平,按照对大学城饭店每天客流量调查结果,大学城上的餐馆平均每天的人流量大约在100人,咖啡屋每天的客流量大约是20人次,KTV每天的大学生的人流量大约在40人次。未来经营情况逐步稳健后,我们将与附近酒店格林豪泰合作,提供员工餐,可以增加420~660元/天的可抵消成本。所以,我们的厨吧在大学城中存活下来是没有问题的,要想盈利也不难,关键就看后期的营销手段了。

厨房装修花费详情如表4所示。

表 4　厨房装修费表　　　　　　　　　　　单位:元

项目	橱柜	吸油烟机及灶台	消毒柜	冰箱	厨具	调料	合计
价格	5 000	20 000	280	648	1 318	3 000	40 246

大堂装修花费详情如表5所示。

表 5　大堂装修费表　　　　　　　　　　　单位:元

项　目	整体简装	灯　光	桌　椅	其　他	合　计
价　格	30 000	10 000	20 000	15 000	75 000

当整体装修好后,还需要采购会员卡、电脑等办公用品,采购费用将会控制在2万元左右,这样下来,总共16万元左右。

此时剩下的资金当中,其中的5万元要先支付半年的房租费用,剩余的13.454万元中的9万元预留为后期的流动资金,2万元是用作宣传费用,其余2万元用于日常零星支出,比如水电费、调料等费用的支出。详情如表6所示。

表 6 费用支出表

日　　期	事　　项	费　　用	备　　注
6～7 月	设计及装修厨房,以及厨具、调料等用品的采购	4.024 6 万元左右	整体面积大约在 40 平方米
7～8 月	店内大厅的装修以及灯和桌椅的采购	7.5 万元左右	整体的装修面积大约在 60 平方米
9 月	房租的预付款	5 万元	半年房租
9～10 月	宣传费用	2 万元	无

8.3 资产负债表

资产负债表详情参见附录2。

8.4 利润表

通过第1年和第2年的财务分析,第3年预计市场的反应较好,我们会筹集资金再开一家店。另外,前3年不需纳所得税,第1年即开业时间为11月,数据仅为大概后2个月的数据。详情如表7所示。

表 7 利 润 表

编报单位:I kitchen　　　　　　　　　　　　　　　　　　　　　　　　　　单位:元

项　　目	2013 年	2014 年	2015 年	2016 年	2017 年
一、营业收入	20 000	316 100	333 300	362 550	363 050
减:可变成本	150	1 500	1 500	2 000	2 000
不变成本:					
员工工资	5 000	60 000	60 000	84 000	84 000
房屋租金	17 250	135 050	135 050	135 050	135 050
水电费	4 500	36 500	36 500	36 500	36 500
二、营业利润	−6 900	83 050	100 250	105 000	105 500
三、利润总额	−6 900	83 050	100 250	105 000	105 500
所得税费用	0	0	0	21 000	21 100
四、净利润(净亏损以"−"号填列)	−6 900	83 050	100 250	84 000	84 400
弥补亏损	0	6 900	0	0	0

8.5 近5年的财务指标预测

由表8及图4可看出,流动比率在上升,且基本大于2;资产负债率也保持正常的水平,可以得出:我们的偿债能力较强,投资者风险不会太大。营业净利率在逐步上升,说明净利润的增长率快于营业收入的增长率,我们的盈利能力还是相当可观的。

表8 五年财务指标预测表

比率 年份	流动比率	资产负债率	营业净利率
2013年	1.657	0.349	−0.345
2014年	1.908	0.325	0.263
2015年	2.004	0.318	0.301
2016年	2.054	0.303	0.232
2017年	2.168	0.271	0.232

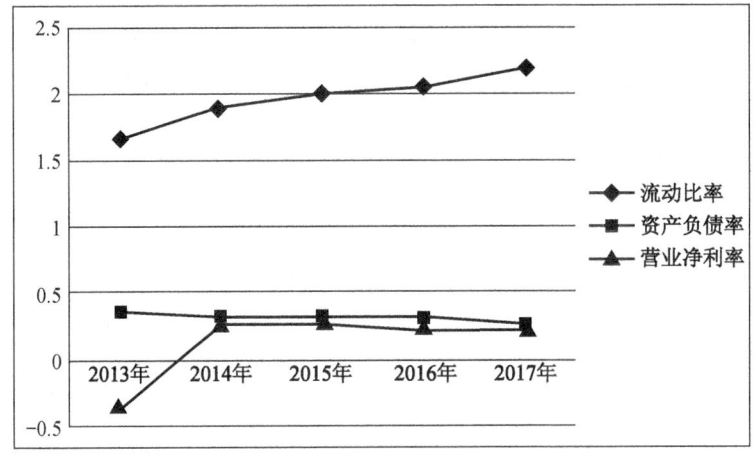

图4 五年财务指标预测折线图

9 融资方案和回报

足够的资本规模,可以保证我们企业运营、发展的需要;合理的资本结构,可以降低和规避融资风险;融资方式的妥善搭配,可以降低资本成本,并直接决定和影响我们的经营活动以及企业财务目标的实现。

为合理确定融资结构、实现我们企业价值最大化,我们采用内源融资和外源融资两个途径。我们希望我们的融资是一个随企业经济发展由内源融资到外源融资再到内源融资的交替变迁的过程。我们企业建立后,会先主要依靠内源融资,也就是我们五个合伙人之间按等比例出资的方式进行融资。当企业得以生存并发展到一定水平时,我们便会考虑利用外源融资扩大规模,提高竞争能力。当企业资产规模达到一定程度时,又会从融资成本的比较中选择一种更高层次的内源融资方式。

9.1 具体方案

创业初期,我们的资金来源有以下几个途径:

(1) 向亲朋好友借款。这是资金的主要来源,我们创业团队的5人分别出资60%、10%、10%、10%、10%。

(2) 申请创业资金。我们通过递交申请,向大学生创业中心申请了一部分创业资金。

一期投入19万元,主要用于店面的租用和装修,在装修时我们考虑到去附近拉赞助,找到相关负责人后经过多方交涉,我们提出了"超前营销"的概念,即由厨具公司提供优惠厨房设备,在厨吧经营过程中也能变相宣传该品牌厨具,短期内看来似乎不会有实际效益,但大学生毕业后多数都将面临找工作、买房的问题,买房势必要装修,这时候他们就会想起在最美好的大学时代曾留在Ikitchen创意厨吧里聚会娱乐的珍贵回忆,这样会优先想起厨吧里的设施设备,在购买时会优先选择自己熟悉的。大学生是一个庞大的消费群体,因此从长远的角度看,对厨具公司来说百利而无一害。最终我们通过"超前营销"的新理念与奥普厨具公司达成一致,由他们提供4台免费灶台和消毒柜,这样就节约了近6万元的成本。同时我们也争取到同可口可乐公司的合作,即由他们提供免费冰箱,我们购进可口可乐公司的饮料,为其做免费宣传,对对方而言节约了广告费,而我们又省下购买冰箱的成本,双方达到互利共赢的效果。在厨吧装修时要购进桌椅,我们考虑到节假日是商品打折季,在促销活动期时购买性价比高的桌椅,既美观耐用又节省了成本,可谓物美价廉。当厨吧经营渐渐步入正轨,有了较为稳定的收入后,我们会考虑适时购进可供看电影的投影仪、烤箱等设备,使Ikitchen创意厨吧更完善,为消费者创建更好的娱乐场所。当厨吧的经营有了一定规模后,我们计划考察地区市场状况考虑增开分店,搞整合产业链,使所有店面装修风格都基本保持一致。

创业第3年,我们决定增资,正如营销策略中所说的那样,2015年下半年,我们将开始开办Ikitchen创意厨吧的连锁分店,我们的资金来源于申请创业(风险)投资。

9.2 回报

为了防止第一年出现购置物资不完善等风险,我们暂定第一年不分红,从第二年起到年底按出资比例分红。假如,在厨吧经营中有投资者撤回投资,那我们会在年底分红时按一定比例使投资金退出。

10 关键风险和问题

风险分析是设计与评价企业内部控制制度的重要组成部分,下面将分外部风险和内部风险对Ikitchen厨吧发展经营过程中面临的风险作具体分析。

10.1 面临风险

由于此项目是一个新型产业,多数人并不了解,所以前期的一个风险是过于依赖宣传,必须靠宣传让消费者了解并熟悉这个项目。另一个风险是消费者的消费心理的转变风险,对于大学生而言,新鲜感是他们所追求的,但是如果体验自己下厨的这个新鲜感没了,那么他们再次光临的可能性也将大大降低。第三个风险是资金风险,因为前期无人知晓,所以众多消费者光临将很难实现,此时便会出现流动资金不足等问题,所以必须扩大知名度,吸引大家光顾。

外部风险

(1) 投资风险:价格、成本、营业量等关键因素变动的幅度导致投资效益的变化;风险资金退出的成功与否关键取决于厨吧的业绩和发展前景。

(2) 认可风险:此项目应该是一种新事物,还不能很准确地把握消费者的心态。

(3) 竞争风险:此项目一旦被认可,在不久的将来掀起同行业的竞争。餐饮行业中的各类竞争对手的活动会直接威胁到厨吧经营。顾客的数量、采购原料的成本等都会直接影响到店内的利润。

已有的DIY餐厅可能会以开展类似的主题活动、阶梯价格竞争等形式,对我们的市场扩展构成威胁。但是,它们的环境设备相对简单、娱乐项目较少、缺少DIY厨师的专业指导,这些是他们与我们竞争的劣势。因此,我们会扬长避短,并尽快拓宽市场,增强I kitchen的品牌效应。

内部风险

(1) 管理风险:管理不善造成的公司成本增加。

(2) 经营风险:作为一支由在校大学生组成的团队,相对而言缺乏管理知识和经验,在短期目标管理经营中可能存在一些管理理念与管理方式的片面性和不完善性;在中、长期目标中,可能产生竞争对手挖掘内部优秀人员等风险。

(3) 扩张风险:很多餐饮企业在扩张阶段,没有对产品进行有效的传承,而是一味地扩充门店,最终导致丧失了其初期阶段的独特性。长沙市的百年老店——杨裕兴就是一个典型的例子。丧失了独特性,会导致顾客忠诚度的降低,不利于厨吧的进一步发展。

(4) 食品风险:鉴于目前中国越来越严重的食品安全问题,诸如地沟油、化学物质的掺加等,政府出台了一系列政策法规来规范餐饮行业对食品原料的选择和使用。但是,仍然有不法商家为餐饮企业或饭店提供非法原料。而一般的饭店由于自身没有专业的检测设备,无法判定食品原料的安全性和绿色性。无法保证食品原料的安全性和绿色性,可能会导致目标客户的流失,严重的还可能引发社会对我们自身提供的食材的不信任。

10.2 风险对策

对于前期存在的风险,由于知名度不足,所以前期需要依靠自己的同学以及朋友帮忙宣传,通过赠送会员卡给他们,让他们带自己的朋友、同学以及社团、学联等,一起前来体验,通过亲友团来带动前期消费。对于消费者心理转变风险而言,最好的留住顾客的方法就是创新,不断推陈出新,通过一系列活动来吸引他们再次光临,所以后期的主要工作就是想一些有新意的活动,并用前期积累的客户资源去做宣传。对于资金风险而言,最好通过自身经营,尽快地回笼资金,也可以通过短期的借款来度过困难期。

与传统的吃饭、看电影、唱歌、玩桌游等聚会项目相比,创意厨吧不仅给大学生带来新鲜感,而且是一种较节约的聚会新形式,我们以25人的聚会为例进行比较,详情如表9、表10所示。

传统的聚会:

表9 传统聚会价目表　　　　　　　　　　　　　　　　　　单位:元

项目	吃饭	看电影	唱歌	玩桌游	总计
价格(元/人)	50	25	30	5	110
价格(25人)	1 250	625	750	125	2 650

I kitchen 厨吧可以同时集吃饭、看电影、唱歌、玩桌游为一体。

表10 I kitchen 对比价目表　　　　　　　　　　　　　　　　单位:元

类别	场务费	材料费	总价
价格(25人)	1 044	831	1 875

经过比较,我们发现,在聚会项目范围相同的条件下,I kitchen 相比传统的聚会,是一种新型节约的形式。

具体风险对策如下:

(1) 在投资中要谨慎小心,控制好成本。

(2) 针对认可风险,一定要做好宣传工作,拟出一系列的优惠政策和活动吸引消费者,使消费者认识、了解、愿意去尝试,并且把自己的体验分享给他人。

(3) 针对竞争风险,要与时俱进,多搜集广大消费者的意见和建议,更好地完善餐厅,以保持餐厅的吸引力和活力。

(4) 制定餐厅的规章制度,严把质量关。

(5) 熟悉该行业的法律法规,严格按照国家规定开展服务,同时积极学习国家对食品安全、餐饮行业等相关政策法规的内容。对国家出台的新政策要积极应对,及时地转变在公司日常经营中不适用的部分并遵守国家新的规定。

(6) 店铺在短期中要不断地完善自身的管理理念和管理方式,并不断地学习和汲取先进的管理理念和管理方式。

(7) 在中、长期目标中,营造良好文化氛围,建立对厨吧的认同感、培养员工的社会荣誉感、内心的认同感和情感上的安全归宿感,使所有的成员最大限度地发挥自己的潜能,使店铺员工真正融入到企业的发展事业中去。

(8) 为顾客提供舒适优雅的就餐环境和无微不至的服务,提高顾客的忠诚度。把市场调查、顾客反馈、内部意见收集起来,把握顾客的需求动态。可与食品原料供应商达成一定协议,降低生产成本。采用差异化和成本领先的竞争策略同传统餐饮企业竞争,树立店铺的品牌并阻止同类竞争者的进入。针对不同的客户群体,提供多样化的服务模式,满足顾客的不同需求。

(9) 在创立伊始,我们将会对食品原料的来源进行严格的监控,确保其安全性与绿色性。同时,我们会取得相关部门对我们自身提供食材的食品安全性的认证。如有顾客发现食品异常,我们可全额退还顾客已付食材款项。在厨吧具备一定的经济实力之后,我们会考虑引进全套质量检测设备,对食品来源进行严格的检测,确保食品的安全性与绿色性。

项目组成员:王　瑾　王哲男
指导教师:李延均

附 录 1

(一) 大学生日常娱乐活动调查

调查大学城日常娱乐活动有哪些,而且是否愿意接受新的娱乐方式。

1. 您的性别:[单选题][必答题]

   A. 男　　　　　B. 女

2. 您所在年级:[单选题][必答题]

   A. 大一　　　B. 大二　　　C. 大三　　　D. 大四

3. 在大学期间,是否参加过部门聚会、老乡会、同学聚会等活动吗?[单选题][必答题]

   A. 参加过,而且喜欢大家一起玩的感觉

   B. 偶尔参加一两次

   C. 对这种活动不感兴趣

4. 跟同学朋友聚会,每人的平均消费大约是?[单选题][必答题]

   A. 30元　　　B. 40元　　　C. 50元　　　D. 60元

   E. 80元　　　F. 100元　　　G. 其他

5. 聚会之前大家是否会因为不知道去做什么而商量很久?[单选题][必答题]

   A. 会,一般都比较头疼这个,因为没有什么更有趣的地方供我们参考

   B. 不会,因为就那几个地方,不是桌游就是唱歌

   C. 会,总是商量很久,因为好多地方都已经玩的没意思了

6. 跟同学、朋友聚会时一般喜欢做什么?[单选题][必答题]

   A. 大家一起吃饭

   B. 一起去唱歌

   C. 一起玩桌游

   D. 上面的这些都玩腻了,想来点新鲜的,但是却苦于没有别的,只好选择上面三个

7. 如果现在有一个地方,可以给你提供一应俱全的厨房,你是否希望同学、朋友的聚会可以安排在这里,大家一起动手烹饪美食,享受这一过程?[单选题][必答题]

   A. 挺期待的,可以改变以往的娱乐方式

   B. 愿意尝试

   C. 如果有的话,以后聚会就来这里

   D. 太麻烦,还不如自己去饭店吃

   E. 有也可以,没有也无所谓

8. 有没有自己做饭的想法?[单选题][必答题]

   A. 有,因为外面的饭菜不干净

B. 有,因为外面的饭菜价格一年比一年高

C. 有,因为想体验一下自己下厨的感觉

D. 没有

(二) 问卷分析

此调查问卷是通过问卷星网站设计制作的,通过人人网、QQ 等网络平台扩散,主要的填写人群是大学城的学生,以下是该问卷的调查结果,最终回收的有效问卷数量为 410 份。经过对调查问卷的分析整理,得出以下数据及结论。

1. 您的性别:[单选题][必答题]

A. 男　　　　　　B. 女

调查结果显示,填写问卷的男生达 49%,女生为 51%,调查的男女比例较为平均。

2. 您所在年级:[单选题][必答题]

A. 大一　　　B. 大二　　　C. 大三　　　D. 大四

填写调查问卷的人群当中,大三的人占 66%,大二的占 27%,大一的占 7%,所以以下的问题,大三同学的主观意见占多数,而且,大三的学生毕竟已经度过了三年的大学时光,对于各种聚会经历的也比较多,所以他们的看法也更为重要,更能反映出对自己大学三年聚会的一种态度,大一、大二的虽然占到少数,但是,他们所反映出来的则是对大学生活的一种美好期待,而大四的学生为 0,则是因为现在已经面临毕业季,大部分大四学生已经开始实习、工作之类的,在大学城待的时间也不会很久,所以他们不是我的研究对象。

3. 在大学期间,是否参加过部门聚会、老乡会、同学聚会等活动吗?[单选题][必答题]

A. 参加过,而且喜欢大家一起玩的感觉

B. 偶尔参加一两次

C. 对这种活动不感兴趣

通过大学生对聚会的热衷程度的调查,我了解到,在大学校园中对于聚会没有兴趣的人是很少的,毕竟社交也是大学生的一门必修课,所以,绝大多数人还是向往聚会,喜欢聚会,喜欢大家在一起玩的感觉,这一项占 66%,所以这就说明了聚会在大学生心目当中的位置,所以开一个跟聚会有关的店还是很有市场的,而且对于刚刚步入大学的大学生而言,面对这样一个陌生的城市,必然非常渴望能够尽早融入大学校园,而聚会就是一种最好的方式,调查结果表明 34% 的大学生都偶尔参加过一两次聚会,而没有调查者对聚会不感兴趣。所以通过问卷的调查结果可以看出,聚会是一项特别受欢迎的群体活动。

4. 跟同学朋友聚会,每人的平均消费大约是?[单选题][必答题]

A. 30 元　　　B. 40 元　　　C. 50 元　　　D. 60 元

E. 80 元　　　F. 100 元　　　G. 其他

这个问题的设置是为了了解到大家聚会的平均消费水平,因为大学生是一个特殊的群体,远离家乡,远离父母,所以家里给的生活费总是有限,但是同样也让大学生手上有了自己可支配的资金,鉴于这种情况,如何定价就是一个问题,所以只有了解了大学生的消费习惯,才能定出合理的价格。通过数据的整理,我得出每次聚会消费 30 元的占 2%,每次聚会消费 40 元的占 17%,每次聚会消费 50 元的占 49%,每次聚会消费 60 元的占 10%,每次聚会消费 80 元的占 10%,每次聚会

消费100元的占7%,其他消费的占5%。从调查结果中,可以看出,50元的平均消费占到了近一半的比例,所以我的定价就是根据这个来确定的。虽然高额消费人群并不多,但是也还是有的,所以在价格方面今后还可以考虑区分对待不同的消费者,通过高品质的服务来收取较高的服务费,就像是提供尊享的贵宾套餐一样,从而让不同的消费者在这里找到不一样的感觉。

5. 聚会之前大家是否会因为不知道去做什么而商量很久?[单选题][必答题]

　A. 会,一般都比较头疼这个,因为没有什么更有趣的地方供我们参考

　B. 不会,因为就那几个地方,不是桌游就是唱歌

　C. 会,总是商量很久,因为好多地方都已经玩的没意思了

这个问题的设置主要是为了研究大家对于传统的娱乐项目的看法,因为对于现今的大学生而言,聚会是一种常见的娱乐方式,但是聚会之前要定好干什么则是一件比较头疼的事情,大家都想去点有新意的地方,可是想来想去,就那么几个地方,所以大家商量来商量去,最后还是毫无结果。调查结果显示,会因为这个而苦恼的大学生占56%,因为就那几个地方而只能将就去的人占34%,觉得现在这些娱乐方式已经玩的没意思的人占10%,所以这就是一个商机,大家渴望一个有新意的娱乐方式的出现,大家渴望改变传统的娱乐方式,所以,从这个问题的调查结果来看,DIY餐饮在大学城是相当有市场的。

6. 跟同学、朋友聚会时一般喜欢做什么?[单选题][必答题]

　A. 大家一起吃饭

　B. 一起去唱歌

　C. 一起玩桌游

　D. 上面的这些都玩腻了,想来点新鲜的,但是却苦于没有别的,只好选择上面三个

这个问题是对大家聚会的时候喜欢干什么做的一个调查,从调查结果看,32%的大学生都喜欢大家一起吃饭,7%的人想一起去唱歌,没有人愿意大家一群人去桌游社玩桌游,而61%的人都是因为没有其他更好的选择,无奈只能去这些已经去够了的地方。所以从这个调查结果当中可以看出,吃饭是大多数人的选择,因为坐在一起吃饭,大家可以聊聊天什么的,而最后一个选项便很能体现大学生现在的聚会心情,苦于没有更有新意的娱乐方式的出现,大家只能无奈就这些传统的聚会方式。从这里可以看出,DIY餐饮的出现将是一次革命性的改变,不仅会改变大家以往的消费观念,更能带给每个人一种全新的体验。

7. 如果现在有一个地方,可以给你提供一应俱全的厨房,你是否希望同学、朋友的聚会可以安排在这里,大家一起动手烹饪美食,享受这一过程?[单选题][必答题]

　A. 挺期待的,可以改变以往的娱乐方式

　B. 愿意尝试

　C. 如果有的话,以后聚会就来这里

　D. 太麻烦,还不如自己去饭店吃

　E. 有也可以,没有也无所谓

这个问题是调研大家对DIY餐饮的看法,因为这是一种全新的娱乐方式,一个新颖的聚会地点,所以大家对这个项目的期待程度特别高。其中有52%的人特别期待它的出现,因为他可以改

变以往的娱乐方式,带给大家一种全新的享受,其次42%的人都愿意去尝试一下,这个说明大家对它还抱有一种好奇心,他们在体验过后,便会被DIY餐饮所深深吸引,其他三个选项的比例就比较平均,均为2%,所以就这个问题的调查结果来看,消费者对于DIY餐饮的期待值特别高,所以这说明了这个项目的顾客群体的存在,要创造出消费者需要但是却想不到的东西,只有这样才能保证自己永远站在时尚的前沿,才能保证自己能牢牢地拴住消费者。

8. 有没有自己做饭的想法?[单选题][必答题]

A. 有,因为外面的饭菜不干净

B. 有,因为外面的饭菜价格一年比一年高

C. 有,因为想体验一下自己下厨的感觉

D. 没有

这个问题的调研是想知道大家对于下厨的看法,其中22%的受访者表示想自己做饭,因为现在的食品安全问题越来越严重,所以外面的饭菜吃起来自己心里并不踏实,而只有2%的消费者是因为饭菜涨价才自己想做饭吃,但是有高达71%的消费者表示,都想体验一下做饭的感觉,因为大学生是个特殊的群体,住在四人一间的宿舍里,为了安全起见,避免引起火灾,在宿舍内是不允许使用大功率电器的,所以自己在宿舍做饭也就成了一个奢望,但是对于大学生而言,自己亲自下厨也是一种享受与体验,所以能够提供一个厨房给大学生,满足他们这个小小的愿望,他们将会十分欢迎的。有5%的人表示并没有想自己做饭的想法。这项调查结果显示,DIY餐饮将提供的不仅仅是一个聚会的场所,更是一个让大学生体验厨房的魅力的地方,它不仅能让大家一群人在这里热热闹闹的聚会,而且还能让大家来这里一展身手,更让大学生在自己的大学时光里学会做饭,而且对于热爱美食的大学生而言,自己亲自烹饪美食也是他们的一个愿望。

综上所述,我得出厨吧这个项目的市场前景非常广阔,而且特别适合大学生这个消费群体。对他们而言,这个新颖的聚会方式将会取代以往的旧的娱乐方式,为他们的生活带来更多的乐趣,带来不一样的体验。这个项目是适应时代潮流发展,深得大学生喜爱的一个项目。

附 录 2

资产负债表

编制单位:I kitchen   单位:元

资　产	2013 年	2014 年	2015 年	2016 年	2017 年
流动资产:					
货币资金	134 754	216 800	300 600	351 735	375 068
应收补贴款					
应收账款					
存货					
待摊费用	46 667	46 667	46 667	46 667	46 667
其他流动资产					
流动资产合计	181 421	263 467	347 267	398 402	421 735
长期投资					
固定资产原价	134 754	165 000	202 131	246 600	300 852
减:累计折旧	2 685.08	3 300	4 042.62	4 932	6 017
固定资产净值	132 068.92	161 700	198 088.38	241 668	294 835
固定资产清理					
非流动资产合计	132 068.92	161 700	198 088.38	241 668	294 835
无形资产					
递延资产					
其他长期资产					
递延税项:					
递延税款借项					
资产总计	313 489.92	425 167	545 355.38	640 070	716 570
流动负债:					
短期借款					
应付票据					
应付账款	49 489.92	78 117	113 260.38	110 000	110 500
预收账款					
其他应付款					
应付职工薪酬	60 000	60 000	60 000	84 000	84 000

挑战杯项目

(续表)

资　产	2013年	2014年	2015年	2016年	2017年
应付福利费					
未交税金					
未付利润					
其他未交款					
其他流动负债					
流动负债合计	109 489.92	138 117	173 260.38	194 000	194 500
长期负债：					
长期借款					
应付债券					
长期应付款					
长期负债合计					
递延税款贷项					
负债合计	109 489.92	138 117	173 260.38	194 000	194 500
所有者权益：					
实收资本	204 000	204 000	204 000	204 000	204 000
资本公积					
盈余公积	0	8 305	10 025	8 400	8 440
其中:公益金					
未分配利润	0	74 745	158 070	233 670	309 630
所有者权益合计	204 000	287 050	372 095	446 070	522 070
负债及所有者权益合计	313 489.92	425 167	545 355.38	640 070	716 570

有机农产品销售模式的调查研究

——以上海地区为例

第1章 前 言

1 研究背景

1.1 概念解读

有机农产品是根据有机农业原则和有机农产品生产方式及标准生产、加工出来的,并通过有机食品认证机构认证的农产品。

有机农业的原则是:在农业能量的封闭循环状态下生产,全部过程都利用农业资源,而不是利用农业以外的能源(化肥、农药、生产调节剂和添加剂等)影响和改变农业的能量循环。

相对于无公害食品和绿色食品,有机农产品作为质量要求等级最高的食品,有其特有的技术性和优越性,也有更为严格和规范的生产种植要求。随着人们对健康饮食和生态环境的日益重视,有机农产品势必被越来越多的人熟识和追捧。

同时,由于对品质要求严格,有机农产品存在着成本高、产量低、生产周期长、物流运输条件要求高等问题。

1.2 政策文件

中央农村工作会议上提出:"要积极创新农业生产经营体制机制,着力发展多种形式的新型农民合作组织和多元服务主体,通过提高组织化程度实现与市场的有效对接"。

最新发布的中央一号文件指出,农业产业化龙头企业是引导农民发展现代农业的重要带动力量,要通过贴息补助、投资参股和税收优惠等政策,支持农产品加工业发展。

1.3 现状分析

近年来,频频出现各类食品安全事件,从英国的"疯牛病"事件到比利时的"二恶英"事件,再到国内的瘦肉精、三聚氰胺、塑化剂事件等,使得当下食品安全形势变得十分严峻。对于正处在发展转型时期的中国而言,食品安全已成为关乎社会稳定和经济发展的重大问题。在保障食品供应转向保障食品安全的进程中,有机食品因其高安全性、高品质的特性及其在加强环境保护、促进农业可持续发展等方面的优点而备受关注。

基于有机农产品广阔的发展前景,不少企业已经发展起来并初具规模,同时又暴露出诸多弊端。首先,市场细分不够,不少企业的目标消费群体局限在少数高端人群,而对潜在消费者挖掘不足;其次,品牌形象不明,市场上鱼龙混杂,消费者无法确切辨识出值得信赖的品牌;最后,推广力度不足,企业没能扮演好一个引导者角色,销售渠道单一且通畅度有限,使有机食品市场发展缓慢。

同时,消费者对无公害食品、绿色食品等诸多食品质量安全等级的分辨能力是有限的,有机食品作为一个较新的词汇,当下仍不为大众所熟识。在众多食品安全事件频发的时代,消费者对有机食品辨识度不够自然成为其发展中除高价之外的又一阻碍。

如何引导消费者进一步熟识并信赖有机食品,如何在打造企业优质品牌的同时构建出更通畅更多元的销售渠道,如何实现有机农产品产销合理对接并为解决食品安全问题提供有效举措。这些都成为当下迫切需要相关各方思考和解决的问题。

2 研究目的与目标

2.1 研究目的

本研究力求理清有机农产品行业已有的供销渠道和营销模式,与创新农业生产经营体制机制相配合,对市场现状和消费者需求进行剖析,对现有供销模式进行深刻解读,并在此基础上构建有机农产品行业的新型销售模式。

2.2 具体目标

通过供方分析,探讨造成产销对接不足的原因;深刻剖析现有销售模式;权衡不同销售模式的优势与劣势。

通过需方分析,把握消费者对有机蔬菜的了解和偏好程度;分析其对有机蔬菜的消费心理和期望价格;总结偏好有机蔬菜的消费群体所具有的特征。

通过供需双方各因素的对比分析,探究当前有机农产品行业的发展现状与问题所在,构建新型销售模式。

3 研究方法与资料来源

3.1 资料来源与调查方法

3.1.1 文献查阅

本研究查阅了《2012年上海市农产品质量安全监测工作方案》《中华人民共和国食品安全法实施条例》《上海市人民政府关于建立上海市食品安全委员会的决定》《有

机产品认证实施规则》《我国有机产品认证和监督管理体系》《2012年上半年有机农产品行业市场分析研究报告》《2012年上半年有机农产品行业发展分析及投资研究报告》和《2012年我国有机农产品市场规模趋势预测分析》。

3.1.2 现场调查

本研究采用了现场问卷调查方法,为保证问卷调查中数据的科学性和实效性,调研小组选取了上海普陀区的龙潭小区、虹口区曲阳新村的密云小区、闸北区彭浦新村街道、静安区江宁路街道、静安寺街道、徐汇区徐家汇街道、枫林街道等位于上海中心城区人流量较大、居民住宅相对集中的区域,以一些大型超市和有机农产品的专营店为样本采集点。

3.1.3 定性访谈

本研究运用了定性访谈的手段,以期了解到有机农产品行业最真实的现状,从供给方了解到不同种类的销售模式所具有的优势和劣势,通过提前预约,调查人员实地走访了多利农庄和海客乐等行业内的佼佼者。通过与相关负责人的沟通,对访谈内容作了详细记录和全面分析。

3.2 分析方法与工具

3.2.1 描述性统计分析

通过描述性统计分析定量来研究上海市有机农产品销售模式的现况及发展趋势,在对问卷调查结果的分析中也主要使用这一分析方法;在描述统计分析的数据结果基础上,通过logit相关分析技术对一些影响因素进行有效分析。

3.2.2 定性定量多重论证

在对上海市有机农产品销售模式的研究中,尝试应用定性定量多重论证方法进行分析。该方法并非是单独的研究方法,而是综合了需求方和供给方双面多重因素的影响,面对不同种类的销售模式,其优势和劣势的分析是较为复杂的,往往难以通过单一的分析方法进行充分论证,因此有效运用了定性定量多重论证方法。

3.2.3 分析工具

运用SPSS 18.0统计分析软件对利用Logit所设立的模型调查数据结果进行分析,对相关数据进行Logit回归处理;对Logit模型进行结果分析,得出多个不同因素对消费者购买有机农产品决策所具有的不同影响。

4 技术路线

本研究的技术路线如图1所示。

5 研究意义

一方面,本研究是对消费者消费行为的理论化总结,结合市场现状,分析消费者的消费心理,力求将这些分析成果反馈再运用到有机农产品市场的规范化进程中。

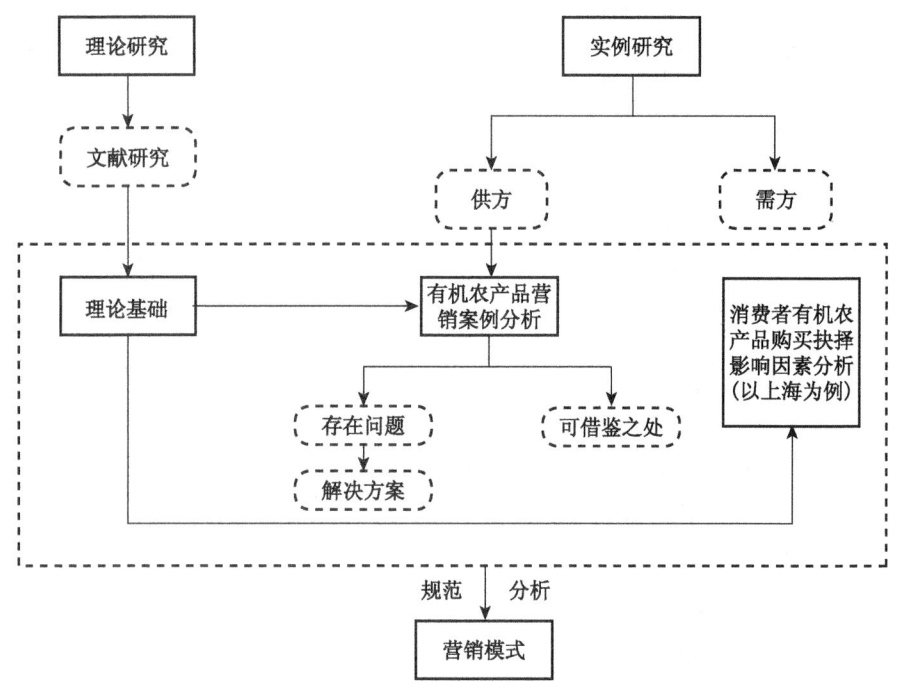

图 1 本研究技术路线图

另一方面,本研究所提出的销售模式通过创新性突破而为城市居民提供安全、优质、便利的有机农产品,进而部分缓解我国食品安全问题。

本研究力求找到一种新颖又适应市场现状的销售模式,让消费者更放心、更便捷地吃到最新鲜、健康的农产品。此外,通过论证可行性,进行可靠的实践,与农业经营体制的改革对接,让有机农产品从生产到宣传再到销售都能顺利地连接起来。

第 2 章 供 方 调 查
——上海地区有机企业案例分析

本章将利用调查得到的多利农庄和海客乐的定性、定量资料,对这两家企业的产品生产、质量监控、物流运输、产品营销进行分析,并结合国内有机农产品行业实际,探讨目前影响有机农产品营销的因素。

1 国内行业概况

有机食品以其高安全性、高品质的特性而有着广阔的发展前景,而国内现有有机企业存在小而多、实力弱、销售差的普遍特征。现阶段,我国有机企业还在对这个行业进行探索,较为普遍的营销手段包括"农超对接"、会员制、博览会以及网络等。同时,在他们的销售模式中不难发现一些不利发展的因素。第一,市场细分不够,由于不少企业对目标消费群体的定位较高,忽略了相当一部分潜在消费者,以致出现消费者想买买不到或者能买不想买的不合理状况;第二,品牌形象不明,很多企业没能打造出其品牌的特色,以致市场上各类品牌鱼龙混杂,消费者无法确切辨识出值得自己信赖的品牌;第三,推广力度不足,在食品安全问题频发的今天,消费者对新兴的有机食品不了解甚至怀疑是必然的,而此时企业没能扮演好一个引导者角色,加上销售渠道单一且通畅度有限,有机食品市场发展缓慢。

2 上海多利农庄销售模式

2.1 多利农庄简介

上海多利农业发展有限公司,即多利农庄,是国内知名的专业有机农产品生产销售商。多利农庄以"都市农庄"的理念为核心,通过"从田间到餐桌"的会员直供模式,面向以高端消费群体为核心的家庭消费者,取得了少见的成功。由于有着实力雄厚的特点,多利农庄在短短几年内有着飞速的发展,现在是业内首屈一指的大企业。

2.2 多利农庄销售模式

多利农庄采取的是会员直供模式。会员直供模式是指企业在整体销售过程中,删去不必要的流通环节,以直接面对消费者的形式,向消费者提供产品。此种模式优势在于缩短了流通时间,减少了在流通环节可能面临的风险,保证了产品质量;劣势在于,物流配送成本高昂,营销推广难度大。

多利农庄的会员直供模式由多个部分组成,包括有机农业转化、有机肥研制、有机植保、产品现代化包装、冷链配送等环节。为便于比较分析,我们将环节简化为产品生产、质量控制、物流运输、产品营销。

2.2.1 产品生产环节

多利农庄的生产环节包括有机农业转化、有机肥研制、有机植保。其中有机农业转化环节包括土壤改良、水质净化,多利农庄在这两个环节中都投入重金,聘请专业团队,但是从实地调查的结果看,效果并不显著。有机肥研制环节是多利农庄在生产环节做得最突出的一个环节,生产出的有机肥质量明显优于其他有机肥;有机植保环节包括品种选择、轮作、有机肥制作、灌溉管理、病虫害管理、污染控制,在这些方面,多利农庄与其他有机生产商无明显差别。

目前多利农庄在上海拥有位于浦东和崇明的两个基地,在全国范围内已建有机农业生产基地共计10余个,不同气候特征的多个基地可以保证消费者全年都能享用到新鲜和品种丰富的有机农产品。

综合而言,多利农庄的产品生产环节相对其他有机生产商有一定优势。

2.2.2 质量监控环节

在质量监控环节,多利由于实力雄厚,相比其他有机生产商具有较大优势。

在质量资格认证方面,多利农庄现已获得南京国环有机产品认证中心(OFDC)有机产品认证、ISO9001质量管理体系认证、ISO14001环境管理体系认证、HACCP食品安全管理体系认证以及中国GAP友好农业规范管理体系认证。

除了获得质量认证的生产体系之外,多利还拥有较好的农药检测设备和检测机制,每天会将产品的农药监测数据提交给政府质监部门。

2.2.3 物流运输环节

在物流运输环节,多利农庄采取和日本黑猫物流合作的方式,将这部分业务进行外包。因为后者是冷链配送方面十分有经验的企业,所以具有了有效降低成本的优势,但调查表明,也常有配送不及时的劣势。

2.2.4 产品营销环节

在产品营销环节,多利自身强大的营销力量弥补了会员直供模式的劣势。

在品牌形象建立上,多利农庄继承了多利菜馆的品牌形象,在初始阶段就有着良好基础;多利农庄在媒体宣传推广方面积极投资,并活跃在各类相关展销会,建立了较好的品牌形象。

在营销理念上,多利农庄以"都市农庄"理念为核心,有机健康理念为辅助进行营销,获得了较好的消费者认可。多利的销售模式主要采用网络销售和礼品卡销售,以固定搭配的"菜箱"作为产品,这个方法极大减少了成本并增加了效率。

3 上海海客乐销售模式

3.1 海客乐简介

海客乐是上海同脉食品有限公司的有机食品专卖店品牌,是目前有机行业中的成功者和先行者。在2012年之前,海客乐采取的是被动展示营销的方式,利润微薄,因此从2012年开始,海客乐采取了"教别人怎么吃饭"的主动营销模式,获得了数千万的利润,引起了行业内的瞩目。

目前海客乐在上海共有15家约100平米大小门店,海客乐的创始人姜军是对有机行业有着深刻理解和近10年的研究的领导者,可以说是企业发展的一大助力。

3.2 海客乐销售模式

海客乐的营销模式是专卖店模式,专业销售各类有机产品。这个模式的优势是容易获得消费者信任和认同,劣势在于供货产品质量难以保证。

3.2.1 产品生产环节

海客乐有机专卖店的商品主要是三个来源:

第一是海客乐的自有农场,包括浙江临安天目山、上海奉贤及浦东三处。对于海客乐的自有农场,其采用公司化管理方式,杜绝包产到户带来的产品质量风险。此外,海客乐自有农场的生产呈现多品种少产量的特点,主要是为了满足专卖店对品种的要求。

第二是国内采购,自有农场无法生产的一些商品和一些特色产品,海客乐广泛地从全国各地进行采购,在产品质量把关方面,海客乐做得十分严格。

第三是国外进口,海客乐的商品中进口商品所占比例较低,是作为前两个渠道的补充出现。此类产品质量一般较好。

3.2.2 质量监控环节

海客乐十分重视质量监控,共有四道质量监控的"防火墙":

(1)自有农场。依托自由农场的良好环境优势和自身良好的制度管理,海客乐的自产产品的质量基本可以得到保证。

(2)有机认证。这点是针对外来采购商品而言的,海客乐在产品采购中会挑选经过严格有机认证的有机生产商进行采购。

(3)培训巡察。这一点同样是对于采购的产品而言的。海客乐一方面对生产商进行有机生产的培训,另一方面派人暗中巡察对方生产全过程,发现生产过程中可能的问题和可能的有害物质入侵情况。

(4)抽样检测。海客乐在抽样检测方面花了很大的心血,建立了同脉—诺德食品质量检测中心。

3.2.3 产品营销环节

在品牌形象建立方面,海客乐多年的持续经营已经给消费者留下了稳定、值得信赖的印象;此外,优秀的产品和服务也带来了口碑,所以在品牌形象方面,海客乐十分优秀。

海客乐的主要营销理念是有机健康,另一个特色理念在于"自己做饭吃",店内员工平日的工作餐是由员工自己使用店内材料烹饪而成,也使消费者更容易信任海客乐。

在产品营销方面,海客乐通过网络销售和有机专卖店销售,网络销售的配送以有机专卖店为配送点,整体上还是以实体店为主。

海客乐现在最引以为豪的就是"教别人吃饭"的营销推广模式,这个营销模式由两个部分组成。

第一部分是讲座宣传。海客乐的员工中有二十多名高级营养师,会经常举办健康讲座,宣传有机健康的理念,讲解一些科学的食品烹饪过程,为公司产品起到了良好的宣传作用。

第二部分是定制销售,海客乐通过营养师对各个家庭会员的具体情况具体分析,为他们定制家庭食谱,确保该会员家庭的食谱营养、合理、科学,使会员放心。

通过这个营销方法,海客乐迅速发展了很多忠实客户,是其他有机销售商十分值得借鉴的思路。

4 两种模式的比较总结

通过网络调查、实地走访和定性访谈,我们对多利农庄和海客乐有了较为全面的了解。多利农庄和海客乐作为行业内的佼佼者,他们的商业模式各有特色也各有缺点,但是他们的经验教训都值得借鉴。

生产环节而言,两者与业内其他生产商对有机农产品生产的理解都相当一致,所以在产品质量方面很难有出类拔萃的厂商出现,所以如果在这个方面转换一下思路,可能会有预料之外的收获。

在质量监控环节,多利更侧重质量资格认证,海客乐更侧重检测,这也是两者模式不同造成的,多利的产品主要是自产,容易控制质量,而海客乐的产品主要是采购,质量难以保证。所以从分析可以得出,质量监控的侧重点取决于产品构成。

在物流运输环节,两者都有明显缺陷,多利通过业务外包降低了成本,但是未能解决配送延误的问题,海客乐采取的是用自有冷链配送到门店,再由门店店员配送到会员,这种方式可以有效降低成本,解决配送延误的问题,但是劣势在于配送范围有限。

在营销环节,两者都有独特的营销策略,多利侧重与会员分享一种生活方式,而海客乐侧重与消费者的关系及信任的建立。但是,研究表明,两者的营销都不够精准,只是针对有消费能力的客户,而不能完全抓住最有需求的客户。

综合以上论述,两家的销售模式中值得借鉴的经验有:缩短流通环节、集中专业化生产、平衡产品链与效率、公布质量检测结果、严把质量关、注意建立与客户的关系和信任、特别注意品牌形象建设等。

同时,两家的销售模式中值得警戒的教训有:生产与销售对接程度不足、组织结构死板、未能平衡物流效率与物流成本、营销方式效率不足等,如表1所示。

表1 多利农庄与海客乐的销售模式对比

项 目	多利农庄	海客乐
营销模式类型	会员直供模式	专卖店模式
产品生产模式	农场自产	农场自产与采购结合
生产基地	上海本地有浦东、崇明2个,全国共计10余个	浙江临安天目山、上海奉贤及浦东3个
质量资格认证	南京国环有机产品认证中心(OFDC)有机产品认证、ISO9001质量管理体系认证、ISO14001环境管理体系认证、HACCP食品安全管理体系认证以及中国GAP友好农业规范管理体系认证	采购的产品百分之九十有质量认证 自产的产品全部有质量认证

(续表)

项　　目	多利农庄	海客乐
物流运输	业务外包	自有冷链车加门店配送
营销理念	都市农庄 有机健康	有机健康
品牌形象建立	继承多利菜馆品牌形象 媒体宣传	持续经营 口碑宣传
市场营销方式	俱乐部活动 礼品卡、套餐礼盒	健康讲座 定制家庭菜单
门店数	0	15
体验店	1	0
创办时间	2005年	2006年
产品种类数	浦东基地（20多种）	14大类1 000多种

第3章　需方调查
——上海消费者有机农产品消费抉择影响因素分析

消费者的认知，是消费行为与市场需求的起点。本章从消费者对有机农产品有关特性的认知入手，探讨消费者购买有机农产品的动因。在对消费者购买意愿进行分析的基础上，与相关理论分析结论相结合，探究可能对有机农产品购买抉择产生影响的各类因素，旨在为增加、引导消费需求提供实证依据。

1　上海市有机农产品市场概况

上海，中国第一大城市，中国四大直辖市之一，中国经济中心。经济的繁荣使得市民生活水平不断提高，"绿色消费，健康生活"的理念日趋重要。在食品安全问题频出的今天，有机农产品因为其绿色、健康、环保的特性受到消费者的青睐。而上海市发达的经济状况、优越的地理位置、便利的交通条件，使有机食品行业得到了很好的发展，这也是我们选择上海市进行调研地点的原因之一。

但有机农产品市场在中国的发展并不成规模。不论是中国有机农产品的生产者还是经营者，都把目光放在了国际市场，而忽略了怎样开发国内这个隐藏着无限商机的巨大市场。这使得即使是在上海，有机农产品的消费也并不理想。面对有机农产品生产、销售环节的脱节现象以及有机农产品供给需求不均衡的问题，上海市政府也高度重视，采取一系列政策帮助有机农产品的生产销售。我们小组拟以上海市为代表，设计一系列有关有机农产品生产营销的模式来帮助他们解决这一民生问题。

2 上海实地调查数据分析

为了能够了解影响上海市民有机农产品消费抉择的因素,调研小组采取随机访问填写问卷的形式开展了调查,采集相关数据。为保证问卷调查中数据的科学性和实效性,调研小组选取了上海普陀区的龙潭小区、虹口区曲阳新村的密云小区、闸北区彭浦新村街道、静安区江宁路街道与静安寺街道、徐汇区徐家汇街道和枫林街道等位于上海中心城区人流量较大、居民住宅相对集中的区域,以一些大型超市和有机农产品的专营店为样本采集点。在填写过程中小组成员利用如钥匙扣、小挂件等小礼物吸引众人来帮助我们填写问卷。最后我们共收集数据样本总量为780份,有效问卷623份,有效率为79.9%,如表2、表3所示。小组成员通过问卷的数据分析和SPSS18.0软件分析,研究了影响消费者有机农产品消费抉择的因素和市民对于有机食品的真实反映。

表2 居民住宅小区问卷发放情况

发放地点	发放时间	发放问卷数(份)	有效问卷数(份)	问卷有效率%
普陀区龙潭小区	2012.01.10	70	54	77.1
虹口区曲阳新村密云小区	2013.01.11	80	66	82.5
闸北区彭浦新村街道	2013.01.12	60	52	86.7
静安区江宁路街道	2013.01.15	80	60	75.0
静安区静安寺街道	2013.01.20	70	53	75.7
徐汇区徐家汇街道	2013.02.27	70	55	78.6
徐汇区枫林路街道	2013.03.01	80	63	78.8
合 计		510	403	79.0

表3 超市、有机农产品卖场问卷发放情况

发放地点	发放时间	发放问卷数(份)	有效问卷数(份)	问卷有效率%
浦东多客乐形象店	2013.01.24	60	47	78.3
港汇超市	2013.01.25	80	68	85.0
松江乐购超市	2013.03.20	70	56	80.0
松江卜蜂莲花	2013.03.22	60	49	81.7
合 计		270	220	81.5

3 采访市民基本情况

现根据回收的623份有效问卷对上海市场的调研样本特征进行描述:

(1)性别状况:被调查者男性比例高于女性,男性占了被调查者总数的51.72%,

而女性为48.28%。

（2）年龄结构：被调查者的年龄跨度较大，在25～70岁之间。其中，以30～45岁的中年为主，占被调查者总数的43.12%，如表4所示。

表4 统计特征及分类指标②

年　　龄	人　　数	百分比(%)
<30	53	8.45
30～45	269	43.12
45～60	208	33.38
>60	93	15.04

（3）教育水平：本次被调查者以大学专科学历为主，占到总人数的39.12%，而初中以下学历占到11.87%，如表5所示。

表5 统计特征及分类指标③

教育水平	人　　数	百分比(%)
小学及以下	4	0.70
初中	70	11.17
高中或中专	142	22.78
大学专科	244	39.12
大学本科	135	21.65
研究生	28	4.58

（4）职业状况：被调查者的职业分布较为分散，个体或私企老板占比例最大，达到30.22%，如表6所示。

表6 统计特征及分类指标④

职业状况	人　　数	百分比(%)
公务员	25	4.01
事业单位员工	89	14.33
企业员工	84	13.56
个体或私企老板	188	30.22
退休或家庭主妇	123	19.78
学生	63	10.17
其他	51	7.93

(5) 收入水平:被调查家庭的人均月收入以 5 000~6 000 元与 9 000~10 000 元比例最高,分别占 37.68% 和 25.64%,如表 7 所示。

表 7 统计特征及分类指标⑤

人均月收入	人 数	百分比(%)
<3 000	51	8.21
3 000~5 000	160	25.64
5 000~7 000	235	37.68
7 000~10 000	91	14.60
>10 000	86	13.87

(6) 家庭状况:考虑到家庭一般会本着安全、健康、对老人子女身体有利的目的购买有机农产品,我们设置了"家中是否有老人或者小孩"的问题。选择"有"的家庭占到了 72.58%,如表 8 所示。

表 8 统计特征及分类指标⑥

家庭状况	人 数	百分比(%)
有老人或小孩	452	72.58
无老人或小孩	171	27.42

4 Logit 回归模型

4.1 回归模型的变量设定及其统计性描述

根据调研结果和分析需要,以是否愿意购买有机农产品为被解释变量(Y_1),解释变量除了性别(X_1)、年龄(X_2)、受教育水平(X_3)等个人特征外,还有家庭人均月收入(X_4)、家庭成员中有无老人或小孩(X_5)等家庭基本情况,以及对有机农产品的认知程度(X_6)、对健康的关注程度(X_7)、对食品安全关注程度(X_8)、购买有机农产品的便利程度(X_9)、有机农产品价格(X_{10}),共 10 个变量。

4.2 Logit 模型设立

假定消费者对有机农产品购买与否与消费者的个体特征以及其他一些因素有关,将消费者是否购买超市有机农产品作为因变量,Logit 模型便可描述为:

$$\ln[p(/1-p)] = B_0 + B_1X_1 + B_2X_2 + \cdots + B_nX_n (n=1, 2, 3, \cdots, 10)$$

其中,p 为消费者购买有机食品的概率,$1-p$ 为消费者不购买有机食品的概率,$X_1, X_2 \cdots X_n$ 为解释变量,B_n 为待估参数。

4.3 模型运行结果

运用 SPSS 18.0 统计分析软件对所调查的 623 份消费者的截面数据进行 Logit 回归处理。

经模型估计以后,需要对模型的适当性进行检测。首先,运用 HL 指标来考察模型的拟合优度。SPSS 18.0 统计软件输出的 HL 指标值为 6.806 2,其自由度等于 8,概率值为 0.557 7,说明模型拟合效果较好。其次,考察模型的预测准确性。从模型结果(表9)可知,模型对解释变量 Y 的预测准确率达 69.5%,说明模型的预测准确性较好。最后,运用模型 χ^2 统计量(Chi-Square)来检验回归模型是否统计性显著。SPSS 18.0 统计软件输出的 Chi-Square 值为 70.036 5,说明模型统计性显著。综上所述,模型的整体检验基本通过,适当性较好,可用于研究分析。

表9 Logit 回归模型结果

解释变量	系数(B)	Wald	Exp(B)	P
性别	0.42	0.347 1	1.112 8	.695 0
年龄	0.006	0.174	1.006	.676
受教育水平	0.062	2.231	1.064	.135
家庭人均月收入	0.060	4.098	1.062	.043
有无老人或小孩	0.070	0.117	1.258	.732
对有机农产品的认知程度	0.267	2.006	1.306	.157
对健康的关注程度	-0.019	0.024	0.982	.878
对食品安全关注程度	-0.072	0.475	0.931	.491
购买有机农产品的便利程度	-0.112	0.295	0.894	.587
认为有机农产品的价格	0.390	10.188	1.477	.001
模型整体检验统计量				
预测准确率		69.5%		

4.4 Logit 模型结果分析

在回归模型中,Exp(B)大于 1 表明事件发生的可能性会提高,也表示自变量对事件概率起正作用;反之,发生比率 Exp(B)小于 1 表明事件发生的可能性会降低,也表示自变量对事件概率起负作用。根据模型计量结果,我们将影响消费者有机食品购买意愿的主要因素、显著性和影响程度归纳如下:

(1) 性别因素。男女两性在有机农产品购买意愿上存在显著差异(相关系数为 0.4),并且女性更倾向于购买有机食品。这同女性一般在家庭中担任主要消费角色密不可分,她们的决策影响着家人的身体健康。

(2) 年龄因素。年龄对有机食品购买意愿产生正向影响。原因可能是年轻人虽然消费观念较为先进,但是其较低的购买力和对健康较低的关注程度抵消了其购买意愿的提高。

(3) 受教育程度。居民的文化程度越高,平时越关注食品安全知识方面的状况,绿色食品消费意愿越强(发生比率为1.064)。大专以上学历的居民中,20%的人平时非常关注食品安全知识,其比例远远高于其他文化程度的居民。

(4) 收入状况和对当前价格的评价。收入状况和对当前价格的评价对购买意愿产生显著影响影响。作为价格较为昂贵、富有价格弹性的消费品,收入状况和价格评价成为影响有机农产品需求的重要因素。

(5) 家庭成员情况。家庭中有老人或者孩子对该家庭有机农产品购买意愿有较显著的影响,其发生比率为1.258。

(6) 消费者对自身健康的关注程度。消费者对自身健康的关注程度变量系数为负值,表明消费者对其自身健康越关注,就越倾向于购买有机农产品。

(7) 对有机农产品的认知程度。对有机农产品的认知程度有显著的正向影响,对有机农产品认知起到一种类似门槛的作用,它决定了消费者是否愿意购买有机食品,以及购买意愿的大小。

(8) 购买食品便利性。购买食品便利性变量系数为负值,表明消费者的购买便利性越高,就越倾向于购买有机食品。

5 消费者有机农产品购买抉择影响因素

5.1 消费者对有机农产品的认知程度

为了获取消费者对有机农产品的认知状况,本文设置了以下问题,了解被采访者对有机农产品的认知程度:第一,"听说过有机农产品吗?""听说的途径是什么";第二,询问消费者知道有机食品的哪些特性,主要是其在食品安全之外的环境保护、资源节约、生物多样性保护等方面的特性。通过调研得知,城市消费者对有机食品的认知率低于50%。从被采访者获取有机食品信息的途径来看,最主要的途径是商店现场(42%)、亲友介绍(35%)和展览会(23%),而最主要的传统广告媒体电视广播仅占9%。值得注意的是,网络渠道所占的比例达到了26%,与政府宣传的比例(25%)相仿。

这说明,传统媒体在有机农产品市场推广中发挥的作用非常有限,其原因可能在于有机农产品企业大都比较弱小,一方面无力承担电视、广播广告相对昂贵的宣传成本;另一方面其广告与营销意识相对淡薄。因此,要想建立成功的有机农产品营销模式,必须积极利用传统媒体,发挥网络传播优势,提高消费者认知程度,拓宽市场。

5.2 购买有机农产品的便利度

即使在有机食品市场发展相对发达的上海地区,大多数的消费者对购买有机农产品便利性评价仍然是很低的,能很便利或比较便利地买到所需要的有机农产品的被调查者仅占 18%。在购买有机食品渠道的选择偏好方面,大多数消费者倾向于综合性超市,占到了 58%,之后依次为有机专卖店(17%)和农场直销(15%)。

6　结论与思考

（1）城市居民食品安全意识已普遍提高,有机农产品消费总量将持续上升。

（2）影响城市居民绿色食品消费行为的主要因素包括:性别、文化程度、家庭状况、收入与价格、年龄、食品安全意识等。

（3）鼓励有机农产品产品进入超市,将超市作为其零售主渠道。

第 4 章　有机农产品新模式的构建

1　概述

本章节所构建的新模式,是在现有的几个已经成型的商业模式的基础上进行改良和整合,尝试通过改变销售模式来提高产品销量。

在对诸多企业的发展历程进行分析的过程中,我们发现,通常企业最大问题并不是有机产品的产能不足,而是没有足够多的渠道销售产品并且难以获得消费者的信赖;另外,在研究消费者的过程中,我们也认识到有机农产品行业品牌效应对消费者的抉择有着很大的影响,而品牌的形象来源于良好的口碑和高质量的产品。综上,新模式主要针对生产和销售这两个方面。

2　生产部分

企业应当拥有自己的时令鲜蔬和肉类的生产基地,并严格按照有机生产要求进行生产。此外,企业在面对需求量较大而供应不足的情况时,应该采取由企业严把质量关的集约化的采购方式。

对于生产基地的管理实行精简化团队和物联网中心控制,不仅做好土壤、水质、有机肥料等的监测控制,还需要对所有员工进行相应的有机生产知识的培训,避免人为和非人为的因素破坏生产环境和质量。维护好生产基地的周边环境同样是需要企业长期坚持的工作。

在生产基地的设计方面,我们认为企业应采取"小基地＋大基地"的模式。小基地仅生产时令蔬菜和水果等作物,功能上具备供应日常产品、休闲会所及举办农家乐等活动;大基地除了时令蔬菜和水果等作物的基本种植外,还要承担生产肉制品和有机肥料等的生产。在附属功能上要求能够有体验区、展示区、娱乐区、休息区等多方面的服务配备。另外,生产基地需要具有明显的区域性,比如,对于上海周边郊区的高档别墅区,可以采用沿郊区设立生产基地,如在宝山、嘉定、青浦、松江、南汇等区域设立基地,达到产品新鲜度的保证和产品的随时调运,采取小基地满足区域需求,大基地供应中心城区的目的。

打造配送环节对企业的要求较高,建议企业初创期采用已有的冷链配送公司的服务,在企业具备一定的资金的经验之后,打造属于自身的配送链,这将会具有长远的战略意义。在配送环节,企业需要严格控制冷链运输过程中的时间,保证有机产品的新鲜。

另外在大型自有基地的生产方式上,我们建议采用"沼气—养殖—种植"模式。

3 销售部分

在前文的研究中,可以得出有机农产品的消费群体普遍表现为经济收入高、质量安全要求高、环保观念强、工作压力大,会员配送是满足此类客户群体的有效方式。同时,大型企业集团购买是经济效益较好的大型企业谋求职工福利的一种形式,所以,企业客户的批量销售也是重要销售渠道。

所以在销售部分,主要考虑以下几个方面:

(1) 入驻小区。在小区的销售模式中,将特别强调人性化和便利性,这也是我们在海客乐模式中学习到的。在小区建立有机便利销售店有助于给小区住户提供极大的便利性、归属感和亲近感,有利于迅速发展客户,并且小区这个范围天然地提供了精准的客户定位。在具体的发展中,我们将通过有影响力的个人消费者来寻求与小区物业和小区会所的合作。

(2) 学校、企事业单位合作。和学校、企事业单位合作的好处在于有利于培养长期的忠实客户和发掘潜在客户,为销售量提供有力保障。在这方面合作中,我们将瞄准私立学校和对有机农产品需求较强的企事业单位。

——与大型餐饮、酒店企业形成战略合作,将饮食、住宿和绿色消费结合。

——与大型国有企业形成战略合作,为企业员工提供健康食材。

——与旅游开发管理类公司形成战略合作,将旅游和绿色消费相结合。

(3) 保健品。这里的保健品指的是有机产品的深加工产品,由于国内在此方面的经验和技术有很多欠缺,所以,在初始阶段将以进口采购国外成熟的有机保健品为主,在国内各方面技术成熟后再谨慎采购和自行生产。

(4) 门店。在门店方面,我们将以不同侧重点为核心发展不同种类的门店,以期做到难以替代和互相补充,其中主要有如下几种:

A. 社区门店,强调人性化和便利性。

B. 大型零售超市,强调客户的选择性偏好。

C. 形象展示店,强调宣传推广。

(5) 会员机制。会员机制是广泛采用的培养忠实客户的有效办法,多利农庄和海客乐都采取了此种机制。除了提供普通常见的会员服务之外,我们还会提供接下来将要提到的健康讲座和其他健康活动。此外,我们将对会员进行进一步分级,进行更精细的营销。

(6) 健康讲座。这是我们在海客乐模式中学到的一种有效的推广模式,是主动销售模式的"利器"。作为宣传手段,我们将针对不同客户群和会员定制不同的讲座。

(7) 俱乐部。在多利农庄的模式中,我们见到了以城市农庄作为健康俱乐部的巨大潜力,在这个方面,我们将针对高端会员定期举办活动,让会员来生产基地亲眼看我们的生产过程,在亲近自然的同时也提升客户对品牌的信赖,这会极大增强客户对企业品牌的忠诚度。

当然,销售和推广的模式远不止于此,但是我们相信通过以上的推广渠道的建立和营销手段的施行,销售和品牌形象上的初步营造就会为企业后续的发展打下坚实的基础,以上就是我们构建的新模式。

第5章 报告结语

在倡导"绿色消费,健康生活"的今天,食品安全问题已经被提升到一个相当重要的位置。对于正处在发展转型时期的中国而言,在保障食品供应转向保障食品安全的进程中,有机食品因其高层次的安全特性及其在加强环境保护、促进农业可持续发展等方面的优越功能而备受关注。

在我们调查报告的开始,我们首先提出了我们的研究背景,明确有机农产品的概念,确定现在有机农产品的已有研究水平。其次,我们确定了我们的研究目的与具体目标,理论指导实践,我们通过查询资料,确定研究方法等来明确我们的理论基础。与此同时,我们确定了我们的技术路线。实践是很重要的环节,我们小组通过走访多利农庄和海客乐得到他们的相关资料,主要是针对其销售模式进行了分析与比较,然后得出结论。供需是两个重要的环节,对供方进行了调查之后,我们又针对需方消费者进行了调查,主要是通过发放问卷的方式,然后我们确定得到的有效样本数据,针对数据,我们利用 logit 模型,得到影响消费者消费的主要因素、次要因素等。通过研究供需方,我们利用研究需方得到的结果,发现多利农庄和海客乐可借鉴之处,针对两所企业出现的问题,我们也给出了解决办法,利用规范分析法,我们小组提出了有机农产品新的销售模式。

有机农产品的潜力是不容忽视的。研究数据表明,近 10 年来,全球有机农产品销售额以 20%~30%的年增长率快速增长。2003 年以来中国有机食品国内销售额每年增幅达 30%,标志着中国有机农产品市场进入成长期。中国有机农产品有着巨大的国际和国内市场发展空间,预计 2010 年中国有机农产品出口将达到 7.25 亿~8.25 亿美元的规模,2015 年将达到 10 亿~37 亿美元的规模;2010 年中国国内有机农产品将达到 108 亿的规模。在这种大环境背景下,有机农产品带来的高额利润是不容小觑的。中国国际有机食品博览会于 2012 年 12 月在上海国际展览中心举行。据主办方介绍,有机农产品国内市场潜力巨大,2015 年市场规模达 594 亿元。从消费者的角度而言,食品安全问题一直是困扰我国国民的一个重要问题,食品安全是最基本的民生问题,保障食品安全也是我国重要的议题之一,有机农产品将可以为我国国民提供更加安全的食品。迄今为止,有机农产品并未占领市场,在机遇与挑战面前,企业要抓住机遇,敢于挑战,且要积极地开拓有机农产品的市场。现在的问题在于消费者对有机农产品的认识不足,政府也没有制定足够有效的政策来帮助有机农业的发展。我们小组希望我们的调查报告可以帮助消费者对有机农产品有更进一步的认识,也有助于政府对有机农产品有效政策的制定,可以帮助企业更好地销售有机农产品,开拓有机农产品的市场。

综上所述,我们总结并吸取了前人的宝贵经验,又深刻反省了前人失败的教训,并在此基础上提出了我们所构想的产销模式,由于经验不足,阅历尚浅,我们的报告也许显得有些单薄,但我们因"民以食为天"而深感任重道远,我们渴求这份成果能对有机农产品在我国的健康、顺利发展贡献绵薄之力。

项目组成员:郭舒心

指 导 教 师:彭锻炼

参考文献

[1] Suzanne C, Grunert A, Hans Juhl. Values. Environmental attitudes, and buying of organic foods[J]. Journal of Economic Psychology, 1995(16):39-62.

[2] 侯艳梅,戴智勇,沈国辉,等. 有机食品国内外发展现状和前景展望[J]. 农产品加工 2011(10):123-125.

[3] 瓮怡洁. 有机农业:法律规制与政策扶持[J]. 华南农业大学学报(社会科学版),2011(3):7-16.

[4] 银红娟. 我国有机食品产业竞争力影响因素研究[D]. 无锡:江南大学,2008.

[5] 刘景瑞. 黑龙江省有机和绿色食品产业可持续发展[J]. 北方环境,2002(1):3-5.

[6] 方敏论. 绿色食品供应链的选择与优化[J]. 中国农村经济,2003(4):51-56.

[7] 张志华. 我国绿色食品市场发展存在的问题与对策[J]. 农业经济问题,2001(6):24-27.

[8] 刘成玉. 对特色农业、产业化经营与农业竞争力的理论分析[J]. 农业经济问题,2003(4):1-5.

[9] Karen Klonsky. Forces impacting the production of organic foods[J]. Agriculture and Human Values, 2000(17):233-243.

[10] 王志刚. 食品安全的认知和消费决定:关于天津市个体消费者的实证分析[J]. 中国农村经济,2003(4):41-48.

[11] 周明,吴志军.我国生态(有机)食品产业探析[J].生产力研究,2004(6):130-132.

[12] 李润根.江西省有机农业发展现状问题及对策[D]:[硕士学位论文].宜春:江西宜春学院农学院,2003.

[13] 盛莉.打造循环型有机食品产业[J].当代经理人,2006(5):219-220.

[14] 陈红.基于消费者行为理论的森林食品产业发展潜力分析[J].林业经济,2006(8):71-73.

[15] 毛可进.基于总量分析的我国绿色食品产业市场风险评估[J].技术经济与管理研究,2006(5):47-49.

[16] 罗峦,曹炜.基于"钻石"理论的中国绿色食品产业发展思考[J].农业现代化研究,2006(5):222-225.

[17] Oddveig Storstad, Hilde Bjorkhaug. Foundations of Production and Consumption of Organic Food in Norway: Common attitudes among farmers and consumers? [J]. Agriculture and Human Values, 2003(20):151-163.

[18] 王德章,赵大伟.产业竞争优势模型:基于黑龙江省绿色食品产业的实证研究[J].中国工业经济,2006(5):32-37.

[19] 王兆锋,俞红.消费者绿色食品消费行为的实证研究[J].安徽农业科学,2007(10):122-125.

[20] 刘景瑞.黑龙江省有机和绿色食品产业可持续发展[J].北方环境,2002(1):3-5.

[21] 方敏.论绿色食品供应链的选择与优化[J].中国农村经济,2003(4):51-56.

[22] 张志华.我国绿色食品市场发展存在的问题与对策[J].农业经济问题,2001(6):24-27.

[23] 刘成玉.对特色农业、产业化经营与农业竞争力的理论分析[J].农业经济问题,2003(4):1-5.

[24] 王志刚.食品安全的认知和消费决定:关于天津市个体消费者的实证分析[J].中国农村经济,2003(4):41-48.

[25] Laura T. Raynolds. The Globalization of Organic Agro-Food Networks[J]. World Development, 2004(32):725-743.

[26] 周明,吴志军.我国生态(有机)食品产业探析[J].生产力研究,2004(6):130-132.

[27] 李润根.江西省有机农业发展现状问题及对策[D].宜春:江西宜春学院农学院,2003.

[28] 盛莉.打造循环型有机食品产业[J].当代经理人,2006(5):219-220.

[29] 陈红.基于消费者行为理论的森林食品产业发展潜力分析[J].林业经济,2006(8):71-73.

[30] 毛可进.基于总量分析的我国绿色食品产业市场风险评估[J].技术经济与管理研究,2006(5):47-49.

[31] 罗峦,曹炜.基于"钻石"理论的中国绿色食品产业发展思考[J].农业现代化研究,2006(5):222-225.

[32] 王德章,赵大伟.产业竞争优势模型:基于黑龙江省绿色食品产业的实证研究[J].中国工业经济,2006(5):32-37.

[33] Iwona Kihlberg, Einar Risvik. Consumer of organic foods-value segments and liking of bread [J]. Food Quality and Preference, 2006(3): 209-218.

[34] 王兆锋,俞红.消费者绿色食品消费行为的实证研究[J].安徽农业科学,2007(10):122-125.

[35] 方平,周保吉,刘茜,等.超市业态下有机农产品消费需求实证分析[J].南方农业学报,2011,42(10):1298-1302.

[36] 龚会.论个体因素对消费者决策的影响[J].市场论坛,2006(4).

[37] 李茜,刘宁,陆根法,等.绿色消费行为理论探讨及国内现状分析[J].环境保护科学,2009(35),3.
[38] 罗纪宁,西方消费者行为学研究理论和方法评析[J].汉江论坛,2005(9).
[39] 窦艳芬,姜岩.消费者对农产品质量安全的态度和消费行为分析[J].天津学术文库(下),经济学·管理学,1253-1259.
[40] 王兆锋,俞红,消费者绿色食品消费行为影响因素分析[J].统计与决策,2008(12):93-95.
[41] 李振江,李世红.影响消费者行为的文化及社会因素[J].统计与咨询,2007(4).
[42] Nina Urala, Liisa La, Hteenma ki. Consumers changing attitudes towards functional foods[J]. Food Quality and Preference, 2004(18):1-12.
[43] 何凤波.城市居民绿色消费行为影响因素的研究[D].长春:吉林大学,2010,1-49.
[44] 尹世久.基于消费者行为视角的中国有机食品市场实证研究[D].无锡:江南大学,2010,1-137.
[45] 江燕娟.社会分层与消费行为研究[D].广西:广西师范大学,2007:1-49.
[46] 张志华.我国绿色食品市场发展存在的问题与对策分析[J].农业经济问题,2001(6):24-27.
[47] 单吉堃.从有机认证制度看中国有机农业的发展[D].北京:中国社会科学院,2003:1-119.
[48] 陈丁春.基于食品安全危机背景下的有机农产品市场分析与产销方略策划[J].中国知网,2011:1-49.

"后拆迁时代"城市拆迁居民生活现状研究

——基于上海市的实证分析

摘　要:在对上海具有代表性的五大动迁安置基地展开实地调研的基础上,本作品以动迁居民需求为导向,以动迁安置基地及居民特点为切入,对以往政策及研究忽略的动迁居民心理、动迁社区基础设施建设等给予充分关注,结合社会保障学、法学、社会心理学等领域的理论,运用因子分析和SAS软件等统计学工具,分析动迁安置工作存在的突出问题,并进一步探究其原因。

关键词:动迁安置;城市管理;公共服务;和谐社区

1　绪论

1.1　研究背景

中国的城市化进程中,规模化的整改及建设是我们所必须要经历的过程,拆迁无疑就成为整改、建设中不可避免的环节。以上海为例,"十二五"期间,全市预计新增供应动迁安置房35万套,并完成5 000万平方米旧住房综合改造,动迁安置的影响范围将更加广泛。

不难发现,在过去不管是政府的工作实践还是学界的理论研究,人们主要关注的方面更多局限在拆迁行为本身,即拆迁方式、补偿金额、暴力强拆等方面,而鲜有人持续关注在拆迁安置之后居民后续的生活状况和一系列民生问题。实际上,拆迁所改变的不仅是居民的居住地点和住宅本身,更涵盖了社会心理甚至社会关系的变化。

随着时代的发展,动迁安置问题变得更为复杂。例如,不同安置方式下居民的心理状态、行为特点存在差异,动迁居民社区认同感较弱;安置地呈现远郊化趋势;人口老龄化加剧的背景下,动迁社区老年居民增多,安置地医疗服务和老年工作面临挑战;等等。由于我们对动迁安置的重视程度不高,没有真正做到"以人为本",实践中已经产生了很多社会矛盾和问题。令人欣喜的是,我们看到了转变思路的新希望。今年的政府工作报告再次提出"继续抓好保障性安居工程建设和管理"。此外,报告中提到的"加强和创新社会管理"和"改革社会组织管理体制"等相关内容也启发着我们对动迁安置基地创新管理和服务的思考。

1.2　研究目的

目前,研究多集中于动迁过程、政策制定等方面,缺少对动迁居民后续生活的关注。基于上述原因,在社会剧烈变革、城市飞速发展的今天,研究本课题具有较强的现实意义。本文通过调研拆迁后居民生活现状,试图揭示当前动迁安置工作中的问题及原因。我们重点关注居民心理变化,倡导以动迁居民需求为导向的发展思路,深入探讨保障动迁后居民合法权益的有效途径,力求做到"以人为本",为构建和谐社会贡献我们当代大学生的力量。

1.3　国内外文献综述

任何的学术研究成果都是在前人研究和积累的基础上作进一步攀登,本课题的研究也不例外。

国外对于城市更新、拆迁安置等领域的研究开始较早,起源于工业革命后对于贫民窟改造的探讨,经过几百年的发展目前已较为成熟。与动迁安置工作相关的研究主要有:①对于城市更新的研究。自20世纪50年代左右开始,国外的城市更新进入以"人本思想"为指导的阶段,强调城市改造中的宜居性和"对人生理、心理的尊重"。②对于拆迁的研究。国外对于拆迁的研究主要集中在拆迁中的公共利益界定、土地征收及补偿标准以及争议的解决等方面。

目前,国内学者对城市拆迁的研究多集中在政府拆迁征地行为(如征地权利的合法性和征地过程中的暴力强拆)、拆迁补偿政策的合理性、动迁居民的不满心理和对抗行为等,而对动迁安置之后居民生活状况研究较少。相关研究主要涉及的方面有:①对于城市更新的研究。我国学者对于城市更新的研究起源于上世纪80年代,研究的重心经历了旧城改造、更新中的改造方式与工程建设、城市历史文化保护和城市更新容积率的发展变化。而进入新世纪之后,在"人本"思想影响下的多元化城市更新研究逐渐兴起,其代表成果有《郊区动迁安置基地:城市更新与城市扩张背景下的空间生产》(黄勇,2007)和《城市更新社会成本的研究》(白友涛、陈赟畅,2008)等,对于动迁社区的基础设施建设和动迁居民心理等有着不同程度的关注。②对于保障性住房的研究。由于动迁安置房是保障性住房体系的组成部分,有些学者以整个保障性住房体系作为着眼点,更有学者深入到保障性住房的宜居性层面,因此对本小组的研究仍有很大启发。比如,《保障性社区公共服务设施供需特征及满意度因子的实证研究——以上海市宝山区顾村镇"四高小区"为例》(何芳、李晓丽,2010)和《保障性住房公共服务设施配建指标体系研究》(许东博、沈祖光,2012)。

2　上海动迁安置基地的现状分析

2.1　上海动迁安置历程

1990年后,上海加快了城市建设的步伐,动迁安置的规模、速度创造了世界城市更新运动的奇迹。1991年上海市人民政府颁布了《上海市城市房屋拆迁管理细则》，规定对房屋所有人的补偿及对房屋使用人的安置，与《城市房屋拆迁管理条例》一致并且更加具体。

1990年至1995年涉及动迁居民30.2万户，这期间上海拆迁政策为产权补偿按面积，安置人口按户口的双轨制，俗称"数人头"。在以二级地段的旧里、危棚简屋和"实物安置"为主的背景下，拆迁人必须用住房实物安置被动迁居民，安置房被规划在市区边远地区，动迁安置时主要考虑户口和独生子女因素。

1998年1月1日起正式实施的《上海市危棚简屋改造地块居住房屋拆迁补偿安置试行办法》规定异地实物安置与货币化安置相结合，即可将应安置住房面积折成货币，用以自行购买商品房，也鼓励被拆迁人选择实物的异地安置方式，兼顾独生子女因素。1998年至2001年，居民选择货币化安置的平均比例在70%左右。此时，待动迁房特点是处于三、四级地段，土地级差效益低，且人口密度高。2001年10月29日发布的《上海市城市房屋拆迁管理实施细则》规定严格按照被拆迁房屋的建筑面积评估价格，不再考虑户口和独生子女等因素。安置房被规划到外环线周围及远郊。

2011年10月10日，上海市政府施行《上海市国有土地上房屋征收与补偿实施细则》，更加关注民生意愿，强调程序正当，开启了"阳光动迁时代"。2007—2011年期间完成动迁面积2 628万平方米，年均拆除约525.8万平方米，涉及动迁居民共236 056户。

根据上海政府规划，至2020年，本市内环以内中心城区的人口设计控制在900万以内。而市房地局最新调查的数据显示，目前市中心的人口已经达到1 100万，这就意味着到2020年，将有至少200万人迁出上海市中心。

2.2 调查对象

我们从2012年10月正式开始实地调研，至2013年3月，历时近6个月，总计发放纸质问卷728份，有效纸质问卷683份，网络问卷143份，视频42个，照片627张，访谈记录45份。

2.2.1 作为调查数据组成部分的地区信息

本调查包括问卷调研和有选择性的深度访谈，还对调查社区基本动迁居民户数、入住居民户数以及动迁居民就业、居住、相互关系、社区活动等情况进行了信息收集。问卷调查体现被调查人的个人信息如年龄、性别、是否为拆迁居民、家庭年收入及对动迁社区的满意度等。

表1概括了5个动迁基地的地区特征和动迁性质。起初看来，这些特征对于上海拆迁居民生活现状的研究来说缺乏直接的意义。但是，增加了动迁基地具体特征之后，这些特征在社区层面得到了详细展现，绘制出了拆迁地区的"群像"。

表 1　五大动迁基地基本情况

区县	地理位置	总人口	动迁来源	动迁性质
顾村镇	上海北部	240 185 人	农村动迁＋城市动迁	以市政建设为主
浦江镇	上海西南部	241 000 人	城市动迁	以重大工程为主
泗泾镇	上海西南部	92 933 人	农村动迁＋城市动迁	以旧区改造为主
曹路镇	上海东北部	71 672 人	农村动迁＋城市动迁	以市政建设为主
江桥镇	上海西北部	256 218 人	城市动迁	以市政建设为主

数据来源：上海宝山区顾村镇人民政府(截止至 2010 年 11 月)
　　　　　闵行区第六次全国人口普查(截止至 2010 年 11 月)
　　　　　上海松江区泗泾镇人民政府(截止至 2012 年 3 月)
　　　　　上海浦东新区 2012 年统计年鉴(截止至 2011 年 12 月)
　　　　　嘉定区第六次全国人口普查(截止至 2010 年 11 月)

2.2.2　拆迁居民样本的基本统计描述

在本次调查中，共对 46 人进行了深度访谈，包括 24 个动迁社区居委会及政府相关部门，如曹路星颂家园居民、泗泾新凯一村一期居委会、宝山区顾村镇人民政府动迁办等。个人深度访谈资料、社区背景信息与问卷调查数据相结合，兼顾个人和社区层面，为研究拆迁居民生活现状提供了比较完整的数据资料。

5 个动迁地区的个人问卷主要围绕一些基本的人口学要素和经济活动信息，包括年龄、性别、家庭收入、动迁时间。对这些变量进行简单描述，可以反映上海拆迁居民各方面情况，将这些情况进行分析比较，可初步掌握上海拆迁居民生活现状。

在我们所调研的人群中，50～65 岁占 35％，65 岁以上占 34％。拆迁居民中，老年人占绝大多数。老年人口基数大、增速快，而且呈现出高龄化、失能化、空巢化的上升态势。动迁居民收入分布较广，但低收入家庭占多数，其中 5 万以下占 41.7％，5～10 万元占 29.8％。生活质量整体偏低，生活水平尚未达到上海城市居民平均水平。调研中我们发现城市、农村拆迁和异地、同地拆迁都各占 6 成和 4 成，表明政府正以动迁的方式来加强上海的城市功能，城市面貌和空间布局发生显著变化。

2.3　动迁社区的进步之处

2.3.1　住房条件的提高

随着城市建设以及农村城市化进程的不断发展，拆迁成为了推动城市发展的重要手段之一。通过拆迁，居民告别了建造年代久远、结构老化、设备简陋、环境恶劣的旧式房屋，居住条件得到了显著提高。相对于原来居住面积狭小，人口密度大，没有独立的水、煤、卫设施，动迁后住房条件的改善是令动迁居民普遍比较满意的一点。

2.3.2　社区环境的改善

"十八大"报告指出：良好的生态环境是任何社会持续发展的根本基础，建设生态文明，是关系人民福祉，关于民族未来的长远大计。如今这些新建的动迁基地在环境建设方面给居民们带来了显著的改善。没有了阴暗狭窄的弄堂，取而代之的是明亮宽敞的大理石道路；远离了鳞次栉比的市区高楼群的包围，沐浴在绿色的新的社区家园之中。小区宽敞明亮，空气清新，绿树成荫，有专门的健身设施、活动中心等，为动迁居民的闲暇娱乐提供了更大的活动空间和活动方式。社区居住环境和生态环境的改变，让不少的动迁居民感到欣喜。

2.4 动迁基地存在的问题

2.4.1 动迁房屋质量欠佳

根据我们的调研，许多动迁居民反映隔音、防盗措施等方面存在一定问题，尤其是房屋质量本身。我们发现，许多动迁社区内房屋外围建筑已有不少裂缝和渗水现象，甚至是墙体掉落，也有一部分居民向我们反映他家的墙已有多处地方裂开，动迁安置房的质量令人忧心。我们认为，造成这种拆迁用房质量问题的原因可能是有些政府把安居工程当成"面子工程"，好大喜功，不顾质量安全只求短期政绩，使拆迁用房工程有了质量把关不严、漠视人民安全的现象。

2.4.2 公共基础设施不完善

根据调研结果显示，有超过八成的拆迁居民觉得居住地的基础配套设施无法满足他们的日常生活需要。其中，基础医疗设施、交通设施是居民最不满意的地方。在动迁社区，现有的公共基础设施虽有一部分是面向老年人的，但实际上老年人口比重较大，沿用以往的标准建设医疗、养老等设施会造成供给的不足。另外，动迁居民中低收入者居多，因此在出行方面多依赖于公共交通和自行车。我们还发现不同年龄层次、不同性别的居民对于社区公共服务设施的需求存在较大的差异。如女性居民倾向社区建设文化活动中心，男性居民则更倾向建造一些体育健身设施，而老年人则普遍希望建设社区医疗卫生服务中心。然而，如今许多动迁社区的相关配套并不尽如人意，这些基础设施无论是从数量上还是从自身的服务半径上都无法覆盖整个动迁社区。

2.4.3 居民产生心理适应问题

1) 老年居民的孤独与不安

老年人是动迁安置小区居民的重要组成，但同时也是生理和心理上的弱势群体，他们的心理感受成为我们关注的焦点。经调研发现，孤独、失落和不安等心理因素在动迁社区的老年居民中普遍存在。这些问题主要出现在异地安置的居民身上。

动迁迫使居民非自愿性地离开长久甚至世代居住的家园，地缘上的变化同时也打破了居民原有的社会关系网，这对老年人的影响尤为突出。在与居民的交谈中，很多老人表示，动迁之后以前感情很好的老邻居都由于距离遥远且自己行动不便而难以再相见，甚至逐渐失去联系，现在他们也很少和周围的人沟通，言语之间流露出他们的失落和孤单。此外，远离子女并且很少得到来自子女的照护，这种家庭关爱的缺失也加剧了老年居民的孤独感。

值得一提的是，动迁安置小区老年居民对自己的身体状况普遍表现出较为严重的担忧甚至不安情绪。由于动迁基地周围医疗水平有限，很多老年人担心随着年龄的增长和身体状况的下降，难以得到方便和高水平的医疗服务。如在曹路星颂家园，许多居民自从搬至新居后，由于医院过于偏远而从未去医院看病，甚至有多位高龄老人因为行动不便没有及时到大医院就诊而去世。救护车也出现过超过40分钟才赶到的情况。这些极端事件虽是个例，但却具有很大的心理暗示性，加剧了动迁安置基地老年人心理上的不安。

2）社区认同感偏低

社区认同感是和谐社区建设的核心层面，是社区建设重要的"隐性成本"。我们的调研显示，按照安置方式的不同，社区认同感在原地安置和异地安置的小区存在明显差异。在原地安置的方式下，由于动迁安置后居民的居住地点并未发生变动或变动很小，且邻里距离的改变也微乎其微，社区认同感普遍较高。

下面主要对异地安置方式进行分析：

（1）市区居民的心理落差大。由于重大市政工程建设的需要，上海市动迁居民的流动方向上很大一部分是由市区流向郊区。在我们采访的过程中，大多来自市区的居民表现出微妙的心理落差。很多居民认为自己"从上海搬到了乡下"，对位于郊区的新居甚至是周围居民表现出先入为主的抵触情绪，这种情绪加剧了他们对动迁安置的不满和对社区价值的不认同，并直接导致其对社区事务的关注度与参与意识普遍不高。

（2）"熟人社会"向"陌生人社会"转型。调研显示，以异地安置为主的安置方式下，动迁居民之间的沟通、交流普遍较少。拆迁之前居民所居住的社区较为传统（如弄堂），很多居民表示原先邻里关系很好，交流很方便。对于很多成年人而言，那里有他们自幼成长的伙伴和环境。而来到动迁社区之后，邻居大多是陌生人，且"火柴盒"式的楼房也让他们感到缺乏交流的愿望和可能性。而前述的心理落差和对拆迁的不满情绪也阻碍着动迁居民积极主动地与周围居民展开交流。

3）对政府态度：不满与对抗

在涉及政府在拆迁安置过程中的作为和形象问题时，多数动迁居民对政府工作存在较为强烈的不满情绪，甚至在对居民的访谈中发生过"政府欺骗老百姓"之类的激烈言论。

对于后期的动迁安置工作，居民普遍认为政府在基础设施的配套上做出的承诺不能得到及时、高质量的兑现，只顾拆迁而不顾百姓后续的生活。而对于前期的拆迁工作，居民普遍认为政府工作不透明并且带有强制性（例如，在补偿款上对居民暗地"各个击破"、拆迁座谈会形同虚设），补偿无法令人满意。调研发现，由这种前期的不良形象所导致的居民对政府的不满意和不信任，对居民具有深刻影响，在安置之后相当长的时期内难以得到改变。这种不满和抵触情绪应引起政府的充分关注。

2.4.4 居民缺乏有效的诉求表达渠道

我们发现，动迁安置居民在接受调研采访的过程中常常表现出很大的不满情绪，这种不满有对拆迁不透明、补偿不到位的控诉，也有对原居住地生活便利的怀念以及对目前居住地位置偏远不便的抱怨。然而更让我们印象深刻的是很多居民对于完善动迁安置社区的建设管理能够提出很多具体想法,如开设去医院的班车、及时修缮损毁路灯等。但是当我们进一步询问居民如何将自己的想法加以表达、如何维权时却发现,大部分居民会选择"保持沉默"。

由此我们可以看出,多数情况下动迁居民并非没有好的想法,而是没有一个有效的表达窗口。一般而言,居委会和物业是社区居民最主要的诉求表达渠道。于是,我们在采访中进一步引导居民,询问他们是否求助过上述基层管理机构,然而大多情况下得到的回答是"不被理睬"和"没有效果"。此类问题在异地安置居多的小区更加明显。因此,缺乏有效的诉求表达渠道,使得动迁居民既没有合理的情绪宣泄方式又不能有效维权。长此以往,动迁居民的主人翁意识及社区认同感必将受到打击。

3 动迁安置基地现存问题的原因分析

3.1 直接原因

3.1.1 管理体系不完善

1) 政府行政管理的"断层"

异地安置方式在上海动迁安置方式中占很大比例,而这种对于居民所属行政区域的中途改变给居民的管理带来复杂性,在一定时期内易形成行政管理上的"断层"。对于动迁居民所反映的问题和要求,迁出地的政府认为该居民已经不在自己管辖范围内;而迁入地政府也不能及时给出回应。两地政府部门之间相互推诿,给动迁居民带来诸多不便,更加深了他们的不满情绪。

2) 基层管理和服务不到位

动迁社区建立时间短、人流大,要构建和谐的动迁社区,满足拆迁居民物质、文化、生活的多样化需求,社区居委会、物业服务公司的组织与管理起着关键性作用。

然而动迁社区尤其是以异地安置为主的小区,管理难度比一般小区要大得多:动迁居民在前期拆迁及补偿中形成不满情绪,并且对动迁安置后的基础设施建设存在较大心理落差;老年人比重大,照护需求大;居民中低收入者居多,并且很多居民从前生活在棚户区,没有定期缴纳物业管理费的习惯等。这些都对社区居委会和物业的工作能力提出了更高要求。

但在实地调研中,我们发现这些动迁安置基地的居委会和物业公司既没有合理定位自身角色,也没有妥善处理好双方相互的权益关系,他们对动迁社区治理的能力没有最大化,没有全心服务于拆迁居民。办事人员"雷声大,雨点小"的办事风格、受理问题时拖沓的办事效率以及繁琐的办事流程,不仅达不到拆迁居民原有的期望值,反而让他们对居委会及物业的信任度逐渐降低。长此以往,形成了居民有事无处说的两难境况,妨碍了居民的诉求表达。

3.1.2 融资缺口大

随着动迁安置房建设的加速,周边的一系列交通、教育、医疗等配套设施也提上日程,然而这些保障住房的后续建设被巨大的融资缺口问题所困扰着。首先,中央财政部门无法解决全部保障性住房建设的融资问题,一方面,要为新开工的保障房工程投入资金,另一方面,由于以前累积至今的在建项目过多,使得资金需求量愈发增大;其次,地方融资平台存在着信息不透明、运作不规范、市场力度低等现象,使得贷款难度加大,房地产资金信贷压缩,地方财政因此面临着很大的压力;最后,不少保障房和配套建设贷款也迟迟难以到位,动迁安置房的后续配套建设的资金难以跟上。

国家住建部估计,为了完成2012年全国1 000万套保障性住房建设,至少需要1.3万亿元的资金。但实际上,截至2012年5月底,上海大约只有20%的大型保障性居住社区项目开工,动迁安置房开工率也只有50%。这一系列的影响因素,使融资缺口的问题日益严峻,是动迁社区后续建设进一步开展的一大瓶颈。

3.2 间接原因

3.2.1 动迁安置理念缺乏可持续性

长期以来,政府以及社会的关注点多局限于拆迁方式、补偿,以及拆迁过程中的暴力强拆等问题。诚然,这些都是拆迁问题中至关重要的着眼点,关系到动迁居民的切身利益及拆迁能否在保持社会稳定和谐的大局下顺利实现。

但除了上述因素之外,动迁安置之后加强对动迁安置基地的后续建设,除了医疗等保障体系建设及商业、交通等基础设施建设,提高公共服务和管理水平也应是一个重要的着力点。因为拆迁不仅是居住地点的变动,更是一种社会生活环境与方式,甚至是社会关系的变化。如果仅仅停留在直接的物质补偿层面,依然只是一种短视行为。

政府和社会只有逐渐转变动迁安置理念,用可持续发展的眼光去看待拆迁问题,真正做到"以人为本",把拆迁和人与社会的长远发展更紧密地结合起来,才能从源头上妥善解决目前和未来动迁安置中所面临的冲突和矛盾,实现个人利益与集体利益的统一。

3.2.2 政社不分,居民团体发育不足

在之前的叙述中,我们提及了动迁居民中老年人的不安和孤独心理、社区居民交流和联系减弱及缺乏有效的诉求表达渠道等问题。我们认为造成这些问题的一个共同原因为:我国社区事务中的"政社不分"现象严重,居民团体发育明显不足。

社区的定义是多维度的,它既是一个地缘概念,又可理解为在一定地理空间基础上具有社会认同感和文化精神的社会团体,我国语境中的社区更偏向前者。社区居民的参与意识普遍不强。动迁安置社区的居民之前多居住于弄堂等传统社区,在长期的生活中逐步形成了较为密切的邻里关系,是"熟人社会";而在动迁安置后,新社区的居民来源广泛,短期内很难培育认同感,居民的参与意识淡薄。而"政社不分"也是抑制居民参与积极性的重要因素。长期以来,我国政府过度参与社区事务,这种越

位行为违反社区发展的内在规律,挤占了居民团体的发展空间,造成居民团体发育不足。而居民团体作为居民自发组建的社会团体,能够反映居民的真实需求,为居民办实事,真正调动居民参与社区事务的积极性。

上海市采取"两级政府、三级管理、四级网络、五级楼组"的自上而下的社区发展模式。在这种模式下,居民团体的发展空间很小,没有形成居民参与社区事务的有效平台。同时应厘清界限的是,"四级网络"所涉及的居委会在法律层面上虽是居民自治的形式,但实际上行政化色彩浓厚,是政府部门在社区治理上的延伸而非居民利益的代表,这使居民对居委会的信任度较低,未能为居民的诉求表达开辟道路,并非我们所关注的"居民团体"。

3.2.3 市场力量运用不当

在动迁安置基地里,许多社会资本没有得到充分、合理的利用。应该肯定的是,动迁安置基地建设的目标是为了实现公众利益,但没有市场就不会有持久的活力。在很多领域,比如商业和服务业,只有充分发挥社会资本的资金、技术等优势才能使资源配置达到最优。我们不难发现,各动迁安置基地商业不够发达并不是因为缺乏需求,而是因为区位劣势、租金高昂等使得社会资本因进入成本过高而止步。例如,曾有连锁超市负责人想要在动迁基地开设超市,后因租金过高,最后只能放弃。

市场可以增强经济活力,但在对公共物品的提供上又不能过分信任和依赖。比如,动迁安置基地的住宅是由政府拨款建造的,但事实是政府把工程承包给房地产公司来建造。这其中,由于经济利益的关系,最终导致了动迁安置基地的住房质量普遍不如商品房。政府乃至社会缺少对这一承包环节的有效控制和监管,是造成动迁安置房质量不高的重要因素。解决这些问题需要政府相关部门制定公共政策或社会政策支持,对社会性资源进行有效调配和整合,探索动迁基地建设的新思路和新模式。此外,政府的权力过于集中、对市场的干预过多、产权不清、权责不明、政市不分的现象仍然存在。

3.2.4 社会身份边缘化

动迁安置以政府力量为主导,然而由于动迁安置基地多处于郊区,区位条件差,基础设施薄弱,动迁居民享受的是远低于城区居民的待遇。由城区迁到郊区的居民感受到的不仅是地域上的边缘化,更是心理上的不平衡感,认为自己在社会地位和身份上被边缘化了,这也是导致很多动迁居民认为自己沦为了"乡下人",对动迁社区没有归属感的重要原因。

而对于农转非居民,在拆迁过程中,社会结构断裂,原有的权益已经失落,期待的权益与新生活却往往与现实落差很大。虽然他们的身份市民化、城市化,但他们的生活习惯和生活方式不能马上和城市融合,并且在短期内,其新市民的身份没能得到社会的充分认可,使其反而处于边缘化的境地,游离于城市和农村之间。

挑战杯项目

4 动迁基地的理想构建

4.1 完善基层社区服务管理

4.1.1 加强基层管理者队伍建设

1) 提升社区管理者的素质

如今许多动迁社区管理者存在年龄偏大、受教育程度不高的普遍现象。他们大多没有接受过系统性的培训,缺乏实际工作经验,无法及时、有效地解决社区内发生的各类事件,因此居民对动迁社区的服务满意度偏低。应加强基层管理者队伍建设,建立健全选拔、培训制度,提升基层管理者社区管理能力,深入推进动迁社区管理队伍专业化水平建设,完善公共服务质量。并通过对动迁社区基层管理者的教育、培训,全面提高他们的思想素质、职业道德以及专业水平,加强社区管理者与居民的沟通及策划活动、调节矛盾等能力,使社区管理者专业化、知识化。

我们建议政府可以积极采取措施,如加强宣传社区文化建设的思想力度;吸引更多高素质的青年人才参与到动迁社区的管理服务中去;根据动迁社区居民需求导向,逐步建立培训制度,并且结合社区自身特点,将现代社区理论引入到实际工作之中。

2) 转变管理理念和手段

鉴于原先的管理部门多采用命令等强制性方式进行管理,让动迁居民享受不了理想的服务,因此,要使社会公共利益最大化,必须转变传统的管理理念和手段。多走访、勤沟通,在社区内建立长效的协调机制,在互动中寻找共同的利益与目标,强调平等、合作、参与的治理模式,切实为动迁居民提供优质的社区服务。

动迁社区的特殊性,要求社区管理者应在社区管理模式上有所突破创新,主动应对动迁居民们所面对的各种问题,寻找新的途径来满足社区居民日益增长的物质及文化需求,化解矛盾,维持稳定,帮助居民早日融入新社区生活。

4.1.2 培育动迁社区居民团体

只有打破政府过度干涉社区事务的现状,培育自由健康发展的居民组织,实现"政社分开",动迁居民才能真正投身于新家园的建设,形成社区认同感。我们将分别从政府角度和居民团体角度进行论述。

1) 政府角度

(1) 大胆放权,政社分开。政府应从社区事务中大胆退出,给予社区居民团体更大的发展空间。同时,应充分认识到动迁社区的特殊性和复杂性:由于动迁社区是居民重组形成的新社区,居民存在心理认知上的内部差异,居民团体的培育难度较大。因此政府应采取措施对居民团体发展予以支持(如图1所示)。

(2) 加强法制化管理与监督。政府的退出并不意味着对居民团体采取放任态度。在动迁社区居民团体最初的孕育过程中,政府应加强法制化的管理与监督。尤其是在资金运作上,应监督动迁社区居民团体编制预算并实行公示。

设立程序	• 政府应简化社区居民团体的审批程序，尤其是对于老年协会等以弱势群体为主要成员的团体应给予政策上的"绿色通道"。
资金支持	• 在初期政府应为居民团体提供一定的补贴，且应仅限于补贴等形式，而不应对居民团体的管理者、组织者发放定向的具有"报酬"性质的钱款或提供相关的职位，这只会破坏居民组织的独立性。
制度保障	• 应认识到"政社分开"是一个长期的过程，需加快要转变政府职能，逐步改革整套行政和基层管理体系，并处理好居委会与动迁居民团体的关系。

图 1　政府支持居民团体发展的措施

2) 居民团体角度

动迁安置社区目前普遍存在基础设施配置不能满足居民需求、社区老年人比重大等问题。动迁社区的居民团体可以以上述问题为切入点，建立"动迁事务小组"和"老年协会"等组织。下面以老年协会为例进行简析，具体如表 2 所示。

表 2　"老年协会"组织培育方案

项目	基 本 构 想
团体成员	动迁社区所有老年居民都可参与，只需登记基本信息即可加入（注：含家庭状况和健康状况，以便日后服务管理的针对性）
管理人员	在成员中产生，自荐为主，数量占成员的 5% 左右。只需热心社区事务，愿意服务社区老年朋友即可（注：动迁安置小区的老年居民中有很多退休或擅长歌舞书法的老人，让他们来领导其他老人，发挥余热，实现老年人"增权"）
主要事务	文化上：发掘动迁社区老年人兴趣爱好，组织老年人参加合唱、听沪剧、切磋书法等活动，并根据实际情况确定每月的活动日 医护上：了解社区内老年人的健康状况，组织看望生病的困难老年人，并以老年协会名义向居委会申请对高龄、困难老年人的照护
活动场所	可以以老年活动中心为主要活动地点
经费来源	由协会管理人员牵头提出主要方案，召开全体成员会议编制预算。采取政府补贴和社会捐助相结合的方式，并在小区公示栏进行公示

4.2　引入多渠道的融资方式

保障性住房在本质上是属于公共物品，开发商的积极性不高。相关资料显示近年来保障性住房占地产开发投资比例很小，且动迁安置房及其周边基础设施是定向供给动迁居民的，因而其投资动力与廉租房等其他保障房相比更加不足。当前我国动迁安置房的资金渠道较为单一,资金缺口大。因此,应尝试加大政府土地出让金支持和吸引民间资本并举,从而获得多渠道融资。其中,民间资本可以尝试分别通过REITs融资模式向市场融资和通过住房公积金向单位职工融资。

1) 加大政府土地出让金支持

土地出让金收入是地方政府财政收入的重要来源,这部分资金数目相当客观且来源相对稳定。但当前这部分资金收入并没有得到透明、合理利用,有时甚至成为某些地方政府"谋利"的方式。在政府自身的改革转型过程中,应拿出部分土地出让金投入到动迁安置社区的基础设施建设上,真正用之于民。

2) 吸引民间资本

(1) REITs 融资模式

REITs 即房地产投资信托基金,是一种保障房融资模式,通过在公开市场上发行基金,将投资者投入的资金组成一定规模的信托资产,由专门的基金管理公司进行管理,用来弥补动迁安置房和后续建设的资金缺口,获得的收益和风险由基金持有人按比例分享。如果政府能以信用担保,并能够对保障性住房和后续建设进行有效监管,最大程度降低 REITs 的运营风险,从而增加对投资人的吸引力。而且这一系列的运作能保证 REITs 不仅能在公开市场上募集资金用来弥补保障性住房和后续建设资金的缺口,还能切实保障投资者的利益。REITs 运作方式如图 2 所示。

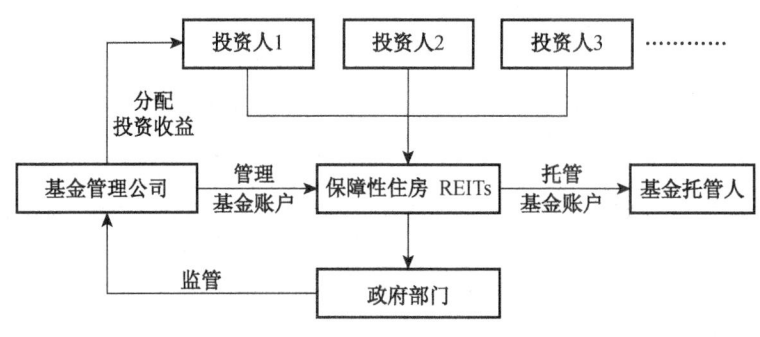

图 2 REITs 运作方式图

注:REITs 模式主要借鉴付念(2011)《问道地方政府保障房建设的资金来源》

由于上海动迁安置工程的飞速扩张,保障性住房建设的需求量增大,需要巨大规模的资金投入。如果政府利用自身信誉及 REITs 低风险、保增值的特点,再加上居民个人收入水平的逐步提高,便能够聚集社会中闲散的资金,投入到保障性住房建造及后续建设当中,促进市场资本与城市社会经济发展的良性互动。此外,上海市于 2009 年将"央行版 REITs"的最终设计方案报送上海市有关部门进行试点。因此我们认为,在上海运行 REITs 新型模式具有极强的可行性。

(2) 利用闲置住房公积金

同时,我们建议尝试利用住房公积金来支持建设动迁安置基地、改善动迁居民生活现状。鉴于其具有一定的强制性及闲置现象,在政府相关政策的监管下,合理运用所征缴的住房公积金,不仅能够拓宽动迁建设的融资渠道,提供充足的保障,分散资金承担风险,解决融资缺口大的问题,还能提高住房公积金的运行效率。

但此举需要有力的法律支持和完善的管理监督机制,才能在发挥效用的同时防范风险。根据《关于利用住房公积金贷款支持保障性住房建设试点工作的实施意见》,住房公积金闲置资金必须定向用于经济适用住房、列入保障性住房规划的城市棚户区改造项目安置用房、特大城市政府投资的公共租赁住房建设,禁止用于商品住房开发和城市基础设施建设。

4.3 完善基础设施

4.3.1 建设思路:需求导向

当前,政府对动迁社区基础设施项目的选择往往停留在社区建设的共性上,没有充分考虑动迁居民自身特点和实际需要,使动迁社区基础设施的实际效用不足。同时,需求导向能够使政府财政资金在使用上更具效率。因此,我们提议应转换视角,以实际需求为思路来建设动迁社区的基础设施。

马斯洛的需求层次理论把人的需求分为五个层级:生理上的需求、安全上的需求、情感和归属的需求、尊重的需求、自我实现的需求。我们结合动迁居民自身的特点,从以下几个典型维度来评定居民对公共基础设施的需求层次,如图3所示。

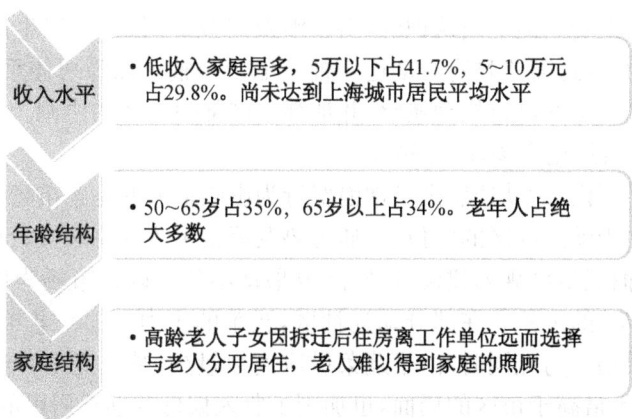

图3 居民对公共基础设施的需求层次

鉴于收入及消费水平普遍较低的状况,我们认为动迁居民的需求层次以较低层级的生理和安全需求为主。因此,政府应保证较低层次的公共物品供给,比如,医疗卫生服务、中小型日常用品购物场所(尤其是菜场)等。较为特殊的是,老年人在动迁社区居民中占很大比重,医疗需求旺盛,这与动迁社区位置偏远,较难接受到大医院服务范围的辐射形成了突出的矛盾。

然而动迁社区基础设施建设绝不能局限在较低层次。远离原有家园以及家庭结构变迁给老年人带来失落、孤独等心理问题,动迁居民(尤其是老年居民)在社交和尊重上的需求应通过基础设施的完善得以实现。

4.3.2 基本生活圈:重点建设

动迁安置基地呈现远郊化趋势,安置地位置和公共交通等区位因素成为影响动迁居民接受基础设施服务的关键。因而,动迁社区及附近小范围地带(20分钟内步行可达)的基础设施对动迁居民的影响是基础性的,我们称之为"基本生活圈"。此圈层的建设重要且紧迫,应成为建设的重点。

1) 社区医疗:适度调整配置标准

由于老年居民比例高,动迁社区医护需求旺盛。然而在实地调研中我们发现,如今的医疗服务并不能满足居民基本的医护需求。原因在于目前动迁社区在某一地区的进驻只能被动适应该地区原有的社区医疗服务水平。我们发现很多动迁社区是否能够得到便利的医疗服务,主要取决于动迁社区与所在镇、县原有社区卫生服务中心的距离远近,这决定了动迁社区居民日常就医的便利程度,然而动迁社区的地点选择受到城市总体建设规划、安置成本等多方面因素影响,很难事前考虑基础医疗因素的影响,体现了动迁社区的被动适应性。

由此,我们建议根据动迁社区的人口规模、年龄构成与安置地原有社区卫生服务中心的距离等因素,适度提高基础医疗资源的配置标准,增设社区卫生服务中心分站点。此举的意义在于提高动迁安置社区基础医疗的主动适应性和针对性,同时避免过度建设造成的浪费。但应当认识到,由于涉及财政部门、医疗卫生部门、建设规划部门等多方面力量,这需要政府对动迁安置基地乃至整个保障房体系的公共服务设施配件指标等制度层面进行机动调整,并加强不同部门之间的协调。

2) 日常消费:强化市场,政府先行

在基本生活圈内,对动迁居民日常消费行为影响最大的是菜市场、便利店和中小型超市。然而由于动迁社区的区位、交通劣势及消费主体的特殊性,目前很多动迁社区周边的菜场、商铺虽已规划建设,但实际效果却不佳。以菜市场为例,很多动迁社区出现过"买菜难"的现象。在部分动迁社区,买菜的主力军——老年居民要步行半小时才能到达菜场。与此同时,由于蔬菜供应商数量少,缺乏竞争,导致了蔬菜质量偏低、不新鲜且价格高于市区的局面,也加剧了收入偏低的动迁居民的负担。而对于动迁社区居民的日常购物,其周边不少便利店和中小型超市也出现了虽已建立但实际却没有投入运营的情况。

从商业网点布局的动因来看,区位条件差并且消费水平较低的动迁安置社区并不是商业进驻的最优选择。而从另一角度考虑,可以说动迁安置社区也恰是推进城市化进程、带动郊区开发的"拓荒者"。因此须有政府的相关优惠政策作为支撑,为活跃动迁社区消费领域的市场力量开路。

对此我们建议,重点推进动迁安置社区的"菜篮子"建设:增加菜场摊位,在菜场建设初期给予政策支持和财政补贴。其中值得一提的是,政府应加强对小区内流动菜贩的事前控制而非停留在事后补救。由于摊位费较高,流动菜贩在各大动迁社区普遍存在,甚至说是赶在菜场建设之前为居民提供便利的"先行者",但由此带来的社区环境等方面的问题又会成为影响社区治理的障碍。因此,加快菜场建设,降低菜场摊位费和增设摊位从而加强对供应环节的疏通引导,才是治理流动菜贩并解决"买菜难"的有效途径。而对于便利店等小规模商业设施,政府可以实施在进驻3~5年范围内的税收优惠等支持政策。

4.3.3 城市生活圈:增强可达性

对于距离较远的大型购物中心、区级及以上级别医院等更高水平的基础设施,我们将其划分至"城市生活圈"。为了在实现服务水平最大化的同时避免过度建设造成的浪费,此圈层应以提高可达性、建立便利联系为着力点。

下面以区级以上级别的医院为例。由于生理上的特点,动迁社区老年居民对于医疗服务的要求较高,很多老年居民需要更高水平的医疗照顾,需要到区级医院、三甲医院就诊。因此,位置偏远的动迁社区应以增强此类大医院的可达性为重点。结合上海市郊区医疗卫生发展规划,我们提出以下建议:

(1) 加快郊区三甲医院建设步伐,加强监督。在未来的规划建设中,应把郊区三甲医院的规划建设与整个城市规划建设进度结合得更加紧密,力争每个区都有三甲医院,以降低动迁小区老年居民的出行成本。

(2) 建立居民健康档案,为老年人配备班车。我们建议为居民(以患有慢性病、大病的高龄老年居民为主)建立健康档案,加开前往最近区级医院或三甲医院的班车,实现小区和大医院的直达,减轻老年人因行动不便而引发的出行负担。同时建立居民反馈机制,对居民的意见和期望进行统计,统筹管理,不断探索完善。(注:目前泗泾新凯家园的老年居民已在申请通往最近的松江区第一人民医院班车,但尚未得到解决。)

5 研究结论

拆迁是一个复杂的社会问题,它不仅涉及应该如何"拆",还应该从可持续发展的角度,更多地去关心拆迁的主体——居民的生活,这就意味着动迁安置工作应更加重视拆迁后公共管理和社会服务的一系列配套措施,让动迁居民真正实现安居乐业。这就需要政府和社会转变拆迁理念,从一个长远、动态的角度去看待拆迁问题。

在调研过程中,我们对上海动迁居民生活现状展开调研,试图以动迁居民和安置社区的特点为切入点,以需求为导向,揭示出当前我国在拆迁安置工作中的亮点和不足之处。根据我们的调研,我们发现较突出的问题有动迁房屋质量欠佳、公共基础设施不完善、居民心理失衡和缺乏有效的诉求表达渠道。由于受制于调研时间和样本数量,且没能从相关政府部门取得更为翔实的数据作为支撑,本研究很难反映出其中的全部问题,但基本能够折射出目前动迁安置社区存在的突出问题,这也将作为我们下一步努力的方向。

我们提出"政府主导、社会参与、动迁居民支持"三位一体的动迁安置理念,从管理模式、融资方式、设施建设三方面描绘出理想的动迁基地。管理模式上,我们提出加强基层管理者队伍建设并培育动迁社区居民团体;融资方式上,我们建议加大政府土地出让金的支持并吸引民间资本从而实现多渠道融资;设施建设上,我们提议以居民特点为切入点,树立需求导向,重点建设基本生活圈,逐步加强与城市生活圈的联系,增强可达性。

上海动迁社区的发展在全国虽具领先地位,但尚有很大的发展空间。我们衷心希望,在政府、社会、居民的共同探索和努力下,加强管理,科学发展,使动迁安置基地驶上健康有序发展的道路,让动迁居民的生活更美好,为城市的建设和发展助力。

项目组成员:王亦忻　张璐一

参考文献

一、论文专著类

[1] VAN CRIEKINGEN M. Towards a geography of displacement. Moving out of Brussels, gentrifying neighborhoods. Journal of Housing and the Built Environment,23,2008.
[2] ANDREW MACLARAN, BRENDAN, WILLIAMS. Urban Renewal and the Private Rented Sector[D]. Housing Contemporary Ireland: Housing Contemporary Ireland,2009.
[3] 许东博,沈祖光.保障性住房公共服务设施配建指标体系研究[C].天津:天津市城市规划设计研究院,2012.
[4] 阳建强,吴明伟.现代城市更新[M].南京:东南大学出版社,1999.
[5] 杜晓.老年协会运行的社会基础[D].上海:华东师范大学,2005.
[6] 陈萍萍.上海城市功能提升与城市更新[D].上海:华东师范大学:区域经济学,2006.
[7] 黄勇.郊区动迁安置基地城市更新与城市扩张背景下的空间生产[D].上海:华东师范大学,2007.
[8] 黄旭华.安置型社区发展中的政府管理模式研究[D].上海:上海交通大学,2008.
[9] 陶英胜.上海开发区规划建设与城市发展关系的研究[D].上海:华东师范大学,2009.
[10] 安钊.城市动迁居民的居住模式与家庭结构的演变[D].上海:华东师范大学,2007.
[11] 尹鸽.撤村建居社区新市民群体的边缘化研究[D].杭州:浙江师范大学,2010.
[12] 王书.住房公积金投资保障性住房建设的风险及其防范[D].沈阳:辽宁大学,2012.
[13] 白友涛,陈赟畅.城市更新社会成本研究[M].南京:东南大学出版社,2008.
[14] 张展新,侯亚非.城市社区中的流动人口——北京等6城市调查[M].北京:社会科学文献出版社,2009.

二、期刊类

[1] ERNEST CHUI. An East Model of Housing for Elderly People? [C]. the ENHR Conference

Combridge. UK, 2004.
[2] MT NGUYEN. Does affordable housing detrimentally affect property values? A review of the literature. Journal of Planning Literature, 2005.
[3] KAN CHARLOTTE. The affordable housing challenge[J]. Middle East, 2012.
[4] 龚金保.需求层次理论与公共服务均等化的实现顺序[J].财政研究,2007.
[5] 钟水映,李魁.工程性移民征地满意度的影响因子分析——以某公路征地拆为例[J].华中农业大学学报(社会科学版),2008.
[6] 张军涛,刘建国.城市房屋拆迁改造对居民生活影响研究[J].财经问题研究,2008.
[7] 李晓东,范昕墨.需求导向的村镇基础设施建设政府投资项目选择行为研究[J].科技进步与对策,2009.
[8] 唐士芳.浦江世博家园规划设计综述[J].住宅科技,2009.
[9] 刘士林,刘永.上海浦江镇的文化资源与发展框架[J].南通大学学报:社会科学版,2009.
[10] 杨贵华.转换居民的社区参与方式,提升居民的自组织参与能力——城市社区自组织能力建设路径研究[J].复旦学报,2009(1).
[11] 何芳,李晓丽.保障性社区公共服务设施供需特征及满意度因子的实证研究——以上海市宝山区顾村镇"四高小区"[J].城市规划学刊,2010(4).
[12] 邓志赟.发展上海购物中心大有可为[J]. Shanghai Economy, 2010.
[13] 熊薇,徐逸伦.基于公共设施角度的城市人居环境——以南京市为例[J].现代城市研究,2010.
[14] 白友涛,施碧钰.对社区服务体系建设[J].重庆科技学院学报,2010.
[15] 何芳,李晓丽.保障性社区公共服务设施供需特征及满意度因子的实证研究[J].城市规划学刊,2010.
[16] 孙鼎,田晨光,宋家宁.国外保障性住房供应机制:一个研究综述[J].郑州大学学报(哲学社会科学版),2010.
[17] 杨赟,沈彦皓.保障性住房融资的国际经验借鉴:政府作用(International Experiences on the Role of Government in Financing Affordable Housing)[J].现代城市研究(Modern Urban Research),2010.
[18] 朱静.城市居住空间结构的分异研究——以杭州市为例[J].重庆邮电大学学报(社会科学版),Journal of Chongqing University of Posts and Telecommunications(Social Science Edition),2010.
[19] 聂洪辉.城市拆迁中沉默的大多数的负向省略——对拆迁维权现象的社会学分析与思考[J].福建行政学院学报,2011.
[20] 李静静,杜静.保障性住房融资中运用REITs的探讨[J].工程管理学报,2011.
[21] 张都兴.关于我国保障性住房融资模式的几点思考[J].住宅产业,2011.
[22] 王东.保障性住房的融资模式探究[J].中国外资,2011.
[23] 付念.问道地方政府保障房建设德资金来源[J].财会研究,2011.
[24] 孙小逸,黄荣贵.制度能力与治理绩效——以上海社区为例[J].公共管理学报,2012.
[25] 上海市住宅建设发展中心,上海市郊区经济促进会课题组.大型社区建设管理对策研究[J].上海农村经济,2012.

[26] 矫海霞.上海社区居家养老服务的现状、问题与对策[J].社会工作,2012.
[27] 范志海,刘钢,李高业.大型居住社区治理模式初探——以上海三林世博家园社区为例[J].华东理工大学学报(社会科学版),2012.
[28] 王爱,王伟.保障性住房配套设施规划研究——以上海市嘉定区"新江桥城"为例[J].江苏城市规划,2012.

三、报纸类

［1］ MARC, BONNEVILLE. Journal of Housing and the Built Environment[N]. Journal of Housing and the Built Environment, 2005.
［2］ JUSTUS UITERMARK, MAARTEN LOOPMANS. Urban renewal without displacement? Belgium's 'housing contract experiment' and the risks of gentrification[N]. Journal of Housing and the Built Environment, 2013.
［3］陈映芳.郊区农村城市化的调查与思考[N].中华读书报,2004.
［4］李蕾.世博动迁:浦东突显"先试效应"[N].解放日报,2005.
［5］崔骏.拆迁后,他们得到的不仅是房子[N].镇江日报,2011.
［6］刘子烨.百万上海空巢老人何以"居有所乐"[N].联合时报(区县政协新闻),2011.
［7］伏昕.上海保障房"差钱"[N].21世纪经济报道,2011.

社会实践项目

困兽之斗

——待业"宅男宅女"职业发展与就业规划

根据近年来严峻的就业形势,本小组针对宅男宅女这一特殊群体的职业规划及职业发展做出相应调查与研究。此"宅"非彼"宅",我们的"宅男宅女"包括因为刚毕业尚未找到工作而仍在家中的学生、因为失业或者待业而仍在家中的人群及大多数时间选择在家里而不是出来求职的人群等。我们通过相关调查问卷获得最新数据,并通过数据分析获得宅男宅女职业规划与发展的最新情况。同时,本小组通过采访,综合企业人士、职业规划导师、居委会就业援助员等各方意见,得出当代宅男宅女职业规划与发展所存在的问题及其深层原因,并探究出解决方法与途径,为宅男宅女提供了一些可供参考的意见和建议。

1 立项背景、目的和意义

1.1 立项背景

众所周知,目前全球经济增幅趋缓,部分企业招聘量大幅度缩水。2012年人力资源和社会保障部新闻发言人尹成基在新闻发布会上说,2012年城镇需就业的劳动力达2500万人,比"十一五"时期的年均数多100万人。2013年人力资源和社会保障部相关统计数据显示,今年我国将有699万普通高校毕业生。这表明我国就业总压力持续增大,就业形势日益严峻。在这种大环境下,特殊而又普遍的"宅一族"群体,不仅需要加强对自身能力的培养,更应该尽早制定出合理的职业规划。然而,通过我们对宅男宅女的调查走访,发现目前这一群体中的很多人职业规划意识仍然较薄弱。这将不利于他们的职业发展。因此,本小组针对"宅一族"职业规划现状存在的问题提出合理的解决方法是十分有必要的。

1.2 立项目的

在我国就业形势仍旧十分严峻的背景下,我们希望通过我们的对于"宅一族"的调查采访,能够了解当代宅男宅女在职业规划与发展中存在的问题,并制定出合理的解决方案,以推动职业规划知识的普及、增强宅男宅女职业规划的意识,促使这一群体为实现职业目标付诸实际行动,最终更加有效地解决就业问题。

1.3 立项意义

我们的"宅男宅女"不同于一般意义上的宅男宅女,主要是宅在家中寻找工作的待业青年。"宅一族"这种特殊而又普遍的群体,他们的职业规划及发展是否有受到"宅"的影响呢?我们通过问卷调查、个别访谈、文献查阅、比较分析、头脑风暴等方法来研究这一群体在职业规划与发展中的现状及存在的问题,并制定出合理的解决方案,将有以下意义:

让宅男宅女更好的认清自己的优势和不足。以此为基础,明确未来职场的方向。为今后的职场生涯提供奋斗的策略,更好地适应复杂的职场环境;有利于培养"宅一族"树立较为正确的职业观、择业观、就业观。使其做出更适合自己、更加理性、更为科学严谨的职业规划;更早地进行相关职业培训、引导和训练,以便为宅男宅女的职业发展打下坚实的基础;为宅男宅女提供一份实用性、方向性、建设性、可行性的调查报告;为上海人保局、居委会等机构提供更有效的建议,为其开展更有意义的就业援助活动提供帮助。

2 研究方法

2.1 问卷调查法

我们在上海市各大图书馆和招聘会上发放问卷。纸质版问卷共发出 1 000 份。收回问卷 937 份。有效份数 907 份。问卷有效率 96.8%。通过随机调查,增强可行性。另外,我们也在网上问卷星平台发布了问卷进行调查。本份问卷主要围绕着宅男宅女职业发展和就业规划内容展开。我们对数据进行了总体分析,接着根据各类型对数据进行了个别分析。

2.2 个别访谈法

通过对职业规划师的访问,我们侧重了解了宅男宅女职业规划与就业发展可能存在的问题和应该如何进行规划。同时,对于宅男宅女们就业时面临的一些与职业规划相关的问题也有了一定的了解。

通过对企业人士的采访,我们对于企业人士如何看待宅男宅女有了进一步的了解,并且企业人士也提出了一些有建设性的建议。这些对于我们完成本份调研报告提供了不少帮助。

通过对宅人士王瑞同学的访问,我们听到了宅人士的心声,进一步了解宅人士的情况。这对于我们深层次分析宅人士的心理有着重要的帮助,并且有助于我们寻找原因及解决方案。

2.3 文献查阅法

我们共查阅数十本与宅男宅女或职业规划和就业发展等相关的书籍,并在网上查找了十余篇相关资料。通过文献查阅,对于目前宅男宅女和职业发展与就业规划"是什么"有了更深层次的理解,为之后的研究提供了较明确的理论依据;对于宅人士目前出现的一些问题和问题出现的原因也有了进一步的认识。这些都为我们的调研报告奠定了一定的理论基础。

2.4　实地调研法

我们对于上海市比较典型的社区进行走访,和居委会阿姨大叔们进行交流,进一步了解宅男宅女在社区里面的生活情况及社区对于宅人士的看法和给予的帮助。我们还走访了政府机构,和专家进行深层次的交流,以便提出更合理的宅人士改造建议。

2.5　网络问答法

通过微博平台咨询多名职业规划师,了解相关专家的意见,我们的思路也更加开阔。通过论坛发帖、人人网和 QQ 网上问答等形式更全面地了解当代宅人士的现状,对于我们分析问题有很大帮助。

2.6　比较研究法

我们对问卷数据进行了比较分析。通过对宅和不宅、性别以及年龄的数据进行比较分析,发现这些方面存在的不同问题,并针对不同的问题提出相应的建议。通过比较研究,我们可以发现更细微的问题,从而使提出的建议也更加合理、有针对性。

2.7　头脑风暴法

我们小组在研究方向、资料查询、调查问卷、采访总结、实地走访、项目总结等方面进行了多次讨论,以确保本次调查研究结果的可靠性和严谨性。我们多次进行"头脑风暴",研究探索,展开深入的思考和创新想法的开拓,让本次调查结果更有创新点,更与众不同。

3　调查问卷

问卷情况:问卷共发出 1 000 份,收回问卷 937 份,有效份数 907 份,问卷有效率 96.8%。

3.1　问卷总体分析

第一题　您觉得自己宅还是不宅?

本题旨在了解当前人群中宅和不宅的比例分布情况。我们可以看到选择的人数最多的是偶尔宅这个选项,所占人群接近 1/2。而选择较宅和高级宅选项的人群相加大约也占到总人数的 1/3。可以说有宅倾向的人群所占比例还是很大的,真正认为自己不宅的人数仅占到近 1/5。

第二题　您现在对职业规划的认识程度如何?

本题旨在探究当前人群对职业规划的认识程度。选择最多的选项是较了解和一般,人群比例各占 1/3 左右。选择不太了解和很不了解以及从未听说过选项的人群加在一起约 1/5,那么仍然有 4/5 的人对于职业规划是有一定了解的,这个结论还是让人欣慰的。

第三题　对于您的目标,您一般是什么状态?

本题旨在了解当前人群对于目标的实现状态。其中有近 1/2 的人选择了充分准备去实现目标,这也是最多人选择的选项。但与此同时,有想法却未付诸行动以及做过一些准备但最终放弃的人群相加也有将近 1/2 的人,这个比例还是很大的,令人担忧。

第四题　您主要通过什么途径找实习或者是找工作?

总体上看,32.96% 的人是通过网上投简历来寻找工作。通过家人推荐的途径获得工作的人占少数,只有 8.94%。这表明,随着网络的不断壮大发展,通过网络寻找工作的途径更受欢迎。

第五题　在选择职业时您优先考虑的是什么?(可多选,不超过 3 项)

(1) 在选择职业时,优先考虑自己兴趣爱好的受访者最多,所占比例为 62.57%。同时,有 54.75% 的受访者认为职业发展前景在职业选择中也十分重要。43.02% 的受访者认为薪酬待遇及各种福利对职业选择有重要影响。

(2) 只有 6.15% 的受访者在选择职业时较为看重职业在社会的热门程度。

第六题　您认为您对自己以下哪些方面了解程度有所欠缺?(可多选,最多不超过 3 项)

一半以上的受访者对自我能力还不甚了解。60%~70% 的受访者对自己的性格特征及优缺点相对了解。大部分受访者对自己的兴趣爱好最为了解。

第七题　您是否对自己的职业生涯进行过规划?

对于职业规划,将近 67% 的人是有的,其中 31% 是有较为清晰的短期和中期目标及规划,而 37% 的是有做短期的规划,而没有中长期规划。当然有很清晰的规划的占 16%,有大概考虑的占 13%。从来没有过职业规划的只有 3%,几乎没有。这表明,职业规划基本大家都有,只有很少的人没有,他们职业规划意识是有的,关键我们要进行更好的指导,使他们有中长期完善的职业规划,这样有助于宅男宅女们就业问题的解决。

第八题　您觉得实现您的就业目标重要的因素是什么?(可多选)

宅男宅女们实现就业目标主要靠的是自身能力的优势、专业知识及人际,这两方面因素分别占比 85.47% 和 70.95%,靠相貌、家庭背景和在校成绩的都占 20% 左右。所以,我们要注重宅男宅女们自身能力的培养、专业知识的学习和人际关系的建立,这样宅男宅女们才会走出家门,才能在社会招聘中更快速的寻找到适合他们自己的岗位。

第九题　你对自己就业是如何规划的?

在宅男宅女们的就业规划中,大部分的人选择从事自己喜欢的职业,再者是选择从事与大学所学专业相关的职业,11% 的人是不自己考虑就业规划的。所以对于宅男宅女而言,他们首先要清楚自己的兴趣爱好,知道自己喜欢的专业,这样才能选择自己喜欢的职业,才能找到自己满意的工作。其次,在选择大学专业时,选择好与自己兴趣相符的专业,这样就业求职时就有明确的目标和方向。

第十题 你对参加聚会,集体活动和社会实践活动的参与度,热衷程度是:

对于集体活动和社会实践,有43.58%的人是积极参与的;26.82%的人是一般化的态度,不积极参加也不反对;还有29.6%的人表示不参加。其实社会实践活动对与我们的求职是很有帮助的,积极参加社会实践能锻炼我们融入社会的能力,提高我们的团队意识和合作精神。所以宅男宅女们,平时要积极地参加社会实践,在社会实践中更好地学会与别人交流和相处。在职场中更好地融入团队中。

第十一题 当您遇到职业困惑时,您通常选哪些渠道解决?(可多选,最多不超过3项)

在我们遇到职业困惑时,选择的解决途径时相对比较多。首先是同学、朋友,占到68.72%,是我们寻求帮助的第一群体。所以同学、朋友是我们的一大财富。其次,我们会选择自己解决,占比41.9%。毕竟是我们自己选择职业,在遇到困惑时,通过自己的一些途径我们也能很好的解决。再者,我们会选择向家长寻求帮助,占比38.55%。毕竟父母的社会经验是丰富的,在求职时能给我们一定的帮助和合理的建议。还有向老师、校友、专家、职业就业机构等寻求帮助的,但是比例比较小。所以平时宅男宅女们解决困惑时,朋友和同学、家长、自己是三种主要方式。

第十二题 对于职业规划的信息,您更喜欢什么方面的(可多选,最多不超过3个)

对于职场信息的了解,分布比较均匀。想了解适合自己职业分析的占58.66%;想了解科学的职业规划理论和指导以及各行业现状及前景分析的都占48%,而想了解职场礼仪和求职技巧的相对比较少占比28.49%。所以在对宅男宅女们做就业指导时,我们可以侧重对他们比较在意的部分进行指导。

第十三题 您认为现在宅男宅女们职业规划不足的原因是什么?(可多选,最多不超过3项)

从对宅男宅女规划不足的原因分析中可以看出,最关键的原因是缺乏接触社会的经验和对社会人才需求的了解。再者就是很多人对自己专业和职业没有系统的认识,不了解自己所学专业从事职业的发展方向。还有一些人不了解自己的个性,无法规划;或者缺乏规划意识;或者社会提供的就业指导少。所以宅男宅女们,要主动的走向社会,社会经验是积累起来的,只有勇敢地去面试、去接触社会,积累经验同时注意了解自己专业的就业前景等,对自己专业有系统的了解,这样在职业选择时,才能有个明确的方向。

第十四题 您认为宅男宅女在职业发展方面可能会存在哪些问题?

从对宅男宅女职业发展方向存在的问题的分析中可以看出,宅男宅女们的人脉圈狭小,这是不利于他们职业发展最主要的原因,占比34%。还有一些人是缺少锻炼,身体素质差,不能全身心投入工作。再有一些人团队协作能力差,不能很好地融入团队工作中。当然还有一部分人缺乏激情,安于现状。所以,面对这些现状,政府要尽可能为宅男宅女人群提供一些帮助。而宅男宅女们也要主动走出家门,走向社会,寻找求职机会,积极地融入社会群体,锻炼自己的能力,扩大自己的人脉圈。

3.2 问卷个别分析

3.2.1 宅和不宅重点数据分析

以下内容通过对宅和不宅的受访者进行分类统计,由此得出的数据分析。

第二题 您现在对职业规划的认识程度如何?

高级宅的部分里面,对于职业规划很不了解甚至从未听说过的人数相对于其他几类宅而言所占比重最高。

第四题 您主要通过什么途径找实习或者找工作?

宅的程度越高,越喜欢通过网上投简历的方式实现就业,自己去寻找工作机会的比重越少。高级宅实现就业的方法过于单一,不能充分运用身边的有效资源。

第七题 您是否对自己的职业生涯进行过规划?

宅的程度越低,越能有着非常清晰的职业规划,从没有考虑过职业规划的比重也越低。

第九题 你对自己就业是如何规划的?

高级宅对于就业的考虑较少,选择"不作考虑,能就业就行"的比重相对于其他几类人群而言比较高。

3.2.2 性别重点数据分析

除了对宅和不宅进行分类分析,我们小组还对性别区别进行调查。以下内容为性别区分的数据分析。

第四题 您主要通过什么途径找实习或者是找工作?

这一题调查的是宅男宅女找实习或者找工作的途径。整体来讲:宅男宅女找实习或者工作主要途径是通过网上投简历,这一比例达到了31%以上,而宅男宅女通过参加招聘会找工作或者实习的比例不足10%,反映了宅男宅女的特质和弱势所在。值得注意的是:宅女与宅男相比,宅女更倾向于通过家人推荐找工作或者实习;宅男则更倾向于通过自己寻找工作或者实习。宅女更倾向于通过家人解决自己的就业问题,宅男有一定的自主性,更愿意通过自己的努力找到属于自己的职业。

第五题 在选择职业时您优先考虑的是什么?(可多选,不超过3项)

这一题调查的是宅男宅女选择职业时优先考虑的因素。整体来看,宅男宅女优先考虑的主要有:自己的兴趣爱好、职业的发展前景和薪酬待遇及各种福利。宅女与宅男相比,更加倾向选择薪酬待遇及各种福利,宅男更加倾向选择自身能力。由第五题调查可知,选择职业时优先考虑的因素,宅男的选择更加理性,宅女的选择更加现实,更加贴近生活。

第八题 您觉得实现您的就业目标重要的因素是什么?

这一题调查的是宅男宅女实现就业目标重要的因素是什么。整体来看:宅男宅女认为实现就业目标重要的因素是自身能力和专业知识、人际关系。宅男和宅女相比:①宅男认为在校成绩和相貌身材不是重要因素,宅女则认为家庭背景和相貌身材不是重要因素;②宅女在在校成绩这一选项上比宅男高8.8%,宅女在专业知识人际关系方面比宅男高 26.17%。这表明,宅女在校期间更加注重学习专业知识,培养自己的专业技能;宅女对自己的职业有一定预见和准备,而宅男在这方面有所欠缺,或许会给未来的就业造成一定的隐患。

第十二题 对于职业规划的信息,您更喜欢哪些方面的?(可多选,最多不超过3个)

这一题调查的是宅男宅女更喜欢哪方面职业规划的信息。在适合自己的职业分析、科学专业的职业规划理论和指导、行业现状和前景分析这三方面,宅男宅女们选择比例都是 45% 以上,说明宅男宅女在这三方面存在一定的认知缺陷,宅男宅女更倾向于获取这三方面的信息。宅女希望在这三方面获取信息的程度大于宅男。宅女和宅男相比更加希望通过合理的职业规划信息来帮助自己实现就业。

3.2.3 年龄段重点数据分析

各年龄段的数据也会不一样。以下为各年龄段区分的数据分析。

第二题 您现在对职业规划的认识程度如何?

由数据显示,年龄由低至高,对职业规划的认识程度从一般程度向非常了解转变。在调查中选择较了解和一般了解的人数多。联系第一道题目,宅倾向明显的 16～25 岁中,更多人认为对自己的职业规划为一般了解程度。

第三题 对于您的目标,您一般是什么状态?

由数据分析可知,对于个人制定的目标,随着年龄的增长,人们总是成熟地走向充分准备去实现目标的状态。在 16～25 岁的人群中,未付出行动、最终放弃的比例较高。也许是手里掌握的资源和所获取的经验不足,在对目标的进一步执行上存在着一定的盲点。

第四题 您主要通过什么途径找实习或者是找工作?

由数据显示,在 26～30 岁年龄段中,半数以上选择了网投简历,联系该年龄段多数人偶尔宅的习性,在生活中与网络有关的活动占去不少时间,于是这种方便的工具能被普遍使用。至于家人推荐方式,由低龄到高龄比例大致为下降趋势。16 岁以下、16～20 岁中较多人是通过自己寻找工作的。此时工作偏向于兼职和实习、社会实践活动,信息量多且分散,自己寻找的可操作性很强。

第五题 在选择职业时您优先考虑的是什么?(可多选,不超过3项)

数据分析显示,在选择职业时,所调查的多数人都有较明显共识:以自己的兴趣爱好、职业的发展前景等各种福利为导向。其中薪酬待遇方面,16～20 岁、35 岁以上的人群更为关注。35 岁以上则更多地关注家庭和现实生活问题。16～20 岁左右对自身的职业有许多的要求和想象,数据显示该年龄段所关注的焦点分散,表现出强烈的需求和自信。

第八题 您觉得实现您的就业目标重要的因素是什么?

数据显示,在实现就业目标重要的因素选项中,对于自身能力的重视和对专业知识、人际关系的重视是共识。35 岁以下的人群认为选项中最重要因素为自身能力,之后为专业知识和人际关系。16～20岁则认为在校成绩、家庭背景因素对实现目标影响更大。

第九题 你对自己就业是如何规划的？

数据分析显示,在所调查的人群中,大多数人选择从事自己喜欢的专业,考虑从事大学所学专业。并且随着年龄的增长,对此不作考虑的人的比例也在逐渐下降。

第十三题 您认为现在宅男宅女们职业规划不足的原因是什么？（可多选,最多不超过3项）

数据显示,各年龄段的人都认为现在宅男宅女们职业规划不足的重要原因是缺乏接触社会的经验,对社会的人才需求不了解。31岁以上的人多选择不了解自己的性格与能力,无法做出很好的规划,社会提供的就业指导比较少。在16～20岁人群的选项中,除了社会提供的就业指导选项,其余选项分布较均匀。

4 采访报告总结

4.1 宅一族采访总结

为了解"宅一族"的心声,我们找到即将面临就业问题的大学生来和我们分享一下他的宅男生活。作为宅男的他,很少出门,虽在大学期间有过职业规划,是一个以学习为主的知识青年,当谈到宅人士在职业发展和就业规划存在的问题的时候,他认为由于宅的时间较久,与人沟通能力一般,人脉圈较窄,并且由于和外界接触不多,对于自身专业或是所从事的行业环境并不很了解,因此宅人士们容易对自己的未来产生迷茫的感觉。

4.2 职业规划师采访总结

采访职业规划师李老师时,我们的采访问题涵盖了宅男宅女进行职业发展和就业规划方面的典型问题。由于时代的变迁,李老师认为,在如今开放的时代,进行职业规划意味着可以让你在有众多选择的情况下寻找一条最适合自己的路。对于"宅一族"来说,如何能够脱颖而出,李老师也给了几点建议：做到自食其力、决心坚定、平衡好工作和生活；并且,"脱颖而出并不是和别人比,而是和过去的自己相比"。有些宅男宅女们可能想精打细算地选好职业,但是"选择并不重要,重要的是你要先有能力去选择"。对于一些没有职业规划,但是通过不断尝试来确定自己就业方向的宅男宅女们,李老师是表示赞同的,但是这是建立在有一个合理的方向和让自己心安的基础上的。

4.3 企业人士采访总结

我们采访到两位企业人士来和我们谈谈他们对于宅男宅女的看法。对于职业规划,丁先生认为职业规划是在不断修正又不能偏离自己职业发展设定的目标的前提下对于自己未来发展的计划。并且有无职业规划并不是关键,重要的是坚持自己的梦想和信念。企业人士看重的是求职者的品德和潜力。至于有些宅人士们犹豫选择大公司还是小公司等问题,丁先生认为,选择公司并不是看规模,而是看管理。同时,两位企业人士给予宅男宅女们以下几点建议:充满正能量,拥有好心态;多和人沟通,建立人际关系网;最好有一技之长;不断地更新所学知识等。同时需要具备耐心、信心和决心。如今,一些大型企业已经采取措施来鼓励和帮助宅男宅女们就业,但是仍不够,需要更多的企业加入其中。这既是帮助待业人群重返社会,也是帮助企业自身创造更大的价值,更是维护了社会的稳定和团结。

5 实地调研总结

根据先前搜集到的资料,我们来到了康健路居民委员会和月河居民委员会,和其就业援助员进行交流。阿姨大叔们很热情地回答了我们的问题。在交流中,我们发现社区中待业的宅男宅女们大多数较年轻,且待业时间也较长,有些甚至达到了一两年。大多数宅男宅女们性格内向,缺乏与人来往,不擅长与人沟通,且自身能力也止步不前,这些对他们职业发展均有不好的影响。令人欣慰的是,居委会通过推荐工作、引导其参与社会实践、提供职业咨询、免费培训等举措给了待业的宅男宅女们一定的帮助。但是仍然有部分宅男宅女们较被动,不愿主动寻求帮助,社区也无法很好地帮助其就业。此外,我们还了解到,以上两个社区均已积极参与人保局组织的启航计划,计划组织丰富的活动,相信随着时间的慢慢推移,更多的宅男宅女们能够获得帮助。

6 网络问答分析

我们通过百度贴吧,论坛和新浪微博等网络途径,对宅男宅女的职业规划问题进行了探讨和研究。百度贴吧和论坛及新浪微博是宅男宅女经常登录的网站,与我们谈论宅男宅女职业规划的网友,部分能反映出作为宅男宅女在职业规划上所面临的困惑和存在的问题。

当我们问及:作为宅男宅女,你对自己的职业规划是怎么样的呢?网上友人回答是:很少规划过,我应该反省。还有一位贴吧好友表示自己虽然是一名大三的学子,但是对自己以后所从事的职业认识程度还是有所欠缺,他认为:其实大学生对自己职业规划都做得不够好,宅男宅女在这方面也许更加欠缺罢了。通过网络调查,我们发现宅男宅女的职业规划和就业发展存在着不少的问题。

7 问题总结

7.1 自我方面

第一,宅男宅女对自身的认识。
(1) 有54.95%的宅男宅女对自身能力了解程度有所欠缺。
(2) 有36.26%的宅男宅女对参加聚会,社会实践活动和集体活动不感兴趣。

(3) 有41.21%的宅男宅女认为:因为不了解自己的性格与能力,无法作出很好的职业规划。

(4) 有48.35%的宅男宅女认为:对自己的专业或所从事的职业没有系统的认识,不了解自己的所学专业或所从事的职业的发展方向。

(5) 有41.21%的"宅一族"遇到职业困惑时自己解决。

宅一族因常年宅在家的缘故,对自身的兴趣爱好、优点和缺点、自身能力和性格特征了解程度不高,且缺少与人交流的机会,这在以后的人际交往和工作方面产生一定影响。"宅一族"因为待在家打游戏或者看电影,使得"宅一族"对自己的专业了解程度不够或者是对自己所从事的职业前景不太了解,也许会因此失去一些就业的机会。"宅一族"因常年在家,生活规律也许会变得不规律,对自己的要求也许会降低,懒惰也许会慢慢多起来,对以后工作效率等方面也许会造成不良的影响。宅男宅女遇到职业困惑时,自己解决,虽然只有自己才了解属于自己内心深处的观点与想法,但自我评估有很强的主观因素,不够客观真实。

第二,"宅一族"职业规划意识薄弱。

(1) 有56.04%的"宅一族"对职业规划认识程度不高。

(2) 有54.44%的"宅一族"没有清晰的职业生涯规划。

(3) 有59.34%的"宅一族"更喜欢得到适合自身职业分析的职业规划信息。

"宅一族"对职业规划有畏难心态。很多宅男宅女觉得职业规划是个很大的概念,认为这是力所不能及的,所以也不会去尝试。"宅一族"因大多数时间在看电影和打游戏,没有时间对自己做出一个合理的职业生涯规划,对自己如何进行职业生涯规划有点不知所措。"宅一族"片面认为只要有一份工作就行,使得"宅一族"没有一个清晰、适合自己的职业生涯规划。

第三,"宅一族"求职途径单一。"宅一族"有31%以上的宅男宅女通过网上投简历,参加招聘会找工作或者实习的比例不足10%。"宅一族"也许是因为与外界交流少等原因,偏向于网络求职,对于参加招聘会等途径求职热情度不高,虽然网络上求职信息比较多,但是不乏虚假信息,缺少与公司直接的沟通,使得"宅一族"对公司的了解度不高。求职途径单一,为"宅一族"寻找适合自己的职业埋下了隐患。

7.2 家庭方面

我们先来分析一下来自家庭方面的问题。在孩子成长过程中,家庭起到一个不可忽视的重要作用。当心智尚未成熟的孩子面临着他无法解决的问题、情况时,内向或缺乏交流的孩子很容易在心里埋下宅的种子。随着时间的推移,孩子成熟长大,复杂的社会与无法承受的梦想之间的矛盾,让不少人变成了宅男宅女。他们相对于其他人,倾注了更多精力在他们喜欢或好奇的事物之上,因此在职场中不难发现这类人:他们冷漠、疏离,不够热情,性格内向,但是他们都有另一面,即碰到他们所擅长的事情,则表现出全新的转变。唯一不好的地方也许是初次给人的印象上,他们会因为不被了解,受到不公平的指责。

出现这个情况的原因,我们认为应该是:他们缺乏的是与家人的沟通,大多数人在婴儿、儿童、青少年时期与家庭关系十分密切,之后可能因为相处时间的缩短开始减弱。性格影响了孩子未来的发展,婴儿、儿童期以及敏感的青少年时期是性格的形成时期。这是重大的来自于孩子本身的问题。另外,若是处在一个溺爱的家庭里也容易导致宅。比如,父母对孩子衣来伸手饭来张口,对诸多严肃问题并不严格要求,应该教训时,敷衍了事,在物质方面相当宽松。可是孩子总有一天会离开父母,他从羽翼下来到暴风中,却没有飞和停驻的能力,只能再回到巢里躲避现实了。

7.3 社区方面

上海市从2002年起开始建立就业援助队伍,遍布在上海市城镇各居委会,深入社区帮助求职困难人员实现就业。居委会就业援助员的工作职责主要是为辖区内刚进入社会的大学生或下岗职工提供就业服务。他们需要通过各种形式对社区居民开展劳动保障政策宣传、在本辖区内开展劳动力资源调查摸底、劳动保障维权等。由此看来,就业援助员的工作量不容小觑。同时,作为社区失业人群的工作导师,就业援助员本身是否专业也受到了我们的关注。

根据本小组的调查走访,我们发现了居委会就业援助存在以下几个问题:

(1) 就业援助员未能清楚掌握本辖区内劳动力资源的具体情况。本小组成员在访问多个居委会就业援助员时发现,大部分就业援助员并不十分清楚本辖区内劳动力资源的具体情况。这与就业援助员开展劳动力资源调查摸底的工作职责相违背,同时这也不利于工作人员开展就业援助工作。

(2) 居委会就业援助员年龄大,专业性有待考证。在居委会走访过程中,我们发现大部分就业援助员都是年龄偏大的协保人员。他们中有些人并不具备专业知识,缺乏专业培训。因此,他们能否为社区内失业人群提供帮助有待考证。

(3) 就业援助员工作较为被动,不利于实施对"宅一族"的就业援助。由于宅男宅女这一群体本身个性较为特殊,不爱与人接触。因此,他们几乎不会主动向居委会寻求帮助。如果就业援助员不能针对这一群体主动上门服务,和"宅一族"多沟通,这十分不利于对他们实施就业帮助。

7.4 社会方面

在上海这样一个大都市,求职的机会多,同时失业问题也很严重。现在的很多失业青年男女喜欢宅在家,而不是出去就业。所以我们称之为"宅男宅女",对于这部分人群,我们社会是很关注的。

如今,浦东新区启动的"就业导航快线"是指在家通过参与网络模拟求职,了解自己的性格和适合的岗位,还能得到专业的就业指导。类似于浦东的"就业导航快线"的活动对于促进就业是有好处的,但是这类活动现在并没有在整个上海市普及。

另外,专业的就业指导机构只是提供政策信息,并不能对宅男宅女们的需求做出分析。我们小组曾去过上海市人才服务中心找寻其中的老师进行咨询,而那里的老师说他们只提供政策性指导,不得不说这些指导内容有待实质性的改进。

7.5 学生群体

7.5.1 学校与社会方面

第一,与职业规划相关的机构数目不多,分布不均,普及度不高。目前社会中与职业咨询相关的机构的数量较少,尤其是实体机构,导致很多在职业方面有困惑的学生寻路无门。职业咨询机构大多数分布在东南沿海一带经济较发达地区,而在靠近西部、北部一些经济欠发达地区则缺少专业机构,可能会给学生解决自身问题带来不便。职业咨询相关机构的普及度不高,宣传不到位,一些学生都不知道有这方面机构存在,不利于职业规划的推广。

第二,部分与职业规划有关的机构或相关人员不够专业,未发挥应有的作用。现在职业咨询师等职业咨询方面的专业人员不少,但是真正专业的人员并不多。一些职业咨询师或者老师可能因为专业知识不够或者是未能清楚了解学生状况而提供不恰当的建议给学生,从而导致学生职业规划方面存在问题。一些职业咨询相关的机构也不够专业,可能未能达到帮助学生确定良好的职业规划的目的。

第三,学校或社会缺乏职业相关的活动或者开展的活动质量不高。学校或社会开展与职业相关的活动的数目满足不了日益增长的学生对于职业方面的需求。有些学校或者社会所开展的活动没有切合实际,不够实用,质量不高,从而未能达到帮助学生进行职业生涯规划的目的。而开展的活动形式不够新颖,不能够吸引同学参加也是一个问题。

第四,学校或社会未能将理论与实践相结合。学校或社会给学生的理论知识与实践活动未能很好地相结合,会使学生有知识不会运用,或者是会用却不知其所以然。这也会阻碍学生的职业生涯规划。

第五,社会未能提供良好的平台,未营造起优良的职业规划风气。社会未能提供良好的平台给大学生进行职业咨询、创业或者就业等等。现在社会中,还有很多学生不了解职业规划、没有认识到职业规划的重要性或者是意识到却没有进行职业规划。缺乏相关的宣传,未营造起优良的职业规划风气,这也不利于职业规划的推广和传播。

7.5.2 各年级问题

第一,部分大一新生因环境变换、消极怠慢、放纵自我等原因,未仔细考虑自己实现职业规划的途径,不积极参加社会活动,错过开阔视野,锻炼自己的机会。

第二,由于未对自己的专业进行深入学习、忙于参加学校活动、认为职业规划为时尚早等多种原因,错过了职业规划。

第三,部分大四的学生没有主动了解职业规划的知识。临毕业前,面临短促的时间和严峻的就业形势而进行的草率规划,无法保证其规划的科学性,会对以后的就业造成潜在的影响。

第四,部分大四的学生对所学的专业了解程度不够。在即将走向职场的时候,仍然对自己所学专业了解程度较低甚至不了解,短期来说:求职成功的概率会变小,薪资待遇水平可能会降低。长期来说:职场前景不明朗,甚至面临失业的危险。

7.5.3 各专业问题

第一,在自我认识途径方面,文科与商科专业的学生会更加理性的考虑各方因素,而理工科的学生更愿意相信他们自己的认知。

第二,理工科的学生以计算机专业为代表,在自我性格了解方面的能力有待加强。

第三,各专业的学生在对于职业生涯规划的问题上都不明朗。

第四,由于法学专业限制性较大,大学期间的学习内容只涉及法律方面,涉及面不广,导致法学专业的学生在进行职业规划的时候更看重是否与专业相一致。而理工科的学生更为现实,更看重职业的报酬与热门程度。

第五,法学专业由于不能够像其他专业那样较为容易地找到实习工作,而且平日的专业课的社会实用性不大,导致法学专业的学生普遍存在社会经验缺乏的问题。

第六,各专业的学生对于自己专业的了解程度都有待提高。

7.5.4 性别问题

第一,女生的自我认识明显高于男生。女生在职业规划之前总是能很好地认识自我。我们通过专业的测试发现,女生的自我认识科学理性,而男生的自我认识偏重于感性。这样女生对于职业规划考虑方面比较多、比较周全,而男生对于自己的职业规划比较的含糊。

第二,男生比较了解自己的性格,而女生比较了解自己的兴趣爱好。所以在职业规划时,男生能很好的根据自己的性格选择自己的职业,而女生虽然了解自己的兴趣爱好,在职业规划时更加看重专业的热门程度等。

第三,长期规划方面女生比男生做得好。因为未来的就业不明,长期规划的同学较少,而其中女生比男生多,因为女生比较细心,考虑的事情比较全面,所以有份长期的规划。而男生规划意识比较浅,比较感性,不愿去做些长期的规划,觉得没有必要,浪费时间。现在在就业率日益严峻的情况下,没有一份长期的职业规划对未来的就业可能会造成不利的影响。

第四,遇到职业困惑时,女生的求助意识强于男生,并且女生倾向于求助专业机构。我们的职业规划的过程中,遇到困惑要及时地解决,逃避只会阻碍你找到一份满意的工作。

7.6 "启航"专场

"启航"计划全称为"扶持失业青年就业启航计划",由上海市人力资源和社会保障局及共青团上海市委员会于 2012 年 3 月联合推出,其目的是为青年成功实现就业提供政策、岗位、技能等一揽子服务。

(1) 对待业宅男宅女的摸底排查工作开展的不够彻底。在走访社区、采访就业援助员的过程中,我们小组发现,大部分就业援助员都不清楚本辖区内待业青年的人数、比例等。这将不利于开展对他们的就业帮助。

（2）"启航导师"队伍师资力量建设存在不足。"启航"导师是青年求职过程中的良师益友，发挥了重要作用。然而，各区县的导师数量不多，且未能完全建立和规范"启航导师"工作制度、做好活动安排，也就无法切实开展好服务、为青年就业助力。

8 可用于实践的改进建议

8.1 自我方面

宅男宅女认识自我，可以从"生理我""社会我""心理我""技能我"四个角度来分析。认识"生理我"是指一个人对自己的身体、健康状况、外貌、动作技能等方面的感受。无论高矮胖瘦，无论黑白美丑，只有积极、坦然地接受"生理我"，才能够更加自信地与人、社会接触。认识"社会我"是指个人对自己于社会的地位、角色、责任与权力等的认识。人是社会的主体，我们需要明确我能为社会带来什么，社会需要我做些什么，社会能够给我提供什么。认识"心理我"是指个人对自己的心理属性的了解。心理属性包括价值观、性格、兴趣、能力等。人的价值观、性格影响着人们的行为方式。认识"技能我"是指一个人对自己所掌握的或潜在的能力技巧的认识。我们只有了解自己掌握了多少本领，才能根据自己的本事进行职业规划，达到"人尽所用"的状态。"宅一族"认识自我，可以通过自我审查、他人评价、心理测试与咨询专家这四种途径。自我审查是认识自我最为犀利的武器之一。他人评价是认识自我最好的镜子。他人往往能够更加真实地反映我们所不能认识到的自己。一些专业测试，如霍兰德职业测试，经过多年的研究以及验证，具有一定的科学性与准确性，有其参考价值。"宅一族"可以注重通过他人评价、心理测试与咨询专家来认识自己。这样，以后遇到职业困惑的时候，也能够通过很多途径来排解心中的苦闷，为以后职业生涯顺利发展提供有力的保障。

"宅一族"可以试着走出封闭的空间。与朋友多交流自己的心声，从周围环境入手逐渐拓展自己的社交圈。敢于表达自己的想法，乐于助人，慢慢的社交能力会有所提升，更重要的是能够提升与人交流的能力，使得自己在以后的工作中能更好地处理人际关系。

宅生活只是一种生活方式或生存的状态，对任何人而言，这都绝对不是最终的生活目标。每个人的内心都有一种自我成长的力量，有着种种对生活的期待和渴求，试着聆听一下自己内心的声音。

首先，"宅一族"应该仔细想想自己的生活目标究竟是什么，有了目标，生活就不会变得懒散。有了自己奋斗的目标，通过读书等不断充实自己，调整好自己的心理状态，生活也会慢慢变得有规律。

其次，"宅一族"可以通过宅在家的时间，多寻找关于职业规划方面的知识，清晰地了解职业规划对自己的重要性，也可以通过论坛、微博等网络途径求助其他人关于职业规划的问题,与网友共同谈论如何确立合理的职业规划。"宅一族"通过确定志向,自我评估,职业生涯机会的评估,职业的选择,职业生涯路线的选择,设定职业生涯目标,制订行动计划与措施,评估与回馈等八个步骤来制定属于自己的合理的职业规划。

最后,"宅一族"应该清楚地认识到虚拟和现实的差别,要认识到网上投简历被录用的可能性比较小。除了网上投简历,"宅一族"还需要通过更多途径来找工作,如朋友介绍和参加招聘会,多参加招聘会,可以让宅男宅女更清楚地了解到最新的招聘信息等,这对"宅一族"也是一种锻炼和提升。至于自身社交能力比较差、对招聘会存在一定恐惧心理的宅一族,可以选择结伴而行。

8.2 家庭方面

宅男宅女更习惯在熟悉的环境下生活,他们有意识地寻求着安全感,这种感觉可能导致他们在就业和走向社会时出现各种各样的问题,面临更多的困难。但是正是这种习性给予家庭这一因素强大的影响力,我们从家庭的角度研究宅男宅女所面临的问题,并寻找解决问题的方法。

客观方面,第一,家庭必须把孩子的教育放到第一位,一边沟通一边教育,赋予孩子一个健康的身心,让他身体强健同时内心坚强,让他提高身心的适应能力,体会父母的辛劳、明白社会的市场化、知道自己的分量、懂得应该追寻的目标是什么。第二,培养孩子形成正确的价值观、社会观,即便是有富足的生活品质,也要有弯得下腰的气度和涵养,应该充分利用资源,培养孩子更加独立地思考。

主观方面,每个人都有自己的喜好、特长,都会在适当的年龄步入职场这个人生大舞台,所以宅男宅女们应该积极地参与进去,把自己从自己的世界解放出来,在职场中学会为人处世,学会爱岗敬业,为幸福而奋斗。要不愧于父母的养育之恩,在有生之年创造一份属于自己的事业。在择业上,要求要实际,要符合自己的能力,不要好高骛远,眼高手低。脚踏实地地去工作,是为了更好培养自己的能力,为公司创造价值,为自己的事业韬光养晦。暂时放下自己,也许宅男宅女们会收获一份难得的感动,收获人生的更多快乐和精彩。

8.3 社区方面

对于上文所提及的社区的第一个问题"就业援助员未能清楚掌握本辖区内劳动力资源的具体情况",我们有以下建议:

(1) 居委会应积极开展本辖区内的劳动力资源摸底调查。工作人员主动上门调查,同时确保调查数据的真实性与可靠性。

(2) 建立人力资源信息库,为下一步有针对性地开展包括就业指导、就业服务等工作提供基础数据。针对宅男宅女这一群体,需重点了解其工作情况。比如是否失业、职业规划状况、就业方向、职业技能等。可针对他们个人的情况开展后续指导工作。

(3)定期更新人力资源信息库,以保证相关信息的真实可靠,以便工作人员更好地开展工作。

以下是针对第二个问题"居委会就业援助员年龄大,专业性有待考证"的建议:

(1)增加就业援助员的薪酬,提高其待遇,以吸引更多年轻人加入到这个行业。

(2)对就业援助员开展定期的技能培训,提高工作人员的专业素质。

(3)建立就业援助员考核评估制度,以更好监督其工作状况。同时依据其评估结果颁发奖励,调动员工的工作积极性。

针对第三个问题"就业援助员工作较为被动,不利于实施对"宅一族"的就业援助的建议如下:

(1)根据社区内最新的人力资源信息库,关注在家待业时间较长的失业人群。主动上门邀请其接受社区提供的就业指导服务。

(2)根据"宅一族"热爱网络这一特性,开通社区官方微博或网络主页,定时发布就业指导及招聘信息等。为"宅一族"提供更加便利的服务。

(3)密切关注宅男宅女的职业发展动态,并给予鼓励与监督。

8.4 社会方面

上海全市范围开通"职业指导快线"。浦东新区的宅男宅女们只需在家参与网络模拟求职,就可以了解自己的性格和适合的岗位,同时得到专业的就业指导。据悉,继在陆家嘴社区成功试点之后,如今,"快线"已经在周浦、潍坊等多个街镇开通。这是浦东新区的一些社会帮助成果,但对于整个上海市而言也是可以借鉴的,我们应该在上海市全市范围内开通"快线",可以让全市范围的宅男宅女共同享受这一福利。

就业指导机构改善方式,提出实质性建议。上海市范围内有一些专业的就业指导机构,它们一定程度上能帮助到我们的宅男宅女,但是其实它们的一些指导是纯理论的,就是一些政策方面的指导,没有对于宅男宅女们自身的个性分析,对于他们切实适合什么样的工作没有给出指导。所以我们专业的就业指导机构,可以改善自己的指导方式,更多地对来寻求工作指导的宅男宅女们,作出因人而异的具体分析,给宅男宅女们提出实质性的建议,而不仅仅是政策指导。

8.5 学生专场

8.5.1 学校方面

1)设置职业规划课

在大学,老师不仅教给我们书本知识,也传授给我们一些人生经验。而现在学校对职业规划还不是很重视,针对这个不重视的现象,我们在上职业规划课之前,学校可以先邀请一些专业的职业讲师给我们的辅导员和职业规划课的老师进行一些课程培训,培训之后老师再定期开展学术研讨会,讨论一些心得,共同讨论教案的制作,实现我们课堂教学的规范化、系统化、一体化。课堂老师可以采用多种多样的形式,用多媒体帮助了解职业规划的理论知识,如PPT的制作,还可以穿插教学视频加入真人秀,让学生排练一些职业规划有关的小品、话剧,自编自演,也可以增加职场模拟等课堂互动。

2) 开展职业方面的讲座

学校可以在不同的时间段开展一些讲座。如学校的人文讲坛。讲座的主题首先可以是面试指导,关于在求职前我们面对群面、单面的注意事项,讲述一些面试的实例,让学生对面试技巧有所了解。其次可以关于职场礼仪,礼仪随处可见,职场礼仪更为关键,可以让我们在面试官的面前留下最好、最关键的第一印象。再者可以开展一些关于简历制作的讲座,可以让我们积累一些关于简历制作的知识,到需要制作简历的时候我们可以得心应手。最后还可以是关于网络申请的,以便我们在网申这个大平台上,能突出自己的特色,申请到自己喜欢的工作岗位。

3) 提供职业规划方面的杂志手册

虽然现在信息传递的形式多样,特别是网络,它方便、快捷,但是传统的杂志、报纸等,依旧很常用。我们可以在宿舍楼下、图书馆放置一些职业规划方面的杂志、报纸,供同学们翻看、传阅;还可以在学校走廊的橱窗中张贴一些职业规划小知识的海报等,让同学在日常生活中时时刻刻了解到职业知识。

4) 定期开展职业主题班会

辅导员、班长可以一段时间组织一次职业主题班会。让同学们谈谈听讲座后的心得,或者分享自己兼职经历,也可以写关于职业规划方面书籍、电影的观后感,经挑选后共享。

5) 组织创办与职业有关的社团

发起职业发展协会,让同学参加社团,开展职业相关认识与培训,培养学生对职业生涯发展的认识能力,并积极组织与职业相关的宣传和比赛,促进校内外同学的参与和学习。

6) 开办校园宣讲会和招聘会

学校可以和企业合作,邀请一些企业来学校,在招聘同学的同时,在学校开办宣讲会,让更多的同学了解企业文化,接触到企业。我们在松江大学城,可以利用大学城七所学校的资源,学校与学校合作,相互交换一些企业的联系方式和招聘会的信息,让各所学校的学生有更多的机会去接触企业,获得更多的求职机会。特别是在每年11月份和6月份时,可为宣讲及有招聘需求的企业免费提供场地。

7) 建设就业中心的网站,招聘、实习信息的及时发布

学校可以建立一个与就业信息相关的网站,在网站上及时地发布一些招聘、兼职、实习的信息。通过访问这样一个网站,学生可以及时了解职业信息。同时网站的管理者在发布新信息之后可以通知各班的辅导员、班长,再通知各个学生,这样职业信息就能被及时地收集。

8) 设立职业心理咨询室

可以在学校设立职业心理咨询室,当同学们遇到职业相关的问题时,可以到咨询

室找老师,面对面交流,解决每个学生面临的不一样的职业规划问题。使学生有一个健康、积极的求职心理。

9) 举办职场方面的一些比赛

如职业训练营、职场竞技挑战赛、模拟面试活动。学校举办这些职场比赛,让学生进行职场的实战模拟,更好地感受现场的气氛,倾听一些企业评委的点评,有助于同学们锻炼自己的胆量、语言组织能力和反应能力。

10) 开展校友面对面座谈会

我们可以充分利用学校资源,请我们有成就的老校友回到学校,来给学校这些面临职业规划困惑的学生做一些经验、经历的分享。也可以请学长、学姐,讲讲他们自身经历的职业规划迷茫期,他们是如何解决这个困惑的。还可以邀请企业的 HR,说说他们所见到的应试者面试时出现的状况,我们要如何有效地避免这些问题。座谈会中我们可以让学生积极提问,采用答疑解惑的形式,解决同学的职业规划困惑。

11) 注册网上职业规划论坛

我们可以运用现在的网络技术,注册网上职业规划论坛,在论坛中同学们各抒己见,分享自己的经历、职业规划方面的资料等,达成资源共享的目标。

8.5.2 大学城方面

1) 完善并推广各大学或大学城"人才服务网",通过网络为大学生搭建就业平台

在当今信息高速发展的时代,网络无疑是获取信息资源的重要途径。一个合格的人才服务网如果运行得好,能在很大程度上给大学生的求职及企业的招聘带来便利。

比如"松江大学城人才服务网"是上海市松江区人才服务中心建设的一个面向松江大学城学生提供就业实习生活提供综合性服务的门户网站,希望通过这个平台为松江区知名企业和松江大学城各学校之间建立一座桥梁。但该网站在运行中存在一定的缺陷:

(1) 求职与招聘信息较少,更新较慢,无法及时满足企业及求职者的招聘求职需求。例如,在"兼职天地"板块,2010 年 11 月起总共只有 20 条企业提供兼职职位信息。最早一条信息是由"爱德奇电讯设备(上海)有限公司"于 2010 年 11 月 30 日发布。而最新更新的信息是由"上海英琢企业管理咨询有限公司"于 2012 年 6 月 12 日发布的兼职信息。这说明了该网站将近 9 个月并未及时做出更新。更新缓慢及内容稀少,这体现该网站并未完全发挥出它应有的作用,不能及时收集各个企业招聘信息、求职者信息。

(2) 网站推广力度不够。很多学生不曾了解该网站,并且不能很好应用该网站的信息资源为自己的就业提供便利。这说明了网站推广与宣传的力度较小,较难增加网站的访问量。

以上问题造成该网站不能很好地实现其为求职者和招聘企业服务的宗旨。依据上述问题,我们小组对完善诸如此类的网站有如下几点建议:

（1）"线上线下"共宣传。倘若不提高访问量，那么便无法很好地吸引企业在网站发布各类招聘信息，也就无法获得大量的人才资源。因此，完善网站的重要内容就是加大宣传，增加访问量。可充分利用网络进行线上宣传。

第一，在其他网站设置快速通道或友情链接；与大学城各高校官方网站、各企业网站、本区各类知名网站互相交换友情链接。

第二，在人人网、易班、微博等网站建立公共主页，并同步更新公共主页招聘信息，积极推广宣传网站。

在线上宣传的同时，在各校宣传栏上粘贴海报、分发传单。同时，可利用各校的校刊校报进行定期宣传。

通过以上几种宣传，争取最大限度提高网站的知名度，增加访问量，从而获得更多人才资源。同时，学校与网站的合作，还能在一定程度上为学校就业率的提升提供帮助。

（2）增加网站提供的服务内容。既然是人才服务网，显然该网站提供的服务力度是不足的。除了及时更新外，还可增设以下几个板块：①网上职业课程——在该版块中添加与求职、就业相关的，如职场礼仪、如何制作简历、如何在面试中脱颖而出等相关课程。可通过博文、PPT、视频等形式分享。②就业咨询论坛——为广大求职者提供一个便利的网上咨询平台，聘请专业团队专门为大家解答各类求职就业困惑。③企业推荐——以客观的立场，为求职者介绍一些拥有工作环境好、实力强大、市场前景好等优势的企业。

以上版块，可使得网站信息更为丰富，更加便利于使用者。

（3）网站有偿为企业提供宣传服务。若要加大宣传力度、增加服务内容，必然需要大量的资金及人力等。为增加网站建设资金，可增设企业宣传板块。企业可在该板块发布企业相关信息，如企业文化、企业活动等信息。一方面，可增加企业知名度，为企业广纳优秀人才做出贡献；另一方面，又能为网站的建设提供资金，保证网站的持续经营，更好地为求职者及企业服务。

（4）增加信息来源渠道。从学校、企业、人才市场、招聘市场、中介所、其他招聘网站等多类途径获取信息，并及时更新。

2）发挥大学城附近工业园区、科技园区的距离优势

大多数大学城地处郊区，缺乏与外界的联系，信息较为闭塞，学生想要在周末或假期实习或兼职、创业，但时间与金钱都大量花费在路途上。交通问题对毕业生找工作带来一定不良影响，使大学生实习、兼职、创业及就业积极性受挫，不利于大学生发展，从而影响了学校的就业率，降低学校的竞争力。针对以上问题，我们小组提出以下建议（以松江大学城为例）：

松江工业园区与松江科技园区距离松江大学城分别约为16.3和18.2公里。松江大学城可充分利用该距离优势，由工业园、科技园和各院校牵头，每年定期举办各种形式的招聘活动。由松江大学城七所高校轮流提供场地，并与工业园、科技园共同

策划举办招聘会。

由园区搭建科技成果孵化机构,实现高校科研成果的成功转化。例如,IdeaSpace 公司向初创企业提供办公空间和相关设施,帮助企业初步成型。该机构为创业的学生提供创业培训、商业导师、种子基金、知识产权管理、咨询建议、商业计划等服务。

就像斯坦福大学与硅谷的关系一样,二者相互扶持,共同壮大。一方面,可以减轻大学生入市区的交通负担,节省时间;另一方面,工业园、科技园又能充分利用松江大学城内的高科技、高能力人才,满足对优秀人才的需求。最终达到缓解就业压力的目的。

3)建立"师徒配对"项目

鼓励校企合作,共同培养人才。可参考慕尼黑工大独具特色的"师徒配对"项目。一些企业界退休不久的老员工、老校友,到学校登记,表示愿意与学生结成"对子",给学生做课余指导。而学生也会递交意向申请书,学校根据供需信息进行配对。师徒间建立联系后,便可自主组织活动。师傅还可把学生介绍到其公司实习。师傅的帮带行为完全自愿,不领报酬,因此学校也没有成本方面的顾忌。

8.5.3 政府方面

1)政府是就业公平的守护者

现有的就业市场常出现混乱的状况,就业市场机制尚不完善。各类市场缺乏规范的管理和制约机制。各种非正常现象的影响,破坏了就业市场的公平性。人际关系客观上在我国现阶段的就业中起着非常重要的作用,就业机会的不公平不仅表现在大学生之间,也表现在大学生群体与其他群体之间。正是由于政府未能有效地维护就业市场的公平竞争,导致了本来应当最具就业竞争力的大学毕业生成了特殊的就业弱势群体,这是就业市场异化的直接结果。如何提高招聘行为的理性化程度,使就业市场回归常态是亟待解决的问题。就业不公问题,很大程度上是社会腐败现象在就业领域的反映。就业不公平又使腐败现象得以"持续发展"。

如果大学生劳动力市场不受任何非市场因素的干扰,处于完全公平的自由竞争状态,那么市场配置的结果必然是人得其位,位得其人,即把最合适的人配置到最合适的岗位上去,人力资本优势在市场上必将得到充分体现,最终实现人才资源的优化配置。公平正义是和谐社会的本质要求,和谐社会的公平必然包含大学生的公平就业。大学生就业在一定程度上既关系到社会稳定问题,又关系到社会和谐问题。在公平就业环境下,即使依然会有大学生因为自身因素找不到理想的工作,他们也会心甘情愿地承认自己的失败,社会仍将是和谐的。但如果就业机会不公平,就业市场是畸形的、歧视性的,在就业市场上失败的大学生就可能产生对社会的反抗心理,因此,只有保证大学生群体的就业机会公平,才能在承认差别的前提下,实现大学生群体内部及社会的和谐。

2)政府是就业稳定的维护者

劳动力市场被二元分割是当前我国大学生就业难的一个主要症结,两种劳动力市场之间收入差距很大,除了工资水平外,收入差异的另外一个重要因素是社会保障和福利收入,一级劳动力市场的工作岗位较有保障并且福利待遇好,对大学生有较强的吸引力,而二级劳动力市场的工作不稳定并且福利待遇差,对大学生不具有吸引力。我国不合理的社会保障制度造成的福利上的差距是大学生不愿到二级劳动力市场工作的重要原因。在我国大学生就业的过程中,还存在着毕业生的合法权益得不到保障的现象。随着我国高等教育进入大众化阶段,同时受到社会经济整体就业吸纳能力下降的影响,我国的毕业生就业市场已经从"卖方市场"演变为"买方市场"。由此,企业一方可以采取一些规避负担的措施,如不给毕业生提供保险、通过增强现有员工的工作量减少新雇用员工的数量等现象来减少社会保障成本;毕业生一方很难采取有力措施维护自己的合法权益。这不仅是对已就业员工权益的侵害,也降低了用人单位招录新员工的积极性,更加剧了就业形势的严峻程度。就业是一个过程,现阶段我国大学生就业更是一个不稳定过程。大学生通过竞争取得工作岗位后与工作单位建立劳动关系,付出劳动获得报酬,履行劳动义务享受社会保障权利,参加职业技能培训提高工作能力,发生劳动纠纷寻求法律解决等,都需要以国家的就业保护为后盾,否则,大学生稳定就业将难以实现。

大学生失业已不是一个新鲜的问题,部分大学生经常在就业与失业间徘徊,不能把精力完全投入工作,也不能得到充分的发展。目前,专家学者们将失业的大学生群体上升到一个理论高度——"新失业群体"。大学生"新失业群体"是指受过高等教育,已经习得较丰富的知识,有一技之长并获得社会公认的学历文凭,但在就业过程中因主观或客观原因没有获得满意的工作岗位,或者害怕进入激烈的就业市场转而退出就业或处于游动就业状态的特殊群体。为了减少大学生自愿性失业,改善"新失业群体"就业状况,政府应该改革相关的社会保障制度,同时应承担对"新失业群体"进行培训的责任,并且对大学生提供一定的待业保障。做好大学生就业保障工作,应做好大学生失业保障工作,对一定时期内没有找到工作的大学生政府应给予安置和帮助。

3)政府是就业理念的灌输者

在就业状况发生很大变化的今天,大学生的就业观念却还没有完全适应这种变化,情况令人担忧。许多大学生只把眼睛盯在大城市、大单位、高收入、高地位的工作岗位。据调查,相当数量的大学生在择业地点和工资待遇上要求较高。

转变就业观念的关键是要走出"期望与现实矛盾"的心理误区。虽然大部分大学生认识到了当前就业形势的严峻,但到了实际找工作时,不愿意下基层,对职位、工资水平要求过高等心态导致的人才供需借位,仍是阻碍大学毕业生正常就业的主要原因。为此大学毕业生必须调整就业心态、转变就业观念、拓展就业渠道。针对这种现象,政府要从以下几个方面去改变大学生就业观念:

(1)转变传统就业观念,拓宽就业渠道,到西部去,到基层单位,到生产第一线去,到民营企业去。

（2）先就业，后择业，再立业。要树立毕业生先就业、后择业、再立业的观念，走一条面对现实、降低起点、先融入社会再寻求发展的道路。在目前严峻的就业形势下，毕业生就业时只要有单位接收，就应该先就业，首先融入社会、脚踏实地锻炼自己。工作一段时间后，如果单位不适合自己发展，可以重新选择职业。有了工作经历，各方面的经验和能力肯定会有所提高，时机和条件到来时，完全可以大显身手。

（3）勇于创业，由被动就业向自主创业转变。为了解决高校毕业生就业难问题，我们有必要在高等教育中向学生灌输自我创业的观念、方法、技能，提供这样的途径和鼓励机制，让毕业生在进入市场时有强烈的创业意识和意愿。《21世纪的高等教育：展望与行动世界宣言》指出："毕业生将愈来愈不仅仅是求职者，首先将成为工作岗位的创造者。"

当前，政府对大学生职业规划的重视程度不高，对大学生自主创业的支持力度有待加强，大学校园内缺乏就业指导与规划的专业人才，大学生中普遍缺乏就业规划意识且存在"眼高手低"的现象。

（4）政府出资，在师范类高校中增设就业指导与规划专业，引进国内外先进的职业指导方面的知识，请职业规划讲师授课，从心理学到求职技术到简历写作再到形势政策，都可以讲授。培养更多能够为大学生提供专业的职业规划指导及解答学生就业困惑的专业人才。

（5）进一步完善大学生创业优惠政策。2013年的数据表明，全国只有不到1%的大学生毕业之后选择创业，而成功率更低，但同时也发现了创业成功的几大模式：科技引领型、创意驱动型、团队合作型、市场拓展型等。大学生课余根据这些成功模式进一步提升自己自主创业的能力，从而提高了大学生未来创业成功的几率。所以政府需要进一步提高大学生创业的小额贷款限额，两人及两人以上团队创业的可进一步放宽，并且由区财政进行贴息。完善大学生创业"天使基金"组织、融资上市、政府资金、大企业资助、企业家资助。为进一步降低大学生自主创业的资金门槛，政府可以与多家银行达成共识，进一步完善大学生创立公司设立"零首付"登记政策。并且，为了使自主创业的大学生有更好的社会保障，为自主创业的大学生解决后顾之忧，激发大学生的自主创业热情，对当年新招用3名以上劳动者，签订1年以上期限的劳动合同并缴纳社会保险费的自主创业者，享受社会保险补贴。

（6）招募成功企业家当"志愿老师"。从校园到"商海"，为了帮助大学生能够顺利进入角色，应针对大学生的不同需求，多途径、多渠道开展大学生创业培训工作，提高创业成功率。成立创业专家辅导团，在全市范围内招募具有社会责任感、有成功创业经验、愿意为大学生创办企业进行辅导的企业家作为志愿者，为大学生创业提供一对一或一对多的创业指导服务。在有条件的情况下，通过这些企业家为大学生创办企业提供上下游配套产品的支持合作，帮助其度过初创期。市政府可给企业家颁发荣誉聘书或授予荣誉称号，作为精神奖励。

8.6 "启航"专场

充分发挥就业援助员和青少年事务社工的作用。进一步加强调查排摸工作,重点掌握失业青年的基本信息、就业状况、求职意愿等。通过摸底调查,将继续锁定 2 万名重点服务对象,多措并举,开展重点帮扶,努力帮助他们实现就业。

深入开展一系列记专项活动。开展"认识职场、走进职场、融入职场"等系列活动,对青年失业者进行职业技能培训。扩大活动影响力,避免宣传力度过小、活动质量不高等因素导致的参与人数过少,受益人数不多的尴尬状况。

9 活动感悟

暑期近 2 个月的"知行杯"社会实践活动中,"宅男宅女项目小队"在团中央上海市委和上海立信会计金融学院团委的帮助下,在人保局陈老师的指导下,取得了圆满成功。

7 月初近 2 周的文献资料收集,丰富了我们的视野,令我们对调查对象有了一定的认识,为我们的项目提供了理论依据;图书馆和招聘会上的问卷发放,锻炼了我们的社会交往能力,而发放的问卷也为我们寻找"为什么"和"怎么办"提供了严谨的数据支持;社区和职业指导中心的实地调研,培养了我们深入基层了解调研对象的意识,和居委会中就业援助员的沟通更是为我们寻找宅男宅女难就业的原因提供了帮助;微博、贴吧等网络手法的咨询,是全面了解宅男宅女内心想法以及非宅男宅女给予建议的一个平台;对职业咨询师、企业人士和宅人士代表的采访,更是开阔了我们寻找解决方案的思路,为我们寻找宅男宅女步入社会的解决方案奠定了一定的基础。种种活动连成一线,一切都是为了能够更好地帮助宅男宅女们进行职业发展和就业规划。

生活在大学这座象牙塔中的我们,通过这些天的实践,接触到真实的社会,感受到各种辛酸。实践过程中,上海户外的 40 度高温让我们学会了吃苦耐劳;团队合作增强了我们的团队精神;与社会各类人士打交道锻炼了我们的交流技巧;活动策划与预先安排培养了我们缜密的思维。我们在活动中锻炼自己,提升自己,升华自己。

社会是个大舞台,从中可以遇见各种各样的人,看到各种各样的事,体验各种各样的生活。暑期社会实践的这段经历帮助我们培养了实事求是的实践态度、踏踏实实的做事方式和积极服务社会的意识。我们在实践中成长,在社会中磨练。这一切使我们更好地走向未来,同时也相信我们的研究能帮助更多的宅男宅女走出家门,迈入社会,更好地走向未来!

项目组成员:刘琨莉 倪 超 卓伊杨 邵 博 江 懋 陈思琪
指导教师:沈 劼

参考文献

[1] 郑志冰.发达国家促进就业的财政政策及经验借鉴[J].地方财政研究,2009,8:76-79.
[2] 蒋平.也谈我国的"宅男宅女"现象——一个空间社会学的分析视角[J].中国青年研究,2009(8):81-83.
[3] 霍中华.金融人才职业发展教育问题的探索与实践[J].中外企业家,2010(2):118-120.
[4] 那小兵.美国宅男宅女的创新生活[J].商界(评论),2010(8):152.
[5] 刘勇,宋豫.企业促进就业社会责任立法研究[J].现代法学,2006(4):54-61.
[6] 潘泰萍.关于健全失业保障制度以促进就业再就业的研究[J].生产力研究,2006(11):151-153.
[7] 莫荣.完善我国促进就业的法律制度[J].中国劳动,2007(4):6-11.
[8] 吴荇.闷居一族:宅男宅女是怎样炼成的[J].发现,2008(12):52-53.
[9] 马川."我很宅!"——浅析都市"宅男宅女"的心理诉求[J].中国青年研究,2008(2):83-85.
[10] 宫春子,秦悦.关于失业统计调查若干问题的探索[J].吉林工商学院学报,2008(1):27-31.
[11] 王庆琳.走出大学生职业生涯规划的认识误区[J].桂林航天工业高等专科学校学报,2008(1):79-81.
[12] 张世伟,张旋.政府促进就业的责任及其实现路径[J].理论月刊,2008(5):135-137.
[13] 聚焦"宅世代"——中国宅男宅女研究报告[J].中国广告,2008(6):114-117.
[14] 许恒梅.关注"宅男宅女"的出路——独立学院思想政治工作进网络的措施研究[J].科技信息,2011(14):53.
[15] 徐宝贵.充分发挥辅导员职业优势 切实加强大学生职业发展与就业指导工作[J].出国与就业(就业版),2011(13):70-71.
[16] 伞硕.现代青年"宅"现象透视及其社会因素分析[J].太原师范学院学报(社会科学版),2012(1):39-41.
[17] 陈艳,刘礼.浅析高校学生宅男宅女现象与大学生思想政治教育[J].青春岁月,2013(9):224-225.
[18] 李兵.如何规划员工职业发展[J].现代企业教育,2005(1):25.
[19] 本刊编辑部.宅男宅女:我们孤单,但不孤独[J].成功,2007(12):54-55.
[20] 吴荇.中国闪现闷居一族:宅男宅女是怎样炼成的[J].时代青年(月读),2008(10):24-25.
[21] 曾子.宅男宅女的闭生活[J].中国保健营养,2008(11):84-85.
[22] 吕斌.现代"宅男宅女"的健康问题[J].科学之友(A版),2009(2):87.
[23] 张本科,刘婷,单婉.BLOG赚钱族:网络时代的宅男宅女[J].名人传记(财富人物),2009(5):32-35.
[24] 刘俊彦."宅"出能力和竞争力[J].中华儿女(青联版),2009(9):11.
[25] 何岫芳.对大学生职业发展规划的重要性认识[J].中国科教创新导刊,2010(2):153-154.
[26] 张晓丽,李珍臻.宅男宅女的"心世界"[J].生活与健康,2010(9):37.
[27] 刘仰.啃老族与宅男宅女[J].中华儿女,2010(16):79.
[28] 碧云天.将宅男宅女赶出窝,"健康生活教母"大赚阳光钱[J].妇女生活,2010(10):16-17.
[29] 周树莺.由网络热词"宅"浅析外来词的变异现象[J].文学界(理论版),2012(9):89-90.

[30] 李捷.御宅族存在于当代的积极意义[J].佳木斯教育学院学报,2012(10):420-421.

[31] 刘青,李燕雯."宅人群体"研究文献综述——基于宅人特征和营销模式交互分析[J].知识经济,2012(19):106-118.

[32] 白喜文,默原,陈子丹."家校合作"在推进大学生职业生涯规划教育中的实践与探索[J].内蒙古师范大学学报(教育科学版),2013(3):78-81.

[33] 唐胜蓝.大学生"宅文化"现象及其对策[J].科教文汇(上旬刊),2013(2):175-179.

[34] 乐曲.大学生"宅人"生活特点与心理特点调查研究——兼与非"宅人"比较[D].广州:华南理工大学,2010.

[35] 杨沐.宅男宅女:请警惕回避型人格障碍[J].科学生活,2009(9):50-53.

[36] 刘小敏,许雁雁,高俊.年青知识女性择业就业及职业发展研究——以广州为例[A].浙江省社科院社会学所、性别社会学子网络.2010年中国社会学年会"社会性别视野下的中国道路和社会发展"论坛论文集[C].浙江省社科院社会学所、性别社会学子网络,2010:17.

[37] James Wei.本地化行业职业发展前景和职业规划[A].北京大学语言信息工程系/MTI翻译硕士中心、本地化世界网、翻译中国.中国翻译人才职业发展——2009中国翻译职业交流大会论文集[C].北京大学语言信息工程系/MTI翻译硕士中心、本地化世界网、翻译中国,2009:12.

[38] 乔志宏."职业发展与就业指导"课程建设中的若干问题[A].中国心理卫生协会大学生咨询专业委员会.二十年"心"之探索——高校心理健康教育理论与方法研究[C].中国心理卫生协会大学生咨询专业委员会,2010:4.

[39] 徐庆.大学生职业发展主体意识培养的社会学思考——基于C大学2013届毕业生就业意向调查结果的分析[J].创新与创业教育,2013(2):6-9.

[40] 李环.美国职业发展理论及职业指导方法[J].外国教育动态,1989(4):52-53.

[41] 本报评论员刘文宁.学会规划自己的职业生涯[N].工人日报,2002-12-03.

[42] 主持人:王少男.吹响政府促进就业的号角[N].中国劳动保障报,2012-02-25.

[43] 赵丽华.职业适应期高校毕业生就业稳定性研究[D].天津:天津大学,2011.

[44] 胡薇薇.对我国促进就业财税政策的研究[D].天津:天津商业大学,2012.

[45] 贺利军.政府促进就业的政策分析[D].大连:大连理工大学,2005.

[46] 失业就业与社会保障[J].中国审计,2003(9):9-11.

[47] 姜杰,闫丽萍.全球化视角下我国失业就业问题研究[J].山东社会科学,2004(2):56-59.

[48] 樊继达,邵士庆.国外促进就业的主要经验及启示[J].经济纵横,2004(1):56-59.

[49] 陈晓娟.谈谈我国社会主义市场经济的失业现象[J].广西青年干部学院学报,2000(5):27-30.

[50] 高峰,石文珍,于洪洋.失业公开化 就业市场化 调控层次化——关于南京市劳动力资源配置的思考[J].改革与开放,1997(5):32-33.

[51] 孙红伟.城镇失业人员就业培训服务体系问题研究[D].北京:首都经济贸易大学,2012.

网购征税现状、问题及政策建议

——基于上海市的调研分析

1 项目背景及意义

1.1 实践背景

网络购物已逐渐成为人们生活的一部分。网购用它独特的消费模式、便捷的购物体验与低廉的价格赢得了大批消费者的青睐。无论是双十一天猫购物节的火爆，还是京东、亚马逊等电子商的崛起，无不反映出网购已经逐步取代人们传统的消费模式。而这，虽然在一定程度上促进了我国经济的发展，但确确实实给实体店的经营带来了冲击，更是对现行相关法律提出了挑战。

在传统实体店经营不佳之时，政府应该如何对网店进行管制，以达到网店与实体店的公平竞争，这俨然成了一项令人关注的问题。

本项目将以调研数据为依据进行统计、分析、研究，通过对上海地区网店店主、实体店店主及消费者展开咨询、调研，充分了解现有网店和实体店的征税情况，以及两者对网购征税的态度与看法等，总结出网购征税的实用性与可行性，寻求相应的积极措施，为政府有效管理传统商家与电商经营竞争问题提供意见与建议。

1.2 项目意义

1）理论意义

网购与实体店是否能够各施所长，一起为众多消费者提供更加优质的消费体验是人们关注的焦点。这不仅关系到每个消费者的消费质量，更影响到我国消费结构的改良与经济发展状况等重大问题。

本次暑期实践活动通过对网店店主、实体店店主及消费者发放问卷、采访问询、实地调查等多种手段了解目前网购征税情况及人们对征税的看法。希望通过多方面的调研剖析现实情况，拓宽调研广度。另外，对有关税务部门进行访谈，从调研的深度上，挖掘实体店与网店在税务方面存在的差异，同时积极探索解决竞争不公的相关措施。希望能够通过本次调研，为有关部门在管理网店与实体店的方面提供参考意见，为能够促进网店与实体店共同健康发展做出贡献。

2）实践意义

2013年天猫双十一销售总额成功突破350亿元，仅用13小时就完成了去年创下的全天交易额191亿的奇迹,刷新了中国网络购物的记录。这惊人数字的背后反映出网购凭借其价格低廉、服务便捷等优势,赢得了大批消费者的青睐。但网购逐日普遍化导致传统实体店运营受阻,同时相关的法律、制度、体制等社会规范也受到了一定的影响,特别是税收领域出现了一些新情况和新问题。目前,尚没有法律明确规范对电商的征税。相对于实体店的纳税税款与期限明文规定而言,两者对比反映出了在线零售商和传统零售商之间竞争条件相差甚远。如果照着这个趋势发展下去,许多实体店则会无法生存。

因此,我们将选取网购相对发达的上海地区为研究对象,以电商和传统店家纳税情况为基础进行调研,在比较中探索在中国对网购征税的必要性、可行性及网购税制设计的问题。我们希望通过对此课题的研究,能在网购征税方面给政府提供些许决策的意见与建议,为在中国实现在线零售商和传统零售商公平竞争,促进两者共同发展做出贡献。

2 实践成果

2.1 网络购物征税现状分析

1) 网购征税概念薄弱

目前,上海网购征税仍处于起步阶段,并没有大规模、普遍系统的征税模式。除小部分的网上旗舰店、销售电子产品的网店会主动给顾客提供发票外,其余多数的电商没有主动纳税的行为。这不仅导致国家部分税收的流失,也使"经营活动应该纳税"这个理论受到了冲击。

● **网店店主主动纳税情况较少**

征税对于薄利多销的网店来说,无疑会导致成本的增加,利润的减少。如果想要维持原先的盈利水平,则不得不将这部分税负转嫁给消费者承担,这样的话,网店相较实体店所拥有的价格差异则缩小了很多。因此,虽然有部分网上旗舰店和京东、亚马逊等大型网络购物平台能做到定期缴税,众多电商仍选择采取不主动纳税的方式来回避税收问题。

● **法律条文并不完善**

随着经济的快速发展,网上购物这种新型的购物模式对长久以来一直以传统商务活动为基础而建立起来的价格体系与法律法规制度造成了一定的影响。许多网店店主也在受访中表示,如果没有明确的条文规定,他们并不会主动向税务机关纳税。可见,卖家对于主动纳税的概念并不是很了解。因此,如果想要更好地对网络购物税收方面进行管制,仍需要采取法律手段。

● **网店极少提供发票**

众所周知,发票是消费者维权的依据,也是销售商征税的象征。而在我们的调查中发现,除了易迅大型电商和天猫部分旗舰店会主动给消费者提供发票之外,其余的小型网上店家则没有随货物附上发票的行为。同时,受访中,超过半数的消费者表示,在网购时不会主动索取发票。由此看出,无论是销售方还是消费方在网购方面都没有发票维权这一概念。因此,如果希望网店能够向正规化、专业化的方向发展,不仅需要提高网店店主的征税意识,也要提醒消费者主动向网店索要发票,监督其纳税。

2) 实体店难以在价格方面与网店竞争

根据我国法律规定,只要有经营行为,无论是什么形式,都应该依法纳税。网购交易与传统商业零售交易相比,虽然贸易的方式发生了变化,但是交易的实质还是相同的。实体店依法纳税,而网店却在税法中找到了逃生之地,这两者的竞争条件差异,也成了两者公平竞争的绊脚石。

● **价格差异**

对于消费者而言,价格优势是网购相比传统商店最具有吸引力的因素之一。而对于这部分价格差异,美国商务部曾发布过调查,认为主要来自于税收差异。虽然也存在店面租金、货物运输、店员工资等方面的成本差异,但最显著的区别仍体现在税收方面。如果按照企业所得税25%的税率来计算的话,光是利润,电商就比实体店多出1/4的营业额。如果换算成现实生活中的利润,会是一笔不小的数目。

● **恶性竞争滋生**

阿里巴巴日前发布的《网络零售价格指数报告》显示,截至2010年年底,中国网络零售交易总额已达5 131亿元,较2007年翻了七番,约占全年社会商品零售总额的3%。上海等一线城市网络零售交易总额在全社会商品零售总额中的比重甚至已超过5%。许多实体店店家也纷纷放弃了店面,改为网上经营。网购的迅速发展改变了众多消费者的购物模式,如果照这个速度发展下去,则会对中国的消费结构产生不利的影响。

3) 消费者索取发票意识薄弱

通过我们的调查显示,近七成消费者表示不会主动索取购物发票。其现象潜在反映了消费者在网购中无维权意识,这也助长了一些网店经营者侵害消费者的合法权益以及扰乱网络购物市场秩序的现象。随着网络商品经营者的队伍不断扩大,竞争越来越激烈,如何规范这些网店的经营、增强消费者的维权意识成为了执法部门及政府越来越关注的问题。单靠现如今的宣传教育来增强维权意识是远远不够的。

2.2 网购征税的意义与作用

1) 通过税收达到网店与实体店的公平竞争

税收作为经济杠杆,通过税种的设置及在税目、税率、增税或减免税等方面的政策的制定,可以影响社会成员的经济利益,从而引导企业、个人的经济行为;调节社会生产、交换、分配和消费,对资源配置和社会经济发展产生影响,使资源向更优质、更高效的地方流动,从而达到调控宏观经济运行,促进社会经济的健康发展的目的。对网店进行征税能够快速有效地进行控制,有利于完善电商征税环境,调控宏观经济运行。

- **税收调节平衡**

据调查统计,45%的受调查者认为网购征税可以令网店与实体店在税收等方面达到公平,如果在中国实行对网络购物征税的话,有62%的消费者表示会减少在网上购物的次数,其中有12%的人群会大量减少网购数量。就受访的网店店主、实体店店主和消费者所反馈的情况来看,对网络购物进行征税会引起价格变动,从而潜在地改变大多数消费者的消费习惯。所以,适当对网店进行征税有利于网店与实体店实现公平竞争。鼓励部分消费者回归传统的实体店消费,使因运营成本过高,少有顾客光临而导致的实体店面临停业的局面得到缓解,对于促进电商与传统商店公平竞争和行业健康发展也可起到一定效果。

- **经营本就应纳税**

税收具有强制性的特点,税收的强制性是指税收是国家以社会管理者的身份,凭借政权力量,通过颁布法律或政令强制征收的。负有纳税义务的社会集团和社会成员,都必须遵守国家强制性的税收法令,在国家税法规定的限度内,纳税人必须依法纳税,否则就要受到法律的制裁,这是税收具有法律地位的体现。

强制性特征体现在两个方面:一方面税收分配关系的建立具有强制性,即税收征收完全是凭借国家拥有的政治权力;另一方面是税收的征收过程具有强制性,即如果出现了税务违法行为,国家可以依法进行处罚。

网购只是在销售额方式上将线下改为线上,其本质仍是以经营为目的的经济活动,亦属于经营的范畴,理应强制征税。但现如今由于各方原因条件,无法实现网购征税,不仅对同为经营活动的实体店家很是不公,而且在一定程度上违背强制性原则。因此,网购征税对于税收也具有重大意义。

2) 增加国家税收

根据税收的基本职能可知,税收是我国财政收入的重要组成部分之一,而组织财政收入也是税收的基本职能。维持国家的正常运行、给民众提供更加优质的公共服务,需要大笔的财政收入的支撑,而税收具有的强制性、无偿性、固定性的特点,则为筹集财政收入增加了稳定可靠的指数。如果能对网购进行征税,一方面有效调节了网店与实体店竞争环境不公的现状;另一方面能扩大财政收入,一举两得。据网络调查数据统计,仅去年"双十一"1天淘宝销售额就达到350.19亿,对网购征税显然可以有效增加国家税收,从而进一步增强国家发挥宏观调控作用的能力。

- **丰富国家税种**

调查显示,有52%的受调查者认为网购征税可以有效增加国家税收。针对网络购物征税,可以在不违背宪法和税法的情况下,扩大征税对象范围,丰富税收缴纳方法等。而征税对象、缴纳方法、减税、免税及违章处理等是构成一个税种的主要因素,其中不同的征税对象和纳税人是一个税种区别于另一个税种的主要标志。

每个税种都有其特定的功能和作用,其存在依赖于一定的客观经济条件,目前,我国网上购物风生水起,客观经济条件发展较成熟,因此具有强针对性的对应税种应运而生也是历史的必然。网上交易金额之大,也为国家税收的增加提供了坚实的数额保障。国家税收作为我国财政收入的一部分,如果能有所增加,无论是对于公共设施的提升还是对于人民的生活都是有利的。

3) 完善电商征税法规

网购迅速发展对于原商业征税体系产生冲击。原商业征税体系已经不能很好地对目前的网购进行监管了。为更好地适应现状,达到最佳治理效果,应修缮法律。网购的蓬勃发展,使得电子商务经济得到迅速成长,同时新兴行业的迅速成长对于原本主要面向实体操作的商业征税体系产生剧烈冲击。为更好适应经济发展现状,使上层建筑符合经济基础的要求,修缮相应法律法规势必是国家财政税收专家关注的重点。

马克思主义经济学强调了使上层建筑符合经济基础发展的重要性。关于网购征税的意义,许多专家特别突出了网购征税可以促进电商征税法规完善,规范网购征税程序的重要作用。电商征税法规作为税收法规的一部分,和网购征税程序一样都是与网络购物相适应的上层建筑的代表,网购征税这一新实践的产生与实行,必定需要具有强实践意义的书面指导,以此协调首次新概念的实施。而具有强实践意义的书面指导的编纂离不开具有资深财政税收知识的专业人才。通过网购征税事件的准备,组织专家听证会,靠人才完善电商征税法规和网购征税程序,既是网购征税的重要保障,又是网购征税的重要影响。

4) 规范网购征税秩序

通过调研不难发现,18%的受调查者认为网购征税可以扶持中小型实体店发展,同时有32%认为其可以淘汰经营不善的网店。在传统经济活动过程中,国家征收税款,一方面要查明情况,正确计算并征收税款;另一方面又能发现纳税人在生产经营过程中,或是在缴纳税款过程中存在的问题。国家税务机关对征税过程中发现的问题,可以采取措施纠正,也可以通知纳税人或政府有关部门及时解决。实行网购征税后,可以将网络经济活动与传统经济贸易同时纳入国家财政监督体系之中,便于施以具有针对性的方针政策,扶持鼓励潜力产业,引导升级弱势经济,为各种形式经济进一步发展提供了规范、公平的市场环境。

2.3 网购征税对策研究

在电子商务飞速发展的新形势下,处理好网店与实体店之间公平竞争的问题显得迫在眉睫。越来越多的企业搬到网上经营,其结果是一方面传统贸易方式的交易数量的减少,另一方面税务部门的征管及其信息化建设跟不上电子商务的进展,造成了网上贸易的"征税盲区"。由此可以看出,网购征税问题的妥善解决不仅关系到网店实体店两种贸易方式能否公平竞争,更关系到我国网购体制的进一步完善。因此解决网购征税问题,需要全方位多角度考量,加大研究力度。我们小组成员讨论出以下三种解决方案:借鉴国外经验,因地制宜,并加强电子发票的管理。

1) 参考他国法律,完善自身体制

网购存在着世界普遍性,研究他国的网购管理模式有利于我国更好地掌握治理核心,吸取多方面的管理经验,减少我国走弯路的可能性。同时,我们也必须结合自身国情,取其精华去其糟粕,制定出最适合我国的网购征税模式,以达到更完美的治理效果。

借鉴国外实践经验与成果。美国国会参议院于当地时间 2013 年 5 月 6 日晚间一致投票通过了允许各州对网上购物征税的对网店征收销售税的《市场公平法案》,美国总统奥巴马、巴菲特和比尔·盖茨也已公开表示支持。根据已经通过参议院批准的这项法案,企业必须对其通过互联网、目录及无线和电视广告等渠道出售的产品征缴销售税;购物者生活在哪个州,就需向哪个州缴纳这项税收。欧盟认为税收系统应具备法律确定性,应使纳税义务公开、明确、具有可预见性和中立性,即新兴贸易方式同传统贸易方式相比不应承担额外税收,但也不能为电子商务免除现有的税收,要通过对现行法律的完善使现有的税收制度满足电子商务的发展。可见,两国都制定出了相关税收法律,从税务方面调节网店与实体店的经营条件,以起到直接、快速的治理效果。

立足我国国情推行征税。虽然我国与他国在网购方面有一定的相类似处,但仍有许多特殊之处值得引起有关部门的注意,因此我们需要根据自己国家的实际情况,制定出适合我国的征税方案。如果不实施征税方面,则会导致实体店因经营困难而纷纷倒闭,网购独霸天下的局面会导致我国消费模式畸形发展。而如果随意征税的话,不仅会引起民众的不满,更会阻碍网购的发展。因此,我国应当借鉴他国经验,结合本国国情,制定出有中国特色的法律条文,以更有效地促进网店与实体店共同发展,为消费者提供多样化的消费体验。

2) 分区域、分层次逐步征税

鉴于我国不同地区电子商务发展不平衡、网店之间发展规模千差万别,所以我国需要因地制宜,根据地区、网店规模等条件,对网店进行分类,逐步完善电子商务的征税政策。

● **分区域征税**

从征收的税率来看,我们小组觉得应按区域、网络普及程度等因素进行区分。鉴于我国东西部经济发展不协调的现状,如果国家按照统一税率征收,无疑给网络落后、经济不发达地区造成税收负担。而在网购发展较成熟的地区,则可以采用逐步推行征税的措施来调节平衡。

● **分层次征税**

从征税范围来看,我们小组认为应该分层次进行征收。由于网店的欣欣向荣可以拉动内需、促进就业、繁荣经济,并创造新的经济增长点,所以对于小型的网店应当免除税收,对其进行保护,帮助其发展,等其成长到一定阶段后,再向其征税。而针对大中型网店,由于已经形成一定的规模,收益稳定,应当对其进行征收税费,以保证其和实体店的公平竞争。各网店收益不同,经营状态也参差不齐,所以按不同税率向其征收税费,能更好地在帮助实体店经营的同时,保护部分网店的成长,体现了税收调节收入差距的职能。

3) 加强电子发票的管理

由于目前消费者对于网购索取发票的意识不强,这也导致了许多税收的流失。因此,必须推行用于网上交易的专用发票。纳税人凭网上交易税务登记号申请、领购电子发票,可以在线购领、开具,并有防伪系统,支持电子签名等功能的电子发票则能很好地解决这个问题。通过电子发票的制作、使用、保管、传递、缴销等程序,税务主管部门可以较好地掌握企业网上交易的情况,比如交易的数量、金额等涉税数据,使税务部门全面、正确地审核纳税人的申报及纳税的真实性和完整性,有利于加强对电子交易平台的监管。

3 结论

网购不仅给消费者带来了全新的消费体验,使购物便捷化,同时在促进我国经济发展,推进新兴企业发展,鼓励自主创业等方面也有着不可磨灭的贡献。但没有规矩,何以成方圆。我们应该在发挥网购的最大优势,带来最大效应的同时,尽可能地减少其对其他消费模式的影响。税收作为经济调节的杠杆能够在维持网店与实体店公平竞争方面起到快速、有效的作用。税率也能很好地对控制力度进行调节,避免调控力度不够或是过度的问题。

而为了达到网店与实体店公平竞争、促进两者共同发展,除了需要网店、实体店、消费者三者共同努力外,政府有目的、有针对性的宏观调控也是不可或缺的。笔者相信,通过多方努力,一定会在不久的将来,实现我国消费水平结构的优化,给消费者带来更加优质的消费体验。

项目组成员:徐辰媛　邓瑾婷　孙　潇　晁　健
指导教师:王　瑶

政府担保模式下的农民工欠薪保障机制探究

——基于上海市企业的实证调研

摘　要：农民工是城市现代化进程中一支不可忽视的大军,他们推动社会经济飞速发展,然而他们自身权益却无法很好地得到保障,致使大量农民工非制度化维权事件。尽管各地政府已出台一系列维护农民工权益的政策,最高人民法院明确规定了"拒不支付劳动报酬罪"定罪量刑标准,然而欠薪问题始终没有得到很好的解决。基于以上情况并结合国内外现有制度,我们提出了针对农民工的欠薪担保基金制度。通过担保和抵押模式,先行垫付工资以改善农民工难以追讨工资的现状。同时提出解决方案,以期解决拖欠农民工工资问题。

关键词：农民工；欠薪；权益保障；基金；担保

1　引言

欠薪事件呈现出从建筑领域向加工制造业、服务业蔓延的趋势。近几年统计数据及我们对农民工的长期跟踪走访显示,农民工欠薪现象又有所增加。当前虽然有欠薪保障金制度、欠薪联动机制和恶意欠薪罪作为农民工的保障,但都有其自身的不足。在查阅各地政府欠薪应对机制,对比国外相关研究之后,结合目前已有的欠薪制度,我们提出以抵押和担保为核心的欠薪担保基金模式,以期解决目前的欠薪困境。

1.1　选题背景

据国家统计局《2011年我国农民工调查监测报告》,农民工被雇主或单位拖欠工资的占0.8%。其中建筑业占1.9%。虽然政府已出台了一系列农民工权益保障政策,但在我们实地调查中,我们发现农民工工资拖欠问题依然很严重,问卷统计结果表明,31%的农民工曾经遭遇过欠薪,其中50%工资彻底无法追回,农民工追索欠薪的劳动纠纷在不断地增加,但由于农民工文化水平有限,导致讨薪成本巨大。基于以上原因,我们小组认为设立长期有效的社会保障机制优于事后弥补。于是我们小组在论文中提出方案,通过政府担保方式,行使代位权,降低其讨薪成本,帮助农民工快速顺利拿到应得的工资。

1.2 课题意义

基于当前欠薪现状,我们提出欠薪担保基金模式。欠薪担保基金模式,是指由政府牵头,向各个企业收取和冻结部分资金,设立基金作为担保机构,为暂时无法支付农民工工资的企业提供担保,提高企业获得银行贷款的可能性,同时协助监督企业。该专项贷款专用于发放农民工工资,可助平稳度过困难时期,维护社会稳定。相对于其他担保公司,该模式除了有着以上优势外,还因为基于政府背景,从而获得了更高的信用级别,一定程度上减小了银行资金风险。在简化审查程序同时,不应放松对企业日常运营及用款情况的监管。除此以外,此模式还在客观上起到维护社会稳定、降低欠薪后发生群体事件的风险、缓解社会矛盾,从而维护国家稳定的作用。由此,我们认为成立一家以保障农民工工资正常发放的欠薪担保基金公司有其存在的重要现实意义和社会价值。

在下文中,我们将对比分析上海、浙江、河北、四川、深圳、香港六地相关政策,并论述"政府担保模式"存在的合理性和必然性。

1.3 相关概念界定

农民工:指在本乡镇地域或以外从事非农活动(包括本地非农务工和非农自营活动)6个月及以上的农村劳动力。

劳动报酬:本文中指用人单位以货币形式直接支付给劳动者的各种工资、奖金、津贴、补贴等。以下简称工资或薪酬。

担保:指以当事人的一定财产为基础的,能够用以督促履行债务,保障债权实现的方法。本文中的担保仅指欠薪担保基金对企业提供的,为完成发放部分或全部农民工工资而申请的贷款提供的担保。

欠薪担保基金[①]:指政府为了实现社会保障工作目标,为解决企业在短时间内发不出工资的问题,根据一定规范而设立的政策性担保基金公司。目的是为企业提供贷款担保。以下简称欠薪担保基金。

担保人:指根据《中华人民共和国担保法》规定,第三人和债权人约定,当债务人不履行债务时,保证人按照约定履行债务或者承担责任,这里的第三人即担保人。本文中的担保人指的是欠薪担保基金。

---

① 需要补充说明的是,根据《中华人民共和国担保法》第八条、第九条规定,国家机关和以公益事业为目的的事业单位、社会团体不得为担保人;第七条规定,具有代为清偿债务能力的法人、其他组织或者公民,可以作保证人。这里讨论的担保主体是政府出资设立的担保基金会或组织。

2 目前欠薪现状与实证调查

2.1 欠薪现状与原因分析

农民工欠薪问题一直是备受关注的民生问题,政府对其高度重视。2012 年全国各级劳动保障监察机构共办理拖欠工资案件 21.8 万件,较上年增长 7.5%[①];共为 622.5 万劳动者追发工资 200.8 亿元,较上年分别增长 16.7% 和 29.5%。统计数据分析显示,欠薪事件呈现从建筑领域向加工制造业、服务业蔓延趋势。

农民工欠薪问题无法根治,究其原因大致有以下三点:①企业恶意欠薪和企业资金短缺造成欠薪;②政府监管力度不足,造成欠薪问题难以得到妥善的解决;③民工维权意识不强,维权方法错误,激化欠薪问题。

2.2 实证调查

为了深入了解当前农民工欠薪问题,我们采用问卷调查及采访的方式进行调研。问卷结果显示,平均每 10 个农民工中,就有 3 个曾经遭遇过欠薪,其中有 1 名农民工无法讨回工资。具体如表 1 所示。

表 1 文化程度与欠薪经历交叉制表

农民工			是否经历过欠薪		合计
			否	是	
文化程度	初中以下	计数	153	78	231
		比例	66.2%	33.8%	100.0%
	高中	计数	157	64	221
		比例	71.0%	28.9%	100.0%
	大专	计数	73	25	98
		比例	74.5%	25.5%	100.0%
	本科及以上	计数	30	9	39
		比例	76.9%	23.0%	100.0%
合计		计数	413	176	589
		比例	70.1%	29.8%	100.0%

* 仅统计有效数据,其中有 57 份无效问卷已被排除,下同。

---

① 来自人力资源和社会保障部统计数据 http://www.mohrss.gov.cn/SYrlzyhshbzb/dongtaixinwen/shizhengyaowen/201303/t20130327_92201.htm

表1的数据显示,随着文化程度的提高,欠薪情况得到改善,然而目前情况仍不容乐观。平均有29.8%的农民工遭遇过欠薪。为了证明我们结论的可信度,我们进行了单样本T检验。结果证明,样本的置信区间为[25.8%,32.8%],与原命题29.8%的农民工遭遇过欠薪的统计结果无显著性差异。

3 国内外欠薪保障金制度对比

3.1 国外欠薪保障金制度

建立一个较为健全完善的欠薪保障金制度是大部分西方国家保障职工合法权益的通用做法。国外欠薪保障金制度源于20世纪七八十年代,在经济合作与发展组织(OECD)国家,企业欠薪保障立法一般遵循社会共济、低水平、适用于所有企业的原则,大多国家通过设立相关欠薪保障基金制度保证制度有序运行,其资金基本来源于企业强制性工资保证金或国家财政税收收入。

从表1和表2中可以看出,欠薪保障金的偿付多以基本工资作为基准系数,偿付时间限制介于一个季度到半年之间。从数据中我们可以看出一个健全的欠薪保障金制度必须基于国家的基本国情,对欠薪保障机构财务管理、审计监督要有具体、明确和严密的规定。要发挥政府部门对机构的审查职能,以及社会公众对于该机构的监督功能,才能保证基金合理使用。

表2 部分OECD国家欠薪保障金偿付情况

国别	偿付范围及其标准
意大利	偿付欠薪期限最长为3个月,上限大约为1 900欧元;其他还偿付年假工资和解雇补偿金等
西班牙	雇主欠薪的偿付标准最高为最低工资的2倍,最长为4个月;此外,还包括上有封顶的假期工资和解雇补偿金
英国	偿付欠薪期限最长为8周,每周最高为210英镑;其他还偿付最长8周的假期工资,最长54周的解雇补偿金
比利时	偿付范围包括欠薪、佣金、边缘性福利、假期工资和解雇补偿金等,具体数字不详
丹麦	偿付欠薪期限最长为6个月,标准不详;此外还包括假期工资和解雇补偿金等
希腊	偿付欠薪期限最长为3个月,具体标准不详
芬兰	偿付欠薪期限最长为3个月,15 000欧元为上限

3.2 国内欠薪保障金制度

我国类似制度于20世纪90年代在香港、台湾地区得到广泛推行。近年来内地也出台了相关政策以维护农民工权益,尽管各地政策略有差异,但有几点共同之处,现大致总结如下,如表3所示。

表3 各地欠薪保障金制度对比

地区	基金名称	管理机构	偿付范围及其标准	资金来源
深圳	欠薪保障基金	欠薪保障基金委员会	企业申请破产或负责人隐匿,员工个人被欠薪150元以上,垫付申请期前六个月内的欠薪	欠薪保障费及利息收入,基金投资收益及政府补贴
上海	欠薪保障金	上海市社保中心	企业进入破产、解散、被撤销清算程序;企业负责人逃匿	按照当年最低工资标准,所有企业必须缴纳
义乌	租赁企业工资支付保障制度	企业欠薪保障基金委员会	欠薪或当租赁企业破产、迁移或注销;资金存在企业主名下,签过三方协议	企业缴纳,政府财政补贴,处罚所得
宁波	建筑业企业人工工资支付担保统筹	宁波市建设委员会	企业发生人工工资纠纷,事实清楚、证据确凿、程序合法但建筑业企业仍无法及时支付人工工资的	保证金、银行提供的保函、保险公司提供的保证保险函
香港	破产欠薪保障基金	破产欠薪保障基金委员会	企业破产,申请人在劳务结束六个月之内提出申请,香港劳务处处长酌情发放特惠款项	税务局拨款,投资和利息所得以及其他合法款项
四川凉山	建筑业农民工工资担保制度	建筑工程管理局	根据与担保公司签订的担保协议,在未能履行农民工工资支付约定的责任和义务时,书面通知次日15工作日内负责支付。支付总额不超过担保总额	担保公司自有资金

由表3我们可以看出,目前各地较为通用的政策是欠薪联动机制与欠薪保障基金制度,部分地区也采用冻结押金及担保公司模式。各模式都有其自身优势和不足。

4 造成欠薪问题的原因分析

欠薪事件频频发生,企业负有不可推卸的责任,因此找出企业欠薪原因是解决问题的关键。为此我们从政府、企业、农民工三方面进行调研,通过对调研结果的分析,得出导致企业欠薪制度化和非制度化的原因。

4.1 制度原因

4.1.1 欠薪责任制度贯彻力度不足

由于欠薪责任制度贯彻力度不足,不能及时地发现和解决问题,处理过于被动,不能有效进行事前控制,导致欠薪事件频发。

4.1.2 工会没有发挥应有作用

工会是专门维护职工权益的组织,法律赋予该组织各项权利。但由于工会制度设计缺陷,这些权利并没有得到有效的利用,从而导致农民工正确维权的渠道减少,成为欠薪事件发生的制度原因之一。

4.1.3 我国现有的劳动合同制度不够完善

由于农民工自身法律知识欠缺,劳动时并未签署正式用工合同,导致欠薪问题出现时,农民工处于相对劣势。

4.1.4 劳资关系不平等

从我国社会主义市场经济角度分析,马克思劳资冲突理论更加适合中国现状。马克思劳资冲突理论认为,农民工权益在现行制度下被严重歧视,在劳资关系中成为"二等公民",这是企业不负责任拖欠农民工工资的重要原因。

4.1.5 城乡二元体制下对农民工的制度性歧视

户籍和与户籍联系在一起的"农村户口——城市户口"区分在农民工之间挖开了一道深深的鸿沟。一个在城里做生意的富裕的农民,与一个在城里打工的农民工之间,尽管本质上"不是一路人",并不存在利益的冲突,但由于他们同是农民,这一方面的认同干扰了他们认清背后的阶级关系。

4.2 非制度原因

4.2.1 政府执法不严

长期以来,政府的执法不严和相关法律的欠缺,导致政策无法有效地落实,一定程度上也加剧了农民工欠薪问题。

4.2.2 企业资金资金管理能力欠缺

由于企业在某一时期资金短缺,尤其是中小型企业,无法承受高额贷款,导致资金链紧张,工人工资被拖欠。

4.2.3 劳资双方权利不对等

我国劳动力供大于求,强资本弱劳动现象在短期内难以改变,农民工岗位竞争激烈,导致许多农民工为了得到一份工作,被迫接受用人单位提出的苛刻条件,以至于劳资双方权利不对等。

5 政府担保模式下的农民工欠薪保障机制

欠薪担保基金会是在企业无法发出工资时,为企业顺利筹集到资金以发放工资而提供担保的一个组织。

5.1 欠薪担保基金概念的引入

欠薪担保基金会是在企业无法支付工资的时候,为企业提供担保,使企业顺利得到银行贷款,解决企业临时无法发放工资的问题。

5.2 欠薪担保基金制度设计

5.2.1 设立及日常运营

首先由政府牵头,出资设立欠薪担保基金。以该基金为担保,向银行申请授信额度。

根据企业规模的不同和该地区的经济发展情况,制定欠薪担保费的收费标准和欠薪担保押金的冻结金额。并针对不同信用程度的企业,制定欠薪担保费的减免规定。

日常业务为向企业收缴欠薪担保费,对欠薪担保押金的管理,接受并处理企业担保申请,对符合条件的企业提供担保并解冻欠薪担保押金,在一定条件下履行担保代偿义务。

企业申请基金进行担保及解冻欠薪担保押金流程如图1所示。

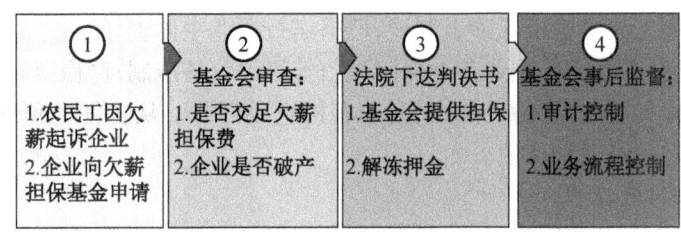

图1 申请欠薪担保基金进行担保及解冻欠薪担保押金流程

5.2.2 权利与义务

企业有向欠薪担保基金申请担保权利和风险防范权利①。同时企业必须承担按时缴纳担保费义务、如实告知义务、偿债义务和其他约定义务。

欠薪担保基金有对企业的审查权和监督权,同时在企业违反担保合同时拥有相应的免责权。在企业申请担保时,有风险防范权利②。对符合条件的企业承担相应的担保义务,对放贷银行承担共同监督义务③,在企业无力还款时承担代偿义务。根据担保法方面的相关研究,欠薪担保基金在代偿后享有追偿权④。

银行对申请贷款的企业有审查权,在企业逾期未还款时有追偿权。

5.3 欠薪担保基金可行性论证

本节将从经济角度引入责任政府理论,结合2013年1月23日实施的新司法解释,论证该模式理论上的可行性。从法理角度论证该模式的合法性。

---

① 企业有权选择给欠薪担保基金会提供反担保资产。
② 欠薪担保基金会有权要求企业提供足够的反担保资产,但此权利不作为提供贷款的抗辩权。
③ 当企业通过了银行和基金会的共同审查,申请到银行贷款时,政府与银行有监督企业发放农民工工资情况的义务,并接受农民工投诉的义务。
④ 闵长征.欠薪保障基金垫付欠薪及其偿权研究[M].上海交通大学.2011(S2)中的结论:当基金会为企业代偿贷款后,享有追偿权。该追偿权应该与社会保险及税款同处于破产分配的第二顺序优先权。

5.3.1 经济学角度

资金是企业发展的基石;违法成本几乎无限大。我们将以这两点作为基础进行本节论证。

2011年中小企业贷款利率普遍在8%以上,最高达18%[①],贷款成本较高。中小企业由于自身条件限制,难以提供充足的担保[②]以得到贷款。在企业缺乏资金时,获得贷款成本高、难度大。

不论从长远还是短期的角度来说,欠薪对企业都是极其不利的。因此适时建立一个较为完善的欠薪担保基金,面向企业征收一定数额欠薪担保费,实现全社会调剂,使欠薪在全社会得到分摊,欠薪问题就能得到一定程度上的缓解。

5.3.2 责任政府角度

从责任政府角度来说,该问题仅靠市场无法解决,政府应当积极主动负责,建立一套相应的立法和基金制度通过以下五个方面制定相应的政策规章以解决该问题:严格落实进城务工人员工资保障金制度;严格实行企业主体责任制;严格实行欠薪约谈通报处理制度;严格实行企业劳动保障诚信等级评价核准制;严格落实协调联动工作机制。欠薪担保基金是欠薪保障制度的有机组成部分。从责任视角看,欠薪担保基金制度有一定的意义和价值。

5.3.3 法律角度

由于《中华人民共和国担保法》限制,欠薪担保基金只能以政府、企业共同出资模式设立。

参照现已实行的助保金贷款制度[③]、欠薪保障金制度[④]、建筑业企业人工工资支付担保统筹制度[⑤],可以从法理上证明该模式符合法律相应条款、规定和程序,以佐证其法理角度上的可行性。

5.4 欠薪担保基金比较优势论证

5.4.1 相对于现行欠薪保障金制度

现有的欠薪保障金制度模式本身属于救济性制度,制度设计时要求在企业破产后垫付工资,忽略了企业仍然在运行却被拖欠工资的农民工,保障范围有限。并且该制度以最低工资标准作为欠薪支付标准,救济力度不足。上海小企业欠薪保障金制度模式局限于小企业的劳动者,范围有限。

---

① 来源:华西都市报 http://finance.chinanews.com/fortune/2012/02-27/3700775.shtml。
② 抵押物要求:通常要求以固定资产或金银等易估价的资产,部分情况允许使用存货等有形动产和知识产权、知名商标等无形资产。
③ 《南宁市重点中小企业助保金贷款风险补偿暂行办法》,《南宁市重点中小企业助保金暂行管理办法》。
④ 《上海市企业欠薪保障金筹集和垫付的若干规定》(市政府令第19号),《上海市人民政府关于修改〈上海市企业欠薪保障金筹集和垫付的若干规定〉的决定》上海市人民政令(第19号)。
⑤ 《宁波市建筑业企业人工工资支付担保统筹管理办法》甬建市〔2004〕262号,《宁波市建筑业企业务工人员工资支付管理实施细则(试行)》甬建市发〔2006〕41号。

5.4.2 相对于租赁企业工资支付保障制度

欠薪担保基金突破了租赁企业工资支付保障制度应用范围仅局限于租赁企业的局限性,同时消除了出租方需要承担承租方破产风险的缺陷。

5.4.3 相对于银行抵押贷款

银行抵押贷款手续复杂、审批时间长、放款迟、对担保资产的质量要求高,中小企业由于自身条件限制,难以提供充足的担保,申请到贷款的几率更小。

5.4.4 相对于传统的担保公司

对于担保公司,衡量项目好坏的唯一标准是能否收回资金。从这个角度来说,工资发放困难企业是难以从担保公司获得担保的。

5.4.5 相对于建筑业企业人工工资支付担保统筹

欠薪担保基金突破了建筑业企业人工工资支付担保统筹制度的行业局限性,将其推广至更多行业;改善押金过度占用企业自有资金的缺陷。

5.5 欠薪担保基金风险控制与管理

作为一种担保产品,风险控制自然是其中必不可少的环节。我们参考了一般担保公司的风险控制框架,将风险管理制度独立于基金会日常业务,通过多级审批,精确的风险分摊与风险量化,标准统一并聘请专业人员进行专业判断,实现风险有效控制。本节将从基金自身风险控制和对企业的风险控制等几个方面来阐述风险控制制度。如图 2 所示。

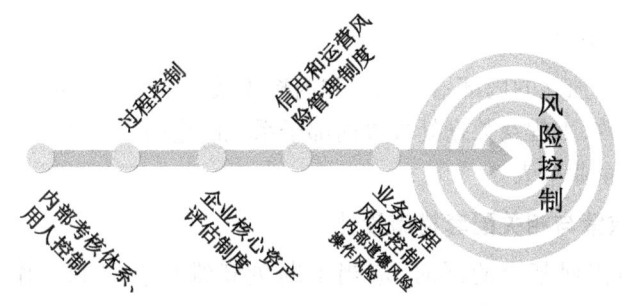

图 2 风险控制制度

5.5.1 业务流程风险控制

对申请担保的企业,进入申请流程时,对企业的管理水平、经营状况、财务状况进行独立评估,出具独立意见。重点关注公司重大事项。对于资金用途可以通过法院判决保证。

在基金会内部拟批准担保时,对还款来源可靠性进行评估。同时进行抵质押物权属调查、抵质押物状况调查,以及担保人情况调查。

5.5.1.1 内部道德风险

为了预防内部道德风险,将欠薪担保基金会内部按照职能分为客户部(确认企业的独立法人资格)、风险评估部(评估担保物价值及相关法律风险,评估企业价值)、担保后监管部(事后跟进、监管,防止企业资金外逃。申请进行破产清算。)三个部门。通过三个部门之间的独立评估互相制衡以预防内部道德风险。

5.5.1.2 操作风险

操作风险主要集中在瑕疵担保问题上。在担保物有瑕疵时,有可能会发生担保合同失效问题,所以风险评估部门尤为重要。

5.5.2 企业核心资产评估制度

根据企业经营模式,确定核心资产。核心资产是指构成企业主要竞争力的资产。采用灵活多样的反担保方式。对企业法人代表(或实际控制人)要求提供无限责任反担保,将有限责任变为个人无限责任,降低欠薪担保基金自身的风险,加大被担保人的违约成本。

5.5.3 过程控制

基金会可以参与或监控企业的经营和交易过程,防止企业以此来转移资产。同时对企业进行担保决策过程进行评估,防止内部出现重大风险。

5.5.4 内部考核体系和用人控制

为了杜绝短期行为,防范道德风险,应当建立实行健全的内部考核体制。考核以能否解除担保条件为唯一指标。同时建立亲属及相关人员回避制度。对在保项目计提一般准备金和专项准备金,对于被特别关注的担保项目,应当计提专项准备金,冲销部门收入。

5.5.5 审计控制

基金会应建立独立的内部稽核制度和内控体系。应当对企业业务运作、财务、投资、人力资源、行政、工程及数据处理等内部子系统的全面检查和评价,参考但不依赖企业内部审计及企业报表。

5.6 其他支持政策与相关配套措施设计

在设立欠薪担保基金的同时,应当不断创新维权新机制。作为一项关注民生、改善民生、解决民生问题的重要政治任务。首先应当保证农民工维权救济渠道的畅通。我们在调查中得知,各地都已经完善了市、县、乡三级法律援助模式,农民工维权渠道正在不断畅通中。其次应当充实信访力量。在我们走访调查过程中发现,各地领导非常重视信访群众,各地选派优秀中青年干部充实信访力量。同时应当建立长效机制,落实企业主体责任制,强化欠薪约谈通报制度,实行诚信评价制度,落实联动机制。通过多方面协作,保障农民工权益。欠薪保障法律制度深刻影响着用人单位和劳动者的利益格局,是一项看似微观但实际影响着社会安定的制度。因此,我国应尽快构建负担合理缴费、信息披露充分、有效应急垫付的欠薪保障基金制度,从根本上解决欠薪问题,维护劳动者的合法权益。

6 结束语

在本论文的调查和研讨过程中发现,没有一个一劳永逸的解决所有欠薪问题的办法。我们只能针对企业由于资金问题无力支付职工薪资这一原因提出政府担保模式下的欠薪担保基金制度,然而仍然还有很多不够尽善尽美和力所不能及的部分。我们希望更多人关注该问题,进行更多的研究。

6.1 本研究的实际应用与展望

当前,欠薪问题涉及社会的稳定和谐,是一个社会热点难点问题。我们寄希望于政府担保模式下的欠薪保障基金制度,希望该模式能够为农民工欠薪问题的解决提供建设性意见。在本论文的调研中,我们发现,小型微利企业也有类似问题,同时发现小型微利企业的情况也和本文研究的企业情况类似。因此我们希望我们的研究成果能得到更大范围的推广。

6.2 本研究的不足

在论文写作过程中,由于条件限制,只能找到有限的数据和资料来论证本论文的相关论点。由于我们研究能力和知识的局限,我们在数据的选择、处理、分析上都存在一定程度的不足。例如,在问卷调查中,调查对象不愿反映真实情况。由于难以接触到企业高级管理人员和政府政策制定者,无法从其视角考虑问题,导致论文从企业和政府的角度进行的思考有所欠缺。由于考虑问题不够全面,缺少相关直接数据,对于企业进行欠薪保障金贷款的偿还能力及信用级别的核实的相关指标的确定只能参考类似文献研究,缺少针对性分析。另外鉴于现行制度覆盖面有限,运行时间较短,我们获得的数据因此受到限制。对于现行政策之外的部分企业,不能通过现行政策解决问题,这就意味着仍有一部分职工将会面临欠薪保障问题。

对此,我们将会在今后的学习研究中思考,期待有更好的解决方案,以保障农民工的合法权益。

项目组成员:陆 意

指导教师:闫 锐

参考文献

[1] 刘焱白.论我国欠薪保障优先权法律制度[J].南华大学学报(社会科学版),2006(2).

[2] 邱宝华.建立欠薪保障法律制度 促进劳动就业[J].政治与法律,2006(1).

[3] 韩长印.破产优先权的公共政策基础[J].中国法学,2002(3).

[4] 崔建远.我国物权法应选取的结构原则[J].法制与社会发展,1995(3).

[5] 魏蜀明.香港欠薪保障制度[J].企业改革与管理,2007(11).

[6] 白小平.浅议劳动报酬权[J].社科纵横,2006(9).

[7] 张学良.国外企业欠薪保障制度及其对我国的借鉴[J].当代经济管理,2006(4).

[8] 杨冬梅.内地和香港有关欠薪立法的比较研究[J].工会理论与实践(中国工运学院学报),1998(4).

[9] 张文.深圳市企业欠薪保障制度的运作实践、存在的问题及解决办法[J].特区经济,1998(8).

[10] 孙芳芳.论拒不支付劳动报酬罪的立法完善与司法适用完善[D].长春:吉林大学,2012.

[11] 林森燕.拒不支付劳动报酬罪之刑法分析[D].上海:华东政法大学,2012.

[12] 童娣.拒不支付劳动报酬罪研究[D].成都:四川师范大学,2012.

[13] 杨朝飞.拒不支付劳动报酬罪的立法之争及其适用问题研究[D].兰州:兰州大学,2012.

[14] 郭爱周.恶意欠薪刑法规制问题研究[D].石家庄:河北师范大学,2010.

[15] 汪发金.进城务工农民劳动报酬权法律保障研究[D].成都:西南交通大学,2009.

[16] 何雪峰.农民工工资被拖欠问题中的政府责任研究[D].杭州:浙江大学.2008.

[17] 王丽娜.破产企业职工权益保障的研究[D].北京:中国政法大学,2008.

[18] 董洁琼.工资支付立法研究[D].广州:暨南大学,2007.

[19] 范珉.建设领域拖欠工程款问题解决机制研究[D].西安:西安建筑科技大学,2004.

[20] 周光清.拒不支付劳动报酬罪相关问题研究[J].企业经济,2011(12).

[21] 刘文静,杨璐,刘克.欠薪问题的数学模型[J].北京:MADIS 中国科学院数学与系统科学研究院,2011.

[22] 李梁,李蕾."恶意欠薪"行为入罪之合理性探讨[J].河南公安高等专科学校学报,2009(4).

[23] 胡玉浪.我国欠薪法律责任制度的反思和重构[J].福建政法管理干部学院学报,2007(3).

[24] 张骏,赵久爽.从经济学视角看欠薪问题应对[J].时代经贸,2006(S2).

[25] 包红光,佘俊凯.论我国欠薪保障制度及其完善[J].延边党校学报,2011(5).

[26] 王惠.我国欠薪防治制度存在的问题及其重构[J].江西社会科学,2010(3).

[27] 许建宇.构建我国欠薪保障制度的法学思考[J].中州学刊,2006(5).

[28] 潘新美.我国中小企业信用担保机构风险控制研究[J].华侨大学学报(哲学社会科学版),2005(3).

[29] 陈坚.信用担保风险分担机制研究[D].长沙:中南大学,2007.

[30] 闵长征.欠薪保障基金垫付欠薪及其求偿权研究[M].上海:上海交通大学,2011(S2).

[31] MacLeod B. Optimal Contracting with Subjective Evaluation [J]. The American Economist,2003.

[32] Levin Jonathan. Relational Incentive Contracts[J]. The American Economist,2003.

[33] Macleod B, Malcomson J. Implicit contracts, incentive compatibility, and involuntary unemployment[J]. Econometrica,1989.

[34] Puterman M L. Markov Decision Processes: Discrete Stochastic Dynamic Programming. 1994.

[35] Dominique Laseffre. Establishing Structures to Finance Small, Micro and Medium-sized Enterprises. Proceedings of International Forum for SME Development,2001.

[36] Joseph E Stiglitz, Andrew Weiss. Credit Rationing in Markets with Imperfect Information[J]. The American Economist,1981.

[37] Sobel Takaahashi. A Multistage Model of Bargaining[J]. Review of Eeonomic Studies,1983.

大城市与小农业:松江区家庭农场调研

1 上海市农业发展状况

1.1 上海经济发展基本情况

位于东海之滨的上海是一座生机勃勃、充满活力的国际化大都市,素有"太平洋西岸明珠"之称。上海经济发展的速度及发展的程度可以用"奇迹"来形容。据统计,按常住人口和当年汇率折算的上海人均生产总值,1990 年首次突破 1 000 美元,1995 年跃上 2 000 美元台阶,2008 年又跨越 1 万美元台阶,2010 年,全市人均生产总值达到 11 809 美元,相当于世界上中等发达国家或地区的水平。

据上海统计局网站上的数据显示,2012 年上海全年实现生产总值 20 101.33 亿元,按可比价格计算,比上年增长 7.5%。其中第一产业增加值 127.8 亿元,增长 0.5%;第二产业增加值 7 912.77 亿元,增长 3.1%;第三产业增加值 12 060.76 亿,增长 10.6%。在上海市生产总值中,公有制经济增加值 9 941.99 亿元,比上年增长 6.5%;非公有制经济增加值 10 159.34 亿元,增长 8.4%,占上海市生产总值的比重由上年的 50.1%提高到 50.5%。其中,私营及个体经济增加值 4 883.73 亿元,增长 8.8%,占上海市生产总值的比重达到 24.3%。

在财政收入方面,其规模也在不断扩大。改革开放初期,上海财政收入仅 190 亿元左右,到 2000 年已经达到 1 700 多亿元。2010 年,全市完成地方收入 2 873.58 亿元,比上年增长 13.1%。至 2012 年上海全年地方财政收入 3 743.71 亿元,比上年增长 9.2%。地方财政支出 4 184.02 亿元,增长 6.9%。在已公布的数据中,上海城镇居民人均可支配收入达 36 230 元,为全国最高。

由此,上海已经是一个具有重要国际影响的经济中心城市,拥有较为完整的要素市场体系,法制比较健全,社会安定,是国际资本理想的投资目的地,世界 500 强企业总部集聚地,国际文化交流十分活跃。而且从 2013 年 1 月 1 日起,在上海口岸对 45 个国家公民实施 72 小时过境免签政策。上海正日益在国际社会发挥着越来越大的影响力。

由以上的各类数据,我们可以了解上海不论是在其 GDP、财政收入、人均收入,还是在其国际影响方面都有着不可小觑的地位。

1.2 上海市农业发展基本情况

在上海统计局所公布的上海 2012 年的各类数据中,我们发现不管是工业、建筑业、批发和零售业、交通、邮电、旅游业,还是金融保险、对外经济,它们的增长值都以千亿为单位,只有农业的总产值以百亿为计数单位。农业总产值仅占全市经济总量的 0.6%。由此,上海农业产值只占上海 GDP 的极小一部分,这无疑是一个标准的农业"小市"。曾几何时,对于"上海还要不要农业"有过不同的声音。《汉书》中"王者以民为天,而民以食为天"的治国名言,至今昭示和启迪着后人:大城市农业比重虽小,但其作用却无可替代。综观世界大城市的发展模式,上海农业应该且必须拥有一席之地,"没有农业的城市是死亡的城市"。上海历届市委市政府始终将农业放在重中之重的位置,既是作为一项沉甸甸的政治责任,也是作为一项重要的民生工程;不仅是保障自身稳定的现实必需,也是展现城市盎然生机和提升文化品位的智慧之举。

然而,上海需要什么样的农业?如何在农业资源禀赋不足的"狭小空间"内"以小博大",既满足自身又服务全国?虽然上海耕地资源稀缺,但科技、人才、资金、信息和市场优势明显,都市现代农业发展走在全国前列,既是城市对农业发展的内在要求,也是率先实现农业现代化的使命使然。因此,在农业发达程度和单位面积效益方面,上海又是一个不折不扣的农业强市。尽管耕地资源十分稀缺,但与市民生活密切相关的蔬菜等农产品的供应却多年来保持少有的稳定,蔬菜价格指数在全国 50 多个城市对比中稳居 30 名开外,尤其是市民生活不可或缺的绿叶菜 90% 靠上海自己解决。因此,大都市下零星地分散着小农业,而小农业的地位也是不可撼动的。

1.3 上海解决三农问题的重要选择:发展家庭农场

上海作为我国的经济文化中心和长三角地区的经济发展的龙头,不仅在我国社会经济发展过程中起着重要作用,而且也在我国的都市农业发展中起着不可忽视的作用。有学者认为,作为一个不断国际化的大都市,进一步发展上海的农业,对提升上海的城市竞争力,进一步确立上海在长江三角洲的龙头地位,积极打造上海成为世界级城市具有重要的战略意义。近年来,上海市政府高度重视"三农"工作,明确提出建设高水平农业设施、高水平农业组织、高水平农业科技和增强上海农业影响力、带动力、服务能力的工作要求。而且上海围绕"创新驱动,转型发展",坚持以发展高效生态农业为主攻方向,以加快转变农业发展方式为主线,创新体制机制,加快设施建设,强化科技支撑,有力地促进了大都市下的现代农业的发展、农民持续增收和农村和谐稳定。在建设国际大都市的进程中,同步推进农业现代化,形成了经济社会发展一体化的新格局。

由此,"家庭农场"这一新型的发展模式逐步登上舞台。它以农民的家庭为生产单位,从事粮食、生猪养殖等生产活动的农业生产经营形式,不仅与现在上海农业发展现代化、规模化的趋势相适应,更在 2013 年的中央一号文件中被首次提及,一度成为热点话题。于是家庭农场显示了它强大的生命力和发展潜能。发展家庭农场,一是提高了土地产出率,稳定了粮食生产发展;二是提高了劳动生产率,促进了农民持续增收;三还保护了基本农田,改善了农业生态环境。

2 松江家庭农场的案例分析

2.1 家庭农场的定义和特征

家庭农场是指以家庭成员为主要劳动力,从事农业规模化、集约化、商品化生产经营,并以农业收入为家庭主要收入来源的新型农业经营主体。农场主本人及其家庭成员直接参加生产劳动。其主要具备如下特征:

(1) 家庭经营。家庭农场是在家庭承包经营基础上发展起来的,它保留了家庭承包经营的传统优势,同时又吸纳了现代农业要素。经营单位的主体仍然是家庭,家庭农场主是所有者、劳动者和经营者的统一体。因此可以说家庭农场是完善家庭承包经营的有效途径,是对家庭承包经营制度的发展和完善。

(2) 适度规模。家庭农场是一种适应土地流转与适度规模经营的组织形式,是对土地流转制度的创新。家庭农场必须到达一定的规模,才能够融合现代农业生产要素,具备产业化经营的特征。同时,由于家庭仍旧是经营主体,受资源动员能力、经营管理能力和风险防范能力的限制,使得经营规模必须处在可控的范围内,不能太少也不能太多,表现出适度规模性。

(3) 市场化经营。为了增加收益和规避风险,农户的一个突出特征就是同时从事市场性和非市场性农业生产活动。市场化程度的不统一与不均衡正是农户的突出特点。而家庭农场则是通过提高市场化程度和商品化水平,不考虑生计层次的均衡,而是以盈利为根本目的的经济组织。

(4) 企业化管理。根据家庭农场的定义,家庭农场是经过登记注册的法人组织。农场主首先是经营管理者,其次才是生产劳动者。从企业成长理论来看,家庭农户与家庭农场的区别在于,农场主是否具有协调与管理资源的能力。因此,家庭农场的基本特征之一,就是以现代企业标准化管理方式从事农业生产经营。

2.2 松江家庭农场的发展情况

近年来,上海积极培育家庭农场模式,并且在松江地区已初具规模,这在促进全国现代化农业发展方面发挥了积极作用。发展家庭农场,不仅稳定了粮食和生猪生产,保护了耕地,改善了农业生态环境;而且促进了农业规模经营和农业发展方式转变,提高了农业专业化生产水平和专业农民的收入。据松江农业网介绍,2007年下半年,根据松江区农机水平和家庭经营能力,探索发展经营规模为100~150亩的粮食家庭农场,经过几年的实践,取得了粮食丰收、农民增收的积极成效。截至2012年年底,全区家庭农场已发展至1 206户,经营面积13.66万亩,占粮田总面积的80%。结合粮食家庭农场生产,2008年起发展"种粮+养猪"种养结合家庭农场,至2012年年底全区已建成种养结合家庭农场53户,形成年出栏6万头生猪的生产能力。为鼓励家庭农场发展,松江区在中央和市粮食生产扶持补贴的基础上,进一步加大了政策扶持力度,并加强服务配套和培训提高经营者素质等方面工作,使全区家庭农场呈现健康发展的态势。家庭农场是上海农业发展的必然选择。

2.3 松江家庭农场的实地调研

2014年8月,课题调研小组再次走访了松江区的家庭农场试点地区。不同的村落发展有其自身特点,受到环境、资金、政府规划等多方面影响,以稳健发展为主。

1) 胡光村调研

胡光村是上海地区家庭农场试点村庄,也是成效显著的优秀示范基地。在胡光村,土地流转已全部完成,农民满意度较高。机农结合和秸秆还田目前正在进行中,着力提升家庭农场现代化种植的效率和质量,为农民增收增添新渠道。

走访胡光村村委主任、农委主任我们可以发现,胡光村相比周边其他家庭农场试点村庄有其自身优势:

(1) 胡光村村内环境工整优美。胡光村在村委会领导下,集资改建标准化田地、道路、绿化、池塘,做到路平竖直,是现代化农村应有的面貌,也反映了胡光村人积极乐观的精神风貌。当然,这也是我们走访的所有开展家庭农场的村落的一个共同特点。

(2) 家庭农场主职业素质高。胡光村家庭农场主杨玉华积极参加松江区农业技术推广中心组织的家庭农场实用技术培训,科学种田,有丰富的种田经验。从2008年起每年水稻产量稳定在600千克以上,小麦产量在400千克以上。他种植水稻、小麦适时播种,长势好,生长平衡,病虫草害少,产量高,每年作为泖港镇胡光村高产创建示范方,为其他家庭农场起示范带头作用。同时杨玉华积极响应区农委提出的"三三制"耕作模式,做到种地和养地结合。他积极应用新品种、新技术、新农艺,提高了粮食产量。

(3) 完成土地流转。胡光村积极推进土地承包经营权的流转,把土地承包经营权全部收回村委会,再由村委会根据各家庭农场主种植能力和考核成绩的不同分配各家庭农场主的田地,建立了完善的考核和淘汰机制,每年淘汰60分以下的农场主,剥夺其经营资格。

(4) 推进秸秆还田工作。胡光村积极推进秸秆还田工作,促进秸秆综合利用,增加产量,造福于民。

但是,胡光村在现有的发展过程中还是存在一些问题:

(1) 现有土地不能满足家庭农场主耕种需求。在农场主耕种需求高涨的同时,由于有限的耕地造成的土地使用的紧张,无疑是一个烦恼,尽管村委会收回了全部土地再进行分配,仍难满足需求。

(2) 家庭农场主收入的提升对国家发放的补贴仍有较强的依赖,如果国家取消补贴,现有家庭农场的经营收入不足以支撑经营规模,会导致一部分家庭农场主放弃从事家庭农场,转而投向其他行业。

因此,家庭农场的持续经营仍需要各方的努力。

2) 黄桥村调研

黄桥村在整个泖港镇家庭农场发展中最突出的地方就是该村的机农结合做得很

好,领先于其他各个村落的机农发展水平,他们拥有自己的机农结合互助点。黄桥村的家庭农场主个数不算多,各种农机是由农场主自己出资购买,这对农场主来说是一笔不小的负担。与此同时,政府也提供农机出租,但农场主对出租的农机的质量不太满意。总体来说,黄桥村的家庭农场发展规模较大,机农结合是一大亮点。

但通过我们的实地走访,以及对农场主的采访,机农结合在发展过程中也存在一些问题。

(1) 机农结合虽然稳定发展,但当下家庭农场规模还是较小,很难实现大规模的机械化耕作,加上耕作机器大部分都是由农场主自行购买,资金短缺成为一大难题。融资贷款和保险方面更是举步维艰,由于农村土地承包经营权、农村宅基地等抵押处置难,家庭农场贷款因缺乏足额有效的抵押和担保而很难得到满足。而且,贷款期限错配,无法实现中长期融资需求,融资成本普遍较高。

(2) 当地政府考虑到有农民可能通过"假流转"协议也申报了家庭农场,目的就是以后能得到政策扶持,故对家庭农场的准入条件和考核一直丝毫不敢放松,从一定程度上减缓了家庭农场规模的扩大。

(3) 土地流转难,规模发展空间受限。面对农户承包地极其细碎的现状,要实现土地规模经营,最大的困难就是租到成方成片的耕地,并确保租期较长、相对稳定。由于土地承包经营权的登记、确权、风险评估、抵押权实现等配套制度不完善,土地流转的平台没有发挥作用,致使家庭农场难以稳定地保持足够的土地经营规模,影响了发展后劲。

(4) 农业经营者素质有待提高,家庭农场作为现代化农业生产的试点模式,需要的更多的是有知识、有文化、接受得了新事物新技术的知识型农民,但从我们调查中发现,许多农场主文化水平偏低,有的甚至不识字,与大规模的现代化机农结合格格不入,这在一定程度上也制约了家庭农场的发展。

3) 发展建议

针对调研中发现的问题,我们也提出了一些解决方案:

(1) 政府加大对机械化农具购买的补贴,提供优惠出租政策。当下家庭农场主机械设备大多是农场主自行购买的,由于资金短缺的原因,无法组织大规模生产,再加上融资贷款困难,机农结合发展缓慢,针对这个问题,政府可以对外采购一定的农业机械设备,然后出租给农民(务必保证农机质量),让家庭农场在一定期间内能进行大规模耕作;同时,对主动采购用于家庭农场耕作的现代化机械设备的农场主发放相应的补贴,鼓励家庭农场主自主购买现代化农具耕作。

(2) 完善家庭农场管理,壮大实力。作为家庭农场,要找准特色定位,针对当地的农业资源,注重多元化、多样化发展,选择最适合自己的发展模式,既防止千篇一律,又防止一哄而上。要认真学习、熟悉农村新型经营组织运行规律,市场经济运作模式,吃透农业发展、农村土地承包与流转等相关政策精神,了解相关手续申报、质量认定等要求,成为有文化、懂技术、会经营、善管理的现代家庭农场主和农民企业家。

家庭农场要以务实的劳动、过硬的信誉、良好的口碑和道德约束,争做信用家庭农场,树立劳动者的优良形象,以信誉、品牌增强自身发展的硬实力。

(3) 完善保险扶持机制,解除保险理赔后顾之忧。鼓励商业性保险公司扩大农业保险覆盖面,创新农业保险险种,积极发展农户人身保险、种植业、养殖业保险等品种多样、保障充分的险种,提高农村保险密度和保险深度,加大农业保险理赔力度。探索设立政策性农业保险公司,在商业保险不愿介入的某些领域提供政策性保险服务,推进农业政策性保险、商业保险、合作互助保险共同发展,形成银行、保险共同支持农业发展的合作力量。

(4) 完善家庭农场贷款体系。放宽农村金融市场准入标准,发展多种形式的农村金融机构。积极组建小额贷款公司、村镇银行、农村资金互助社等,发挥微型金融机构的信息优势和地缘优势。鼓励家庭农场主进行少风险贷款发展家庭农场。整合家庭农场的信用信息,将家庭农场信用数据纳入银行征信信息数据库,像评定信用户、信用村镇那样评定信用家庭农场,并给予其一定的金融、财政政策优惠,营造金融支持家庭农场发展的良好社会环境。

(5) 处理好农户承包地细碎的现状。对于农户承包地极其细碎的现状,一方面当地政府要落实好家庭农场的土地承包经营权的登记,家庭农场主的经营考核,另一方面实行家庭农场的村落可以把家庭农场区域连成一片,不同家庭也可以联合起来共同经营,不但可以实行大规模机械生产,而且也提高了耕作效率。健全土地流转市场机制,引导承包土地向家庭农场等新型农业经营主体流转,促进土地有序健康流转。

(6) 进行相关知识培训。当地政府应定期聘请家庭农场专家对家庭农场主进行相关农业培训,加大家庭农场农民的文化教育,同时还可邀请发展成果突出的家庭农场主举行经验介绍会,以知识指导实践,以实践检验知识。各个村落之间也可以互派人员进行学习交流。

同时,在家庭农场发展中还应发展机农结合。因为,从2013年中央一号文件首次提出"家庭农场"至今已过一年半,各地都在加快推进家庭农场等新型农业经营主体的发展。但很多地方对家庭农场认定混乱,出现了一味追求土地经营规模、资本雇工农业变身家庭农场等现象。

然而,现在各地对家庭农场的理解很混乱,有些地方的家庭农场动不动就是几千上万亩的土地规模,实际上这些都是资本雇工农业,真正的家庭农场反而没有注册登记。黑龙江省一位种粮大户说,一两个月前当地县级农委要求各村上报家庭农场,标准是由家庭内部成员组建并具有适度的土地规模。有的亲戚朋友之间搞个"假流转"协议,也申报了家庭农场,目的就是以后能得到政策扶持。类似乱象在全国屡见不鲜(我们走访黄桥村的某农场主时,他也反映了该问题)。因此,对于可能存在的"冒充"家庭农场的现象,江苏省已通过文件明确规定:对原有的合作社、基地等组织或实体通过更改注册名称等方式建成的"家庭农场"不予认定;对城市工商资本到工商部门注册登记成立农业公司,从事农业规模经营的,不予列入家庭农场统计范围。

在2014年农业部召开的座谈会上,在家庭农场的认定标准中,对于土地规模的争议仍然较大。农业部门认为家庭农场一定要流转别人的土地,达到适度规模,而一些专家对此持有不同看法。事实上,2014年3月农业部关于家庭农场的调查中,即对经营规模提出了要求。但有专家认为,虽然农业部门希望推动土地流转和规模经营,但家庭农场不应该明确限定规模,现在地方标准中出现的偏差主要是"规模过大"。四川省的一位农业官员则表示,家庭农场的雇工不应超过家庭成员,这意味着经营规模会受到限制,要打破这种限制,必须大力提高农业机械化水平。中国农业大学农民问题研究所所长朱启臻认为,家庭农场最本质特征是家庭成员作为主要劳动力,比如,在山东种苹果的两夫妻,经营规模可能就只有5亩,而在黑龙江一个劳动力开拖拉机可以耕种300亩土地,一个家庭如果有3个劳动力就可以种900亩到1 000亩,但这已经是家庭农场规模的上限了。

除了认定标准,家庭农场的扶持政策也正在进一步的研究当中。现在的家庭农场是经过认定和注册登记后,才能够获得相关的扶持政策,其中最重要的是贷款和保险等金融支持,因为家庭农场经营者的金融需求会更旺盛。此外,对家庭农场还应有项目支持,包括土地平整、水利建设等。家庭农场作为一种新出现的形式,各界都有不少的期待,但家庭农场究竟如何发展,目前还有不少争议,在现实发展中有不少待解的困局。

其一是地从哪里来?

按一般的理解,家庭农场承包的土地应该比现有农户要多,至少要多出1倍或者数倍。这个多出的耕地就需要从别的农户那里租种。虽然目前我国有2亿多农民外出打工,但他们家乡的土地大部分并没有闲置,一般都是交给亲戚邻居耕种。在非农就业工作、户籍、社保、住房等都还没有解决之前,他们不会贸然把土地长久流转出去。一号文件也规定,既不能限制也不能强制农民流转土地。

从这个角度来看,家庭农场只能在特定地区发展,比如在长三角、珠三角等工业比较发达地区,或者是北京、上海等大城市的周边城郊,因为这些地区非农就业机会多,收入高,不少农民也不愿意耕种土地,建立家庭农场相对比较容易。但对那些远离城市、非农就业有限、土地流转比较难的地区来说,家庭农场就很难发展。这些地区的土地既是农民的就业保障,也是农民的社保保障,他们不会轻易地交出承包土地。从这个角度来看,未来非农就业与城镇化的发展速度直接决定了家庭农场的发展速度。不能够人为地让家庭农场的发展速度超越城镇化与非农就业速度。而上海松江就正处于这样独特的地理位置,发展家庭农场有着特定的优势。

其二是租金如何消化?

我国目前已授予农民长久承包土地的权利,家庭农场当然也不能违反这个规定,只能通过土地流转来开展家庭农场。据我们了解,目前上海松江周边1亩地的流转年租金已达2 000元,而国内其他地区,如东北等不少地区的年租金也近千元。家庭农场从别的农户租种来的土地,发生的这部分承包费如何消解是个大问题。如果这些家庭农场还继续种植传统粮食,粮食单产不会随着承包面积的扩大而有大的提升,但粮食售价则是国家统一定价。目前农民自种粮食1亩地1年能够赚1 000元已算不错,那些家庭农场还要支付额外的租金,付少了,原来的出租农户不愿意;付多了,家庭农场承担不了。

家庭农场如果继续种粮会面临种不下去的困局。虽然尚在发展阶段,可以通过政府补贴消解一部分承包租金,但毕竟不可能无限补下去。这跟资本下乡类似,社会资本到农村包地,如果单纯种粮食,其产量并不能超过农户自种,加上企业的管理成本及租金支出,这些企业只能选择要么搞有机粮食,要么搞养殖加工。虽然家庭农场的经营规模并不大,但不可能因此而降低农资投入成本,机械运营的成本也很高,如果家庭农场继续维持传统的粮食种植,利润就很难支付租金。最后的发展方向只能走高效农业,也就是非粮的经济作物。这样的家庭农场如果数量太大,则会危及国家粮食安全。

所以家庭农场模式必须依靠搞机械化、自动化现代科技才能进一步地发展下去。

3 松江家庭农场发展的财税政策及面临主要问题

3.1 松江家庭农场发展的财税政策

松江家庭农场发展的财税政策主要以多种形式的补贴相互配合为主。

1) 现金补贴

农资综合直补。76元/亩,其中:中央资金56元/亩、市财政20元/亩。

水稻种植补贴。150元/亩。其中:市财政80元/亩、区财政70元/亩。

土地流转费补贴。家庭农场按考核得分享受相应补贴。补贴分四个等级:一是90分(含)以上的,补贴200元/亩;二是70分(含)~90分的,补贴150元/亩;三是60(含)~70分的,补贴100元/亩;四是60分以下的,不补贴。

家庭农场生产管理考核补贴。100元/亩,全年分3次考核,根据考核结果确定补贴标准。

绿肥种植补贴。2010年标准为200元/亩,其中市财政150元/亩、区财政50元/亩。

2) 物化补贴

药剂补贴。22.5元/亩,其中:市财政11元/亩、区财政11.5元/亩,以实物形式发放。

水稻良种补贴。常规稻16元/亩、杂交稻25元/亩,资金来源为市财政,以实物形式发放。

二麦种子补贴。小麦35元/亩,大麦35元/亩,其中:市财政补贴20元/亩,其余由区财政配套,以实物形式发放。

绿肥种子补贴。由财政补贴,以实物形式发放。

3) 保险补贴

水稻保险费补贴为 15 元/亩。其中：市财政补贴 6 元/亩、区财政补贴 6 元/亩，另外区财政追加补贴 3 元/亩（属农户自筹部分）。

二麦保险为 7.5 元/亩。其中：市财政补贴 25%，区财政补贴 75%。具体操作程序：区农委将核实的水稻和二麦种植面积提供给安信农保，安信农保上门与家庭农场直接签订保单，如有出险，直接对家庭农场进行理赔。

此外，区政府财政还拨款建立了 5 000 万元的贷款担保基金，为农民提供优惠贷款保险，财政给予贴息贷款扶持，并提高农业保险保费补贴。农民从此无资金"后顾之忧"。

3.2 家庭农场发展面临的主要问题

通过调研，我们发现家庭农场发展面临以下主要问题。

1) 家庭农场规模有待扩大

根据实地走访和搜集资料，我们发现上海松江地区家庭农场面积大多在 80~200 亩不等，而现有的农资农具、机械化程度、农民的劳动能力可以支撑农民种植 300 亩左右土地。规模化种植是家庭农场模式持续健康发展的重要条件，而目前我市家庭农场离预期的规模化经营还有很大差距。

2) 农业经营者素质有待提高

家庭农场作为现代化农业生产的试点模式，需要的更多的是有知识、有文化、接受得了新事物新技术的知识型农民。而现有直接从事种养结合的家庭农场农业生产的农户中，存在以下问题：年龄偏大，大多是 50 岁以上人员，且 60 岁以上的占 23%；文化水平偏低，初中和小学的占 91%；部分家庭农场经营者对农业生产技能掌握不够，不适应家庭农场的健康发展。

3) 销售渠道有待丰富

松江地区家庭农场定位是粮食家庭农场，粮食销售渠道主要是由粮部或者粮食公司按统一价格收购，销售渠道单一，不利于农业经营者创收。农业经营者应探索更多的销售渠道和销售方式。

4) 土地流转效率有待提高

目前，松江区家庭农场中，除少数村镇将土地 30 年承包剩余年限全部流转外，其余各村都是 5 年，时间偏短；另外各村与家庭农场签订的承包合同期限普遍为 1~3 年，由于农业生产需要长期投入、并且回报缓慢，现行的土地流转及承包期限不利于家庭农场的长期稳定发展。在采访中，我小队了解到，目前《中华人民共和国农村土地承包法》对家庭农场模式下土地流转期限并没有法律层面的规定，一些村镇只能自己出台规定，规范土地流转。

5) 机农配比有待提高

在采访中我们了解到，农业经营者大多认为农机在要用的时候可以用到就行，不在乎农机的所有权问题，选择租用设备的较多，而政府希望农业经营者可以自己购买农机,用自己购买的农机进行生产劳作更符合政府理想中家庭农场的工作状态。有些农业经营者虽认可有自己的农机会更加方便,但认为自己年龄较大,购买农机不划算,导致农机和农民配比的比例有待提高。

6) 种养结合的设备和生态环境有待改善

完整的种养结合模式应是在成片的农田中匹配养殖规模适度的畜禽场,并且按相应规模建立种养结合生态农业的设施和配备机械设备。种养结合的家庭农场需要的主要设施设备有:厌氧发酵设施、管网设施、专用运粪车辆、粪便堆放发酵场地、沼液(尿液)贮存池、滴灌或喷灌设施、固体有机肥施用机械等。这些基础设施对于一些小型种养结合的家庭农场来说是一笔巨大的开支,因此,一些农户未能按照要求配备全部的农业设施及设备。

7) 宣传不够深入

在采访中我们发现,尽管有些村里已经有许多户家庭农场,但路上遇到的农民大都表示没有听说过这个概念,不知道是什么东西,可见宣传力度不够。

4 国外家庭农场财税政策的运用以及经验

农业的基础性地位决定了其产品的可替代性很小,因而它的健康发展对一国的政治、经济和社会至关重要。同时,家庭农场由于自身发展的约束较深,可变因素较多,吸纳资金的能力比较弱,因此,国外一直实行切实有效的财政政策来扶持家庭农场,使其能健康发展起来,惠及百姓。

1) 农业服务支持

即国外政府为了农业的发展以及为农民的增收提供更好的环境,比如加大基础设施的投资建设,农业信息的公布,以及农业科研的大力投资。

基础设施建设。比如灌溉水利的建设、农业机械的供给、土地改良等,欧盟成员国都会根据欧盟的规定定期定量进行资金投入,而美国、日本、法国等的大规模基建主要都是由国家财政支持,税收优惠,有政府、个人、组织等共同建设。

农业科研建设。科学技术在农业的发展中起到决定性的作用,国外的很多国家尤其是欧美国家都建立了稳定而完善的科研发展体系,从而保证最新的科学技术最快地应用到农业的发展中来。

提供市场信息服务。美国政府为农民提供的农产品供求状况、价格行情及预测等信息是免费的。欧盟通过合作社组织为农民提供市场信息、销售信息以及技术服务大部分也是免费的,这些都离不开外政府对家庭农场的财政投入。

合作组织的发展。在法国,政府会给予家庭农场里合作社的成员不低于25%的投资补贴,并免除利润税、营业税和地产税。

2) 政府对农业信贷及农业保险的支持

随着一个国家经济的发展,物价也会随之上涨,农民很难完全依靠自身的资本来投资发展家庭农场,而且家庭农场的生产风险大、不确定因素多,私人机构一般不愿意向家庭农场主提供贷款。所以,美国政府成立了规模庞大的家庭农场信贷体系,向农场主和农业合作社提供各种贷款,提供的贷款额最高达 95% 的担保。在欧盟,许多国家运用银行信贷手段,向家庭农场主提供大量优惠政策,农业贷款低,银行利息差额由财政负责补贴。

3) 对农村社会保障的支持

法国和西班牙为了保证农民的收入与其他劳动者基本平衡,两国财政都为农民社会保障投入了大量的资金。1995 年,法国的财政支出为 1 700 亿法郎,其中 750 亿法郎用于农民的社会保障支出。西班牙政府支付给农民的退休保险金每年达 80 亿美元。虽然两国农民与所有劳动者一样要缴纳保险费,但由于农村退休人员多,加之农民缴纳社会保险费享有一定的优惠,因此,农民的保险支出主要依靠国家财政支持。

5 促进家庭农场发展的财税政策建议

综合分析以上国外对家庭农场所实施的财政措施,我们应遵循增加数量与调整方法方向相结合、政府投入与各种投资融资相结合、普遍投入与重点扶持相结合、传统方式与创新手段相结合、积极投入与资金导向相结合的总体方针,更好更有效地发展具有中国特色的家庭农场。

1) 增加财政对家庭农场的无偿投入

第一,应将大量的预算外资金纳入规范的预算管理,以大大提高政府财政的财力;第二,调整财政支出的结构,如削减相当部分的企业亏损补贴和行政事业单位因过度膨胀而耗费的大量财政资金等,以保证有限财力的合理配置。

2) 发挥资金导向功能,大力发展政策性投资

在家庭农场的发展过程中,首先我国应将国家开发银行和农业发展银行等政策性投资业务的机构作为主要执行机构,同时编制政策性投资融资预算,以保证政策性投资融资的规范实施。其次,拓展政策性投融资的融资渠道,除国家债券、金融债券之外,还可将邮政储蓄、社会保障基金、世界银行、亚洲开发银行贷款及外国政府赠款等纳入政策性投资融资的资金来源,以保证足够的资金供应。

3) 调整现行税收支出政策

首先,税收支出向家庭农场方面倾斜,尤其是对于那些机械程度不高的家庭农场地区,应该给予更多的税收支持;其次,税收支出应向欠发达地区的家庭农场倾斜。我国应逐步减少对发达地区的税收优惠倾斜,而加大对欠发达地区的优惠力度;再次,税收支出应向技术科技研发倾斜。机械化和种养结合是家庭农场的一大特色,技术科技的研发能更加推动家庭农场的建设,提高家庭农场的生产效率;最后,应当采取多种税收政策相结合的方法,比如,加强投资豁免、税收扣除、再投资免税退税、加速折旧等,以提高税收支出的效率,更好地惠及家庭农场的发展和建设。

项目组成员:袁雅格　余逸凡　余虹蕾　吕家诚
指导教师:杨光焰

惜护四叶草,让爱不罕见

当今社会医疗问题中,虽然罕见病患者问题已经成为不可忽视的问题之一,但由于罕见病具有"数量少、患者分散、报销难、病情复杂、治疗难度大、发病年龄小"等特点,罕见病患者问题尚未引起社会足够关注。随着社会进步和医疗技术的发展,罕见病治愈及存活的可能性已经得到极大的提高,罕见病患者的生活质量已经可以得到保证。然而,由于我国罕见病界定缺少官方标准,涉及近 2 万个家庭的 30 种罕见病患者,只能通过自发组织,互助"取暖"。目前罕见病患者家庭已形成一个庞大的社会弱势群体,其中存在的家庭问题、经济问题、教育问题、心理问题日渐突出。

因此,我们试图针对罕见病患者的生存现状,从不同群体、不同角度进行调研分析,从而提出针对性强、可实施性高的建议和对策。在调查研究的基础上,以上海市儿科医院罕见病患者为例,对当今罕见病患者及其家庭存在的心理问题、社会问题、经济问题进行探讨,并通过此课题的研究,给当地政府、学校、教师及罕见病患者监护人提供一些建议,为以后更好地开展相关研究奠定基础。

1 调研概述

1.1 调研背景

随着世界各国对罕见病方面的研究逐渐深入,在相关研究的推动下,越来越多的罕见病得到确诊。然而,由于中国相关研究的缺失及制度的不完善,大量罕见病患者得不到应有的帮助。世界卫生组织将罕见病定义为患病人数占总人口的 0.65‰～1‰之间的疾病或病变。然而,中国迄今对罕见病的界定还没有明确的官方标准。如果连官方的定义都还没有确认,那么中国罕见病的统计及相关调查研究工作更是无从谈起。在此背景下,由罕见病病人创立的民间组织发展迅速,促进了社会对罕见病的认识。近年来,"瓷娃娃关爱中心"通过"瓷娃娃"的形象说法开展公益活动,让成骨不全症(俗称脆骨病)为更多的人所了解,使其几乎成了"罕见病里的常见病"。据统计,全国有涉及近 2 万个家庭的 30 种罕见病患者,通过各种自助形式,主要以互联网为依托,在医疗上相互帮助,在生活上相互"取暖"。然而,相关制度的缺位依旧是亟待解决的一个重要问题。因此,我们在上海市开展了普及罕见病相关知识的社区活动,在上海市周边发放问卷进行调研,同时以上海市三家罕见病定点医院之一的复旦大学附属儿科医院作为调研地点,对罕见病儿童的问题展开调研。通过当面访谈的形式,集中采集数据,进而深层次分析我国罕见病患者的现状,探究其原因,最后提出改善罕见病医疗及相关社会问题的建议和方案。

1.2 调研对象

我们以复旦大学附属儿科医院中确诊的罕见病患者及其家庭为调研对象,进行本次关于罕见病儿童问题的调研,正面了解罕见病患者现状。同时,我们也进入社区发放问卷,开展普及教育,多角度了解罕见病患者的社会现状。调查问卷涉及大众对罕见病的了解程度、与罕见病患者的接触情况、对罕见病医疗情况的了解程度三方面内容。我们希望通过此次调研,深入探究罕见病患者问题,通过分析,提出一些建设性意见,从而改善罕见病患者现状。

1.3 调研方法

我们以问卷调研和访谈为主要手段,通过收集罕见病患者病况及其家庭生活状况、经济情况等信息,进行全面、真实、科学的分析,再结合对罕见病患者的主治医师的访谈及社区调研数据得到的调研结果,提出可行性高、实践性强的解决方案。

2 调研内容

2.1 走入医院,采访罕见病相关领域专家

时间:2013年8月8日

地点:上海中医药大学附属龙华医院

2013年8月8日,四叶草小分队的组员赖尧、翁佳俊、陆意三人前往龙华医院采访了陆医师,了解有关罕见病的一些知识。

首先,陆医师向我们介绍了中国罕见病人的大致情况。顾名思义,罕见病之所以罕见,是因为其发病率极低,患病概率仅仅只有 0.65%~1%。但由于我国人口基数庞大,罕见病患者总数仍不容小觑。并且由于相关法律保护不完善,罕见病患者家庭面临很大的经济负担。接着,陆医师向我们介绍了罕见病的种类,包括白化病和成骨不全症(俗称瓷娃娃)等新闻媒体中较常出现的疾病。作为医生,陆医师很遗憾地表示:国内的罕见病人数量众多,然而大部分患者却都得不到有效药物治疗,即便是有药可医,高额费用也让很多患者望而却步,所以很多罕见病人无法像正常人一样生活,特别是很多罕见病儿童,本该是和小伙伴们一起玩耍的灿烂年纪,却只能日日夜夜与病床相伴,眼巴巴看着同龄人嬉戏打闹。

在听完陆医师的介绍后,我们对罕见病这类弱势群体有了一定了解,他们需要关爱,需要我们伸出援助之手。通过查阅资料,我们了解到现在中国在保护罕见病患者的立法机制上还不够完善。关爱罕见病患者的路还很长,我们还在路上。希望我们的努力能让无根的四叶草感受到一点春天的温暖。

2.2 走进社区,开展罕见病知识普及活动

时间:2013年8月10日

地点：闵行区七宝镇某儿童教育机构

今天是全队活动的第一站，今天小队早早出发，踏上了关爱行动的征程。我们来到了闵行区七宝镇某家儿童教育机构，向其中的小学生普及罕见病知识。本来在教室中调皮捣蛋的孩子们，一听说我们的到来，一个个的眼神都充满着期待。

当我们告诉他们罕见病的患病概率是 0.65%～1% 时，也许他们心中并没有一个具体的数字概念，但是当他们看到了一张张罕见病儿童的照片时都震惊了。照片上，这些几乎和他们同龄的孩子们，长相怪异，坐在轮椅上，眼神中充满对全社会认同的渴望。

"他们一定很可怜"，后排的小女生轻轻地说。

是的，罕见病儿童真的需要全社会的关怀。于是我们教室中的孩子们提议一起为罕见病儿童制作祈愿的千纸鹤和愿望星。看着这些孩子幸福快乐地在爱与阳光中生活着的时候，我们心想着，也许对于儿童的知识普及并不会让他们立马对罕见病有多深的见解，我们所能做的，只是让爱的种子在他们心中发芽，让他们知道，在他们享受幸福生活的同时，还有一群同龄人期待着全社会的帮助。

下午5点，我们辞别孩子们，踏上了回家的旅途。可是我相信，爱的接力不会停下，当孩子们长大成人，接过罕见病关爱的接力棒，罕见病儿童这群无根的四叶草，终将会感受到春天的温暖。

2.3 走向社会，调查统计罕见病认识现状

时间：2013 年 8 月 15 日

地点：松江大学城文汇路，闵行七宝地区

为了客观、准确、全面地了解上海市罕见疾病的社会认知情况，分析其中存在的问题，从而为推进罕见病关怀事业提供帮助，我们专门组织和实施了针对罕见病知识普及现状的调查研究。我们分别向松江大学城区域和闵行七宝地区的路人随机发放了一定数量的问卷。并对问卷结果进行了系统分析。

从问卷结果分析来看，高中生和大学生对罕见病最为了解，有 54% 的高中生和 62% 的大学生知道常见的几种罕见病（苯酮尿症、白化病）。然而，他们了解罕见病的途径仅仅是通过高中生物课本，除此以外，完全不了解其他罕见病。更为糟糕的是，类似骨质石化症、肢端肥大症这样的罕见病更是无人知晓，甚至有人认为，这些疾病与老年人常见的关节炎、风湿是同一类型的疾病。

调研表明，罕见病群体目前在国内还是"名副其实"的一个弱势群体，受社会的了解和关注比较少。目前罕见病群体面临以下六个问题：①罕见病医学研究、治疗水平低下。有一些罕见病全国只有一到两位最为权威的医生可以诊断、确诊和治疗。绝大多数的罕见疾病没有有效的治疗方法。②病人药物可及性程度非常低。很多疾病没有药物；一些药物国外有，但是在中国没有。而且费用昂贵，比如像戈谢病，1 个月花费大概是 20 万元。③罕见病社会保障政策缺失。中国目前没有一

部全国性的罕见病医疗保障法案,这也是最为根本的问题,提供医疗保障是关注罕见病的所有人要为之付出努力的一个方向。④罕见病家庭因病致贫现象非常普遍。⑤社会的歧视和排斥现象非常普遍。拿我们的几位被采访者来说,在他们成长的近30年的时间里,人生的每一个阶段都面临很大的被排斥和被歧视问题。⑥罕见病家庭社会援助力量缺失。当一个家庭有了这样一个孩子,却不容易找到社会多方力量的支援,一般的家庭往往非常绝望。这些困境,影响这个群体被更好地了解和帮扶。

通过研究我们发现,对于罕见病的知识普及,尚存在很大的问题,我们采访了一些新生婴儿的母亲,她们对于罕见病儿童这个群体的认知也存在着这样那样的误区。大部分受访者表示对什么是罕见病、罕见病如何预防没有任何概念。

2.4 走访患者,采访罕见病患儿及其家庭

时间:2013年8月26日

地点:复旦大学附属儿科医院第十五病区某病房

为了对罕见病儿童有更深层次的认识,我们小组一行来到了上海市三家罕见病定点医院之一的复旦大学附属儿科医院进行罕见病儿童病房探望活动。在位于顶楼的15病区的某间病房里,我们约见了一位重症肌无力的患者。患者大约十来岁,躺在病床上,除了他略微下垂的右眼眼睑及苦笑面容外,看起来与普通人并无非常大的差异。我们说明来意后,与孩子的母亲进行了简短的交流。孩子的名字叫小皓,来自内蒙古较为偏远的山区。半年前查出确诊患有重症肌无力疾病后,为治疗这个极其罕见的疾病,他们跑遍当地的医院,甚至找过土郎中,开了无数的方子,然而病情却依然无法得到很好的缓解,几经周转后他们来到了儿科医院进行治疗。来到儿科医院后,医生与护士都很照顾这位罕见病患儿,由于是外地农保患者,医疗费用报销过程极为繁琐,并且只能报销部分费用。因此,高昂的医药费、手术费、治疗费及在上海的巨大生活开支,给本不富裕的小皓家带来了经济和心理上的双重负担。

小皓母亲说,小皓曾是一个乐观向上的孩子,然而确诊后,插着的呼吸机让他逐渐变得不自在。更糟糕的是,周围人异样的眼光,正在逐渐夺去原本应该享受快乐童年的小皓脸上的笑容。然而,由于对于罕见病的治疗药剂开发进程缓慢,以至于不能得到及时、有效的治疗,小皓的病只能一拖再拖。由于该罕见病的特殊性,目前的一切治疗措施只能减缓疾病而不可能根治,反反复复的病情及高昂的医药费让小皓的父母时常会为了儿子揪心万分。由于亲戚、朋友对于这种疾病的不了解,甚至认为小皓是不幸之源,在治疗的那半年中,小皓家几乎尝尽世间冷暖。从同情到惶恐最后到唯恐避之不及,让小皓一家痛苦万分。

我们看了一眼病床上的小皓,面对这样一双渴望整个社会同情、关爱的眼睛,我们能做什么?也许我们的力量太微薄,什么都做不了。但是我们和大家分享这个重

症肌无力的患者故事,我们想和大家一起呼吁全社会对于罕见病儿童的关爱与支持,我们想改变人们对于这些疾病曾经的知识上的误区,想呼吁建立并健全针对罕见病儿童的医疗保障制度,推进罕见病药物研究进程。我们想说,罕见病儿童其实并不罕见,他们真真实实地活在这个社会,活在我们的身边。让我们每个人都试着用一颗爱心、一颗真心去看待他们,温暖他们的内心,别再让他们孤苦无依。惜护四叶草,关注罕见病儿童,我们在路上。你们呢?

3 调研成果

3.1 罕见病患者当今现状

随着我国医疗卫生系统的发展和医学的进步,大批罕见病得到确诊,与此同时,相关的立法和制度却没有得到完善。相关制度的缺失与罕见病治疗技术的矛盾日渐显现。作为社会群体的一部分,现阶段我国罕见病在医疗保障、社会关注等方面存在着诸多问题,这些问题关乎中国社会主义制度建设与发展及中国社会和谐。研究罕见病相关问题,对于建设和谐社会具有重要意义。

据中华医学会医学遗传学分会对中国罕见病的定义的推算结果,以中国约14亿人口为基数计算,每种罕见病的患病人数约为2 800人,中国约有1 000万左右的罕见病患者。而以目前国际上公认的标准来算,国内罕见病实际人数应远远高出国内专家推算的人数。然而,由于缺乏官方定义,中国罕见病的统计工作迟迟无法展开。

3.2 罕见病存在的相关问题及解决对策

当前亟待解决的问题主要有医疗技术落后、专业人员缺乏、立法保障缺失、医保无法覆盖、社会歧视五个方面。

医疗技术方面应当重视罕见病科学研究,尽快建立全国罕见病资源及样本库,构建全国性的罕见疾病平台,积极促进罕见病相关合作研究;医疗机构人员专业化方面应当开展针对医务人员的罕见病医学知识培训,加强罕见病知识普及教育和预防工作;国家立法层面应尽快建立罕见病专项立法,明确罕见病的定义,激励相关药物开发,降低药物准入门槛;社会保障方面应当尽快出台针对罕见病的医疗保障办法,深化医疗改革,扩大大病医保范围;社会教育方面应当扩大罕见病宣传,减少社会对于罕见病患者的歧视。

后记

在针对罕见病的调查研究中我们发现,由于许多罕见病种患病人数相对较少,医务界对其了解甚少,许多患者因此被长期漏诊、误诊,延误最佳治疗时机,这使得我们能找到的罕见病患者均为罕见病中的"常见病"。此外,对于无力负担医疗费的罕见病家庭,以及更为罕见的罕见病相关调研,我们无力做到,因此该调查存在诸多不足。

由于时间有限,我们难以接触到更多罕见病患者及相关专家。在此,也向为我们社会实践提供帮助的医师、护士及其他朋友表示感谢,没有你们,我们不可能完成这一次社会实践。

项目组成员:陆　意　赖　尧
指导教师:闫　锐

"爱·两制"

——沪港两地志愿者服务现状的对比分析

摘　要：本研究采用问卷调查、文献查阅等方法，从多方面考察上海志愿者服务现状。通过对调研和采访所获得的数据进行整理，从沪港两地差距的关键点入手，以加强志愿者队伍人员后备力量储备、提高服务质量、扩大社会影响力等为出发点进行分析。为使上海社会志愿者服务步入一个良性发展的轨道，推动社会道德文明建设的发展，我们提出了提升上海社会志愿者服务水平的思路，以供相关部门参考。

关键词：沪港；志愿者服务；现状；对比

21世纪是属于志愿者服务精神的时代，在任何文化与社会中，志愿者服务都将是一个社会或国家向上提升的重要力量，是社会文明不可或缺的重要部分，发展志愿者服务对深化上海精神文明建设、完善社会支持系统具有不可替代的作用。

随着北京奥运会和上海世博会的成功举办，志愿者这个集体出现在人们的视野中，且越来越多的志愿者公共事件也不断进入到我们的视野中。

事件一：对志愿者提供民生政策倾斜。

中新网2012年11月5日电　民政部日前发布通知，决定在全国开展志愿服务记录制度试点工作。包括上海在内的136个地区将率先进行志愿服务记录制度试点；同时，今后将实施开展志愿者星级评定，志愿者在升学、就业、使用社会公共设施等方面或将享受优惠政策。

事件二：上海将义工时间纳入公务员考核。

普陀区作为上海义工制度化的第一个试点，于2012年5月底举行了首次义工培训。作为试点，普陀区正在酝酿公务员每年40小时义工服务考核制度。他们每次义工行为都将被有效记录，这些记录也将成为公务员工作的考核项目。

从以上的公共事件中我们看到，在政府的牵头带领与社会自发响应下，志愿者服务在朝着好的方向发展。当然，与香港地区成熟完备的社会志愿者服务机制相比，上海在志愿者服务这一方面上依然有很多不足。对香港地区社会志愿者服务的调研，可以使我们更加清晰地找到差距，从而思考更加完备的建设思路。

1 调研概述

1.1 调研目的

通过对比,对上海志愿者服务现状进行深入剖析,从而找出存在的问题与亟待改善之处,以此来探求完善上海乃至全国志愿者服务的方法,为增强后备力量储备、提高队伍素质、保证服务质量和提高社会影响力等方面提出建设性意见。

1.2 调研方法

1) 文献资料法

本小组查阅了许多有关志愿者服务的论文、著作,这对于我们了解相关问题的历史和现状,以及调研时的观察和访问大有裨益。

2) 问卷调查法

我们的问卷为实地调研问卷。本调研小组决定以上海为调研背景,取上海松江区文汇路、上海市普陀区金沙江路、上海市浦东新区陆家嘴等 16 条街道及各著名商场为调研点,对行人进行了关于"上海志愿者服务现状"的问卷调查。共发放问卷 1 550 份,实际回收有效问卷 1 537 份。

3) 访谈法

本小组对 8 位志愿者团队负责人(4 位来自民间组织,4 位来自学校组织)、30 名普通志愿者、6 所接受志愿者服务的机构负责人进行了关于志愿者服务现状的深度访谈,了解到了现有志愿者团队的资金来源、活动内容、存在的问题等方面信息。具体参与访谈的志愿者团队有:"跨越彩虹"志愿者团队、"有这样一群人"、"中国都是爱心人"协会、"源川"志愿者团队、上海立信会计金融学院青年志愿者协会、华东理工大学志愿者协会、同济共青志愿者大队、真如高中志愿者团队。具体参与访谈的机构有:悦苗残疾人寄养园、田林敬老院、宋庆龄陵园、上海科技馆、芷江东风养老院、芷江西路街道。

对于香港地区,由于区域的限制,我们采用了电话访谈的方法,与东华三院、义务工作发展局、义工服务中心及香港青年协会的各位负责人取得了联系,并进行了对于香港志愿者服务现状的采访,获取了最为真实的第一手资料,并且得到了专业人士的看法和意见。

2 上海的志愿者服务情况概述

鉴于上海志愿者服务现状的相关文献资料十分匮乏,我们小组决定亲自走上街头,通过民意调查,了解群众对于上海志愿者服务现状的认识与感受,并结合访谈调查法弥补问卷调查的设计选项不全面、提问不科学等局限。最终归纳总结了以下几点上海志愿者服务的情况。

2.1 志愿者流失率大

尽管参与志愿者服务的人数呈现上升趋势,在受访者中已经超过了半数,但是经过访谈后了解的大多数的情况是:做完一次或两次便不再继续做下去。上海志愿者服务存在缺乏持续性、志愿者流失率大的特点。"志愿者流失"问题在民间志愿者团体中体现得更明显,尽管网上招募志愿者的办法使参与人数变多,但由于后期管理难度大,导致大部分民间志愿者流动性大。

2.2 培训机制缺失

志愿者缺乏培训,往往都是临时上阵,要做好培训这一工作很难。社会工作团队的一位负责人告诉我们:缺少培训是因为我们的志愿者大多通过网络平台招募,大家确定时间之后就直接参与服务了,很少有时间能把大家聚集起来进行培训。"即使之前有接受过培训,也因为志愿者流动性大而致使曾经受过培训的志愿者大部分流失了。

超过一半的受访者表示自己并没有接受过专业培训,仅仅是被告知了一些注意事项及活动开展的时间地点等。根据我们的实地采访,我们发现未接受专业培训的志愿者会在服务过程中缺少应对突发事件、紧急状况的能力,导致活动不能有效地开展,降低了志愿服务的质量。

2.3 缺少志愿活动总结

志愿者活动总结对志愿者的发展与成长是至关重要的。图 1 表明,除了一些社会团体会在志愿者活动结束后进行充分详细的总结之外,大约 80% 的志愿者表示从未有过总结会议之类的活动。没有关于活动开展的充分总结,就无法使每一个人都发现活动过程中遇到的问题,不利于之后活动的继续。更重要的是,没有收到关于接受服务方的反馈,导致许多人对于志愿者活动缺乏热情。总结性的活动不仅仅是志愿者们交流经验的过程,更是一个让志愿者们能够紧紧凝聚在一起的绝佳时机,更能提高志愿者活动的积极性,增强他们对整个团队的归属感。

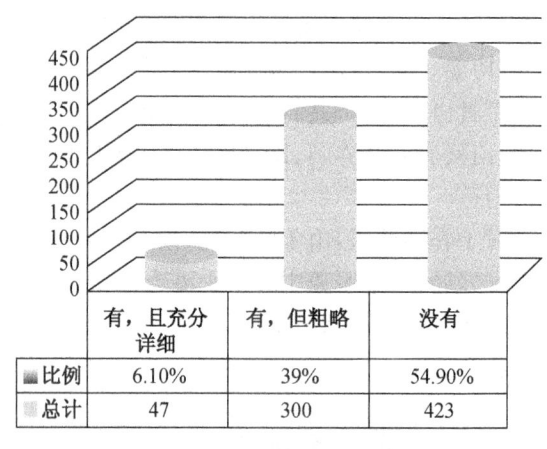

图 1 志愿活动结束后的总结

2.4 志愿者组织机构不规范

通过访谈我们了解到,学生志愿者团体由共青团管理,而自发性的民间组织则十分分散。上海目前还没有专门的对其进行统一管理的组织。没有统一的管理,不免会造成资金不足、团体间联系少、管理困难等问题。

2.5 志愿者服务类型单一

我们了解到,志愿者服务的内容可以分为探访陪伴型、劳动型、募捐型、宣传型、社区服务型、助残型,但是我们观察到,上海志愿者服务领域较为单一,缺乏多样性,大部分志愿者仅限于去养老院、福利院等地进行探访;部分学生会进行一些劳动类工作,但是协助残疾人士完成复健工作却做得十分不足,只有一成左右的志愿者会去帮助残障人士。

2.6 经费来源不稳定

在志愿者组织中学生团体接受学校拨款,并由校级组织青年志愿者协会统一管理,而社会组织基本上都是自发组建的,没有管理者,因此经费都是自理的。

资金短缺是志愿服务的大问题,学生团队的资金依靠学校划拨的有限经费,这对于青年志愿者活动根本就是杯水车薪,更别说民间组织的"自给自足"了。在访谈中,某爱心协会负责人表示,协会在建立之初也曾遇到过资金短缺问题,但是经过多年的经验和探索解决了这个问题,他们采取与企业合作的方法,通过在协会衣服上、活动海报中印上该公司的名称来获得资金赞助,或是呼吁公司直接参与志愿活动,公司自愿对其进行赞助。此方法也很适用其他志愿者团队的资金筹集。

2.7 志愿者服务意识薄弱

如图2所示,超过一半的受访者未做过志愿者,其中,没有时间、精力及渠道成为大多数人没有参加志愿者服务的理由。身处上海金融都市,过快的生活节奏难免使私人支配时间变得有限,但是对于志愿者服务而言,太忙和没有渠道显然不是一个合理的理由。由此看来,上海志愿者服务的社会影响和公益意识还是相对比较薄弱的。

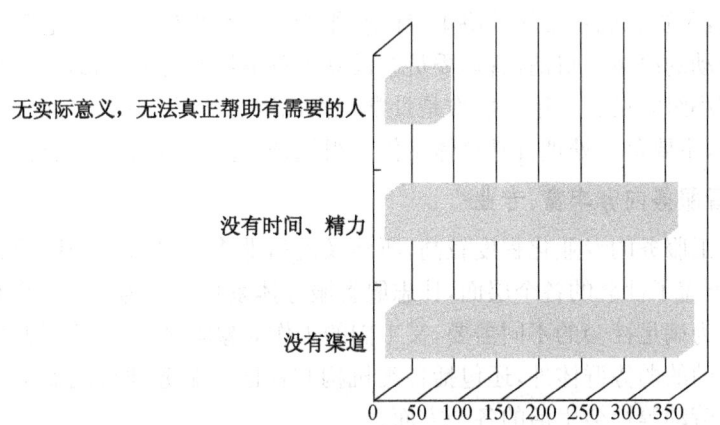

图2 志愿活动结束后的感受

调研还发现,志愿者的初衷已经不那么纯粹了。悦苗残疾人寄养园的院长也对这方面谈了自己的看法:"公益志愿者大多是学生在做,但是学生做志愿者的意识也很薄弱,很多人就想着大一、大二做就好,后面大三、大四就不做了,他们没意识到志愿公益是可以终生去做的"。

3　香港的志愿者服务情况概述

了解了上海的志愿者服务情况,让我们来看看志愿者服务走在前列的香港的义工服务状况。中国香港是一个典型的商业社会,一切按照商业规则来运作,这总给人一种冷冰冰,甚至有些残酷的感觉。但是,在这个繁华都市背后,也涌动着一股强大的暖流,这就是分布全港的义工机构及义工,他们以自己的真诚奉献诠释人间的真善美。

3.1　志愿者服务历史悠久

据记载,香港早期的义工是出现在 1870 年东华医院的赠药活动中。此后,大致从 19 世纪末至 20 世纪中期的 70 多年间,香港保良局、香港基督教青年会、香港红十字会、香港乐施会等多家慈善机构,在不同时期应运而生,一直活跃至今,为香港构建义工文化提供了极好的平台。根据香港义务工作发展局最近的统计资料显示,截至 2009 年 7 月底,全港登记义工人数已达 80 万人,几乎每十个香港人就有一个做义工,比例冠绝全球。

3.2　志愿者管理层级分明

香港义务工作发展局作为香港义工管理工作机构对香港志愿者服务的成熟体制有功不可没的贡献,她的主要职能在于管理香港的服务团队的运作。其组成架构主要可以分为两个层次:第一层次是管理委员会。该层级不负责具体事务,主要承担领导管理职能,负责志愿者工作的决策、计划、组织、监督和控制,尤其是重大问题的研究和重要活动的决策。目前,管理委员会设立了董事局及财务、行政、招募及推广、策划及服务等小组委员会。第二层次是日常工作机构。该层级由义务工作发展局的专职人员组成,主要负责处理日常具体工作和组织、安排义工开展常规性的活动。

3.3　志愿者服务内容丰富、专业

香港义工服务的专业化程度较高,所涉及的行业多、领域广,开展的服务活动也形式多样,覆盖了社会的各个层面,让志愿者服务体系真正成为使全社会和谐安定的重要因素。为满足社会的不同需要,义工们的工作对象除老人、病人、智障人士、戒毒者等需要帮助的弱势群体外,还包括各类机构和社区。服务项目涵盖了护理、辅导、探访、护送、劳动等社会生活的各个方面。

3.4　志愿者组织运行机制

经过多年的实践,香港已经形成了涵盖义工招募、管理、培训、监督、保障与激励

考核等各个环节的一套完整的运行机制。单以培训方面为例,义工发展局就专门设有义工培训及拓展中心,为义工提供义务工作持续培训、义工专才特约培训、具体服务项目技巧培训等课程;同时通过专门制作和出版以义务工作为主题的影音教材,供义工组织和服务对象租用或购买,来协助各义工组织开展有关服务的推广和训练工作。

3.5　经费筹集多元化

香港社会志愿机构的经费筹集主要来源于三方面:首先是政府拨款。其次是社会机构和个人捐款。例如,香港赛马会基金长年从盈利收入中拿出固定比例,支撑志愿者服务机构的工作,还有社会名人的私人基金会如王菲的嫣然天使基金与李连杰的壹基金等的不定期捐助。最后是自办实体创收。充实的资金保障是香港志愿机构及义工制度不断发展的基础和前提。据分析,在香港,民间组织的经济收入构成中,政府资助达65%,非政府基金资助及市民捐献占14%,收费和其他收入占21%。

3.6　义工文化深入人心

在香港,义工服务四处可见,不论是年幼的小朋友,还是年逾百岁的婆婆,他们默默地牺牲自己的节假日,为有需要的社群带来希望和温暖。根据不完全数据统计,香港市民当义工每年为香港所作出的经济贡献高达40多亿港元。更重要的是,他们传播的人间温暖,其价值是无法衡量的,是一笔宝贵的精神财富。在至香港的实地调查中,我们对香港市民做了关于现今志愿者制度评价的民意采访,在采访中我们发现,在香港市民的意识形态中,志愿者行为不仅是一种奉献,更是一种责任,近乎是一种本能,这根本的动机区别也便在很大程度上决定了参与比例和服务质量。在这种社会责任感带动的社会氛围里,犯错误的人,会将为社会服务当作本职,当作赎罪的方式而非刑罚。正因这样的良性循环,香港社会志愿者服务在完备中日趋细致,无论是从人性关怀、财政支持、人员储备还是在服务质量上,都日臻完善。

4　沪港两地差异比较

通过上述分析,我们可以看出一些沪港两地志愿者服务现状的差异。

4.1　参与的广泛性存在差距

经过数年推广的香港义工运动得到了社会各界的广泛认同,市民开始认识到经济转型引起的新的挑战需要他们发扬团结互助精神共同面对,共同建设一个更加和谐互爱的社会。上海的志愿者服务则还没有形成市民普遍参与社会和回馈社会的良好氛围。首先,参与志愿工作的人数虽然不少但是志愿者来源缺乏代表性。问卷显示,首先,如今参加义工服务的主要有公务员、教师、学生、医务司法人员。志愿服务工作应该是全社会性的活动,如果服务工作主体仅仅局限于青年或者青年学生,将无法让更多的人接受并积极投身于志愿服务这一公益活动。其次,公众对志愿服务的接受度有限。在上海,并不是所有社会成员都对公益事业持积极态度。显然,这与市民的学历高低也有关系,从问卷中我们可以看出,在做过志愿者的市民中,本科及本科以上学历占70%以上;在没做过志愿者的市民中,高中及以下学历的人数占60%左右。这说明市民学历越高,对公益事业态度越积极。这说明我们不仅仅要从事具体工作,更要传播志愿服务的观念。

4.2　志愿服务的社会影响存在差距

两地志愿者社会参与的广泛性存在的巨大差距必然导致志愿服务的量化值也存在巨大差距。香港义工2009年社会总服务时间8 700万小时,上海还很难达到这个数量。在调查过程中,我们发现市民不参加志愿服务的一个主要原因是没有渠道去参加。另外,由于上海志愿服务模式源于"学雷锋运动",政治色彩较多,民间因素受到制约,大多数志愿者组织是依靠共青团组织体系建立起来的,而香港义务工作模式则受外国影响较大,民间性质比较明显。他们采取新闻媒介言传、市民自由报名、注册会员服务的方式,吸引了比较多的人参加义务工作。由此看来,上海志愿者服务的社会影响和公益意识还是相对比较薄弱的。自然而然地,志愿者对于上海社会生活的影响比义工对香港社会生活的影响要小得多。

4.3　公益机构资金来源差异

上海志愿者服务现状和公益机构资金不足有一定的关系。上海政府对于志愿者行动并没有专项的拨款,通常这种情况下,向社会筹款和自费是一贯的做法。这样没有常规途径的经济支持状态使得这样类似的志愿者团队发展得举步维艰,不少志愿者团队只是抱着献爱心的心态在工作闲暇的时间参与志愿者工作,零收入,所以志愿活动也是松散无序,这样也导致了上海整个志愿者协会统筹管理时的艰难。反观香港各义工协会,不仅有由政府给予的财政上的适当支持,还有实行义工自我管理的法定机构。它使各民间组织最大程度地使用义工,同时又避免了义工资源的重叠和浪费。所以,香港义工在这样一个商业味很浓的社会环境中发展得欣欣向荣,而上海的志愿者协会却在"生与死"边缘挣扎。那么所谓的经济基础决定上层建筑,在这城市志愿活动发展中也体现得淋漓尽致了。

4.4　志愿队伍构建的差异

放眼整个上海,上海市志愿者组织和志愿者主要是由共青团组织直接指导和管理,剩余的那些都很分散,且互相之间缺少联系,导致活动变得无秩序,不能有效开展,降低了志愿服务的质量。

而香港已经形成了"政府统筹指导、社团自主管理、公民积极参与、法律有序监督"的社会服务形势,志愿者队伍建设责任主体则呈现出"民办、官协、商协、官商共协"的特点。在香港,义工队伍的组建是由专门的机构——香港义务工作发展局统一领导负责。公众若是想要参加义工服务,只需登录香港义务工作发展局的网站,填写申请表格;或者申请加入其他的义工服务机构。而且,这些义工服务机构并不是完全独立的,他们互相之间仍有一定的接触交流。

4.5 志愿服务内容差异

前文中我们已经提到过,上海志愿者服务类型缺乏多样性,志愿者的服务内容比较单一、活动形式比较传统。反观香港,我们发现他们义工服务所涉及的行业比较多、领域比较广,开展的具体服务活动也形式多样,覆盖到了社会的各个层面,其服务项目包括了办公室事务、环境保护、筹款、文化艺术、医疗护理、功课辅导、护送及陪诊、协助国际会议等社会生活的各个方面。

4.6 志愿者服务质量的差异

分析上海与香港两地志愿服务质量的差异,我们可以从以下三方面着手:服务前、服务过程中与服务后。

服务前:根据调研,我们发现,在上海,大多数志愿者活动开展前都没有专业的培训。而在香港,义工发展局就专门设有义工培训及拓展中心。在进行服务前,他们会为义工提供具体服务项目技巧培训、专才约约培训及义务工作持续培训等课程来协助各义工组织开展有关服务的推广和训练工作。

服务过程中:在上海,存在一部分志愿者是为了完成某些目的如盖实践章、修实践学分而去进行服务,一旦实现那些目的后,他们就不再继续进行志愿活动。而在香港,义工们接受过特定的培训,服务活动开展得秩序井然。每位义工都了解自己所参与的志愿活动项目,掌握志愿服务的基础知识及部分专业知识,掌握受助者的需求,为受助者提供最合适的服务。

服务后:香港义工在每次小组服务结束后都要开会进行总结,分享服务经验,检讨不足以便今后更好地开展服务。而内地志愿者每次项目服务结束后大多缺乏认真总结,较少交流心得体会经验。服务水平得不到改进,失误又不能让别人引以为戒,提高志愿服务工作质量的幅度自然较小。

5 对于差异原因的分析

对于造成以上差异的原因,我们可以总结为以下几个方面。

5.1 历史背景

首先,西方文化冲击是香港志愿服务的历史大背景。香港在1997年回归祖国前的100多年间一直处于被英国殖民统治的状态。这使香港更早地接触到了西方先进的思想和对自由理念的追求,志愿服务的理念也在此时传入香港。这些先进志愿服务思想为香港志愿者的产生奠定理论基础。相比之下,中国其他地区,正处于外忧内患、岌岌可危的处境,没有适合孕育志愿服务的大背景。

其次,香港的志愿服务起步早,经验积累丰富。在香港被殖民统治期间,志愿者这种自愿奉献自我,为推动社会进步而提供服务的新角色深深影响着香港的民众。志愿服务经验的积累为香港志愿服务制度的完善、问题的解决等方面都积累了宝贵的经验,而中国其他地区志愿服务落后的这近100年时间,则是与香港产生差距的重要阶段。

5.2 政府对待志愿者服务的态度

首先,香港社会的发展历史中政府与义工组织的联系历史悠久,而同一时期里内地正处于经济改革社会变迁中,进而造成了两地政府对于义工行为的差别对待。政府的差别对待更是体现了政府支持在其中发挥的作用。在香港,政府在财政上给予了民间组织大力支持,属于"政府出钱,民间组织办事"的"合作互动"关系。而在上海,通过与诸多志愿者团队的交流,我们得知,学校公司等以组织拨款为主,获得社会赞助为少数,而民间团队纯属自费。

5.3 志愿者服务中专业人才的缺失

目前上海志愿者服务缺少专业人才,究其原因可分为以下两点:第一,志愿者本身缺少相关专业技能。据我们统计,大部分志愿者为在校大一、大二学生,还没有完全习得相关专业内容,在进行志愿者服务的过程中,无法发挥出其专业水平,使得其服务质量打上折扣。第二,许多社会团体属于民间组织,因其规模与资金有限,导致管理人员中精通会计、法律等专业的人士也较少。

反思为何香港志愿者中不乏专业人才,这与其重视志愿者的专业技能,以及能够将技能在培训的过程中真正有效地实施有莫大关系。香港志愿者培训不仅注重对从事不同类别志愿服务的专业知识和服务技能的培训,而且更注重对领袖义工的培训,且培训形式活泼多样。

5.4 宣传效果不佳

目前上海对于志愿者服务的宣传实际效果不足,究其原因可分为以下两点:第一,有效的宣传途径不够广泛。虽然当今我们可以通过媒体、居委、社会团体等途径进行宣传,可真正能够吸引到人去参与志愿者服务的却很少。第二,缺乏代表性人物的宣传。现今上海志愿者活动缺乏活生生的例子让大家真真切切地明白志愿者该做什么,需要付出什么,能收获什么。反观香港的志愿者宣传,更具有一份感染力。除了经常会有各式各样的宣传片、宣传海报、宣传单之外,还不乏拥有社会影响力的人士进行宣传,包括明星与相关政界人士,这些共同促进了香港义工制度的发展。

5.5 缺乏对自发组成的志愿者机构的管理与帮扶

通过对上海的多组自发组建的志愿者团队的采访,我们不难发现,许多团队常常出现"心有余而力不足"的问题。在大多是自发组建的志愿服务团队中,没有任何的资金资助、技术支持和专业的管理人才,所以造成了团队难以维持、志愿者服务质量低等问题。虽然共青团组织会对在校大学生志愿活动进行一系列管理,充实志愿者服务,但是毕竟对于整个社会而言,范围太小,没有形成统一的管理。

6 上海志愿者服务优化方案

根据上述的分析,我们小组拟为上海市志愿者服务的发展提出突破性建议。

6.1 增加财政支持

要建立起政府与民间组织两者间平等互助的关系,最主要的方法是要改变政府财政对公共服务的投入方式。民间组织一般拥有丰富的活动资源,政府对社会福利事业实行项目管理,可以通过招标的方式向民间组织购买服务,同时,政府可以根据当地居民对社区服务的需求量确定服务项目,把社区服务事项以项目招标、申报审查、事后评估等形式"发包"给一些经资质认定的民间组织,并为其提供主要的活动经费支持。

总之,政府应充分发挥其"转移支付"的作用,构建起两者联系的桥梁,而政府资助也将会成为民间组织的重要经济来源,同时,政府单位也必须承担起第三方的监管责任,真正地做到平衡发展。

6.2 扩大志愿者服务队伍

现今,志愿者的主力军仍是青年志愿者,但是实际上真正更适合的是具有一定社会经验的已工作群体。我们将两者进行对比可以发现社会群体作为志愿者相比青年更具有优势。因此,我们提出的解决方案是——让志愿者服务走进企业。企业可以将志愿服务写入员工的工作安排中,作为一项常规的课外活动项目,并计入每位员工平时的工作考评。这样做的优点有:第一,对于企业,开展公益事业能为其树立良好的社会形象,对企业的发展有着正面的影响。企业的宣传不是靠做广告就够了,做慈善和公益一方面能为企业做宣传,另一方面还能为企业树立良好的社会形象。第二,志愿者服务的引入能为企业营造积极、感恩、向上的工作氛围。一个企业积极的工作环境和氛围对企业的自身发展起到很大的作用,工作的效率和质量自然也会提高。

6.3 加强志愿服务的相关培训

我们可以建立系统的志愿者培训机制。实施志愿者培训制度,规定加入志愿者协会的所有志愿者均需分阶段分批次地接受培训,并对培训的时间、内容、组织形式等内容提出要求。第一是志愿者服务基本知识培训。基本知识培训应在志愿者报名加入志愿者组织后的3个月内进行,根据志愿者招募的实际情况,由上海市志愿者协会招募培训部牵头,联合多个志愿者组织,由上海市志愿者协会培训部邀请经验丰富的志愿者或志愿工作管理人员通过授课、讲座的方式来进行。第二是专业知识培训。必须大力发展专业人士的志愿服务,也就是具有专业知识和有专业资质的人士提供的志愿服务。专业知识培训则可由上海市志愿者协会指导专业服务队或项目负责部门集中组织开展。

6.4 促进专业人才的发展

针对上海志愿者团队中缺少专业人才的情况,我们提出以下解决方案。第一,由于许多志愿者为在校学生,我们可以在他们身为学生的阶段对其思想进行培养与塑造。除了思想上的改变,我们也可以在高校开设更多与志愿者服务相关的课程并强调其对于当今社会的重要性,增强这部分人才的综合竞争力,为壮大志愿者团队储备更多力量。第二，政府应起到统筹规划的作用，增加对相关企业、医院、政府机关等单位的宣传，使其中我们需要的专业人才明白他们加入志愿者团队的实际意义，同时，合理调度有志愿服务意向的在职志愿者投入到适合他们的岗位中，尽可能地利用这部分社会资源。

6.5　充实志愿服务项目

针对志愿服务活动项目较少、活动方式单一、服务领域较窄等问题，要进一步找准志愿服务活动的切入点，从经济社会发展的需要和人民群众的愿望出发，仿效香港，合理设计活动内容，不断丰富服务方式、拓宽服务领域，涵盖护理、辅导、探访、交谈、护送、劳动、娱乐等社会生活的各个方面，形成多角度、全方位的社会服务切入方式。

低端的、非专业志愿服务是志愿事业发展的基础，我们需要牢牢坚守。但面对当今社会诸如法律咨询、医疗救助、青少年心理健康等越来越多且越来越复杂的问题，发展各类专业的志愿服务势在必行。因此，我们可以招募一些具有特定技能素质的志愿者。依照他们所拥有的技能，开展新的志愿服务项目，充分发挥并利用他们的专业优势。

6.6　实行社会服务令

在对沪港两地的志愿者服务进行对比时，我们发现，两者差异的标杆是香港成熟完备的志愿者服务机制。后备力量在志愿者服务队伍里面是重要的，在香港，社会服务令是志愿者队伍的有力保障。社会服务令是一种刑罚，为替代监禁的一项判刑选择。

1) 实行社会服务令的益处

（1）提供稳定的后备力量。在内地靠社会自发作为支撑的志愿者体系里，人力资源配置不合理，时常出现人员断层的情况。香港的社会服务令制度，对于人员服务方向作出明确规定，并将队伍规模控制在大于需求的情况，从而为整个体系的稳定后备提供了强大保障。

（2）一定的财政支持。社会服务令的一个明显优势在于减轻社会的刑罚成本，而从中节省的成本，在公共分配里可以转移成为对志愿者服务的财政支持。在这样的财政支持下，组织工作可以得到更好地开展，志愿者可以得到更好的调度与激励。

（3）提高服务质量。在当下，上海的志愿者对于服务工作很多都处在陌生状态，缺乏技术性指导往往很难将服务做得细致完善。而在香港，志愿者行为都有政府派遣专业人士给志愿者提供指导，从而使服务质量得到稳定保障和提升。

2) 对实行社会服务令的建议

在对两地的志愿者服务进行剖析后，我们发现关键的差距是香港是一个特殊的政治特区，而要想实行社会服务令，最基本的要求是适应大的体制，香港的社会服务令中有许多值得上海借鉴的地方，但不可能完全迁移。通过对比与思考中，我们对上海实行新的社会服务令提供如下建议：

（1）将社区服务实践作为社会刑罚惩戒制度。当下，我国对于社会影响较小的犯罪行为，采取的惩戒方式往往为拘役管制与罚款。用社会服务代替拘役管制与罚款，对受处罚者进行感化，唤醒其社会责任意识与服务精神，或许会比硬性刚性的拘役管制等手段来得更有效。

（2）制定明确服务对象。在制度制定之初人员队伍素质和服务水平不够高的现实情况下，为加强社会责任感，服务对象应尽量避开如福利院、养老院等弱势群体，而应尽量向林业、工业等基础领域倾斜，既增加社会安全信任感，也从基础工作开始一步步向良性发展推动。

（3）加强人员选拔的把关。相较于香港社会，上海的社会公民整体素质还不够高，在志愿者队伍的选拔和组建上，应有更加完备的流程制度，如对于社会志愿者的服务经验、受教育程度、诚信记录等方面应建立起一系列附加辅助制度，以保证整个队伍的质量和公众信任度。

7　结束语

有人说："21世纪是属于志愿服务精神的时代，在任何文化与社会中，志愿服务都将是一个社会或国家向上提升的重要力量，是社会文明不可或缺的重要部分。"上海的志愿服务与香港相比虽然起步比较晚，但发展速度并不慢，目前正处在一个需要研究问题、借鉴经验、夯实基础的阶段，因此，针对志愿者工作方面的分析和研究，对志愿服务在我国的进一步发展将有着重要的意义。我们小组受个人理论水平、资料搜集和时间方面的限制，分析论证得不够深入、不够全面、不够系统，很多问题还有待进一步的探讨。

随着志愿服务在上海的继续发展，相信将来志愿者工作方面的论题将引起越来越多人的关注，我们调研小组也深信，在社会各界爱心人士的共同努力下，今后上海乃至整个中国的志愿者服务将迈入一个全新的阶段。

项目组成员：邵　梦　陈　吉　黄怡楠　奚迎繁　慰卓董　吴　楠
指导教师：王　洁

参考文献

[1] 段道明.港连两地首次义工实现交流后的思考[J].中国民政,2006(1).
[2] 郭观.大音希声,大象无形——小议香港的义工文化[J].世界知识,2010(11).
[3] 吴鹏.非政府组织志愿者管理机制完善途径探索[J].四川理工学院学报,2009(1).
[4] 郑江艳.试论义工组织的发展现状及路径构想[J].辽宁行政学院学报,2010(1).
[5] 彭晓伟.近年来我国志愿者组织研究综述[J].西南交通大学学报,2009(7).

［6］徐柳.我国志愿者组织发展的现状、问题与对策[J].学术研究,2008(5).
［7］李潇潇.中国志愿服务的理论反思与实践扩展[J].青年探索,2007(6).
［8］李勃.国内外青年志愿者工作机制比较研究[J].中国青年研究,2009(4).
［9］李国荣.试论志愿者、志愿服务、志愿精神的内在底蕴[J].社会纵横,2009(9).
［10］张著名.香港社会工作的内容、特点及启示[J].福建省社会主义学院学报,2001(2).
［11］宋海明,唐佳丽.NPO化:中国志愿组织的发展方向[J].时代人物,2008(3).
［12］吴子贵,金敏,杨亮.试论志愿服务中存在的问题及改进措施[J].学校党建与思想教育,2006(6).
［13］郝雪.论我国志愿者管理机制[J].皖西学院学报,2008(1).
［14］周丹.我国非营利组织现状解析及其发展模式建构[D].南京:南京理工大学,2004.
［15］费翔,李洁.西方国家志愿服务体系建设对我国的启示[J].学术纵横,2008(9).
［16］叶艇.香港社区民间组织如何生存[J].社区工作,2007(3).
［17］杨志.志愿者组织的架构及运行研究[D].南昌:南昌大学,2010.

上海自贸区税收政策的探究与分析

1 实践背景及意义

1.1 实践背景

中国(上海)自由贸易试验区,简称上海自由贸易区或上海自贸区,以上海外高桥保税区为核心,辅之以机场保税区和洋山港临港新城,成为中国经济新的试验田。设立自贸区可以促进地区进出口贸易和增加外汇,提高该地区在国际贸易中的地位,并增加就业,促进地区整体经济发展。因此,在维护现行税制公平、统一、规范的前提下,以培育功能为导向,完善相关税收政策至关重要。

但让人遗憾的是,无论是政府下发的通知报告还是学者的专业研究,其阐述的有关税收制度的内容都过于概括,缺乏详细的研讨与分析,给自贸区税收政策信息的获取者和需求者造成极大的不便,同时,税收制度制定方向的不明晰、反馈机制的缺位也不利于自贸区经济优势的发挥。在自贸区建设方案中不难发现营造相应的监管和税收制度环境是核心工作,"在符合税制改革方向和国际惯例及不导致利润转移和税基侵蚀的前提下,积极研究完善适应境外股权投资和离岸业务发展的税收政策"也被反复提及,足见税收政策的重要性。

本文基于自贸区税收政策的现状,对其内容进行基本解读和归纳整理,在广泛吸收国内外自贸区相似税收经验的前提下,针对目前自贸区税收政策,全面走访自贸区内企业、个人和税务机关,详细采集财税政策的内容与反馈,结合比较分析、实证分析等研究方式,科学探讨财税政策存在的问题与改进措施,并将具体建议反馈给相关政府机关,为之后税收政策的出台与完善提供参考。

1.2 实践意义

1) 理论意义

第一,通过对上海自贸的税收政策的研究与分析,对其税收政策体系进行全面解读,使其系统化、明朗化,以便公众对上海自贸区税收政策的内容有清晰的了解;第二,收集各方反馈,反映企业个人对税收政策的具体需求及对当前税收政策的意见,同时,走访税务局等政府机关,促进双向沟通,便于政府制定符合纳税人需求和有利于经济发展的税收政策。

2) 实际意义

中国(上海)自由贸易试验区是中国政府批准设立的首个自由贸易园区,对于促进地区进出口贸易和增加外汇,提高该地区在国际贸易中的地位,并增加就业促进地区整体经济发展具有重要意义。自贸区内合理完善的、与实验区相配套的税收政策至关重要,良好的税收政策有利于自贸区优势作用的发挥,因此,对上海自贸区税收政策的探究具有典型的现实意义,也有利于为日后更多自贸区税收政策的建立和完善提供借鉴与参考。

2 实践成果

2.1 上海自贸区税收政策基本内容的全面解读及分析

2.1.1 实施促进投资的税收政策

上海自贸区税收相关问题的政策依据主要来自于国务院关于印发中国(上海)自由贸易试验区总体方案的通知。

(1) 注册在试验区内的企业或个人股东,因非货币性资产对外投资等资产重组行为而产生的资产评估增值部分,可在不超过 5 年期限内,分期缴纳所得税。

这项优惠政策很早就有,最早做出类似规定的文件是国税发〔2000〕118 号文。该政策解决了很多企业在投资重组中遇到的税收难题,尤其是解决了投资重组中的企业没有现金流收入却要按照税法的规定缴纳大额所得税的问题。按照总方案的政策,如果企业的非货币性资产投资行为不满足财税〔2009〕59 号文暂免征税的条件,还可以分 5 年缴纳增值部分的企业所得税。例如,产生的投资增值额是 1 个亿,需要缴纳 2 500 万的企业所得税,那么可以分 5 年来缴纳,每年 500 万元。该政策的实施可以让企业享受递延纳税的待遇,减轻企业的现金压力。根据《个人所得税法》规定,个人也存在着同样的问题,个人股东在交易中由于没有现金流产生,需要额外筹措资金来缴纳税款。按照总方案的政策,个人股东以非货币性资产出资可以分 5 年来缴纳,以缓解交税的现金流压力。

(2) 对试验区内企业以股份或出资比例等股权形式给予企业高端人才和紧缺人才的奖励,实行已在中关村等地区试点的股权激励个人所得税分期纳税政策。

关于企业高端人才和紧缺人才的这条税收政策,已经在中关村等地试点过(根据《加快建设中关村人才特区行动计划(2011—2015 年)》(京发〔2011〕8 号)提出的股权奖励个人所得税政策:"对于科技创新创业企业转化科技成果,以股份或出资比例等股权形式给予本企业相关技术人员的奖励,技术人员一次性缴纳税款有困难的,经主管税务机关审核,可在 5 年内分期缴纳个人所得税"。此次自贸区基本沿用这条政策。这项政策的前身是财税〔2013〕15 号文,该文件规定,对试点地区内企业以股权形式给予企业高端人才和紧缺人才的奖励,可分期缴纳个人所得税,最长不得超过 5 年。

从总方案的政策来看,对自贸区内哪些类型的企业可以享受个税分期缴纳的优惠政策并无明确规定,但从全国其他已经实施该项政策的区域来看,这种类型的企业往往属于高新技术企业。而对于高新技术企业的范围,《国家重点支持的高新技术领域目录(2011版)》确定为八大领域,分别为:电子信息技术、生物与新医药技术、航空航天技术、新材料技术、高技术服务业、新能源及节能技术、资源与环境技术、高新技术改造传统产业。另外,国家发展改革委员会等部门公布的《当前优先发展的高技术产业化重点领域指南(2011年度)》将高技术产业化重点领域分为十大类,共计137项。上海自贸区可以这两个文件作为参考,以确定享受该项税收优惠政策的企业范围。自贸区实施高端、紧缺人才股权激励个人所得税分期纳税政策,主要目的在于让企业将优秀的人才留住。当然该项政策的最终落实还需要进一步的实施方案,并且享受个人所得税分期纳税政策的人员需经主管税务机关审核。

2.1.2 实施促进贸易的税收政策

(1) 将试验区内注册的融资租赁企业或金融租赁公司在试验区内设立的项目子公司纳入融资租赁出口退税试点范围。

在有关促进贸易的税收政策当中,总方案的税收政策重点提到了相关的融资租赁企业或金融租赁公司,这类公司在自贸区内设立的项目子公司将纳入融资租赁出口退税试点范围。最先试行类似政策的地方是天津,2010年4月6日,财政部、海关总署、国税总局联合下发通知,对融资租赁企业经营的所有权转移给境外企业的融资租赁船舶出口,在天津市实行出口退税试点。该项政策在天津试行以来,极大地促进了当地融资租赁业的发展。总方案将自贸区纳入融资租赁出口退税试点范围,对于鼓励上海金融租赁企业抢占国内市场、开拓国际市场具有十分重要意义。

(2) 对试验区内注册的国内租赁公司或租赁公司设立的项目子公司,经国家有关部门批准从境外购买空载重量在25吨以上并租赁给国内航空公司使用的飞机,享受相关进口环节增值税优惠政策。

目前,中国已经成为全球最大的飞机交易市场,航空业一直以来备受政府及社会各界的关注。据统计,国内航空公司在册飞机中有58%通过租赁方式取得,其中融资租赁占20%,经营性租赁占38%。而在全部租赁取得的飞机中,由中国租赁公司经营的不到10%,绝大多数的飞机租赁业务被国外租赁公司垄断。过去,国内经营飞机租赁业务要交25%的所得税、5%的营业税、17%的进口增值税、5%的关税、0.1%的印花税等。如果航空公司要从境外租赁飞机,还需要以租金为基础缴纳6%的预提所得税。这使得国内租赁公司的报价比国外高出10%~20%。

在此次整体方案中,明确将自贸区内注册的融资租赁企业或金融租赁公司在自贸区内设立的项目子公司纳入融资租赁出口退税试点范围。并且,对符合条件的飞机进口给予相关进口环节增值税优惠政策。这些政策将进一步优化航空租赁行业税负,起到降低交易成本的积极作用。

(3) 在现行政策框架下,对试验区内生产企业和生产性服务业企业进口所需的机器、设备等货物予以免税,但生活性服务业等企业进口的货物及法律、行政法规和相关规定明确不予免税的货物除外。财关税〔2013〕75号第三条对此已作出规定。在严格执行货物进口税收政策的前提下,允许在特定区域设立保税展示交易平台。财关税〔2013〕75号第四条对此已作出规定。除上述进口税收政策外,中国(上海)自由贸易试验区所属的上海外高桥保税区、上海外高桥保税物流园区、洋山保税港区和上海浦东机场综合保税区分别执行现行相应海关特殊监管区域的税收政策。财关税〔2013〕75号对此已作出规定。

2.1.3 税收政策的总体创新与不足

上海自贸区在符合税制改革方向和国际惯例,以及不导致利润转移和税基侵蚀的前提下,积极研究完善适应境外股权投资和离岸业务发展的税收政策。在很多国家,这些税收政策都是发展全球离岸业务,促进金融创新的重要举措。但是,这样的税收立法在我国基本属于空白,如何借鉴中国香港、新加坡等地区和国家离岸税收管理的实践,探索出我国境外股权投资和离岸税源管理的新思路、新方法和新模式,将会是一个长期的摸索过程。

从目前出台的税收政策来看,之前业界所期待的15%所得税等税收优惠政策暂时并未出台。其原因在于上海自贸区的核心价值及其功能定位是上海自贸区要从传统自贸区转为国家改革开放的试验区。所以上海自贸区强调的是制度改革而非政策上的优惠。不过自贸区各种政策还在讨论和制定中,而且相较于香港地区的16.5%所得税还是有一定差距。有消息称可能会列出一个产业目录,入表则享受15%企业所得税优惠。

此次上海自贸区的成立,贸易企业目前虽无直接的税收优惠,但贸易相关领域仍将是直接受益者。随着贸易自由化的推进,以及相关税收、汇率政策优惠在自贸区的逐步制定和落实,相关港口、航运、机场、物流、仓储、商贸等行业的配套发展将直接使企业受益。同时,离岸金融创新或将推动大量企业进入试验区开展相关业务,离岸金融结算及经常项目贸易融资、结算带来的金融服务业的提升也将有利于企业业务的开展。

2.2 上海自贸区税收政策的反馈

2.2.1 纳税个人与企业的反馈意见

针对纳税个人,其关注重点在于个人所得税的分期付款,大多数受访者都明确表达了减轻个人税收负担,加速货币资金流通的期望。

对于纳税企业而言,由于目前中国各类经济功能区繁多,国内外企业面临的一大困扰在于税务负担的不确定性。曾有美国的企业提出的担忧就是迁入自贸区后,此前在区外享受的财政扶持和税收优惠是否还能在自贸区内继续享受。目前对于自贸区想吸引的跨国企业来说,更为重要的是整个区域的开放度和税收负担的明确与公平。

自贸区应鼓励国内外企业事前沟通以避免事后税法适用上的不确定性,从而避免耗费不必要的税务争议救济成本,通过事前沟通确定征税方式,代替事后采取核定征收或事后调整方式,更能发挥自贸区的整体综效,从而提升我国的竞争力。

2.2.2 政府部门的考量规划

自去年"两会"后,上海自贸区到底有什么优惠政策的猜想不绝于耳。外界将中国香港、新加坡等地区和国家的税收政策列举出来,以推测上海自贸区应该给出的各种税收优惠。在中国(上海)自由贸易试验区总体方案中,对于配套税收政策的阐述被外界称为是"汇集了既有优惠政策",主要集中于现有促进投资与促进贸易的各类税收政策的复制。而在备受关注的对部分行业减按15%的税率征收企业所得税的表述,并未进入最终公布的总体方案。

但上海自贸区的多位官员接受访谈时都表示,目前上海自贸区正在进行关于境外股权投资和离岸业务15%所得税税收政策的研究课题,今年上半年将会拿出第一稿送交国家税务总局。对此,自贸区官员的解释是:为了提高上海自贸区国际竞争力。在国际竞争中税收政策固然是影响企业选择区域总部的一个因素,但更重要的是自贸区能够提供一个税收比较确定、透明的税收环境,重点在于税制改革的可复制、可推广。

此前财政部关税司司长王伟回应媒体提问时称,上海自贸区的一个原则就是:经验可复制、可推广。目前企业所得税按15%征收,不具备在全国可复制、可推广的可能性。自贸区税制改革要符合国家税制改革的方向,遵循税制公平、统一、规范的原则。一位参与方案设计的官员分析,所得税优惠并不属于多边或者双边贸易的谈判内容,并且在自贸区内实行税收优惠容易造成政策洼地,也并不符合自贸区改革的初衷。

目前,在自贸区内实施的税收政策中,汇集了目前普通综保区内的税收政策,并且借用了原来仅在天津东疆保税区和在横琴、平潭等实验区内实施的政策。比如,在融资租赁问题上,原来适用于天津东疆保税区的融资租赁出口退税试点被借用到了上海自贸区。而此前适用于横琴、平潭的生产企业和生产性服务业,进口所需机器、设备免税等政策也被复制到了上海自贸区。

上海自贸区管委会副主任简大年表示,希望能以财税政策推动自贸区各项创新业务的发展。上海自贸区在制定自己的税收政策时,更多要考虑优惠期限和优惠门槛的问题。自贸区可以通过税收政策的制定和完善来实现其在国际经贸中的功能。但是,税收政策并不是实施后就"放着不管",而是需要进行定期的评估,防止税收优惠政策执行后对税基乃至整体财政的健全造成影响。

2.2.3 相关专家的建议意见

结合此前公布的总体方案,接受采访的专业人士多认为,上海自贸区的税收优惠政策是借鉴其他鼓励发展地区的政策,少有创新。业内专家解释称,这主要是因为上海自贸区模式需要"可复制、可推广",财税优惠力度不应过大,重点应放在投资管理体制、贸易监管制度及金融开放等事项上。

其中,对于业界颇为关注的融资租赁问题,文件称,区内注册的国内租赁公司或其设立的项目子公司,经国家有关部门批准从境外购买空载重量在25吨以上并租赁给国内航空公司使用的飞机,适用5%的优惠进口增值税。专家的意见认为这项税收优惠并非所有普通保税区都有,仅在特定少数区域中适用,如天津东疆保税区,在原来的机场综合保税区也有,主要是为了促进融资租赁业的发展。

而在进口货物的免税政策上,试验区内生产企业和生产性服务业企业进口所需的机器、设备等货物予以免税;但生活性服务业及其他法律规定的进口货物则不能免税。专家认为我国的进口税收政策偏向鼓励再生产,如进口原材料、设备、机器等,进口税率较低;但生活性、消费性的产品,适用税率较高。有关海关人士也表示,区内生产企业和生产性服务业企业进口所需机器、设备免税,这条优惠政策原本适用于横琴、平潭实验区,也被借用到自贸区。

除了上述条目外,剩余条目则跟普通保税区类似。其中包括:试验区内的企业生产、加工并销往内地的货物,照章征收进口环节增值税、消费税以及关税;在严格执行货物进口税收政策的前提下,允许在特定区域设立保税展示交易平台。

部分专家表示,保税区适用"境内关外"待遇,主要方便转口贸易,但当"关外"的产品内销到国内其他地区,即"进关"时,进口环节的各项税收都少不了。很多普通保税区中,都设有展示交易平台。除了目前设在自贸区内酒类展示交易中心外,自贸区外的森兰地块中,已在建设"进口高端消费品保税展示交易平台",以期在零售环节实现内外贸的对接。

除了进口环节,自贸区在出口环节的税收优惠也多有借鉴。如"将试验区内注册的融资租赁企业或金融租赁公司在试验区内设立的项目子公司,纳入融资租赁出口退税试点范围",也是复制了天津东疆保税区的政策。总体方案还为上海自贸区在出口环节税收试点上留了一个口子,"完善启运港退税试点政策,适时研究扩大启运地、承运企业和运输工具等试点范围"。

其中有关专业人士认为,启运港的试点从去年开始,目前仅在青岛、武汉与上海洋山港之间试点,允许从上海出关的货物,在青岛、武汉两地就能报关,节省了诸多繁琐的手续。但目前试点对于运输船只、试点企业多有限制,期待未来会在更多内河城市或者更多区域推广。

多位税务专业人士表示,进出口环节的税收政策亮点不多,自贸区若要凸显出不同于一般保税区的优势,未来应更多地依靠制度的创新。除了进出口各项税收外,在"非关税壁垒"上,中国也大有文章可作,如提高通关效率、缩短检验检疫时间、减少相关的行政成本、降低交易费用等。

2.3 上海自贸区税收政策的亮点

虽然目前上海自贸试验区税收优惠仅仅是一个政策轮廓,但其诸多亮点足以让众多中外企业"一见倾心"。截至目前,我国已经出台了一系列区域性税收优惠政策,但是和中关村、张江、深圳前海、珠海横琴、重庆两江、天津滨海和西部地区的税收优惠相比,上海自贸试验区税收优惠有着自己的显著特征,那就是非常注重从促进资本运作和促进国际贸易角度进行制度设计,力争通过"两翼齐飞"的思路来推动上海自贸试验区改革开放新龙头作用的发挥,尽快将上海打造为国际知名的金融中心。具体来看,自贸试验区税收优惠主要有三大亮点。

第一,紧贴实际需求。总体方案明确,注册在试验区内的企业或个人股东,因非货币性资产对外投资等资产重组行为而产生的资产评估增值部分,可在不超过5年期限内,分期缴纳所得税。从实践看,这一优惠政策非常"接地气"。因为按照现行规定,非货币性资产对外投资等资产重组行为产生的资产评估增值部分,如果是个人出资的,一律要求按照个人财产转让所得一次性计税;如果是企业出资,则一律要求企业视同销售所得或者视同财产转让所得一次性计税。在纳税人缺乏必要的纳税资金的情况下,不得不举债纳税或者想方设法逃避纳税。在纳税人无力缴税的情况下,税务机关也非常无奈。这实际上非常不利于通过企业和个人的投资来促进资本的流动,也在无意中阻碍了一些企业的重组和改制进程。自贸试验区政策允许纳税人分期纳税,对相关投资者而言无疑是重大利好。

第二,注重"拿来主义"。在总体方案发布前,我国其实已经在部分地区实施了股权激励分期缴纳个人所得税的优惠政策。这一政策最早是在中关村试点,其后又推进到张江、东湖、合芜蚌等特定改革试验区。这一次,国务院规定自贸试验区内企业,以股份或出资比例等股权形式给予企业高端人才和紧缺人才的奖励,实行类似股权激励个人所得税分期纳税政策。对其他地区已经运作多年、有着相对成功的试点经验的优惠政策实行"拿来主义",直接用于自贸试验区,可以将政策的执行成本降到最低,更有利于类似政策后续推广到全国。与之类似,总体方案还规定,将试验区内注册的融资租赁企业或金融租赁公司在试验区内设立的项目子公司纳入融资租赁出口退税试点范围。这实际上也是将原来滨海地区的成功政策经验直接"拿来",并进一步结合实际推陈出新的结果。

第三,突出先行先试。总体方案规定,在符合税制改革方向和国际惯例以及不导致利润转移和税基侵蚀的前提下,积极研究完善适应境外股权投资和离岸业务发展的税收政策。在很多国家,这些税收政策都是发展全球离岸业务,促进金融创新的重要举措。但是,这样的税收立法在我国基本属于空白,如何借鉴中国香港、新加坡等国家和地区离岸税收管理的实践,在确保我国税收主权不受侵害的前提下,探索出我国境外股权投资和离岸税源管理的新思路、新方法和新模式,将会是一个长期的摸索过程。

有关专家推测,随着整个改革的深入推进,自贸试验区的很多税收优惠政策,将来很有可能推广到全国,释放出更大的改革红利。正是基于这一点,国外各大媒体将自贸试验区的建立解读为"中国第三次改革大潮涌起的标志"。

3 结论

　　上海自贸区是我国经济新的试验田,营造相应的税收制度环境是核心工作。因此在维护现行税制公平、统一、规范的前提下,以培育功能为导向,完善相关税收政策至关重要。在目前阶段,上海自贸区的税收政策主要用来做功能的调整,强调功能取向,汇集了既有优惠政策,集中于现有促进投资与促进贸易的各类税收政策的复制。但是,上海自贸区在制定自己的税收政策时,更多的要考虑优惠期限和优惠门槛的问题,更为重要的是整个区域的开放度和税收负担的明确与公平。自贸区应鼓励国内外企业事前沟通以避免事后税法适用上的不确定性,从而避免耗费不必要的税务争议救济成本。本项目衷心地希望自贸区能够建立稳定透明的税制环境,实现税制改革的"可复制可推广"。

　　　　　　　项目组成员:叶　翠　杨梦婷　陆妍婷　胥新琴　吴慧文　陆　媛
　　　　　　　指导教师:李　婉

爸妈要上班，暑假去哪儿

——对上海市闵行区爱心暑托班的调查研究

1 实践目的及意义

1.1 实践目的

2014年上海市全面推进"爱心暑托班"，计划建立200所，旨在解决暑假双职工家庭孩子看护难的问题。我们通过亲身实地的访问调查与研究，了解暑托班的开展是否达到预期目的，并发现其值得借鉴、推广及改进的地方，最终形成报告，递送于有关部门，使爱心暑托班在未来能更有效、更广泛的开展，服务社会。

1.2 实践意义

1) 理论意义

在大力推进社会主义和谐社会建设的今天，社区服务的日渐完善是社会和谐发展的标志也是全民的要求。做好社区服务的工作，应当针对不同的群体，应对不同的需求开展。2014年爱心暑托班的试点，相当于社区服务中针对低龄儿童暑假看管困难的问题而开展的，若试点成功，那对于社区服务的发展来说无疑是一大进步。我们的调研活动，旨在发现爱心暑托班运营过程中的问题及值得提倡的地方，并提出相应的解决方案和建议，从而为以后社区服务的进一步发展提供借鉴方法，使社区服务更好地符合群众的需求，共建和谐社会。

2) 现实指导意义

通过调研得出结论：如何从各个方面降低暑托班成本，从而降低收费标准，提升服务的公益性，将暑托班办得更好。

以爱心暑托班为切入点，调查社区服务的发展以及实施状况，了解当今社区服务有哪些地方仍需要改进，了解居民对于社区服务还有哪些需求，从而对于社区服务建设提供相应参考。

在社区服务方面，对于构建和谐社会具有一定的参考价值。

2 实践成果

2.1 闵行区爱心暑托班现状

1) 师资力量来源
- 学校(学校承办的班级和小部分居委会承办的班级)。
- 专业的服务社老师(文化中心承办的班级)。
- 志愿者(大部分居委会承办的班级,无专业老师)。
- 新东方专业受过培训的老师。
- 个别班级还利用自有的资源请外教老师等。

2) 宣传渠道或对象
- 学校。
- 附近小区。
- 移动电视、网站。

3) 家长将孩子送入爱心暑托班的主要原因
- 认为孩子能学到知识,丰富假期生活(80%)。
- 双职工家庭,孩子假期无人看管(10%)。
- 孩子的意愿,喜欢爱心暑托班的课程(10%)。

4) 家长表示以后是否继续参加
- 一定会(90%)。
- 不一定,看孩子的意愿(10%)。

5) 收费情况

尽管各个爱心暑托班从零收费到几百元甚至上千元不等,但家长普遍表示收费可以接受(比营业性的爱心暑托班收费少许多)。

6) 授课老师(包括代替老师的志愿者)的看法
- 教学过程很顺利(60%)。
- 教学器材不够,无法开展想要的课程(40%)。

2.2 值得借鉴与提倡的地方

在开展调研的地方中,有些班级办得相对较好,课程丰富、场地宽敞、材料齐全、师资充足。而有些班级则办得相对较弱,场地有限,环境较差,器材缺乏,老师稀缺。

我们以许浦村来沪人员综合管理站班级为例,列出以下值得借鉴的地方。
- 除保险(20元)外对学生不收取任何费用(学生中午回家吃饭)。
- 周四全部爱心暑托班的学生开设外教课(英语)。
- 老师有专门配备的教学设备,如投影仪(不用更换学习环境)。
- 爱心暑托班学生上课的场所有3间教室,而且老师具备自己的办公室。
- 居委会分配一个人员协助及照顾爱心暑托班老师的相关工作(帮助爱心暑托

班老师烧水、倒水等)。

● 爱心暑托班结束后为学生送礼品(书包、文具、本子等)。

我们了解到,该班级的资金除了上级划拨的之外,还有该村的资助,因此,可能由于该村的经济状况较为富足,提供的条件也较为优越。我们认为,以上是值得其他爱心暑托班努力的方向,但开办地仍要结合实际的具体情况综合考虑,因地制宜。

2.3 仍存在的问题

1) 多数报班情况与开设目的相背离

爱心暑托班的开设,首要目的是解决"双职工"家庭暑期无人看管孩子的问题。而在调查中发现,参加爱心暑托班的大部分家庭,是出于让自己的孩子假期生活更加丰富的目的,而并非假期孩子无人照看,在这种意义上,爱心暑托班更像是"公益的、廉价的"暑期生活馆或是兴趣班。有部分班级,爱心暑托班的开设是每周两次,而那里的家长普遍表示,如若每周工作日连续开班则不愿意将孩子送来,理由是孩子其他时间有自己的安排。在我们调查的所有地方中,只有上海南大集团的班级符合爱心暑托班的解决"双职工"问题的目标,那里的孩子父母多在沪工作,而平时孩子生活在外省与父母分开,暑期父母为更好地照看孩子而将孩子接到上海,父母工作时孩子就在集团活动室的爱心暑托班度过。

2) 部分班级收费情况不明

我们调查的开办地中,大部分收费较合理或者不收费,收费的班级仅收取保险费和部分的伙食费,约200元上下。而在闵行实验小学春申校区,我们却遇到了不一样的情况。老师对于收费及资金问题一直含糊其辞、避而不答,老师和安保人员也一直不友好地请我们离开。在我们的一再追问下,老师支吾地表示仅收取600元费用,而在与家长的交流中,我们却了解到,该班级收费不等,最低1 000元,而班级的开办依然是以"爱心暑托班"为名。即便如此,家长们仍愿意将孩子们送来,理由是这样的收费仍然比外面的营业性爱心暑托班要低很多。(后来我们也实地了解到,营业性的爱心暑托班收费约在2 000元上下)。

因此,我们不由得怀疑部分开办地利用爱心暑托班的名号,以及上级划拨的资金来赚取利润,违背了爱心暑托班开设的公益性目的。

3) 宣传力度小

在实际的调研中我们很明显可以看出,开办地附近的居民和人员几乎都不知道有爱心暑托班在附近开设。部分人员表示,在新闻中看到了爱心暑托班在上海市全面开展,但并不知道自己的身边也有开班。甚至有在居民区开办的班级,而该区的居委会人员却不知情。也正是由于这样的原因,我们前去江川青年空间站班级的活动最终以无法找到开办地收尾。

在询问中,我们了解到,这些班级的宣传多集中在本校或者本社区,而且可能由于第一年开班,招收的人数少,名额有限,因此未加以大力宣传。

4) 报班人数远远大于招收人数,部分招收条件不合理

几乎在所有的开办地中都出现了供不应求的情况,由此真正有报班需求的家庭不一定能受益。我们相信,今年是第一次开展,规模有限,在之后的继续开展中,规模会更大,这个问题也会随之得到解决。

另外,在某些学校,学生的招收并不是视家庭情况而定,而是依据学生成绩的好坏,成绩优异的就能参加。部分老师利用自身关系,将亲戚的孩子纳入招收名额。这些情况在很大程度上背离了爱心暑托班的开设目的,让公益性变成了部分人"贪便宜"的工具。

5) 资金补助或承办单位部分不合适

一些爱心暑托班开设条件较好,活动丰富,而另一些则不能满足要求。这与承办单位的自身条件有关。例如,某些社区居委会,没有场地开办,同时相关活动和课程也没有材料,师资力量也不够,上级的资助又不足以一次性购置所有所需设备,致使爱心暑托班的开办效果较差。部分小学教室无空调,孩子们即使是在高温的情况下也只能待在教室,不仅会使孩子和授课老师身体感觉不适,还会增加孩子中暑的可能性。

6) 招收年龄段不等,难统一管理

各地招生的年龄标准不同,有些班级的学生从一年级至五年级都有,如何开展让不同年龄段的孩子们都能接受并喜欢的课程让老师们头疼不已。较高年级的家长们表示,希望爱心暑托班多教授一点与课内知识相关的课程,而这一点在年龄段不等的班级难以实施。且在调研中,我们发现,一、二年级的小学生对爱心暑托班的需求更迫切,因为高年级学生假期大多要参加补课等。而部分爱心暑托班仅招收三、四年级的学生。

7) 志愿者的分配及与承办单位的矛盾

我们在同志愿者的交流中发现,部分志愿者的居住地与工作地相距较远,而他们的居住地附近也有爱心暑托班开办,但并未能分配到。这样的分配就有一定的不合理性,没有做到资源的高效利用。

部分开办地的志愿者与承办组织也有一定的矛盾,例如,在七宝文化中心班开办前期,新东方向志愿者允诺,志愿者自己购置教学材料的费用由新东方承担,而后期却否认这一承诺,给志愿者带来了损失。同时,该处的老师在教学过程中并未发挥"授课老师"的作用,而是将上课的责任推卸给志愿者,这在一定程度上使志愿者产生了不满的情绪。

2.4 与闵行区团委负责爱心暑托班老师访谈内容提要

(1) 各区爱心暑托班签好协议后团市委拨款给每个小朋友购买保险。

(2) 人数限额在 30 名以内,收费限额在 600 元以内,市中心区域情况特殊,可能会超过 600 元,明年是否会继续有限额要求未知。

(3) 针对我团队调研过程中出现的收费远远大于其他地区的情况,给予的解释

为闵行区实验小学开展了 4 个暑托班,但其中只有一个班是爱心暑托班,其余的是幼小衔接班等班级,有些课程则将爱心暑托班的孩子与其他营业性暑托班孩子采取混编的形式进行上课,所以非爱心暑托班的孩子会有收费 1 000~2 000 元的情况,而爱心暑托班的孩子并没有收费。

● 志愿者补贴是团市委统一拨款,50 元一天,有些地区超过 50 元每天是因为该地区与新东方或南大等合作,超出部分由街道、新东方或南大集团提供。

● 在宣传渠道上,仅仅通过腾讯大申网挂出消息,宣传力度的确不足。

● 在实际情况来说,爱心暑托班的确不是很面向社会,并不是很公平。

2.5 部分家长、志愿者及团队成员的建议与解决方案

1) 针对多数报班情况与开设目的相背离的问题

如若要真正解决双职工家庭暑期看护孩子困难的问题,有必要选择职工家庭相对集中的地方,或者像上海南大集团有限公司活动室班那样,将班级开设在父母工作的地方附近,这样一方面便于接送,另一方面还可以利用与家长的互动,将班级开设得更好。

还要对招收学生的条件严格管理,杜绝按学习成绩、按与老师的亲近程度筛选,了解报班孩子的家庭状况,尽量招收确实有假期照看困难的家庭的孩子。

2) 针对收费不明的状况

对承办单位或组织严格要求,加强教育,明确对于收费的规定。同时,定期监督检查,加强团委负责人员的责任意识。对于利用公益事业胡乱收费的个别开办地,提出严厉批评。

3) 针对宣传力度小的问题

● 居委会给小区每家每户发信息具体通知到爱心暑托班。

● 利用居委会的通知栏来宣传爱心暑托班。

● 在爱心暑托班的举办地显眼的位置悬挂横幅。

● 在社区每个大楼的楼下张贴告示宣传爱心暑托班。

● 通过以往参加爱心暑托班的家长或者孩子来为爱心暑托班做宣传推广。

● 条件允许可以在区卫视广告栏里循环播放爱心暑托班的宣传广告。

4) 针对部分承办单位或组织不合适的状况及资金问题

应当事先对承办地的条件做相关了解,尽量承办给有条件、有能力、有资源的单位或组织。我们认为,专业的服务社能够较好地完成爱心暑托班的任务,部分教学条件和资源较好的学校也是较好的选择。但同时要加强对这些单位和组织的监督,让爱心暑托班的开展保持公益性。

对于开办能力不足的地方,如若找不到有能力的承办资源,则应当加大资金的支持力度,保证爱心暑托班的开办质量。

5) 针对年龄层次不等及适合的年龄需求的问题

爱心暑托班的招收不应局限于高年级同学,在一定程度上应当多招收一、二年级学生。在教授的课程上,也应当避免与课内知识有过多的联系,而是更加关注课外的

知识与活动,如手工劳动、体育运动等。

6) 针对志愿者的问题

● 要加强对志愿者的培训,提升志愿者的责任意识,避免志愿者不负责任的状况。

● 对志愿者的分配本着就近的原则,提高资源利用效率。

● 加强对承办组织的教育和监督,让授课老师担起相应的职责。

3 总结

爱心暑托班,在市民高涨的呼声和团市委的大力支持下应运而生。团市委调动各方力量,街道、居委会、小学学校、大学生志愿者乃至社会爱心人士都积极响应,为爱心暑托班的首次创办提供了资源,从师资、硬件设备、饮食安全、出行安全和课程的多样性等各个方面为孩子们周到考虑。无论是孩子还是家长,对爱心暑托班都有较高的评价。

虽然首届爱心暑托班的创办较为成功,但仍存在创办初始目的人群和实际收益人群不能对应的问题,部分地区收费过高背离了"爱心暑托班"的创办初衷,宣传力度不足、缺少预算导致实际费用报销难,以及团市委支持力度无差别化等问题。这就要求各方在来年创办时汲取今年的经验,相互学习、相互借鉴,协调各方力量,统筹考虑。

笔者认为,爱心暑托班的创办关键应该强调和重视它"公益"的本质、"服务"的本质、"利民"的本质。基于这个基本理念,找准目标人群,根据各地区不同情况充分调配和利用现有资源、精准预算、完善制度、加强监督和考核,并做到公开化透明化,真正地将好事做好。

项目组成员:俞佳力　余婷婷
指导教师:闫　锐

创新实践项目

我国开征遗产税的阻力调研与可行性分析

摘　要：从各国开征遗产税的国际大环境及2012年我国两会的形势来看,开征遗产税已经是大势所趋,虽然之前遗产税被多次提出并已拟定草案,但来自各方的阻挠使得遗产税的开征久久未能实施。如今,由于贫富差距巨大及社会公平的部分缺失,此项草案在刚过去的两会中被再次提出,重新进入人们的视线。就应不应该开征遗产税;在中国它的开征到底存在怎样的阻力,以至于它始终无法施行等问题,我们需要用大量的调查和思考去探寻真相。

关键词：遗产税;开征;阻力;可行性

1　引言

遗产税是对财产所有者去世以后遗留的财产征收的税收,通常包括对被继承人的遗产征收的税收和对继承人继承的遗产征收的税收。在建设和谐社会的时代背景下,作为避免财富过度集中、调节贫富差距的有效手段,开征遗产税已成为必然趋势。

2　调研概述

中国早在1940年7月1日就正式开征过遗产税。新中国成立后,1950年通过的《全国税政实施要则》将遗产税作为拟开征的税种之一,但限于当时的条件未予开征。1994年的新税制改革将遗产税列为国家可能开征的税种之一。1996年全国人大批准了《国民经济和社会发展"九五"计划和2010年远景目标纲要》,纲要中提出"逐步开征遗产税和赠与税"。通过立法开征遗产税,可以减少继承人所得遗产的数额,控制因继承遗产而出现暴富的现象,并进一步调节贫富差距,缓解社会收入分配不公的矛盾。因此,如何合理有效地开征遗产税,以及什么时间开征,值得我们进行深入调研和分析。我们希望通过自己的分析与研究找到问题的关键所在,论证其开征的可行性,并提出合理建议。

2.1　调研目的

在中国,个人所得税在调节富人收入方面的作用尚未凸显,而政府未来还要减少个人所得税的累进层级,这更会降低个人所得税的累积性,进一步削弱该税对富人收入的调节作用。通过开征遗产税可以达到两个目标：一是政府的财政目标，即通过征收遗产税获取一部分财政收入；二是政治目标，即通过征收遗产税达到社会财富的再分配，以适当缓和社会成员贫富不均的矛盾，维持社会稳定。鉴于我国遗产税迟迟没能开征，本次调研针对我国开征遗产税的阻力问题，以及中国当下遗产税的开征与否进行可行性分析。

2.2 调研对象

本次调研涉及人群广，其中学生、普通百姓参与度较高。

2.3 调研方法

2.3.1 调查法

2.3.1.1 项目的目的及意义

随着我国经济的快速发展，人民生活水平不断提高，少数人占有多数财富的比例越来越大，收入分配不公平，贫富差距拉大，这不仅是一个经济问题，更是关系到稳定与发展的社会问题。我国由于长期受子承父业的传统观念的影响，子女对家庭和父母的依赖性较大，自立能力较差，通过开征遗产税，可以使遗留财产中的一部分重新参与社会分配，抑制财富过分地传代积聚。面对越来越严重的社会问题，遗产税的作用就显得至关重要，遗产税的潜在能量也应该被挖掘出来以缓解社会问题。

2.3.1.2 项目开展形式

本次调研活动分为两部分进行。

第一部分为调查研究部分。实践小组设计调查问卷一份，首先，在网络上发放问卷，共收获 100 份有效答卷。其次，开展了一次街头走访，发放问卷，共收回有效调查问卷 100 份。两部分有效问卷总数 200 份。

第二部分为资料分析，课题研究部分。实践小组部分成员组织了一次资料查找、数据分析研讨会。深入探讨调查问卷所反映的问题及其背后的因素，小组成员对于遗产税阻力克服问题提出了自己独到的见解。

2.3.1.3 项目的独特之处

采取调研、资料分析及实地采访相结合的方法，研究我国开征遗产税的阻力；采用逻辑分析法对我国当下是否应该开征遗产税进行论证；结合本专业税收知识对两会热点问题进行调研。

2.3.1.4 项目的内容

我们小组针对"遗产税开征的意义""遗产税开征的阻力"等问题展开了全面的调研，通过调研和实际考察的方式进行课题研究。并进行整理分析。

2.3.1.5 我国开征遗产税的意义

改革开放以来，我国的社会经济发生了深刻的变化，并日益与国际经济接轨，经济发展对进一步改革和完善现行税制提出了要求，开征遗产税势在必行。

第一，开征遗产税，可以增加国家财政收入。税收是国家财政收入的主要来源，全体公民都有义务按自己税收负担能力的大小向国家纳税,开征遗产税可为国家增加财政收入。从世界各国和地区的情况看,在税收收入中,遗产税所占的比例是很大的。如日本的遗产税占税收收入的3.5%;美国占1.1%;法国占3%;我国台湾占1.6%;新加坡占0.4%。可见,遗产税是国家税收收入中不可缺少的资源。

第二,开征遗产税,有利于健全社会主义税制体系。目前,我国的财产税类相对于流转税类和所得税类而言明显滞后,只有房产税、契税和车船使用税三个税种,而没有把生活中大量存在的一种财产——遗产纳入征税的范围,这就使财产税存在很大欠缺。开征遗产税,有助于弥补这个不足,从而促进现行财产税乃至整个社会主义税制体系的健全。

第三,开征遗产税,有利于社会公平与稳定,缩小贫富差距,促进财富公平分配。我国实行社会主义市场经济改革以来,社会公平问题日益突出,贫富差距越来越大。据报载,1994年中国最贫困的20%家庭占有全部收入的4.27%,而最富有的20%家庭占有全部收入的50.24%,这个差距已经超过美国。另外有学者指出,2010年我国的基尼系数为0.5,已严重超过国际警戒线0.4,财富分配极度不均衡。这时,通过税收杠杆对遗产进行社会调节,将部分高额遗产归社会所有,用以扶持低收入者的生活及社会福利事业的发展,可以增加社会弱势群体对政府的信任度,缓解社会矛盾。开征遗产税,其税负难以转嫁,意味着纳税人可支配的财产减少,与个人所得税的调节效果相一致,不仅可以缓解社会分配不均,相对缩小贫富差距,而且有利于社会公平,促进社会安定团结。

第四,开征遗产税,有利于拉动消费。中国人向来藏财不露,有重积蓄、轻消费的传统观念。开征遗产税可以在一定程度上刺激富人的近期消费和社会捐赠,扩大他们的消费规模或投资领域,抑制个人财富膨胀,从而拉动需求,刺激经济的增长。

第五,开征遗产税,有利于克服私有财产继承制度的消极影响,形成良好的社会风气,促进社会进步。继承的遗产虽然属于合法所得,但是属于非劳动所得,容易使后代因不劳而获而不求上进。我国现阶段就出现过"三岁少儿成房主""一元钱专利转让"等逃避将来可能开征的遗产税的事件,折射出当今教育观念的不成熟。众人皆知的世界首富比尔·盖茨早就声明,他的遗产大部分将捐给社会,两个孩子只能得到很少的一部分。在我国,由于长期受子承父业的传统观念的影响,子女对家庭和父母的依赖性较大,自立能力较差,为提高我国人口素质,促进社会进步,有必要开征遗产税。通过开征遗产税,可以使遗留财产中的一部分重新参与社会分配,抑制财富过分地传代积聚。尽可能减弱以至消除人们对祖荫遗产的依赖,鼓励后代能够在国家政策的指引下继续勤劳致富,限制不劳而获。鼓励人们向社会捐赠、捐献,培养公民关心科技、教育、慈善事业,为公益事业服务的社会风尚,从而推动社会的进步。为此各国都规定,凡是对以上公共、公益事业的捐赠,不计入征税遗产(财产)总额,并给捐赠者留名,以鼓励个人向社会捐赠。日本实行70%高税率的遗产税税法,对我国开征遗产税不无借鉴意义。

最后，开征遗产税，有利于维护我国的国家税收主权和公民个人的经济利益。随着全球经济一体化进程的加快，国际间的交流越来越频繁，公民遗产的地域范围也迅速扩大。按照国际通行做法，遗产税的课征一般采用属地主义原则。我国公民到外国继承遗产须按其规定交纳遗产税，而外国公民在我国继承遗产税却不交分文就可以将全部继承所得带到国外去，这不仅造成国家税收白白流失，更使我国的税收主权受到了损害，不利于与世界各国进行平等互利的正常交往。因此，开征遗产税是维护我国税收主权、保障我国公民合法权益的需要。

2.3.1.6 我国遗产税开征的阻力

1) 群众主观意识薄弱

● 财富拥有者及灰色收入拥有者极力反对

中国现在的社会经济大环境是财富高度集中于少部分人群，而遗产税的开征使得这些财富拥有者权益受到损害，于是遭到财富拥有者的极力反对，再加上官员灰色收入这样的敏感问题，遗产税的征收受到前所未有的阻力。

首先，遗产税的开征主要就是为了缩小贫富差距，这自然就要更多地从富人手中收取遗产税，作为财富拥有者的富人们自然不会乐意将自己毕生所得的财产多数交予国家。众所周知，中国是世界上的财富分配最集中的国家，大约1％的人集中了80％以上的财富，这些人实际上左右了中国的财政，开征遗产税遭到他们极力反对。而且遗产税的开征主要是面对这些巨额财富的拥有者，达到500万元遗产才征税，对普通老百姓并不征收遗产税。所以，虽然老百姓拥护，但这些极少数的财富拥有者却极力反对。

其次，遗产税的开征必然会引发大家对政府官员灰色收入的关注，因此遭到中国各级官员的大力反对。如果开征遗产税，对于绝大部分的官员来说，他们的阳光收入是不可能征收遗产税的。但如果税务机关严格执法，那么他们中的部分通过贪污腐败所得的灰色收入就会暴露，这不仅会使他们的财产减少，其政治生涯也会受到重挫。在一次讨论会上，由于与会者大多数都反对，主持会议的副总理王岐山感叹遗产税开征的真正阻力来自于在座的各级领导干部。正是因为很多官员的极力反对，遗产税开征才会迟迟没有着落。

总的来说，阻碍遗产税开征的原因之一就是中国人的收入并不明晰，无法统计。大家知道，中国人的收入是最大的隐私，尤其对于一些商人和官员来说，他们到底有多少收入，永远没有人清楚。如中国官员的财产公示提了多年，至今没有完全实行，各单位、各部门的信息并不能相互享用，例如，统计局的信息是一套，而税务局的信息又是另外一套，股市信息更是另一套，不能做到相互共享，而是各自为政，这样很难查清楚中国人尤其是那些富翁和官员到底有多少收入，对征收遗产税带来极大的不确定性，很有可能收不到税。

● 传统遗产分配观念的制约

遗产税与我国数代同堂、财产共有的传统相抵触，更多的人希望把财富最大限度地留给子女。几千年来中国人已经形成了一种将遗产传给自己的儿女的传统观念。在这种观念中,很多父母认为自己现在努力工作的目的就是为了自己的子女可以有一个足够好的生活状态,即便是在自己死后。而遗产税的开征打破了中国几千年来形成的传统,使很多老一辈人难以接受。就目前情况而言,中国家庭成员财产主权比较混乱。对于财产,家庭成员之间并不明晰,有的人为了隐瞒财产,将自己的财产转移到妻子儿女户头上,至于他本人到底拥有多少财产,并不清楚,而且,中国人有个传统——自己的财产都是子女的,所以,许多子女刚出生就拥有房子、存款等许多财产,这实际上是其父母等亲人转移财产的一种方式,等到他们真正离开这个世界,已经没有多少财产了,征收遗产税实际成为了一项空头政策。

另外,财产的转移中也会出现将财产转往外国的情况,这是国家财富的流失,这种行为如果不加制止,会对国家财政收入和经济发展产生极为负面的影响。

● 纳税人纳税意识不强

中国税收政策发展时间较短,结构不完善,公民的纳税意识有待加强。因此,要使人们普遍接受遗产税这个税种,将是一个长期的过程。

纳税意识是个社会问题,它涉及纳税人、征税人、用税人各个方面。虽然税务机关的税收宣传活动开展了16年,但公民的纳税意识仍然不强。主要表现为:偷税、骗税、逃税、抗税、欠税行为比较普遍;不主动办理税务登记手续和纳税申报手续及其他纳税事宜;对税收有抵触情绪,想办法少缴税;对税收的作用和重要性认识不足,不支持、不配合税务部门工作。

在这种大环境下开征遗产税是一项艰巨的工作,只有提高纳税人的纳税意识才能使遗产税的开征真正具有实际意义。

2) 税收体系的不完善

● 法制体系不完善,赠与税未开征

在中国,税收制度还存在着很多缺陷和问题,而这些问题使我国遗产税的征收遭受前所未有的阻力。

一方面,现今中国的税收制度并不完善,随着税收制度的不断改革,我国出现了守法纳税者冀望公平、制度缺陷待修补这样的问题。从税制结构上来说,我国已形成以流转税、所得税为主体,以资源税、行为税为辅助的多层次、多环节的税制结构。但是能够促进社会公平和社会保障的社会保障税等税种并没有开征,这种状况与我国的税收制度现状和税收征管水平是相关的。社会保障未实行费改税,对社会保障收入筹集有一定的负面影响。在发达国家的税收收入中,社会保障税占到30%左右,与个人所得税、流转类税收的比重基本相当,是财政收入的重要来源。随着我国人口老龄化趋势的加快,社会保障支出迅速增加。这种税收制度的缺陷更加明显。现在如果开征遗产税,会让本身质疑社会公平的人更加怀疑遗产税的开征,遗产税也不能发挥其本身的作用。从税收调节功能方面来看,遗产税的征收虽然可以在一定程度上调节贫富差距,但是并不能改变公民的意识,缺乏纳税意识的公民和不完善的征收条件必然阻碍遗产税的征收。

借鉴国外遗产税的征收基础,我国提出的赠与税还在进一步的实践和修改中。赠与税的完善是保证遗产税顺利征收的前提条件,但目前的情况是我国的赠与税并没有得到完善,那么此时开征遗产税就会使两种税种产生冲突,让更多的人钻了空子。

● 税款征收管理制度技术手段薄弱

由于目前中国没有建立全面的财产登记制度、财产评估制度、彻底的储蓄存款实名制等与征收遗产税密切相关的制度和个人收入、财产监控体系,税务机关对遗产税税源的控制能力是十分有限的。

退一步说,即使是在发达国家,由于公民的厌税情绪、富人偷税手法的多样化和税收管理方面存在的薄弱环节,遗产税的偷漏情况也是很严重的。例如,有人估计,在美国,申报征税的遗产总额可能只有实际遗产总额的10%。

在上述情况下,税务机关的征收管理力量和技术手段相对薄弱,与各有关部门的协作也有一定的困难。加之此项税收收入数额比较少,管理工作(包括申报、登记、调查、评估等)比较复杂,对于从事此项工作的税务人员的素质要求也比较高,征税成本也将是比较高的。据介绍,日本的遗产税收入仅占该国税收总额的3.5%,而从事遗产税管理工作的人员却占该国税务人员总数的6.5%。

因此,可以设想,目前在中国开征遗产税的阻力是比较大的,困难是比较多的,要打开局面必须有坚强的决心,并付出巨大的努力。

● 纳税人财产难以估计,财产申报制度不完善

税收制度的不完善,让税务机关很难对个人的财产做出估计,因而难以保证遗产税的正确征收。

《学习时报》曾发表署名文章指出,现阶段纳税人财产申报工作主要存在统计、折算和监控三大困难。实行财产申报制度,乐观估计,至少还需要10年时间。有官员指出"财产公开需要一个过程,但不是技术问题,立法更不是难点,而是决心问题","改革最大的阻力来自既得利益格局,没有革自己的命的决心和勇气,就突破不了权力利益格局"。所以要想遗产税能够被正确地收取,防止漏报、不报现象的产生,我们必须完善纳税人财产估计制度。因此,难以估计的财产成为遗产税开征并正确实施的一大阻力。

2.3.2 问卷调研法

遗产税,又称继承税,是以财产所有人死亡后遗留的财产为课征对象,向财产继承人或遗嘱执行人、遗产管理人征收的一种财产税。目前,世界上绝大多数国家对财产所有者死亡后留下来的财产都开征了遗产税。不过在中国,虽然2004年颁布了《中华人民共和国遗产税暂行条例(草案)》,但草案没有获得通过。碍于种种原因,我国目前还没有征收遗产税,在遗产税的征收上也存在着很大的争议,因此,我们通过调查问卷的形式对社会各界人士进行了问卷调查。

从调查情况来看,虽然50%以上的人知道遗产税,但是对于遗产税的内容还没有很深的见解,可见中国公民对于遗产税的纳税意识还不是很强。在问卷中当被问及是否认为中国现在适合征收遗产税时,只有24%的人认为适合,而更多的人则是持不清楚,以及认为不适合开征遗产税的态度。在问卷调查过程中,我们也征集了公众的意见,调查了他们心中认为拥有多少财产才算富人的想法,其中48%的人认为富人拥有的资产应该在400万到1 000万之间,16%的人认为应在100万左右,而12%的人认为应在100万到400万之间,可见更多的人认同遗产税应该把高收入人群作为征税对象。当被询问如果对遗产进行征税,觉得怎样的比例容易接受时,大多数的人(大约占76%的人)接受30%以下,而30%到40%之间只占20%,40%到50%的只占4%,也就是说大家都支持较低税率。

综合而言,对于遗产税,人们主观上的纳税意识还是薄弱的,很多人还是不支持遗产税的开征,可见人们的主观意识也是现在中国开征遗产税的一大阻力。

2.3.3 逻辑分析法

通过以上分析与资料调研,我们小组经过严密的讨论和分析,提出了自己的一些建议。

2.3.3.1 加强对遗产税的正面宣传

据调查,"目前我国有75%以上的人对遗产税一无所知,83%以上的人对国家征收遗产税表示不可理解"。特别是一些个体经营者及其他类型的高收入群体,对遗产税表现出极大的不理解,这必然成为开征遗产税的阻力。遗产税的适用人群可能只有5%左右,最多不会超过10%。但是只有取得绝大多数公民的理解和支持,遗产税才能顺利开征实施。

为了排除阻力,在遗产税开征之前,必须通过广播、电视、报刊、互联网等各种媒体,广泛开展正面宣传。要让公众理解开征遗产税的重要意义,知晓遗产税在调节社会财富分配、缓解贫富两极分化、抑制高消费、矫正奢侈社会风气等方面的作用,明白遗产税是关系社会公平公正、关系到社会稳定、关系到防腐治腐、关系到国家长治久安的大问题,从而形成对遗产税的认同意识。

2.3.3.2 建立、完善与遗产税配套的有关法律制度

如何精确地确认和评估赠予财物,是一项困难的工作。而且,在我国既有的暴富者中,其相当一部分财产或来自灰色收入,或来自不法渠道,此类财产的隐匿之深可想而知。因此,征收遗产税的关键在于能否确实掌握个人财产情况,有效地控管税源,只有实行财产实名制(不仅仅是金融资产实名制),才能正确统计个人的金融资产和其他财产,进而准确计算出应税遗产的数额。目前我国已有的产权登记制度不健全,产权归属名不副实的问题相当突出,这必然增加确认财产所有权归属的难度。在开征遗产税时,应建立完善的个人财产实名制。在财产实名制、个人统一代码制度及产权登记制度建立的同时,各地税务机关之间,以及税务机关与各金融部门和个人财产登记认证机关之间,要尽快建立起能联网操作的计算机网络系统,必要时,税务机

关可以从任何一个网络终端对遗产税纳税人的财产进行统计和稽核。

2.3.3.3 提高税收征管水平,最大限度避免资产外流

有利的征管可以推动遗产税的顺利开征,否则,遗产税制度设计得再好也将难以实施。开征遗产税从某种意义上讲,可能会对吸引资金造成一定的负面影响,对资本市场有一定的消极作用,因此,开征遗产税时应积极防止资本外逃。作为市场经济下的一种特定的经济现象,资本外逃有其自身发生作用的规律,我们要掌握规律并改变其发生作用的条件来治理资本外逃,而不是无视规律并企图运用政策去改变规律。资本外逃,是指由于资本持有者对一国的政治或经济形式产生恐惧、怀疑,为了规避风险和管制,确保资本安全,而将资本转移到其他国家的一种非正常的资本外流。拉美国家和俄罗斯治理资本外逃的国际经验表明,资本外逃在很大程度上是国内经济政策扭曲和制度缺陷的反映,政府能够干预和控制资本外逃的回旋余地是不大的。

2.3.3.4 分步实施、逐步推进,适时开征遗产税

当前开征遗产税日趋成熟,应当在相关的必要配套制度出台背景下,尽快立法开征,以培养中国公民的遗产纳税意识,并达到逐步完善税制的目的。纵观我国税制改革的实践,没有一项改革是在100%的理想状态下出台的。新税种的正式出台固然需要营造和改善"税收环境",但是旷日持久地等待各种条件的成熟会使我们失去本来可以得到的东西。没有任何一项法律制度的实施可以保证万无一失,关键是在实施过程中能不能"与时俱进",不断根据实际情况修改、补充和完善。

虽然当前开征遗产税难以在财政上取得很大成效,但提早开征有利于培养人们健康自然的消费观念。从长远着眼,中国的遗产税收制度将伴随着人们各项观念的变化而水到渠成。如果等到居民个人财产积累到一定程度再行开征,那么承受的阻力将远大于目前。所以,提前进行宣传,老百姓心理上可以接受,具备纳税能力的人也好有个心理准备,同时,也便于政府制定切实可行的方案。

项目组成员:郭巧丽　姚欣楠　俞冰洁　陈钱婴　陈宣伊
指 导 教 师:闫　锐

中国民间慈善体制的探讨

——基于上海市松江区某社区的试点调研

随着我国精神文明建设的逐步加强,慈善逐步成为社会关注的热点。不可否认,汶川地震时的全民捐赠行动让我们强烈地感受到了中国民众的慈善力量和民族大爱精神,但近年来频繁报道的"郭美美事件""天价帐篷""权力逼捐",以及近来的"小数点风波"无不让民众的慈善热情受到了严重打击,民众对慈善机构的信任度也几乎降至冰点。纵观我国慈善事业发展现状,我们不难发现民间慈善强大的导向性与感染力,而多数民众不是缺少慈善意识而是缺少做慈善值得信任而又便利的途径。加之我国慈善事业相对不够透明,民众很难掌握到自己捐赠物的流向,各种问题交织在一起,导致了近年来我国民众对民间慈善的冷淡与漠然。少数民众可能由于身边捐赠机构的匮乏,不方便捐赠而选择沉默以待,也有部分民众因不了解身边的民间慈善组织或捐赠机构而失去了帮助他人的机会。与西方国家(比如美国、英国)相比,我国在民间慈善组织发展上相差甚远,这种种的现象表明,中国民间慈善体制还须完善,宣传力度也需加强。随着中共十六届四中全会将慈善事业列为社会保障体系的重要组成部分,慈善事业的发展进入了快车道,党的十八大报告再次强调,"完善社会救助体系,支持发展慈善事业",可见,对中国民间慈善捐赠体制的探讨具有重要意义。

1 调研概述

1.1 调研背景

当今,由于国内法律体系、慈善体制、捐赠体制、监管体制等的不完善,又加之慈善机构接连不断的负面消息,使大众不敢也不愿轻易进行捐赠,并由此恶化为严峻的社会问题。面对如此现状,我们将对中国民间慈善捐赠体制进行较为详细的调研。

我们先以某小区为调研试点,通过问卷调研与当面访谈的形式,集中分析采集的数据,深层次分析中国民间慈善捐赠体制面临的问题,提出完善的解决方案。

1.2 调研对象

我们以松江某小区为试点,进行本次创新方案的具体实践,并通过在小区拟设立捐赠点、提供捐赠信息、反馈信息等方式实施本次调研实践。在问卷调查中,我们将以上海各小区各阶层居民为调研对象,通过调查问卷的方式了解民间慈善机制存在的真正问题,并向社会公众征求意见,寻求解决方法。我们希望通过各地区和各阶层的调研对象,深入探讨本次议题,提出可实践的解决问题的方案。

1.3 调研方法

1) 问卷调研

本次关于对中国民间慈善机构的问卷调研,我们将以松江各小区的居民为主,松江大学城学生和上海各区各阶层市民为辅进行数据的调研和分析,旨在加强问卷的科学性、真实性、全面性,并结合调研结果加以科学分析得出结论,提出可行性方案。

2) 当面访谈

我们将与松江各小区的居民及松江大学城学生等广泛的群体以当面访谈的形式,了解他们对于我们这次提出的改善民间慈善捐赠的可行性方案的想法及建议,我们将整理访谈记录,分析并改善我们的方案。

3) 实地考察

本小组成员将深入调研试点——松江各小区进行实地考察,深入了解本小区居民的生活水平、对慈善事业的了解程度和对慈善事业发展的意见及建议。为了体现调研的真实性,我们深入小区进行全面的问卷调研和采访,定时定点地了解项目进程,保证项目有效进行。

2 调研内容

2.1 中国民间慈善的现状分析

1) 数量偏少,慈善覆盖面较窄

截至2012年,中国登记在册的民间组织将近40万家,但是专门从事慈善活动的各级慈善机构却只占了0.5%。反观美国,其现有的慈善组织占非营利机构的70%之多。即使是弹丸之地的新加坡,社会服务全国委员会麾下的正式慈善组织成员也达到了将近300家。据英国慈善委员会统计,截止到2004年底,英国的在册慈善组织为189 530家,其中包括分支机构25 832家。和这些国家相比,我国的慈善组织在数量上存在着很大的差距。

2) 经费短缺,可持续发展力弱

我国的慈善组织每年募集到的慈善资源不到全国GDP的0.1%,而美国慈善公益团体掌握的资源高达美国GDP的8%~9%。一份慈善组织的公益调查显示,国内工商注册登记的企业超过1 000万家,但有过捐赠记录的不超过10万家,这意味着国内有99%的企业从未参与过捐赠。2008年,中国内地个人人均捐款34.66元,而美国70%以上的家庭都参与过捐赠,人均捐赠额900美元,占家庭总收入的2.2%。由此可见,我国的人均捐款与美国的人均捐款相差甚远。

3) 公信力差,民众的参与度低

如今,慈善组织的不透明运作、管理费用过高、监督机制的不健全等都成为了公众不愿参与慈善的原因。近年来,媒体大肆曝光的负面消息,使得民众对慈善组织打上了大大的问号。不透明的运作方式,接二连三的负面新闻,使民众不得不怀疑捐赠的善款到底被用在了什么地方,正是由于这种对民间慈善组织的不信任,使得民众不愿意参与慈善事业,更不愿意将善款捐至慈善机构。

4) 民间慈善组织自身能力薄弱

民间慈善组织运用社会资本的能力是相当有限的,具体表现在:缺少科学、民主和系统的管理理念;创新能力不强;缺乏信息透明度和公众监督机制;组织能力不足以胜任履行长期职责的使命等。

2.2 中国民间慈善的机制探究

近几年来,社会上各种慈善组织、公益性团体发起的慈善救灾活动及公众人物的慈善行为频频被曝光。2010年章子怡"诈捐门"事件一石激起千层浪;同年9月,"壹基金"创办者李连杰多次向公众媒体透露,资金链可能会中断,引发社会大众对慈善机构,尤其是民间慈善机构的关注。现阶段我国民间慈善机构发展状况、存在的问题、发展潜力等,都已成为民众心中的困惑,种种问题和疑虑都是需要我们探讨和调研的。

1) 慈善机构捐赠不透明,内部问题较多

据2012年1月份发布的《我国2011年红十字会接受的捐赠情况》,我们了解到,该年年度捐赠额为四年来的最低。从"郭美美"事件,再到"天价帐篷""中非希望工程疑云"等事件,这场慈善信任风暴愈演愈烈,各种慈善组织都受到了非常大的影响。年初网络平台及媒体的调查显示,"不会再捐一分钱"几乎成了绝大多数网民的"共识",其主要原因就是捐赠的不透明及慈善组织频繁曝光的恶劣行径。多位业内专家曾表示,这些事件击中了中国慈善机构的软肋——透明度,根据2011年12月民政部慈善捐助信息中心发布的《2011年度中国慈善透明报告》,慈善组织对善款用途、项目实施效果等社会公众关注度比较高的信息披露情况十分不乐观,报告显示,包括红会在内的全国1 000家公益慈善组织的透明度平均得分是33分(按百分制计算),总体透明度及格率还不到一成,相比2010年出现下降趋势。

2) 捐赠法律体系不够完善

目前,我国慈善方面的法律法规有《公益事业捐赠法》《基金会管理条例》《民办非企业登记管理条例》《社会团体登记管理条例》《红十字会法》,以及国务院及其部门制定的各种规章制度、尚未形成完善的慈善法律制度。

慈善立法严重缺位,主要表现在:首先,民间慈善组织的运作与监督缺少法律规制。双重管理体制下,业务主管单位有权对其挂靠的民间慈善机构进行监管,但对于民众监督、机构内部自律及民间慈善机构的运作监督,现行法律都没有进行规定,无形中降低了民间慈善机构的公信力。其次,民间慈善机构的激励措施立法不完善。我国对慈善事业的税收优惠十分有限,以汶川地震为例,只有国家指定的13家大型公益基金会捐赠,才享受税收优惠政策。尤其是近年来出现的一些新的捐赠方式,如以股权捐赠支持基金会运转,具体的兑现实施方法和优惠政策在立法上还处于空白阶段。同时,我国现阶段对慈善机构的激励措施十分单一,除了税收优惠在立法上有所体现,其他的激励措施尚未提上立法议程。立法的迟缓和法律体系的不完善成为慈善机构存在的一大问题,缺乏法律或者制度的依托,有关部门的职权界定不明确,会导致行政权力滥用和消极行使现象产生。

3) 政府参与过多,慈善组织自由度低

慈善立法之所以停滞,一个重要的原因就是政府和慈善机构的关系处理存在分歧,到底政府在慈善事业中应当担任何种角色,是主宰者还是调控者,是大力干预还是协调扶持,一直是慈善界、法学界及社会学界的争论焦点。虽然我国现行的双重管理体制从外表看来十分严格,但其实质是为了避免设立与政府目标不一致的慈善机构,只有在市场准入的时候比较苛刻,但在成立之后对慈善机构的动态监管,以及监管效果和力度都值得怀疑。在我国,很多民间慈善组织和慈善基金会是在行政需求下建立的,我国大部分慈善组织从诞生之日起,就是一种半官方的组织,因而,我国慈善组织受到政府严格的控制。在登记管理上,实行"分级登记,双重管理"制度,抬高了慈善组织的"准入门槛",限制了慈善组织的活动范围和领域。在慈善组织运作过程中,慈善组织接受政府的财政拨款和人事任免,极容易造成组织的官僚化,导致效率低下。

4) 相应的宣传工作力度不足

针对民间慈善体制所存在的问题,我国很多民众不愿意捐赠给那些民间慈善机构,而在很多民众的印象中,他们只知道红十字会等少数几个捐赠组织,对于其他的一些组织,他们并不了解。虽然我国现在的民间慈善组织已经超过300余家,但是真正被大家所了解的并不多,这正说明我国的慈善机构缺乏必要的宣传。

以上海为例,上海市有百余家慈善机构,近1 000个捐赠点,但是只有不到10%的上海民众知道这些机构或者捐赠点的所在地。宣传力度的不足成为慈善机构淡出人们视线的一大原因,这间接导致了我国民间捐赠的匮乏。缺乏对慈善机构和法律体系的了解,难以让我国民间慈善事业健康发展。

5) 捐赠及受赠信息不对称

众所周知,2008年汶川地震创造了我国民间捐赠的最高峰,这让很多人重新认识了我国民间捐赠的现状,也让很多人看到了我国民间捐赠所存在的问题——信息不对称。很多人不知道我国哪里发生了什么困难,哪里的人需要帮助,或者他们需要些什么。正是因为这些信息的不对称,很多人不知道自己的善款究竟是捐赠给了哪些人,究竟帮助他们解决了哪些问题。所以,大多数群众将慈善看作是一次捐钱,并没有过多的感触。这个时候,政府和慈善机构需要做的就是让群众了解到在我国的哪些地方,有哪些人他们的生活状况到底是怎样的。

当然,信息的反馈不及时也是现行民间慈善存在的一大问题,没有反馈信息,很多人并不能真正地感受到自己帮助他们以后"赠人玫瑰,手有余香"的满足感,因而渐渐变得麻木。所以,信息的不对称也是我国慈善捐赠体制所存在的众多问题之一。

2.3 中国民间慈善的社会影响

1) 大量负面新闻引发民间慈善信用危机

不可否认,随着大众对慈善的关注度逐渐提升,2008年来爆发的一系列关于民间慈善机构的负面新闻让大多数民众对我国民间慈善产生了极大的质疑。

细数近年来曝光的热点事件,从2011年4月红十字会被爆"天价餐";2011年6月"郭美美微博炫富事件";2011年8月中华慈善总会牵涉尚德"诈捐门";到2012年12月"中华儿慈会的洗钱风波",民间慈善机构的负面新闻充斥着各种网络平台和新闻媒体。中国红十字会、中华慈善总会、宋庆龄基金会等多家大家最为熟悉和信任的慈善机构接二连三被爆负面新闻,铺天盖地的内幕信息和网络上疯狂的讨论不得不引发大众这样的思考:慈善组织是否做到了专款专用,受赠款项究竟用于何处,向慈善组织捐款是否可靠,捐款的行为到底还有何意义?随着群众对于中国慈善组织质疑声的此起彼伏,我国慈善组织的信誉江河日下,公信力渐渐降至历史冰点。

直线下降的公信力所带来的信任危机无疑阻碍了中国民间慈善事业的发展。根据民政部中民慈善捐助信息中心全国捐赠数据监测显示,在2011年6月"郭美美微博炫富事件"发生后,公众通过慈善组织进行的捐赠大幅降低。2011年3月至5月,慈善组织接收捐赠总额为62.6亿元,而6月至8月总额降为8.4亿元,降幅达86.6%,创造了2008年捐赠新低。一系列数据表明公众对于慈善机构的信任度急剧降低,近90%的人对慈善机构表示出高度的不信任,民众纷纷表示不愿意将钱捐给慈善机构。因此在负面新闻爆发的一段时间内,我国的一些相关民间慈善组织和基金会面临着收不到捐款这样一个尴尬的局面。显然,公众对慈善机构的不信任直接导致了我国民间慈善事业发展的滞后。一系列负面新闻造成的民众与慈善组织之间的不信任成为我国民间慈善事业发展最大的阻力。

2) 公众缺少信任的捐赠途径

在调查中我们发现,很多民众很乐意将自己生活中不用的旧物品捐赠给那些需要帮助的人,但他们缺乏捐赠这些物品的途径和了解弱势群体的渠道。信息的不通畅和不对称让慈善机构丧失了这一大部分捐赠来源。

改革开放以来,随着中国经济的飞速发展和社会的快速进步,中国人民的物质生活越来越丰富,生活水平有了质的飞跃。特别是在一些相对发达的城市,伴随着快速的社会节奏,生活用品更替越来越快,家家户户都有部分闲置物品,如衣物、家具、被褥、电器、书籍等无从处置。但是不可否认,城市中仍然存在着部分人群吃不饱穿不暖,很多孩子上不起学,老人们没有生活保障等情况。随着物质文明的发展和精神文明的建设,越来越多的家庭有了慈善意识,愿意尽自己的一份力量去帮助他人。然而当人们想要向这些弱势群体献出爱心的时候,他们却找不到对应的信息和相应的慈善机构的情况。

现今中国民间捐赠最重要的途径是通过慈善机构捐赠。而随着慈善机构公信力的不断下降,又加之慈善机构管理的不透明导致的款项去处不明等原因,绝大部分民众已不愿意将善款捐到慈善机构。有些人寻求了网络和银行账户等现代途径,通过慈善机构官方账户将款项输入指定账户,但是这种途径又是有限制性的,它只接受货币形式的捐赠。这种捐赠方式无疑限制了捐赠途径,也让善款去向更加不透明。对于多数家庭而言,人们大多倾向于捐赠闲置的物品。但是,信息的不通畅让很多人无法轻易找到城市中的捐赠点。在很多城市,政府和慈善机构共同设立了多个捐物点,可是这些捐赠点并不为大多数人所知道。一方面,民众即使通过常用的搜索途径如电话、网络等也无法掌握捐赠点的具体信息;另一方面,很多人即便找到了捐赠点,但是由于较远的距离,太麻烦的捐赠手续等原因,人们往往会将闲置物品继续搁置或扔掉而不是捐赠出去。一系列的原因导致通过城市捐赠点这种方式捐赠的人数远少于预期,很多捐赠点面临着门可罗雀的尴尬境遇。

虽然人们的慈善意识有所提升,但是捐赠信息的不流通却让公民慈善意识找不到落于实处的方法,这无疑又阻碍了我国民间慈善事业的发展。

3) 捐赠体制不完善,引起社会反弹情绪

无规矩不成方圆。对于慈善来说,制度的完善尤为重要。对现今中国而言,捐赠体制的不完善无疑是我国民间慈善事业的硬伤。捐赠体制的不完善直接导致我国慈善机构捐赠体系、监督体系的重重漏洞,引发众多问题。

以曹德旺捐款为例,作为中国第一、世界第二大汽车玻璃制造商福耀玻璃集团的创始人、董事长,曹德旺曾在业界被公认为中国首善。据胡润中国慈善榜统计数据显示,从1983年第一次捐款至今,曹德旺累计个人捐款已达50亿元。其中,曹德旺先生曾一次性捐赠价值35亿的股权。但根据现行法律,国家需要对其征收6亿的税款。无奈,曹先生只能就让税款从所捐款中抽取。尽管国家领导和很多部门都给他提供了很大的便利,但是最后折中的办法是必须缴款,并且只是有5年期限可以偿还。原本在曹德旺名下的财产本就是征过个人所得税的,但捐赠的过程中他又一次不得不缴纳税款,高达6亿的善款被征缴入国库,无疑大大挫伤了曹老先生对慈善的热忱,也引起社会的热议,到底这样的规定合不合理? 如若合理,那么公民捐赠行为所产生的种种税负必然会降低捐款积极性,引起社会不满。

当前中国的慈善事业仍处于起步阶段,关于慈善的法律和法规、慈善机构的管理机制及评估制度都不够完善,甚至还存在一些明显的漏洞。在这样的情况下,我国的慈善制度并不能对民间慈善事业的发展起到促进作用,更甚者可能引起捐赠者乃至社会的抵触与反弹情绪,这无疑又在中国发展慈善事业的道路上设了一道障碍。

3 调研成果

3.1 创新的民间慈善捐赠体制

1) 捐赠前的信息畅通渠道

针对捐赠信息和受赠信息的不对称问题,特建立一专属的捐赠和受赠信息公示网站。对于捐赠信息,以小区为单位进行管理,以捐赠人家庭为单元进行捐赠信息档案建立工作,捐赠人及其捐赠物品和捐赠信息应及时进行更新存档。另外,对于受赠信息板块的建立,按地域划分,由各区民政部门提供主要信息,设留言板部分,欢迎广大民众提供真实信息,另开通信件邮寄、电话咨询等服务以增加信息获取途径。为避免虚假信息等诈骗行为,受赠信息的确认需由各个受赠区域管理部门开具相关证明,或由捐赠方派遣工作人员实地考察,经确认后的受赠信息方可在网上公示。

2) 捐赠前的宣传管理工作

由于宣传手段单一、宣传力度不足、宣传效果不明显,民众获取捐赠信息不及时不畅通,导致民间慈善的部分短缺。针对此现状,我们将以小区为单位进行集中宣传和号召,定期在小区内进行慈善知识的普及,并将相关信息张贴于人流量较大的区域,同时招募志愿者进行定期的区域宣传。这种有针对性的集中宣传,既逐步增强了民众的慈善意识也起到了很好的宣传作用。

3) 捐赠过程的规范管理体制

设立以小区为单位的民间慈善捐赠机构,需要规范的管理体制制约。每一捐赠机构需设一专门的负责人,进行日常捐赠物品的登记整理分类工作及相关善款的记录和保管,并由相关记录人和接手人向捐赠人开具相关捐赠证明,以明确责任。小区捐赠机构定期汇总整理捐赠信息并予以公示,公示分为两部分:第一,在小区人群密集处张贴公示以便民众可以随时查询监督自己的捐赠物;第二,在专属捐赠受赠信息网站上及时更新捐赠人的信息和捐赠物,定期及时将捐赠物送至受赠区。

4) 捐赠后信息反馈及监督机制

当捐赠物送至受赠地后,建立及时健全的信息反馈制度。首先,作为受赠区一方,应予以确认接受的捐赠物品的数量种类清单并加印公章,一份由受赠方留存档案,一份作为反馈信息交由捐赠方开具相关接受证明。而捐赠方应于捐赠实现时在小区内将受赠地域信息及相关受赠证明和清单予以公示,让民众真正了解自己捐赠物的流向和归属,切实地感受到自己慈善行为的真实效应和社会意义。这种双方面的反馈机制有利于民众进行监督和建议,也真正将参与民间慈善和慈善透明机制落到了实处。

5) 捐赠后的良性循环机制

健全的反馈机制起到了良好的监督效应,同时为了唤醒民众的慈善意识,捐赠结束受赠方将对捐赠方进行信息回馈,以信件、电话、人物拜访等方式表达感恩之情,与以往的受赠方单接受捐赠,捐赠方仅仅进行捐赠的简单的物质往来机制相比较,此种富有人情味和良好社会道德的感恩反馈机制可以唤醒民众隐藏的慈善意识和社会责任感。

3.2 政府的统一管理鼓励机制

民间慈善的力量再结合政府的扶持鼓励机制,势必将产生良好的强大的社会效应。每年政府可定期举办捐赠方的捐赠评比表彰活动,设立各种指标作为参考,由专门的专业人员进行评选。指标设立遵循多样化和人性化原则,相关单位的评比文件指标应包括捐赠物的信息及相关证明材料,反馈机制的群众满意度,相关改革政策,网站信息的更新速度,管理机制的合理化等。政府的统一管理鼓励机制将在很大程度上鼓励民间慈善的健康发展,提高民众的慈善意识和社会责任感,激发民众的慈善热情。

4 结语

本次对民间慈善组织体制的调研,深层次研究探讨了民间慈善的现状及造成这种现状的原因,并提出了改善民间捐赠现状的可行性方案,旨在增加民众慈善参与度和对慈善组织的信任感,合理运用资源,加强精神文明建设,构建和谐社会。

只有充分理解和掌握我国民间慈善事业的现状,认清其意义,完善民间慈善体制,才能按照"人人可慈善"的理念,推进我国民间慈善事业的蓬勃发展。我们相信,在社会各界的广泛关注和大力支持下,我国的民间慈善事业一定会又好又快地发展,一定会在构建社会主义和谐社会中发挥重要作用。

项目组成员:郭巧丽　姚欣楠　俞冰洁　陈钱婴　陈宣伊
指导教师:王　瑶

上海户籍制度对在沪外地大学生就业影响的调查与分析

摘　要：应届毕业大学生因户籍影响就业这一不公平的社会现象是非常普遍的，在上海表现尤为突出。2013年国务院出台的关于做好全国普通高等学校毕业生就业工作的通知要求，招聘高校毕业生不得以年龄、户籍等作为限制性要求。但目前社会上依然存在很多户籍歧视现象，这些户籍歧视对外地在沪大学生在沪就业究竟有什么样的影响，如何减少户籍制度对在沪外地大学生就业的不利影响，就成为全社会共同关心的热点问题。因此，我们专门成立了社会实践调查小组，采用实证分析和规范分析相结合的方法，对松江大学城尚未就业的在沪外地大学生及周边写字楼已就业的在沪外地大学毕业生进行问卷调查，研究了上海户籍制度对在沪外地大学生就业的影响及其原因，并结合上海市户籍制度改革趋势提出了促进在沪外地大学生在沪就业的对策措施。

关键词：上海户籍制度；外地大学生；就业

1　研究背景

2010年，全国两会通过了《关于2010年深化经济体制改革重点工作的意见》，确定了2010年重点改革任务。其中第六点就提到了协调推进城乡改革，深化土地管理、户籍制度改革，建立城乡统一的建设用地市场和人力资源市场。2012年中共十八大会议，胡锦涛同志在十八大报告中强调，要加快完善社会主义市场经济体制和加快转变经济发展方式，有序推进农业转移人口市民化。2013年李克强总理在主持召开国务院常务会议中也强调推进户籍改革。围绕提高城镇化质量，出台居住证管理办法，分类推进户籍制度改革，完善相关公共服务及社会保障制度。2014年6月30日中共中央政治局召开会议，审议通过了《关于进一步推进户籍制度改革的意见》，意见提出：严格控制特大城市人口规模，改进城区人口500万以上的城市先行落户政策，建立完善积分落户制度。

上海市作为我国最大的直辖市之一，户籍管理制度相对比较独特，户籍制度对在沪外地大学生就业有着不容忽视的牵制与约束。就业的高门槛、冷待遇，以及在沪工作不能取得与本地户籍职工相同的社会福利保障等一系列问题使很多外地户籍的应届大学生在沪就业的愿望受到了现实的阻挠。根据国家有关政策规定，上海于 2009 年出台了专门针对外籍大学生就业的户口"解禁"政策——《持有〈上海市居住证〉人员申办本市常住户口试行办法》。该《办法》由上海市发改委牵头制订，强调其目的是"深化本市户籍管理改革，完善居住证制度，吸引人才来沪"。2013 年的上海户口新政，细化第 4 次户籍改革以吸引人才。这一政策在公平性、普适性和可操作性上都比以前有所提高。影响高校毕业生就业的制度性障碍和限制正在进一步破解，应届大学生的就业情况似乎有了改善。但实际上，在沪外地大学生就业的门槛仍很高，上海户籍制度短期内不可能全面放开。2014 年 4 月 15 日发布的《上海市引进人才申办本市常住户口》公示名单，对通过审核同意办理本市常住户口的人员名单予以公示，其实也就 401 个主体人员。公示名单中，几乎都是大型集团和国有企事业单位的职工，以及可以落户上海的外地高端人才，如高级工程师、博士研究生、硕士研究生，在小型企业想直接落户的概率越来越低。而积分落户政策对于大多数外地大学生来说，也不是那么容易就能达到。因此，在仍不完善的户籍制度下，外地户籍大学生在沪就业仍存在很多亟待解决的问题。

在此背景下，我们小组开展了这项社会实践调查活动，希望能提出有针对性的合理建议，为消除户籍制度对在沪外地大学生在沪就业的不利影响献计献策。

2 研究方法

在此次实践活动过程中，我们小组采取了实证分析与规范分析相结合的研究方法。

实证分析解决的是"是什么"的问题，按历史时间的顺序，回顾近年来上海户籍制度不断改革下在沪外地大学生就业的历程，总结并预测目前及未来在沪外地大学生可能面临的就业形势；通过问卷调查及统计相关大学生就业数据如工作单位、工资起薪点等来分析相关问题。

规范分析是对上海现行户籍制度带来的问题以及改革面临的阻力进行相关调查与研究，并从公平理论及人才流动带来的经济效益结果出发，提出有针对性的建议。

具体研究方法有文献数据分析法、实地调查法、问卷调查法等。

第一步：通过有针对性地设计调查问卷，在上海的外地大学生中进行调查，获得最新的数据，了解目前在校外地大学生对在沪就业的看法及他们所期望的就业方面的户籍改革。

第二步：搜集相关数据资料，分析以往外地大学生的就业情况，结合第一步的结果来分析目前及未来外地大学生所面临的就业问题。

第三步：根据前两步的结果及对外国经验的分析，探讨出合理的、符合社会公平与经济发展人才需求，同时符合在沪外地大学生自身利益的建议。

3 调查资料汇总

2014年全国高校毕业生人数达到727万人,上海高校毕业生人数有17.8万人,总量压力和结构性矛盾依然存在,就业形势复杂多变。其中外地毕业生所占比重较大。

为此,我们采取随机调查的方法,对松江大学城的在沪外地大学生及附近写字楼已就业外地大学毕业生进行了一次关于户籍制度对大学生就业影响的问卷调查,本次问卷共发放350份,其中针对在校学生的有200份,收回188份;针对已毕业学生的有150份,收回108份。

针对在校大学生,我们把调研重点放在了大四同学身上,因为他们直面就业压力,考虑问题要比其他年级的同学全面。此外,他们多次实习及参加招聘会,对招聘单位的具体要求了解得更为详尽。

问卷结果显示:被调查对象中外地生源学生比较多,占被调查者的90%。我们的调查区域松江可以作为一个缩影,大致反应上海高校的生源比例。

被访学生中,绝大多数同学都倾向于直接就业,而且超过半数的学生倾向于在上海就业。可见,就业问题是一个直接关系到广大大学生的重要问题。而就业的好坏,不仅由学生自身的水平决定,还由学校、户籍等外界因素决定。

由调查结果可知:近年来,上海在吸引人才方面做出了很大的努力,本地区各单位逐渐放宽了对应聘者的户籍要求,但还是有一部分人因为户籍而被心仪的企业直接淘汰掉,连基本的招聘要求都不符合。

4 调查现状和分析

在开展问卷调查的基础上,我们还实地走访了上海立信会计金融学院校园招聘会、松江七校招聘会,浏览了各大招聘网站的招聘信息,咨询了已就业外地大学生。实地考察调研的结果发现,现阶段外地大学生在上海就业存在的户口歧视现象还比较普遍,大多为一些国有单位,如银行、国家机关等在招人时明确表明只招收上海籍人,而且有些私营企业对应聘人员的户籍也有此要求。员工在以后的升职中,上海籍员工升职比重也明显大于外地员工。大多数公司中,外地员工普遍位于公司基层。另外,非上海籍和上海籍员工在公司福利和社会福利上也存在不平等。比如,外地员工暂时没有固定住房,不能享受社区完备的公共福利。而这些差别很大程度上可以反映出在上海地区户籍制度对外地大学生就业及工作待遇方面有着很大的影响。

不得不承认,现行户籍制度的弊端越来越明显。一是造成就业、社会保险上的歧视,阻碍劳动力和人才的流动;二是大量农村劳动力涌入城市,他们遇到了子女入学等一系列难题;三是人为地延缓了中国城市化的进程,使中国市场发育不足,影响经济发展和社会稳定。当代中国户籍管理制度已经成为经济社会发展的桎梏。在人才流动方面,虽然近几年上海对优秀人才的引进越来越重视,而且限制范围也有所缩减,但就目前形势而言,通过引进而直接落户上海的高端人才,每个月报进上海市各个公安派出所的,是少之又少。上海市人力资源与社会保障局于 2014 年 4 月 15 日发布的《上海市引进人才申办本市常住户口》公示名单中,通过审核同意办理本市常住户口的只有 401 个主体人员,而下一次还不知道要等多久。且这些人员几乎都是大型集团和国有企事业单位的职工,小型公司几乎全军覆没,所有通过引进人才落户上海的外地高端人才,如高级工程师、博士研究生、硕士研究生,在小型企业想直接落户的概率越来越低。此外,上海户籍制度对外地大学毕业生以后的就业形势也产生了重要影响。据了解,目前的上海落户积分制度,能很好地起到一个激励作用,让广大来沪高校就读且意欲留沪就业的外地大学生有一个目标,但事实上,这个加分政策,每年只有很少数的大学生能达到规定的分数,一个好的二本学校,如我们的立信会计金融学院,学生中在毕业时就达到规定分数的只有区区几人。这一方面可以很好地限制上海的人口增量,也能真正吸引到一批优秀的大学生。但另一方面,它对广大外地生来讲,并不是一个很好的激励,毕竟一个人的优秀与否,在校期间的表现只是一个方面。我们小组通过汇总调查问卷和实地调研结果,发现在当今户籍制度下外地户籍大学生在沪就业存在的主要困难有以下几点:

(1) 大学生在就业时会遭遇专业、学历、工作经验等方面的苛刻要求。但他们就业受户籍限制的情况也是比较明显的,如人文、经济类学科毕业的学生如果没有取得上海本地户口,工作不仅难找且稳定性差。我们小组在进行招聘会实地调查及咨询时就曾遇到过一些公司的招聘条件之一就是要求应聘者拥有本地户口的情况,相关人员表示,该岗位要求诚信度较高、住房稳定,所以限制为当地户口。这一说法固然可以理解,但是将户口和诚信度挂钩,无疑又是对外地人的排斥与歧视。

(2) 外地生在报考公务员、银行、事业单位之类的公招考试时受到户籍限制,很多单位制定的招聘条件只限本市户口。比如前几日发布的《2014 年下半年上海市事业单位公开招聘》中,绝大多数岗位只限上海本地户口。以我们小组成员自身为代表,从学历、户口、工作年限、专业要求四个方面来筛选这些职位,最后我们符合条件的只有两个岗位,一个是主管部门为上海市静安区住房保障和房屋管理局,用人单位为上海市静安区房地产交易中心,职位为受理登记,主要负责房地产交易登记、窗口接待、政策咨询、业务受理的岗位。另一个是主管部门为上海市徐汇区科学技术委员会(徐汇区信息化委员会、徐汇区知识产权局、徐汇区地震办公室),用人单位为徐汇科技创新服务中心(徐汇区高新技术产业化促进中心),职位为项目管理,主要负责联系服务科技企业、窗口日常咨询接待及后台项目管理的岗位。可见,这两个岗位都是很基础的岗位。

(3) 大学生在一些地方就业受政府指标控制。通常情况下,用人单位并非不想录用外地户口的大学毕业生,而是没有用人指标。有的单位自己知道没办法给予外地人员与本地人员同等的福利待遇,也不愿招聘外籍人员。

（4）大学生的工资福利待遇与户籍密切相关,显性方面表现在工资上,本地户籍和外地户籍的人员在同一试用期或者同一工作岗位上却可能享受不了同等的待遇。隐性表现在升职福利上,在同一家公司,本地职工的升迁率明显大于外地籍职工。

4.1 原因分析

在我国,当代大学生就业为什么会出现户籍制度的限制。一般观点认为:"很多大学生个人定位不准确,盲目涌入大城市,致使本来人口过多、资源匮乏的城市负荷更加沉重,就业竞争愈加恶劣。"通过对大学生的采访和对身边同学的观察,我们发现很多同学毕业后不愿意回到家乡,而在上海读书的大学生更不愿意离开这座大城市。由于受到传统观念的影响,觉得只有来到了大城市工作才有面子,才能出人头地,而一些这种想法不强烈的人在看到自己的同学都来到大城市工作,自己回去好像就低人一等似的。于是在这种想法的驱使下,更多的大学生盲目跟风,在不明白自己的切实追求和经济能力下,纷纷往大城市就业,无形中就给大城市造成了人口压力和资源配置压力。但追根溯源,其根本原因还是在于户籍制度下的巨大利益差别。因为,大城市确实有很多小县城无法具备的优势,比如,大城市能够享受到的公共福利更多,大城市的户籍制度对下一代的上学或升学有着重要影响。因此,户籍限制无法挡住渴望在机会较多的城市生活的大学生涌入,大学生往大城市涌入的现象也将一直持续。而这一现象就使得户籍制度在大学生就业不公这一问题上进一步被放大。

落户本质在于能否共享"市民待遇"。城市之所以热衷于对居民落户进行限制,中国的户籍政策之所以难以松动,实质是因为户口总是与利益相联系,被附加了不菲的"含金量",这种"含金量"实际表现为包含在户口之中的各种既得利益,比如,城市市民所享有的就业、教育、补贴、社会保险乃至物价方面的种种优惠等。只有打破目前的社会利益分配格局,使各城市居民之间以及城市与全国老百姓之间享有同样的国民待遇,纠结在大学生就业领域的户籍之困才会彻底消散。试想,如果全国人民享用同一套福利制度,不同地方的人在同一地方享用同样的待遇,户籍还有那么重要吗?答案应该是否定的。

4.2 影响分析

从大学生就业中户籍制度的发展趋势来看,户籍制度无疑是日益走向宽松的。但在当前,对大学生就业采取户口等限制的情况仍然存在,主要集中在北京、上海、深圳、广州等大型城市和其他沿海经济发达城市。中共十八届三中全会中也强调了要严格控制特大城市人口数量。开放这些大都市的户籍制度究竟对大学生就业意味着什么?是否意味着大学生找工作就更容易了呢?这些都需要具体分析和实践研究。

（1）户籍制度对我国不同发展程度城市的影响存在差异。放开户籍制度的限制,一方面可能会使更多的大学生留在北京、上海、广州等特大城市,致使大城市高级人才进一步积聚,从而使这些大城市本地的大学生就业更加困难;另一方面留在大城市的大学生,由于解决了户籍问题的束缚而找工作可能更容易,这两者之间究竟会出现哪种结果,仍然有待实践的检验。从其他一些发展中国家情况来看,在没有户籍制度的情况下,大学生在大城市就业难的情况也未得到缓和。其实质是中国发展不均衡问题,而人才的涌入不均衡又会不利于这一问题的解决,造成恶性循环。

(2) 户籍制度对大学生就业的影响还体现在不同的产业类型。在高科技企业,户籍制度的影响相对较弱,这一方面是由于高科技企业多数为非国有制企业,户籍制度对非国有制企业影响较弱;另一方面,人才因素对高科技企业的重要性,使得其不得不在户口方面做一些让步。如北京中关村至少有10万名没有北京户口的大学生受雇。

(3) 户籍制度对于不同专业的学生在选择职业方面也存在着不同的影响。文科专业学生大都依赖于国有制单位,而国有制单位大都对户籍有严格要求。但在一些高级岗位,如管理经理类,基于人才的需求,要求较松。

5 户籍制度改革政策解读

随着中共十八大的召开,户籍制度改革迈入新的篇章。我们小组通过解读国务院发布的《国务院关于进一步推进户籍制度改革的意见》,简单总结了一下文件的具体内容为:

(1) 全面放开建制镇和小城市落户限制。
(2) 有序放开中等城市落户限制。
(3) 合理确定大城市落户条件。
(4) 严格控制特大城市人口规模。

同时,上海作为这次户籍制度改革的排头兵,也相继颁布了户籍制度改革方案,我们选取其中关于大学生就业方面的内容:

(1) 协同配合、多措并举,拓宽高校毕业生就业渠道。
(2) 项目带动、完善激励,鼓励引导高校毕业生到基层就业。
(3) 梳理政策、整合资源,激励高校毕业生自主创业。
(4) 聚焦重点、齐抓共管,加强困难毕业生就业帮扶。
(5) 校际协作、完善措施,提高职业生涯发展教育和就业指导服务水平。
(6) 优化结构、加强合作,推动高等教育更好适应经济社会发展需要。

6 建议

(1) 制定相关的法律规范,构建适应时代发展的高校学生户口管理模式。尽管在全社会范围内实现迁徙自由还有很长的路要走,但鉴于高校大学生群体的特殊性,我国政府应尽快制定相应的法律法规,构建适应时代发展的高校学生户口管理模式,以确保人才的自由流动和合理配置。应从促进社会发展的角度出发,制定大学生就业和落户的新政策,即户口跟着工作走,大学毕业生找到稳定的工作就等于落下了户口。两难合一难,使大学生有更广阔的和灵活的就业空间。

(2) 建立新型人口信息管理模式来代替传统的户口管理模式。目前我国实行的是人口常住地登记的方式,很大程度上使得公民依赖于户口才能享受到应有的社会福利。而一些西方发达国家,如美国则采取的流动制,公民的驾照相当于身份证,可按自己的生活居住意愿选择在哪个城市生活。美国是所有公民的驾照信息都在管理局备案,且有信用记录,虽然流动性很强但并不难于管理。所以,我们应效仿西方国家,实行出生地登记制度,即户口登记仅仅是对出生人口的登记,使户口真正起到统计人口数量的目的,而剥离附加其上的行政功能。另外,我国要建立完善互联网身份登记制,使全国各地公民的相关信息都能在统一的网站上查到,加强信用管理制度,合理有效地去管理我国公民的户口。

(3) 弱化户籍的行政职能,取消相关户籍歧视,加强户籍变化的灵活度。虽然说取消户籍会一定程度上加大上海这类特大城市的人口涌入量,但就现在大学生的择业观来看,在受到一定教育、拥有较高道德素质的情况下,大家的择业观会越来越宽广,不再仅仅限于这些大城市。如果加大了户籍的灵活度,即在哪里就业都能享受当地的福利和以后能够轻松的脱离一个城市进入到下一个城市的户籍管理中,会大大加强人才的流动性。所以户籍改革是必然趋势,逐步取消户籍歧视及限制也是未来中国顺应大潮流的必然之路。只是改革都是慎重而漫长的,这还需要一段强有效的过渡期及出台一系列的相关政策。

(4) 加强对大学生择业观的教育,选择合适自己的工作。当下大学生应寻找自己爱好和适合自己的岗位,不要一味盲目跟风来到大城市工作。据研究,大城市拥挤而快速的生活节奏并不适合某些人,他们往往在这里生活得并不快乐,也很难在工作岗位上有所成就。还有在本身家庭情况并不富裕和工资并不高的情况下,在大城市工作面临巨大压力,背上了买房买车的巨大负担。然而换个角度,回到二三线城市的家乡,有父母亲朋在身边,我们既能经常和父母相处孝敬长辈,又能减轻自己身上的买房压力。不少二线城市都面临着本地人才外流、发展受困的窘境,其实如果投身于家乡经济的发展,同样也能实现自己的职业价值。所以,大学生就业不能盲目,应合理规划自己的职业生涯,找到适合自己的岗位和工作环境。

7 结论

我们小组通过调查问卷,实地考研及对政府文件的解读等方式得出结论:现阶段上海户籍制度对外地大学生就业有着一定的影响,但随着国家户籍制度改革力度的加大,以及上海市的一系列政策,我们相信,在不久的将来,户籍制度将不再成为来沪大学生就业的一道门槛。

项目组成员:刘雪莹　王居倩　姜勤琴　张文慧
指 导 教 师:彭锻炼

创新实践项目

参考文献

[1] 龙艳.当前大学生就业形势对户籍制度的冲击与改革[J].云南警官学院学报,2007(9).
[2] 韩洪生.户籍改革对大学生就业的影响与对策研究[J].文教资料,2011(9).
[3] 童大焕.当前最大的教育不公是户籍歧视[EB].新华网,2008(3).
[4] 郭志刚,李丁.上海市近年人口发展状况分析[J].中国人口科学,2010(6):13-22.
[5] 顾海英,史清华,程英等.现阶段"新二元结构"问题缓解的制度和政策[J].管理世界,2011(11):55-65.
[6] 姚先国,赖普青.中国劳资关系的城乡户籍差异[J].经济研究,2004.
[7] 莫海燕.大学生就业户籍砝码有多重[J].职业,2002(5).
[8] 曾湘泉.变革中的就业环境与中国大学生就业[J].经济研究,2004(6).
[9] 杨伟国,王飞.大学生就业:国外促进政策及对中国的借鉴[J].中国人口科学,2004(8).
[10] 郭绚霞.提高我国高校大学生就业力的途径[J].改革与开放,2009(7).
[11] 甄金智.关于大学生就业问题的探索——从"两会"热议大学生就业问题说起[J].内蒙古师范大学学报(教育科学版),2008(5).
[12] 胡星斗.中国户籍制度的命运:完善抑或废除[J].学术研究,2009(10).
[13] 孙彦彬.民办高校大学生就业歧视及其政府规制研究[D].长沙:湖南师范大学,2012(12).
[14] 何方芳.三维资本视角下的大学生就业影响因素及公共政策研究[D].福州:福建师范大学,2012(11).
[15] 史慕华.政策网络视阈下的中国大学生就业政策分析[D].长春:吉林大学,2014(6).
[16] 章思.农村籍大学生就业选择的影响因素研究[D].长沙:湖南农业大学,2012(6).
[17] 孙敬宇.十一届三中全会以来我国户籍制度改革和调整的研究[D].长春:东北师范大学,2013(5).

关于上海公共厕所的治理以及发展的调查分析

上海市于2006年颁布《上海市公共厕所布局和建设规划纲要》。该纲要本着"总量合理,明确重点;就近服务,便民利民;规划指导,确保落地"的原则,规划到2020年,不断完善居民生活、工作、游憩区域的公共厕所,建立统一规范的公厕标志,形成布局合理、使用方便、形象优美、整洁有序的公共厕所服务体系。该纲要指出,上海公共厕所布局方面存在三方面问题:重点区域用厕不方便、新建地区存在服务盲区、厕所标识不够清晰明了。通过新闻曝光和市民反映等途径可了解到上海当前公共厕所问题尚未得到解决。2012年11月8日召开的中共十八大谈到了政府对民生问题的重视,不过鲜有公共厕所方面的相应政策出台。但是城市公共厕所除了它的基本功能外还有其特定的文化内涵和文明属性,其文化内涵在于:公共厕所这一基础设施的好坏,很大程度上体现了城市市民的个人素质,政府对于城市基础设施建设认识水平的高低,以及政府所出台相应政策的全面性。其文明属性展现了一个城市的发展历程,从纯属为了解决生理需要到提升至个人的卫生整理、审美、商业、文化等多种功能。公共厕所已经成为一个城市现代文明发展水平的标志,决定了一个城市的物质文明和精神文明层次。所以,我们团队认为需要制定一系列研究方案来帮助上海的"公厕文化"从摸索阶段跨越至成熟阶段。

1 研究概述

1.1 调查目的

随着社会持续迅速的发展,人们生活节奏加快。并且由于工作、学习、社交、娱乐的需要,人们待在家里的时间明显变少。俗话说"人有三急",出门在外每个人都会有想要如厕的不时之需。但是,想必大家都遇到过一厕难求的尴尬境地,尤其是有要事在身、赶时间的时候,当时的情况便突出了一个"急"字。此时便体现出了公共厕所的重要性。但为什么公厕这种为人民服务的基础设施却鲜见于人们的视线中?并且公共厕所也不是人们碰到内急问题,第一时间想到去解决问题的地方呢?我们团队认为政府需要实行些有效的措施来对公厕进行管理和规划,显然这一直是比较难以处理的问题,因此为了更深入地研究解决方案,我们团队在2012年11月至12月,不仅对上海市部分公厕进行了实地调查,也对各地区、各年龄、各层次的市民进行了调查采访。通过对上海当前公厕管理及使用的现状进行分析,我们对政府加强完善公厕建设管理规划工作进行了积极的思考,并据此提出了解决方案。

1.2 调查方法

此次调查主要考查分析上海各地区的居民对于公厕的看法、使用情况及展望,并对部分公厕进行了实地的调查研究,记录了情况,进而根据人们对公厕的想法进行思考,提出我们团队的看法。

调查走访主要借助于自行设计的《关于上海公共厕所现状调查问卷》,分别对不同年龄、性别、地区的人进行了调查,同时我们还进行了网上调查问卷,调查的面比较广泛,可以真实具体地反映出人们对于公厕现状的各自看法。

1.3 样本信息

此次调查的范围为上海市各年龄层次各地区的市民。调查样本总量为300人。实地调查的对象是上海市松江大学城启源广场内的公共厕所,人民广场地铁站内的公共厕所,以及七宝汇宝广场内的公共厕所。同时我们也采用了网上调查问卷的方式,让更多的网民参加到我们的调查中来,使得我们的数据覆盖面更广,进而得到较为可靠的调查结果。

2 调查结果及分析

2.1 关于受访者出门时上厕所选择地点的调查

调查表明,26%的受访者会选择公共厕所,56%的受访者会选择商场内的厕所,68%的受访者会选择麦当劳或肯德基,38%会选择地铁站内的厕所,21%的受访者会选择等回家解决,另3%受访者选择其他,在此不一一列举。

可见,不选择在外上公共厕所的市民占了很大的比重,并且,在各类公共厕所中,最受欢迎的是麦当劳或肯德基,以及商场内的公共厕所。此类厕所的特点是,位置固定,方便寻找,整洁干净。

作为政府专为市民出门方便而建设的公共厕所,却没有受到市民的青睐,其中有很多值得我们深思的地方,比如,是什么原因让公厕无人问津;对于这一现象,我们能采取什么措施;政府应当出台一些什么政策。上海市曾于2006年颁布《上海市公共厕所布局和建设规划纲要》,但是经过我们的实地考察,多数的公共厕所还未达标,该纲要计划至2020年,不断完善居民生活、工作、游憩区域的公共厕所,在剩下的几年中,我们应当加快对符合市民需求的公共厕所的建设。

2.2 受访者不选择公共厕所的原因

数据表明,59%的受访者认为公共厕所很难找到,61%的受访者认为公共厕所太脏了,6%的受访者因为公共厕所需要收费而不选择它,3%的受访者则是因为其他的原因。

不难发现,多数受访者认为公共厕所缺少醒目明确的指示标牌,而在夜间,更是很难找到或看清公厕的指示牌,对这一问题,不少受访者希望能将指示牌改为夜光型或者在指示牌四周增加照明设备。同时,许多厕所的环境卫生也不尽如人意。其实,针对大家找不到公共厕所这一问题,上海早在2005年已经建立公厕信息查询系统,但是却鲜有人知。

对于公共厕所的脏乱差问题,多数受访者认为首先是因为市民自身素质有待提高,其次是政府管理不善。几乎所有的受访者都认为政府有必要投入一定的精力和财力去建设和治理公厕,并且加大文明使用公厕的宣传力度。

每一位市民都希望公共厕所能有很大的改善,并乐于从自身做起,提高自身素质,也期待政府能更关注公共厕所的管理,公厕往往能体现一座城市的素养,城市文明建设应当从小处着手,从身边着手,从整洁的公厕,到文明的国际都市,都需要政府的政策支持与市民的行动支持。

2.3 厕所环境实地考察结果分析

本小组对松江大学城启源广场内的公共厕所,人民广场地铁站内的公共厕所,以及七宝汇宝广场内的公共厕所进行了实地考察。

我们发现情况最好的是人民广场的公厕,该公厕内的设施较新,并且环境卫生较乐观,由于该公厕位于市中心繁华地带,每日来往人流较大,且游客居多,故相关部门对该地区的公共厕所较为重视,随时有保洁工人清理厕所。

而启源广场内的厕所情况则不容乐观,周围顾客对其也颇有微词,我们了解到该厕所每天只有保洁阿姨在早上打扫一次,且只有两个小间,不分男女,环境卫生也令人担忧,在启源广场购物的顾客常常选择去较远的肯德基上厕所。

另外,汇宝广场内的公共厕所情况良好,据了解,该厕所由商场方面负责管理,每日定时有保洁工人打扫,对于顾客与商场来说,整洁的公厕带来的是双赢的局面,商场会因为公厕给顾客留下一个好印象,而顾客在商场购物时也能获得更多便利。

2.4 对于人性化公厕的需求分析

由于很多受访者在公共厕所整洁卫生的基础上,提出了许多有关人性化公厕设备的希望,故而在公共厕所人性化功能设计这一方面,我们收集了受访者的建议与意见,主要有设置母婴室,设置残疾人专用间,提供洗手液,提供卫生纸,提供烘干机,提供女性卫生用品自动售货机,冬季提供热水洗手,使用自动感应出水装置等。

以上所列的建议中,少数已经在部分公共厕所实施,但并不普遍,考虑到资金管理等问题,需要进行更全面完善的规划,下文会继续进行深入研究。

人性化公厕往往能体现一座城市的人文关怀并且让当地居民的幸福指数提高,多样化多功能的公共厕所考虑到了残疾人、婴幼儿、孕妇等弱势群体,为更多的人带来便利。

2.5 对于公共厕所规划布局的研究

在解决了公共厕所质量问题之后,我们也关注了公共厕所的数量问题,究竟我们应该每隔多少距离建造一座公共厕所,同时在城区和郊区我们也要采取不同的规划方案。

多数受访者认为人口密集度是影响公厕数量的最大因素,其次是地理位置,另有小部分受访者认为应重视男女厕所配比这一点。

在商业闹市区,旅游景点等人流量大的地区,公共厕所往往"人满为患",公厕的供应量跟不上需求量。另外,城区与郊区的公共厕所数量也有很大的差异,而对于性别问题,女性上厕所的时间往往长于男性,故通过改善男女厕所配比问题也能很好地解决女厕所前排起长龙的问题。据悉,在2010年的世博会期间,世博园区内的公共厕所男女厕位的比例达到了1∶2.5。

2.6 关于《上海市公共厕所布局和建设规划纲要》研究

纲要主要分为六大部分,分别是对现状的分析、规划原则和目标、规划布局、设置导则、近期建设及规划实施的建议等。纲要对于公厕总量,以及中心城区公厕数量和郊区的公厕数量做了合理分配。同时也对公厕的建设面积设定了标准,鼓励依托公共设施和城市公共空间,保障道路通畅和安全,环保节能和节水,加强统一标准,加强引导,便于厕所定位,并且鼓励加大女用厕位比例。纲要还建议加强规划落地,明确责任单位,建立和健全网格化管理体制,鼓励经营单位向社会开放自用厕所,有关部门应给予政策扶持。

2.7 国外厕所调研

我们小组查阅了许多国外厕所的成功案例,包括德国、日本、新加坡等国。

德国的厕所分布合理且干净卫生,主要由企业负责管理。

德国的公共厕所有严格的硬指标,政府规定,城市繁华地段每隔500米应有一座公厕;一般道路每隔1 000米应建一座公厕;其他地区每平方公里要有2~3座公厕;整座城市拥有公厕率应为每500~1 000人一座。另外,德国的公共厕所选址需要经过市民的同意,先通过调查公司听取市民意见,然后形成几种方案,再在市议会投票决定将在哪里建一座新的公共厕所。

在经济方面,由企业负责管理公共厕所,并没有给其带来亏损,相反,一方面,企业通过"以厕养厕"的方法,通过承包许多著名品牌的广告给公厕带来了巨大的盈利;另一方面,政府对负责公厕这一公共事业的企业也会给予管理与政策上的扶持。

2.8 浅析2010年上海世博会游客如厕问题

2010年的上海世博会每日游客数量最高达100万人次,面对这一巨大的数字,我们不禁要想该如何解决这么多人的"如厕"问题,需要建造多少公厕才够游客使用呢?上海世博局工程建设指挥办公室技术处主任周敏华给出了明确的数字:"在5.28

平方公里的世博园区里有 1.1 万多个厕位。其中,在 3.28 平方公里的围栏区内,主办方配备了 6 000 多个馆外厕位,加上各个场馆里为观众提供的厕位,总共 9 500 个左右。而在围栏外的各个出入口外广场和 21 个停车场里,主办方配备了 1 500 个左右的厕位。"

在世博会前期,有关部门就在一些人流量过万的地区如火车站、人民广场等地的公共厕所对游客"如厕"时间进行了调研测算。另外,也测算出了合理的男女厕位配比为 1∶2.2 至 1∶2.5,以及游客等候时间的最大容忍度。根据这一系列的数据,才有了上述的具体规划。

另外,世博园区内的公共厕所墙面是温馨的暖色调,并且一直播放着与世博会相关的轻音乐和语音资料,同时,公厕的消毒卫生工作更是得到了很大的重视,保洁工作做得十分细致。

3 上海公共厕所的治理方案

3.1 基于第六次全国人口普查的公厕分布方案设计

1) 全市常住人口的地区分布

2010 年上海各区(县)人口分布与密度如表 1 所示。

表 1 上海各区(县)人口分布与密度

区县	人口(万人)	占总人口比例(%)	总面积(平方公里)	人口密度(人/平方公里)
全市	2 301.92	100	6 340.50	3 631
中心城区	698.63	30.4	289.44	24 137
黄浦区	42.99	1.9	12.41	34 641
卢湾区	24.88	1.1	8.05	30 907
徐汇区	108.51	4.7	54.76	19 816
长宁区	69.06	3.0	38.30	18 031
静安区	24.68	1.1	7.62	32 388
普陀区	128.89	5.6	54.83	23 507
闸北区	83.05	3.6	29.26	28 383
虹口区	85.25	3.7	23.48	36 307
杨浦区	131.32	5.7	60.73	21 624
近郊区	1 084.99	47.1	2 316.35	4 684
闵行区	242.94	10.5	370.75	6 553

创新实践项目

(续表)

区县	人口（万人）	占总人口比例(%)	总面积(平方公里)	人口密度（人/平方公里）
宝山区	190.49	8.3	270.99	7 029
嘉定区	147.12	6.4	464.20	3 169
浦东新区（包括原南汇区）	504.44	21.9	1 210.41	4 168
远郊区	518.30	22.5	3 734.71	1 388
金山区	73.24	3.2	586.05	1 250
松江区	158.24	6.9	605.64	2 613
青浦区	108.10	4.7	670.14	1 613
奉贤区	108.35	4.7	687.39	1 576
崇明县	70.37	3.0	1 185.49	594

根据《上海市公共厕所局规划纲要》的要求合理分配公共厕所。

(1) 市区地区级中心以上的商业文化街,400～600 m设置1座;其他市区道路,700～900 m设置1座。

(2) 旧城区按常住人口5 000人左右设置1座;旧城区成片改造地区,每平方公里设置3～4座。

(3) 新建小区内的地区级中心,每平方公里设置6座;一般住宅区,每平方公里设置3座。

根据人口普查的数据,按照每3 000到5 000人共用一间公共厕所,在各区县进行公厕建设,同时应当在繁华街道适当增设公厕。而在住宅区,则可以适当减小公共厕所的密度。

2) 公共厕所规划原则

(1) 公厕应尽量设置在道路旁、交通枢纽处,以及商业网点处。

(2) 作为对公共厕所的补充,大型商场、餐饮娱乐场所等内部按照相关标准设置供顾客使用的厕所,鼓励单位厕所向社会开放(这部分厕所不在本规划公共厕所范围内)。

(3) 独立式公厕与附建式公厕相结合,合理布局,但应尽可能发展附建式公厕,尤其在车站、码头、集市等公建场所。

(4) 公共厕所指示标志的设计醒目显眼,方便大家快速找到公厕,且应当设置灯箱或者夜光材质的指示牌,方便大家在夜间找到公共厕所。

3) 男女差异对公厕规划的影响

调查表明,男女如厕平均所需时间比例为1∶2.23,且对于不同地点的公共厕所,男女如厕所需时间比例也不同,如餐厅内的公共厕所比例为1∶1.75,商场内的公共厕所比例为1∶2.10,地铁站的公共厕所比例为1∶2.5左右。故而,不同场所的公厕男女厕位配比规划也需因地制宜。

3.2 公共厕所的运营模式

1) 公厕广告位蕴含的商机

我们团队认为公共厕所的基本服务应当是完全免费的,但是在当今这个追求利益的社会,免费公厕想要继续存在就必须产生利益。那么利益从何而来呢?

研究表明,人在上厕所时会产生强烈的阅读欲望。广告商可以充分利用厕所内的空间进行宣传,且相对于一般的广告可以设置更多的字数,而广告位招租带来的收入则可以用于公共厕所平时的维修保养。

2) 粪便也能带来商机

城市公共厕所每天都会产生大量的粪便,那么我们该如何处理这些粪便呢?现在公共厕所粪便处理主要有以下几种方案:

（1）直接将其排放到市政污水管线中。

（2）厕所自带集粪箱,定期清运。

有以上两种路线通往化粪池进行处理。粪便经过处理可以产生优质的有机化肥,由此产生的利益也能为公共厕所的保养维修出一份力。

3) 企业承包运营公共厕所

市政卫生环境部门可以将公共厕所承包给企业运营,而企业通过广告位出租,出售私人卫生用品等赢利,另外,政府对这些承包运营公厕的企业会给与政策上的支持和福利优惠。

3.3 公共厕所的保洁安排

公共厕所应有专门的保洁人员进行清理,且工作人员应按规定着装并佩戴带臂章、工号牌,服饰应保持整洁。

公共厕所管理员应经市容环卫管理部门培训合格后,方可持证上岗。

公厕服务人员应文明用语,礼貌待人,举止大方。

针对人流突然增多、恶劣天气、身体不适等突发情况制定保洁保障应急预案,做好应急指挥以及管理工作。

除了清理打扫,公共厕所的消毒工作也至关重要,应定期检测公共厕所的卫生情况,避免厕所内细菌影响使用者的健康。

3.4 公共厕所的设备要求

每一间公共厕所在配备蹲厕的同时,也应当考虑到残疾人的需求,设立残疾人专用的坐厕,洗手台也应当考虑到儿童的身高,进行适当的调整。冲水设备水量大小可以有两种选择,起到节约用水的作用。且冲水按键应设定在醒目位置。

4 上海公共厕所未来发展的展望

4.1 将上海不同公共场所的公共厕所个性化

根据《城市公共厕所规划和设计标准》(沪建设(89)第501号)中第二章 第2.0.2条:"凡新建扩建改建的住宅小区和旧城区住宅区、商业文化街、交通道路及火车站、长途汽车站、客运码头、旅游景点、公园、广场、体育场(馆)、影剧院、菜场、集贸市场等人流集散场所附近,应建造公共厕所。"可看出,所谓的"公共场合"有很多种类。除了要保证公共场合有足够数量的公厕外,我们团队认为,不同公共场所的公厕需要侧重于不同的规格标准。因为不同场合,主要聚集的人群种类就不同。比如,公园内更多的是中老年人,商业文化购物街则侧重于年轻人,火车站和长途汽车站是返乡或返城的人群在流动等。人群年龄层次不同,需求就不同。因此,根据"人群个性化"这一情况,我们团队在此提出将上海各场所公厕也施行个性化建设标准这一方案。方案重点关注的场所和人群如下。

4.1.1 根据人群需求不同建造公厕

1) 城市公园类(综合公园、专类公园和花园)

(1) 综合公园和花园。

关注人群:中老年人。

关注点:第一,考虑到老年人行动缓慢甚至有时不便,公厕内需要的是坐便式厕位。因此,此类公厕需安排2至3个工作人员,并注意两点:重视坐便式厕位的清洁消毒工作避免马桶带来的病菌感染;在看到有行动不便的老人时可上前搀扶。第二,考虑到有些中老年人视力有所衰退,此类公厕需要设置更大更醒目的标识,以方便他们进行辨识。

(2) 专类公园(动物园、植物园、儿童公园等)。

关注人群:4岁以上低龄儿童以及携带婴幼儿的父母人群。

关注点:第一,考虑到幼童个性较活泼好动,厕内要做到走道空间拓宽,避免绊倒或撞到其他幼童;厕内各个棱角处可设置成圆方形,避免幼童撞到尖硬棱角导致受伤。第二,考虑到4岁以下的幼童会有父母的陪伴,此类公共厕所需要设置母婴室,并需要设置男女厕位同一间样式的厕间,这样方便父亲或母亲陪伴他们的儿子或女儿解决如厕问题。

2) 客运场所类(火车站、长途汽车站、客运码头、地铁站等)

关注人群:携带大件和多件行李的乘客。

关注点:第一,考虑到客运站的乘客会携带大件和多件行李,此类公共厕所应该每间厕间拓宽至其他场所的厕间的2至3倍。以便他们有足够的空间放置他们的行李,避免行李无人照看而导致行李被偷窃或者行李混杂在一起被错拿的情况发生。第二,根据我们团队调查问卷总结的结果显示,公共厕所数量受人口密集度影响,而客运场所的人口密集度极其高,根据网上提供数据,以上海火车站为例,最高客流量达到1.4万人次每小时。所以,在客运场所应当大幅度增加公共厕所的数量,避免公厕排长龙而耽误乘客的出行。

3)娱乐休闲类场所(商业文化街,购物广场和游乐场等)

(1) 商业街和购物广场。

关注人群:女性。

关注点:商业街和购物广场的人群以女性居多。因此我们团队认为,此类场所的公厕应设置为男女厕位1∶2或1∶3。原因是,女性受到生理条件和行为习惯影响,实际如厕时间往往比男性长。而我们上海及我国其他地方公共厕所男女厕位比往往是1∶1,加之男厕所内还配有小便池,这就更导致了原本需要资源较少的男性反而占有了更多资源,而需要更多资源的女性只能排队等候。此外,根据网上数据显示,女性如厕时间是男性的1.7至2.6倍,这一因素也在很大程度上导致了女厕经常出现排长龙的现象。所以,增加女厕位的数量可以解决女厕所"供不应求"的问题。

(2) 游乐场。

关注人群及关注点与专类公园的相同。

(3) 菜市场和集贸市场。

关注人群:菜贩,农副产品售卖者。

关注点:菜贩和农副产品售卖者大多为直接接触生食者。因此,考虑到售卖者和购买者双方的卫生需求,此类场合公厕应设置更多的洗手池,并配备足够的洗手液和卫生纸。另外,由于这类工作人群本身处于卫生度较低的工作环境。所以要安置1至2个专门的工作人员加倍重视公厕清洁卫生问题,并且增加清洁频率。

(4) 会展场所。

关注人群:会展内参与人员。

关注点:根据东方网记者陈洁2012年2月22日的报道,上海去年举办各类展会674个,展会面积953万平方米,展会数量和展会面积继续保持在全国首位。其中,举办国际展览会227个,展览总面积达到689万平方米,占全市展览总面积的72.3%。除了关注到上海举办展会数量之多外,举行展会期间也会存在客流量在高峰时段较大的现象。所以,应当在上海各大会展场所配置更多厕位,避免排长龙现象。

4.1.2 根据不同的环境建造不同的公厕

在此,我们团队认为,建造厕所,外观上可以契合周边的环境,内部可以有不同风格的装修。做到公厕与所在场所景点相融合。

(1) 公园类场所。

重点元素:自然元素。

公园内的公厕,可将公园的自然元素融入公厕外观。例如,用木头作为公厕的墙面和屋顶的建材,公厕外多摆放一些花草树木。

(2) 游乐场及儿童乐园。

重点元素：色彩，童趣。

游乐场及儿童乐园的主要人群是儿童，所以可将这里的公厕设计的较有童趣。比如，公厕外观是足球等球类、卡通动物、植物等。色彩上要做到颜色鲜艳明亮，既符合儿童们的喜好，也符合游乐场和儿童乐园的特色。

(3) 商业区。

重点元素：简洁。

商业区的人群较多为白领等办公室人群，为了体现商业区的高层次，商业区的公厕需做到整体简洁大方，色彩上主要运用黑、灰、白三种。

4.2 向上海公共厕所投入更多的人性化色彩

纵观上海颁布的关于公共厕所的各项建设规划，虽然内容详尽，却鲜有提到"人性化"三个字。其他国家如日本、韩国等，在公共厕所方面，除了做到干净整洁外，更是非常好地关注并贯彻了"人性化"三个字。我们团队的调查问卷结果显示，市民们对于公共厕所人性化这一块还是有较高的要求。根据参与调查问卷访问的市民的反映及我们团队之后的探讨，从上海各大场所公厕总体角度出发，我们提出了如下方案。

1) 重视公厕空气质量问题

我国第一部《室内空气质量标准》于 2003 年 3 月 1 日正式实施，这部标准引入室内空气质量概念，明确提出"室内空气应无毒、无害、无异常嗅味"的要求。鉴于公共厕所的环境，必须要重视公共厕所内空气质量的问题。

2) 放置气体空气清新剂

虽然要安排工作人员定时喷洒，但是需要注意的是，①鉴于"室内有婴幼儿、哮喘病人、过敏体质者及患有过敏性疾病的人时应当慎用空气清新剂"，所以喷洒空气清新剂的量和频率不应过多。②由于喷洒空气清新剂时，最好暂时撤离现场，待大部分气溶胶或颗粒物质沉降后再进入，进入前最好打开门窗通风换气。所以应当在公共厕所对外开放前后两个时间点喷洒空气清新剂。

3) 公共厕所内设置多扇窗户并适时打开做到空气流通

经常在不通风的环境下，容易引起慢性头痛等疾病。特别在冬天，人们大部分时间在室内工作，户外活动相对较少。因此，每天早、中、晚不同时段要经常打开公共厕所门窗，保持室内外有新鲜空气流通，有益身心健康，也减少细菌、病毒等微生物的滋生。

4) 公共厕所内标识文字改进

标识文字除了设置中英文外，还需考虑到盲人的需求。因此，公厕内应多设置一种盲文，方便盲人解决他们的如厕问题。

5) 公共厕所内专门设置一间更衣室

有些市民可能只是想要有一个空间换装或整理自己的包内物品。在这空间里设置厕位可能就不那么恰当并且还会有资源浪费这一问题发生。因此,公厕内可设置1~2间更衣室。其中配有牢固的2~3个挂包钩、挂衣钩,一面镜子,一个放包台,一个给市民换鞋时用来坐的凳子,以满足市民出行时需要临时进行整理或换装的空间需求。

6) 其他

①使用自动出水装置,并做到及时检查和修理,保证装置的完好。与手动转动水龙头装置相比,有两个好处:第一,自动出水装置使市民不必担心卫生问题。第二,自动出水装置不会发生水资源浪费问题。冬天提供热水。考虑到有些市民因为冬天水太冷就不愿便后洗手,冬天提供热水可满足市民的卫生需求。②厕间内配置放伞钩或放伞槽:考虑到上海同日本一样是多雨气候,我们团队认为可以借鉴日本这一人性化设计,用于我们上海的公厕。③设置无障碍卫生间:此类厕间内设置扶手,专供残疾人士专用。④男厕所设置低位厕位:此类厕位满足儿童需求。⑤洗手池设置一高一低:此设计同样可满足儿童需求。⑥对公厕进行装饰:可在各公厕内摆放盆栽,墙上挂些画饰,美化公厕环境,提升公厕形象。

4.3 提升市民自身素质,加大文明使用公厕的宣传力度

出门在外,如厕不可避免。文明如厕,也是个人素质的体现。既然是公共厕所,设施必定有限,但这并不是拥挤和脏乱差的理由。相反,越是在这种情况下,更要强调遵守公共秩序。

首先是排队。等待如厕时大家的心情都很焦急,都想抢先上厕所,可若一抢秩序就乱了。应当按照先来后到的顺序,如果实在有"特殊情况"可向前面人说明,取得别人的谅解和同意。等候如厕的人群应在门外排队,以显公平。

其次是卫生。使用公共厕所的人很多,即便有工作人员负责打扫,过于脏乱差的环境无形中也增加了清扫的难度和时间。使用公厕时应按照指示丢弃手纸,不要随意乱扔;更不应该在墙壁上乱涂乱画,应爱惜公共设施。

关于如厕文化,我们提倡每个人应有意识地尽量顾及他人,比如,上厕所尽量迅速,节省他人排队等候的时间;方便之后自觉冲水,给他人提供良好的卫生环境;不拿光公厕内提供的手纸,以免让后来人陷入尴尬境地;遇到特别着急的人主动礼让;等等。其实,只要换位思考,你希望在公厕里享受到什么样的环境,就应当自觉创造这样的环境。

另外,良好的素质需要从小培养,因此,我们团队认为,需要改善九年制义务教育的质量,将文明带入课堂。通过课堂指导、社会实践等方式,帮助学生理解良好素质的含义。

最后,政府也需加大文明使用公厕的宣传力度。可通过播报新闻、宣传海报、媒体广告、小区公示等方式,将文明使用公厕宣传至各家各户。宣传内容可为:①文明使用公厕带来的好处。②不文明使用公厕造成的不良影响。通过两者对比,加深市民对文明使用公厕的赞同。

5　总述

现今,人民的生活水平不断提高,尤其在上海,我国最大的商业、金融中心,其生活水平也不用多说了。可是,在不断改善人们生活、娱乐和工作的同时,对于民生基本的要求也不能落下。而公共厕所这个比较细小的环节,更是需要做好。对公厕的管理规划是一种整顿上海环境形象的措施,也是为了更好地体现上海市民的素质。上海市于2006年颁布的《上海市公共厕所布局和建设规划纲要》,其中具体的规划是到2020年。但是要在15年里完美地解决我们以前不重视,或者说较为忽视的公厕问题还是比较有难度的。所以在对公厕存在的各种问题进行逐一的解决的过程中一定要抓住重点。从运营模式、保洁安排、设备要求三个方面制定治理方案。但是靠政府单方面的努力,显然是不够,也需要我们广大市民提高自身的素质,因此,宣传工作的重要性也不言而喻。加大文明使用公厕的宣传力度,得到市民们的积极配合,才是治标治本的方法。我们团队所想所做是为了帮助上海的"公厕文化"进入成熟阶段,更好地成为上海的一种特色。希望在不久的将来,上海的公厕能够突出"实用化、个性化、人性化"的特点,表现出上海颇高的现代文明的水平,使上海真正成为一个物质文明和精神文明完美融合的国际大都市——一个生活娱乐的天堂。

项目组成员：邵蓓蕾　熊盼盼　吴荻
指导教师：罗小兰

基本医疗体系建立中的社区医院发展状况调查

——居民看病为何不首选社区医院

摘 要:发展社区卫生服务,是中共中央、国务院为解决人民群众看病难、看病贵的重要举措,是涉及广大群众切身利益的一项惠民工程,更是建立"小病在社区、大病进医院、康复回社区"新的基本医疗体系的重要组成部分。然而现实却是,大医院人满为患,社区医院门可罗雀。本研究小组的同学对吉林、浙江、上海、山西四省市的社区医疗卫生机构进行实地调查,了解四省市社区卫生服务中心建设、地方政府对社区卫生服务的投入、人民群众对社区医疗卫生服务的态度,找到社区卫生服务实际运行中存在的问题,同时对社区医院的发展提出相应的建议。

关键词:社区医院;困境;发展模式

发展社区卫生服务,是中共中央、国务院为解决人民群众看病难、看病贵的重要举措,是涉及广大群众切身利益的一项惠民工程,更是建立"小病在社区、大病进医院、康复回社区"新的基本医疗体系的重要组成部分。然而当前社区医院的发展存在很多问题,因此进行社区医院发展状况的调查研究具有重要的现实意义。

1 社区医院发展过程中存在的问题

当前社区医院的发展有了很大进展,从结构设置到人员配备也有了不同程度的改善,但是全国各地社区医院的发展很不平衡,设备短缺、人才缺乏、医保体系不完善、群众对社区医院缺乏信任感等是社区医院普遍存在的问题。

(1) 医疗技术水平有待提高。社区医院的医疗技术水平与大医院的医疗技术水平之间存在着不小的差距,这是一个不争的事实。虽然这一状况正在逐渐改善,但问题依然存在。调查显示,有 88.1% 的人认为社区医院的诊疗水平值得改进。从治疗的保险性和有效性考虑,大多数患者宁可麻烦一点,多花一点费用,也会选择去大医院接受治疗。因此,医疗水平低是社区医院发展的首要障碍。据新闻报道,上海居民情愿半夜起来挂急诊,也不愿去社区医院看病。这足以说明社区医院的医疗水平未能得到居民的认可。

(2) 全科医生数量不足,社区缺乏可靠的"守门人"。要实现"小病在社区、大病到医院、康复回社区"的目标,提高社区医生的疾病诊断水平和大病发现能力尤为重要。在国外,社区医院的全科医生被形象地称为"守门人",对他们的上岗条件要求很高,并且需要经过系统、严格的医学训练,素质过硬,技术全面。而我国的现状是,优秀的医学人才大都成为大型综合性医院的专科医生,高水平的全科医生数量很少,社区缺乏可靠的"守门人"。

(3) 社区医院"进人容易留人难"。除了在社区医院发展比较完善的地区,如上海,全国其他大部分地区的社区医院都存在"进人容易留人难"的现象。尽管政府出台了不少政策,努力为社区医院引进人才,但来自大型综合性医院的资深医生基本都是"来了就走",不会把社区医院当做"自己的家"。对高校毕业生而言,由于社区医院的经济收入不及大医院,而且因就诊人数少,新上岗的毕业生难以积累丰富的临床经验,大部分人总是想方设法调往大医院。社区医院优秀人才的蓄积能力较差。

(4) 硬件设备较为落后。例如,吉林等发展中地区,由于资金和规模的限制,现代化医疗设备难以引进,网络化、信息化程度不高,硬件设施配置滞后,这些已成为制约社区医院发展的重要因素。

2 存在问题的原因分析

现阶段我国社区医院发展中存在的问题,分析下来主要有以下几方面的原因。

1) 法制环境因素

社区医院的健康发展离不开相关法律法规的保障。目前,我国相关的法制建设尚不完善,社区医院的发展缺乏法律保障。《企业所得税法》规定,企业发生的公益性捐赠支出,不超过年度利润总额12%的部分,准予扣除。其中,内资企业总体上公益性捐赠支出税前扣除比例较低,多数规定在10%左右,因此,如果税法可以针对社区医院提出相应的政策支持,不仅可以解决内资企业公益性捐赠税负过重问题,有利于调动内资企业从事公益性捐赠的积极性,也可以促进社区医院的发展。

2) 经济环境因素

政府能够给予社区医院的财政支持有限。财政需要解决民生问题、"三农"问题等,因此,对社区医院的财政支持力度是有限的,社区医院不可能独享财政支持。

缺乏后续发展动力。社区医院要真正"茁壮成长",还需要大量软硬件配套设施的跟进,如计算机和网络的全面普及和升级、现代化医疗器械的购置、高学历人才的引进等。

3) 社会环境因素

宣传力度不够。我们对四省市400位社区居民进行了一项有关社区医院的问卷调查。当问及"请问您居住地附近是否有社区医院"时,仅有49.1%的人选择"是";当问及"假如您生病了,你习惯去哪里就医"时,回答"社区医院"的比例为37.6%。而在不愿去社区医院就医的被调查者中,有31.5%的人认为"不了解"是原因之一。可见,社区医院的宣传力度不够,很多居民对"社区医院"的认知比较模糊。

居民对社区医院的疑虑依然存在。调查中,有46.6%的人不愿去社区医院看病,而其中六成以上的人是出于对其医疗水平和检查化验准确性的担心,另有10.8%的人表示已经习惯于平时去大医院看病。可见,虽然居民对社区医院的态度正在逐渐改变,但要使居民彻底转变观念、消除疑虑,依然任重道远。例如,山西省的社区医院较少,2004年开始社区卫生服务工作,开始时居民把社区医生当成推销药品的,社区医生不仅得不到欢迎,还处处吃闭门羹。

3 社区医院的发展模式

目前,社区医院在发展中存在的问题,既有法律制度尚需完善改进之处,又有经济、医疗技术有待发展的地方,为完善"小病在社区、大病进医院、康复回社区"的基本医疗体系,我们认为应从以下几方面入手来促进社区医院的发展。

1) 找准医院功能定位,优化基础性综合服务

社区医院"便民、利民、惠民"的组织目的、所处的环境、医疗技术和设备的限制,共同决定了其功能应定位于基本医疗、预防、保健、康复、健康教育等基础性综合服务。首先,社区医院应提供常见病、多发病诊治等基本医疗服务,以及部分疾病的康复服务,而对一些大病,只要能够鉴别,并及时转诊给上级医院即可。在我们的调查中,95%以上的人都表示,如果去社区医院,仅是因为人少看病快,离家近方便,做一些简单的检查和配一些慢性疾病的常规药物,一些大病和大手术,只愿意去大医院和专科医院。其次,防病重于治病,社区医院应了解社区居民的健康状况,在疾病预防、居民保健、健康教育等方面做好文章,比如,吉林省、浙江省对老人、儿童实施健康跟踪,确保适龄儿童的计划免疫得以落实,开通健康咨询热线,开展疾病防治指导等。最后,社区医院处于传染病、地域性疾病、突发疫情的前沿阵地,对传染病和突发疫情早发现、早隔离、早治疗,对地域性疾病进行筛检和治疗,是其重要职责之一。

2) 探索和完善远程会诊系统,加快建立社区医疗急救系统

远程会诊系统一方面方便了居民,使其不必疲于奔波;另一方面也在一定程度上弥补了社区医院技术能力不足的问题。我们走访调查发现,居民和社区医生普遍觉得此类系统值得继续探索、完善和推广。利用贴近居民这一优势,加快建立社区医疗急救系统,建立24小时全科医生值班制度,为心脑血管等意外疾病的患者提供快速、及时的救助,这将成为社区医院的一大亮点。

3) 寻找社区医院自己的优势

一般病人生病了,首先想到的是三甲医院。可是如果可以给大家建立生病先去

社区医院,在社区医院初诊找到问题后,再转向大医院的思想,那么相信看病就不会很难了。当然,社区医院要找到出路,就该有自己的特点,不仅要为社区居民提供更好的服务,也要真正起到社区医院"公共保健"的作用。比如,我们了解到,有的社区医院开设了中医门诊,很多患者都会前来就诊。医院定期有三甲医院的专家坐诊,同时也有本院的医生为患者诊治。作为社区卫生服务中心,社区医院的职能与三甲医院会有所区别,三甲医院的职能主要是"治",而社区医院的职能更应在"防",是以"治未病"为理念的全新中医药特色服务专区。因此,每个社区医院都应利用自己的便利条件,依托附近的三甲医院,打造特色诊疗服务。在整个城市中,社区医院的成败,将是解决老百姓"看病难、看病贵"的重要方面。推拿、针灸等祖国传统医学,具有费用低、易开展、副作用小等优点,经过多年的实践,对不少老年病、慢性病有良好的治疗效果,深受居民青睐。开展此类特色服务,符合社区医院费用低廉和以康复为主的定位,从而与大医院错位竞争,体现自己的优势。

4)医院应注重医务人员再教育,以人为本,努力"留人"

一是采取"走出去、请进来"的方式,做好社区医务人员再教育工作,使社区医生在经验上日趋丰富,在技术上有所提高;二是要善于发现人才、挖掘人才,给予减免学费等优惠措施,鼓励优秀高校毕业生为社区服务;三是要尊重人才,多为人才着想,提高社区医务工作者的待遇水平;四是要丰富医院文化生活,增添工作乐趣,营造和谐工作氛围,增强自身的吸引力;五是医生"走穴"合法化,让医生走入社区,稳步推动医务人员的合理流动,促进不同医疗机构之间人才的纵向和横向交流,研究探索注册医师多点执业。

5)尝试建立"家庭病床"

要实现"康复回社区",如果康复病人都在社区医院康复,社区医院目前的资源配置还远远满足不了。因此,建立"家庭病床",使康复病人在家中康复,同时通过数字网络设施与社区医院联网,当有需要时社区就派出医护人员前往,既照顾了病人,又可以节省大量的资金,而且在技术上已经能够实现,值得尝试。例如,山西目前开始推出社区家庭医生服务,实行全免费,与社区医院签约的居民可以免费享受到预约门诊、健康咨询、预约检查提醒等个性化服务,同时家庭中的儿童可以得到定期健康检查、发育评价、预防接种等医疗指导。生小病去找家庭医生,生大病由家庭医生推荐专科医院和医生。

6)凸显优良服务态度,提供便民措施

社区医院可以开展"示范医生""阳光护士"等评选活动,增强社区医务人员的荣誉感,调动他们的积极性,使服务态度优良这一优势得到充分发挥。同时,医院还可以让医护人员"主动出击",开展上门服务。另外可在院内提供便民措施,如设置一些"爱心伞""方便茶"等,可以突出人文关怀,拉近社区医院与居民群众的距离。

中共十八大报告提出健全城市社区卫生服务体系,提高医疗卫生队伍服务能力,社区医院贴近群众生活,与人民群众生活密不可分,因此研究社区医院发展现状十分必要。作为富有使命感、责任感的当代大学生,关心社会热点问题,了解民生是我们义不容辞的责任。社区医院问题是与人民生活息息相关的热点问题,我们希望通过此次研究为社区医院发展提供可以借鉴的模式。

项目组成员:孙通航　姚振寰　王哲男　裘涵璐

指导教师:王　亭

参考文献

[1] 徐统洲.杭州社区医院发展的环境分析与战略研究[J].卫生经济研究,2008(12):33-36.

[2] 周洁娜.正确处理社区医院和上级医院的关系充分发挥社区卫生服务的功能[J].中国医学伦理学,2008(6):89-90.

[3] 王巧,王景明,赵然,李雅晗,刘罗瑞.从"管、供、需"三方看社区医院发展[J].中国外资,2012(8):149-150.

[4] 王丽君.我国社区医院的现状与思考[J].医学信息,2010(1):178-179.

[5] 姜金坪,刘尚辉.当代医学生对我国社区医院发展的关注与展望[J].中国当代医药,2010(24):141-142.

[6] 张来银.推进医疗改革,加强社区医院发展[J].山东医学高等专科学校学报,2013(5):376-377.

[7] 林秀榕.浙江民营医院发展的现状与对策研究[D].天津:天津大学,2010.

[8] 陈讯.社区医院的发展:路在何方?——来自贵阳市社区医院的现状调查与思考[A].贵州省社会学学会."和谐发展与贵州小康社会建设"学术研讨会暨贵州省社会学学会2007年年会论文集[C].贵州省社会学学会,2007(6).

上海养老院发展现状与前景分析

——基于上海居民及养老院的调查

摘 要：本项目选取了上海四家养老院进行实地调查，考察所调查养老院的现状，进而了解现阶段我国养老院在构建和完善中存在的一些问题（诸如护理人员紧缺、养老服务设施落后、"一床难求"等），调查社会群体特别是老年人对于我国社会养老体系构建的期待。通过对这些数据和资料进行分析，总结出我国养老院体系构建过程中所面临的困境和亟待解决的问题，从而为养老院体系的完善提供借鉴。

关键词：养老院；现状；解决；期待

养老院，主要是为老年人提供集体居住，并具有相对完整的配套服务设施。养老院养老作为社会养老方式之一，由于其专业化、人性化，满足了老年人对于生活照料、护理康复和精神关爱等方面的需求，因此受到了人们的青睐。上海在1979年就进入老龄化社会了，是全国第一个进入老龄化社会的城市。现在上海老年人的预期寿命是82.51岁，远高于全国水平，已经达到发达国家的水平。根据预测，上海"十二五"期间进入人口老龄化加速发展期，老龄化比重平均每年增加近1.3%，"十二五"末，户籍80岁及以上"高龄老人"达70万，而60~80岁的"低龄老人"则逾360万。

更加突出的问题是，"独生子女父母老龄化新趋势出现，家庭养老将变得更加困难。"上海市老龄科研中心等部门预测，从2013年起，上海市新增老龄人口中80%以上将为独生子女父母。而从我国养老传统来看，家庭养老一直是养老的最主要方式，但是从长远的发展来看，由于我国特殊的生育政策，普通家庭越来越小型化、核心化，已无力承担养老的重担，家庭养老制度的变革与路向是从家庭养老向社会养老和自我养老演变，因此社会养老越来越受到重视。

尽管上海是中国最发达的城市之一，但是与发达国家相比，经济实力、制度完善、服务体系，都还不足。发达国家遇到的所有关于老龄化的问题在上海都已经碰到了，这成了上海老龄化的最大特点。

1 基于养老院老人的访谈分析

1.1 选择养老院养老的老人的特征

（1）老伴过世，与子女分开，比较孤独，无人照拂。

(2) 子女工作较忙,没有时间照顾。
(3) 家庭结构多为四世同堂,年龄 65 岁以上居多,且八九十岁的人数不在少数。
(4) 身体不是很好,居家不大方便,但尚能自理。

1.2 选择养老院养老的优缺点分析

1) 选择养老院养老的优点

(1) 减少了子女的负担。
(2) 较为方便,比如免去了洗衣、做饭等日常工作。
(3) 有配备的服务人员,降低了就医不及时的风险。
(4) 作息时间较为规律,没有太多烦恼。
(5) 有众多年龄相当的人,一起聊天,生活上还是比较开心的。
(6) 逢年过节有慰问。

2) 选择养老院养老的缺点

(1) 对于退休工资较低、无收入或是相关保险不完善的老人,是一笔不小的负担。
(2) 不能经常与家人在一起,缺少应有的温暖。
(3) 饭菜等并不能全部满足自身的需要。
(4) 洗澡等基础服务对老人来说不方便。

1.3 选择某家养老院的考虑因素

(1) 价格是否合理——决定因素、优先考虑。
(2) 相关服务是否完善、环境是否适合——基础条件。
(3) 是否方便子女探望或是逢年过节回家——主要因素。
(4) 公办还是民办——辅助因素(随着社会的进一步发展)。

1.4 其他访谈信息

在本项目的访谈中发现,选择养老院养老这种方式的老人多为孤寡老人且子女没有时间照顾,身体不是很好但是尚能自理。在访谈过程中,一位 87 岁的老人和我们说:"如果不是身体有什么毛病,基本不会来养老院的。"当问及老人们子女们多久来探望一次,他们脸上都洋溢着欣慰的笑容,"一个星期一次""有空就来"的居多,有些子女逢年过节也会把老人接回家一起过节。在一家民办养老院内,我们问一位老人为什么选择这家养老院,她说:私人办的,比较好一点,环境也比较好,食堂里吃的都是老板自己种植的蔬菜和饲养的家禽。

其实,在整个项目开展的过程中,也有出乎我们预想的,我们接触到很多老人,他们基本上对养老院的服务比较满意,并且生活上也是比较开心的,这和实践之前我们在网上了解到的信息有些出入。但是我们不可否认一些老人对养老院的抵触心理。我们还是会发现某个时刻,老人们会发呆似的在那想些什么,而他们所想的,做子女的或许最明白了。

2 基于社会人群的问卷调查分析

本项目采用问卷调查的方式随机对社会人群进行调查,调查地点诸如公园、社区、街道和松江大学城等,共发放500份问卷,回收有效问卷478份。(以下数据均保留小数点后两位)

2.1 关于是否关注近期电视等媒体对养老方面的报道的调查分析

人们对于近期电视等媒体对养老方面的报道的关注情况处于较为乐观的态势,大部分人对养老方面的关注是比较多的,养老问题在我国越来越突出,传统的家庭养老模式正接受着考验,家庭养老也逐渐失去其存在所具备的一些重要因素,而社会养老的不断完善和改进也逐渐填补了家庭养老的漏洞。人人都会老,人人要养老,养老问题将是一个长期亟待解决的社会问题。

2.2 选择何种养老方式的调查分析

虽然社会养老将成为一种趋势,但是更多的人还是选择家庭养老模式,或者是因为传统的养老传统及儒家思想的传承,人们还是愿意老有所养,老有所依,而这里的"养""依"是指和子女在一起,依靠子女。传统的观念在短期内是无法改变的,因为几千年延续的思想已根深蒂固,这就需要社会养老模式更加完善,以达到人们的预期。

2.3 让老人在养老院居住所考虑的因素分析

选择让老人在养老院居住所考虑的因素中,子女太忙,没有时间照顾的占大多数,当然,相对于家庭养老,养老院养老自身具备的独特性优势也是大家考虑的重要一点,如有医疗设备等,方便更好地照顾老人,所以养老院这种养老模式,在短期内更加适于那些子女没有时间照顾或是身体不是很好的老人。

2.4 关于选择哪种养老院养老的看法分析

人们选择公办养老院的还是多于民办养老院,而决定这一现象的,则是公办养老院和民办养老院之间的博弈,大家各自依照自己的期望和需求,对两者的优缺点自行排序,从而选择适合自己的养老院类型。从更深层次看,这个比例也显示了一种变化,公办养老院"一床难求"的现象或者会发生一些变动,人们对于公办养老院的新的认识及对民办养老院的逐渐接受,进一步推动了两者之间的博弈和共同发展。

2.5 对老人入住养老院存在哪些担心的调查分析

人们对于老人入住养老院担心的六大问题依次是工作人员照顾是否细致、老人是否开心、费用是否合理、环境是否安静、安全和卫生条件是否有保障。可以看出,大家还是把老人的生活放在首要位置考虑。值得关注的是,根据本次调查的数据显示,价格方面并不是首要考虑和担心的因素,但是,这也不能简单认为,价格因素不是老人或是老人家人选择某家养老院的决定性因素。

2.6 关于目前老人群体面临的最重要问题的分析

老人群体面临的最重要的问题是养老问题,养老问题比其他问题的总和还多出很多,中国人的养老问题已经不是一个新的难题,据不完全统计,2011年年底,我国60岁及以上老年人口已达1.85亿人。占总人口的13.7%,占全球老年人口的24%,中国成为了世界上唯一老年人口过亿的国家,人人都会老,人人要养老,不多的公办养老资源难以满足庞大的老年群体的需求,而民办养老院的发展又受到多方面因素的影响。老吾老以及人之老,社会需要公平、有序,养老问题如何有效解决考验着政府。

3 养老院现状综合分析

"上海整个养老机构市场,有一半的参与者是政府办养老院,相当于一半的市场已经被定价了。另一半社会办养老院基本也就丧失了定价权。"这是上海市社会福利行业协会副会长胡丁捷在《瞭望东方周刊》上所说的。从结构比例看,公办养老院和民办养老院各占半边,但是,通过对相关资料的深入分析,我们会发现诸如一边是公办养老机构"一床难求",一边是作为"生力军"快速发展的民办养老机构入住率偏低等问题(之所以称民办养老院为"生力军",是因为在本项目实际开展过程中了解到,现在的民办养老院已迅速发展,且不断完善)。下面将根据实际调查所得到的结果对公办养老院和民办养老院存在的问题作一个较为详细的分析。

3.1 单向问题分析

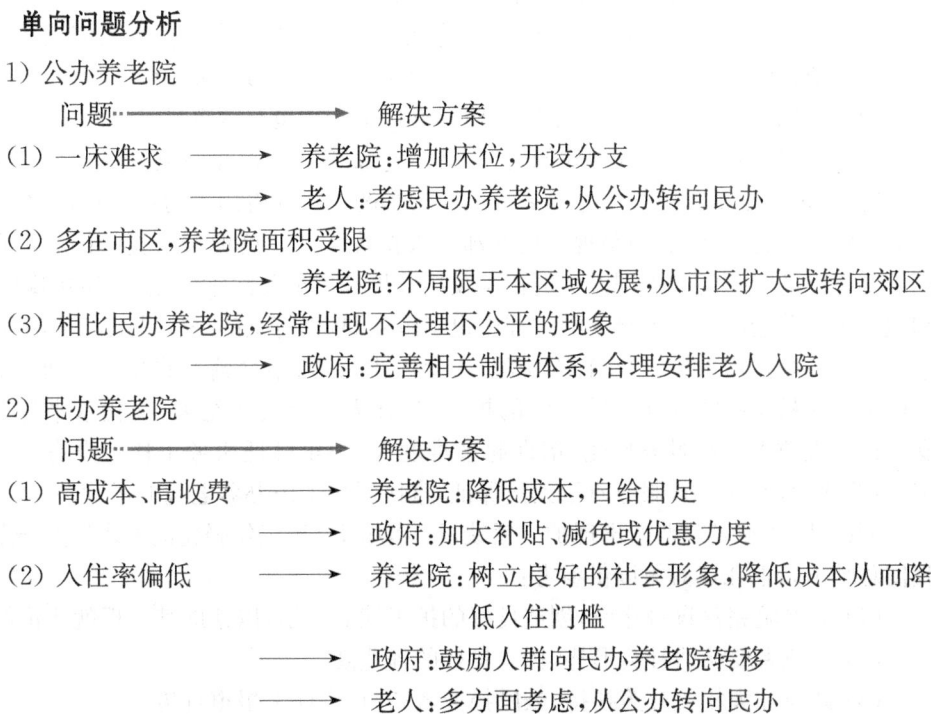

（3）相关设施不完善，硬软件设施不协调

　　　　　　⟶ 养老院：积极完善相关设施，合理预算，充分利用政府相关政策

　　　　　　⟶ 政府：扩大相关扶持力度，积极配合民办养老院发展

（4）相关养老法律法规不健全，民办养老院"风险成本"高

　　　　　　⟶ 政府：完善相关养老法律法规，健全相关法律体系，降低民办养老院风险

3.2　双向问题分析

（1）养老院普遍出现护工紧缺，且无法满足护工年轻化的要求。

（2）随着人口老龄化的不断加剧，养老院转型也成为一个社会焦点。

（3）老人的心理健康和情感问题。

关于双向问题的解决，我们还需要进一步深入的探究，这不仅仅是养老院在养老方面的一个单项举措，而是要结合社会多层次的介入，进行系统的综合式分析，比如，结合社会人群的择业价值观、政府相关政策的制定和法规的完善、养老院自身的考虑、子女与老人的沟通等方面。所以这些问题的解决并不是简单地摊开，而是要多方面考虑。

首先，调查和相关资料显示，不管是公立还是民营养老机构，专业护理人员紧缺是它们普遍面临的问题。有数据显示，我国养老最少需要1 000万护理人员，但目前从事这个职业的，只有22万人，其中真正持证上岗的仅2万人。护工大多数都能为老人做清洁、饮食、排泄等基础护理工作，但对于老年专科疾病的护理、心理抚慰、康复指导等却知之甚少，且一个护工同时照料五六个老人也是常事。

在本项目实际调查过程中我们发现，几乎每家养老院都在门上打上了招聘护理员的牌子，护工难招是困扰民办养老院的一大难题。且随着用工的不断年轻化，越来越需要年轻活力的注入，但是现实情况却令人担忧。一位负责人跟我们说："现在我们主要考虑的问题就是护理人员的招聘及招收护理人员要向年轻化转变的问题。"在和这家民办养老院的老人交谈的过程中也了解到，除去打杂的一些员工，基本上每一楼层只有一个护理人员。"年轻人嫌脏、中年人难为情、年龄偏大的又干不动"，造成目前护理人员奇缺的现状。养老院的护工，现在大部分是年纪大、文化水平低的妇女。这些人缺乏专业服务技能，培训起来难度大，很难胜任服务工作。没有一支稳定、专业化的护工队伍，服务质量无法保证，直接影响了民办养老院的运营。

所以针对"养老院普遍出现护工紧缺，且无法满足护工年轻化的要求"这一现状，我们总结出以下几点对策以供参考：

（1）养老院完善自身建设，创造良好的护工就业环境，以帮助其实现就业价值。

（2）择业者要认清社会形势，树立良好的择业观。

（3）政府加大相关政策扶持，鼓励择业者，并在媒体上报道宣传。

(4) 加强护理人员的培训,并对通过培训的人员进行鼓励。

其次,由于我国特有的国情,普通家庭越来越小型化、核心化,已无力承担养老的重担,家庭养老制度的变革与路向是从家庭养老向社会养老和自我养老演变,因此社会养老越来越受到重视。从我国社会养老的现状来看,老龄人口近两亿,却面临养老服务体系不全,养老机构严重不足,养老服务设施严重落后,远远满足不了现实需要的局面。所以养老院转型也是一大难题。

国内对社会养老有一种认识偏差,认为养老院只能是公益性、非营利性的机构。但是从现实的社会现状及实际运作来看,这阻碍了民办养老院的发展。所以,社会养老机构虽然具有明显的公益属性,但不是说不可以赢利,追求适当的利润反而有利于其发展。

因此,应该打破养老院属于非营利机构的限制,吸引民营资本进入,适当开放市场化运作,通过市场竞争,提升我国整体的养老服务品质。当然这种市场竞争是在政府的适当干预和引导的基础上进行的,这就需要政府去考量其干预的一个"度"。

当然,养老院转型不仅仅只是这方面,养老院自身也要考虑去适应人口老龄化加剧带来的影响,适当增加分设机构、扩大自身服务体系等。

最后,就是老人的心理健康和情感问题,在这方面,我们主要探究的是老人对于子女不能在身边的苦恼和亲情的缺乏。老人的物质需求不多,比较容易满足,而精神上的孤独、情感上的缺失是更为严重的问题,更值得关注。在中华民族几千年的文化传统和数十年的时间磨合中,亲情对于老人来说是不可替代的,很多老人即使养老院条件再优越,也不愿意离开子女去养老院养老。但是,从长远角度看,家庭养老已不再那么现实,养老院作为一种主要的养老方式占据着十分重要的地位。所以老人的心理健康和情感问题还是社会养老现在无法补全的最大体系缺陷。

通过项目小组的讨论,我们认为解决该问题最可能也是最有效的途径,就是在养老院与家之间建立一种联系的方式,让儿女与养老院也产生一定的联系,从而使这种亲情融入养老院。但是这种途径的具体实施还需要社会各方进一步地去磨合、考量。

4　养老院现状总结

家庭养老是中国的传统养老模式,但是从长远的角度来看,家庭养老已不具备其存在的合理因素,而养老院的运作完全可以视作是对老龄人在生活上、精神上的一种新的保障。我们不难发现,养老院的现状只是一个初具规模的雏形,需要逐步填充其精神层面的设施以求提高其素质,追求个性化的特色,满足普遍的基本要求,从而让更多的人看到养老院的功能性与重要价值,造福老年群体,这是社会和谐的更高目标。

项目组成员:陈家俊

指导教师:李　婉

"弃婴岛"将何去何从

——基于对"弃婴岛"南京、深圳试点的实证调研分析

1 实践背景及意义

1.1 实践背景

"弃婴岛"是儿童福利机构保护弃婴生存权利的一次尝试与探索。建立"弃婴安全岛"的目的是为防止弃婴在野外受到不良环境侵害、延长婴儿存活期。作为弃婴接收设施和临时庇护场所,通常情况下,弃婴岛设在儿童福利机构门口,岛内设有婴儿保温箱、延时报警装置、空调和儿童床等。岛内接收婴儿后,延时报警装置会在5至10分钟后提醒福利院工作人员到岛内察看弃儿,尽快将婴儿转入医院救治或转入福利院院内安置。

中国第一个弃婴岛于2011年6月1日在河北省石家庄市社会福利院设立。2013年7月,民政部在总结地方经验的基础上,下发《民政部办公厅关于转发中国儿童福利和收养中心开展"婴儿安全岛"试点工作方案的通知》,要求各地根据实际情况开展弃婴岛试点工作。目前,河北、天津、内蒙古、黑龙江、江苏、福建等10个省区市已建成25个弃婴岛并投入使用,还有18个省区市正在积极筹建弃婴岛或弃婴观察救治中心。

1.2 实践意义

(1)分析得出关于婴儿安全岛是否应该继续存在的结论。

(2)试从大学生视角,提出能有效保障弃婴合法权益的可行建议,探寻适合中国的儿童福利保障制度。

(3)分析"弃婴岛"在上海设立的必要性和可行性。

2 实践概况

2.1 实践团队

指导老师:上海立信会计金融学院教授:李延均。

上海立信会计金融学院财税学院:王晶晶,汪姣姣,陈睿思,余燕,方昕迪。

2.2 实践主题

"弃婴岛"将何去何从——基于对"弃婴岛"南京、深圳试点实证调研分析。

2.3 实践时间

2014 年 6 月初—2014 年 9 月中旬。

2.4 实践方法

1) 调查法

本项目采用调查研究方法,针对与"弃婴岛"项目密切相关的问题及群体展开调查,及时地获取第一手资料,为本项目的顺利进行提供理论支持与数据支撑。

2) 文献法

本项目采用查阅史料及相关文献等方法进行研究,将儿童福利机构保护弃婴生存权利相关制度政策加以搜集整理,对"弃婴保护"这个议题进行新的论证,赋予其新的时代意义和内涵,并提出指导性建议。

3) 比较法

比较法分别从横向比较与纵向两条脉络入手进行分析。横向比较法,针对同一时期的不同地域的情况进行比较分析研究;纵向比较法,针对不同时期的弃婴保护机制、政策相关制度及存在的问题等方面加以分析比较研究,从中找出一些普遍性的规律,加以借鉴和学习。

2.5 实践价值

通过对南京、深圳等具有代表性的婴儿安全岛试点的实地调研和分析,借鉴国外"弃婴岛"实施的成功经验,结合中国现实国情,探寻适合中国的儿童福利保障制度。并且通过本项目的研究,提升项目组成员理论联系实际的水平。同时,专业知识与现实问题的有效结合可以给相关研究提供第一手资料。

3 实践成果

3.1 "弃婴岛"在国外历史及现状

1) "弃婴岛"的历史

最早的弃婴设施:1188 年出现在法国。

弃婴设施最早于 1188 年出现在法国,一家医院在沿街窗户内放置一张简易木床,母亲把孩子放进木床,医护人员接过小生命,完成抚养权交接。因木床可以绕着一根木轴转动,由此得名"弃婴轮盘"。

【意大利:"弃婴轮盘"曾多达 1 200 个】

在意大利,从教会医院罗马撒西亚圣灵医院在 1198 年设立第一个"弃婴轮盘"直至 19 世纪下半叶,"弃婴轮盘"在意大利的数量一度达 1 200 个。19 世纪初起,"弃婴轮盘"卷入堕胎争议,到 1923 年,意大利正式废除这类设施。14 世纪,意大利某教堂设置了一个小箱接受弃婴,这种装置直到 1875 年还在使用。1992 年,意大利医生朱塞佩·加罗内创办社会救助中心"生命运动",倡导恢复弃婴轮盘,弃婴设施开始重现意大利,如今它们不再叫"弃婴轮盘",而叫"生命摇篮"。

【日本:第二次世界大战后有收留战争孤儿的"弃子台"】

日本在二战后就有收留战争孤儿的"弃子台",设于东京。随着日本《儿童福祉法》的制定,弃子台收容的孤儿越来越少,1948 年正式废止。1986 年,群马县大胡町的儿童福利院另辟名为"天使之宿"的弃婴收容点,维持 5 年多后因为发生新生儿冻死事件而关闭。此后,日本最有影响力的弃婴收容点是设于熊本县的熊本市慈惠医院。

2)"弃婴岛"项目目前在国外的现状

【欧洲的"弃婴保护舱"】

为了减少人工流产、保护新生婴孩不被杀害或弃置于危险之中,欧洲许多国家都设有一种叫做"弃婴保护舱"的装置,让无力或不愿抚养婴孩的家长匿名地将婴孩置于其中。这种保护舱通常设置在医院或者社会服务中心,一般是带有小门的保温箱子,里面铺有柔软的床垫。床垫上装有感应器,一旦有婴孩被放入,保护舱就会自动通知负责管理的人员前来取走及照顾被遗弃的婴孩。

从 1996 年开始,以匈牙利为首,德国、比利时、瑞士、荷兰、捷克、奥地利、意大利等欧洲多个国家陆续设置了总数过百的弃婴保护舱。2000 年,德国第一个现代的"弃婴舱"在汉堡启用,到 2012 年 5 月德国国内的"弃婴舱"数量已经超过 90 个。同时,在印度、巴基斯坦、菲律宾、日本、南非等欧洲以外的国家,这种形式的弃婴装置也逐渐被采用。

【日本的"鹳之摇篮"】

2007 年,日本熊本县的熊本市慈惠医院在取得市政府批准后,正式运营名为"鹳之摇篮"的弃婴箱。为保护隐私,医院一个不起眼角落的小门后面摆着名为"鹳之摇篮"的恒温为 36℃ 的保育箱。婴儿被放入保育箱后,门自动关上,防止婴儿遭窃,警铃随之响起,通知员工。原则上,"鹳之摇篮"只接收出生后 2 周内的婴儿。医院在检查婴儿的健康状况后,由县政府所辖儿童保护机构将婴儿转移到县内 3 处婴儿院,收容费用由国家和熊本县各负担一半。

【"弃婴岛"内的设施】

综观各国类似"弃婴岛"的救助设施,除了必备的保暖、防冲撞、上锁、警铃等保护婴儿的措施之外,还有一个共同的特征是舱口附近没有摄像头等监控设备,或者窗口由单向透光玻璃制成,使摄像头无法拍摄,以最大限度保护弃婴者的隐私。有的设施还附有婴儿玩具和留言处,以及给弃婴者的提示信息。例如,德国杜伊斯堡圣约翰医院的"弃婴岛"附有玩具和留言簿,遗弃者可以在上面留下信息。柏林的圣约瑟夫医院弃婴箱内放有一个白色信封,内有一封给弃婴者的信,注明医院的联系方式,鼓励弃婴者向医院寻求帮助。

3.2 国际上有关"弃婴岛"的相关立法及争议

1）项目相关立法

【意大利：匿名分娩法律】

意大利法律规定，产妇在医院生下孩子后，如果想放弃抚养，医院不会登记母亲的任何信息，也不需要她签署任何文件，而是直接在婴儿出生资料上填"不愿透露姓名女子的孩子"。医院负责给民政部门递送婴儿出生资料和弃养声明，由未成年人法院批准后，民政部门会给孩子起名，在找到合适的领养家庭之前，婴儿将被安置在"孤儿之家"内。

与此同时，法律规定孩子母亲有60天"反悔期"。期间会有救助机构联系有生活困难的母亲，提供住所、生活必需品和工作等帮助。一旦母亲改变弃养决定，不太可能再次"反悔"，也就用不着"生命摇篮"。

【德国、瑞士：临时照顾机构和"反悔期"】

法国、德国允许医院接待匿名产妇，瑞士允许医院主楼外开设特殊的"婴儿窗口"。欧洲多国设置婴儿临时照顾机构，保留父母的"犹豫权"。

在德国，婴儿被放在弃置舱后，弃婴的家长可以在8周内反悔并取回自己的孩子，并且不需要承担任何法律责任。8周之后，被弃置的婴孩将会向社会开放领养。在瑞士，"反悔期"为6周。在此期间，亲生父母仍可重新领回自己的孩子，一旦超过期限，则由有关部门直接安排领养。

【澳大利亚：寄养到领养按程序】

澳大利亚还没有设置弃婴保护舱。不过，澳大利亚在对弃婴的暂时和长期处置上有一套完善的流程。如果弃婴在被医院等机构发现后，婴孩家长没有出来认领，那么弃婴将被送往寄养中心临时寄养。在寄养一段时间后，如果弃婴父母仍不出现，弃婴将转去寄养中心，并向社会开放领养。和许多国家一样，澳大利亚政府对于领养人有严格的规定。

澳大利亚过去曾经接受大量来自英国的海外孤儿，也曾强制土著儿童接受白人家庭领养，在儿童领养方面有过惨痛的历史教训。但近年来，随着引进单身母亲福利、法律允许终止妊娠及妇女儿童权益得到进一步保障，澳大利亚一方面出现领养绝对数量下降的现象；另一方面社会更倾向于接纳孤儿由家庭领养，而非在福利院或寄养中心成长。

【美国：引导"安全弃婴"】

在美国许多地方，弃婴被认为是严重犯罪。以乔治亚州为例，蓄意弃婴是违法行为，而在弃婴后逃离所在州则是重罪。

然而，近20多年来，美国各州陆续通过一系列所谓的"安全港法案"，使得"依法安全地抛弃婴孩"成为可能。1999年，德克萨斯州颁布"婴孩摩西法"，允许放弃或拒绝抚养婴孩的父母将初生婴儿依法弃置在警察部门、医院、救援队、消防部门等地点，这样做的目的是确保被抛弃的婴孩生命安全并得到妥善照顾。

在"安全港法案"的框架内,法院会传召弃婴者,并允许其匿名出庭。为了防止弃婴者进一步伤害自己的婴孩,弃婴者和婴孩的关系不会直接公开,而是通过标明数字的手镯来确认。一般情况下,弃婴者可以拒绝出庭,也可以出庭确认自己无法抚养孩子并放弃抚养权。到2008年,美国50个州都有某种形式的"安全港法案"。

【日本:政府给救助和收养弃婴以经济补助】

慈惠医院在收容期间每天获1 800日元的补贴;接收的婴儿院每月可得约50万至60万日元补助;领养弃婴的家庭可获每月3万日元和一定数额的婴幼儿生活费。弃婴由熊本市市长取名,登记在当地户籍册上。2007年,熊本市市长要求慈善医院每年一次公布弃婴箱的运转报告,接收公众监督。

2)项目存在相关争议

【法律"灰色区域"】

虽已存在十几年,德国弃婴箱一直处于法律的"灰色区域"。大部分弃婴箱设在医院,也有一些设在教堂、孤儿院等地方,还有少数由私人设立。德国青年研究所先前发布一项调查,称一些弃婴箱运营方专业人员不足,部分被放入弃婴箱的婴儿最终去向不明。

去年,一个由柏林市政府、社会福利机构及医院代表组成的专家组已为柏林弃婴箱的运行设立标准,规定柏林所有的弃婴箱必须设在医院,且在接收弃婴的过程中必须与政府青少年事务主管部门及领养机构合作。

【人性关怀还是纵容遗弃?】

日本国内对"鹳之摇篮"的反对声音一直没断。批评者认为,弃婴收容助长了遗弃婴儿现象,也与《儿童福祉法》《儿童虐待防止法》等相关法律的精神不符。还有人质疑,一些婴儿收容点抱有获得政府补贴的金钱目的。慈惠医院理事长莲田太二接受日本电视台采访时说,他理解人们的质疑,但最终要从婴儿角度来衡量,而生命绝对是最重要的。

【不知情与不信任】

尽管意大利的"生命摇篮"已启用多年,婴儿被丢弃街头或垃圾箱的悲剧仍时有发生。罗马卡西利诺医院新生儿科主任鲍力罗表示,很痛心仍有很多人不知道"生命摇篮"的存在,不知道或不信任匿名分娩这项法律。他认为,政府应该利用各种传播途径加大宣传弃婴救助措施。一些非法移民由于害怕身份暴露,不愿意上医院,这种情况下"生命摇篮"就可以成为妈妈的"最后选择"。

【侵犯了婴儿获知身世的权利?】

除政府对弃婴箱设置尚无统一的法律规范外,弃婴箱在德国仍有很大争议。支持者认为,弃婴箱有助于避免弃婴受到意外伤害;反对者认为,弃婴箱的存在剥夺了婴儿获知自己身世的权利,这与德国法律相悖。圣约瑟夫医院的里默尔认为,相比那些被父母丢在树林、厕所、甚至直接杀死的婴儿而言,弃婴箱里的孩子无疑是幸运的。"我们认为,婴儿的生命权应该优先于他们的知情权"。而美国的"安全港法案"也受到过类似的指责。

值得一提的是,弃婴行为在很多国家仍然是重罪。美国各州的"安全港法案"中明确禁止父母在没有为婴儿找到保护人和监护人的情况下弃婴。在加拿大,近年将遗弃儿童的最高刑罚,由过去的两年监禁提升至五年。

"弃婴管理"一直是个充满争议的社会问题。西方发达国家在福利社会建设上起步得早,弃婴管理也做得相对比较完善,却仍备受批评。

如果弃婴行为无法杜绝,那么不幸被遗弃的婴孩也有权存活下来。因此,类似"安全港法案"和"弃婴保护舱"的措施尽管是没有办法的办法,但也是社会应该提供的保障。

3.3 国内"弃婴岛"发展至今状况

1) 南京及深圳"弃婴岛"实地考察

【南京】

南京"弃婴岛"自2013年12月10日启用以来,已经接收了26名孩子,几乎每天都收到弃婴。有市民反映,不少外地父母"慕名而来"遗弃孩子。南京社会儿童福利院院长朱洪表示,"弃婴岛"设立后,接收的弃婴数量有所增加,但总体数量还是在下降。

据了解,被遗弃的孩子多有残疾,从孩子衣着装束也能看出孩子家庭条件很差,弃婴父母多是出于无奈才遗弃孩子。朱洪说:"福利院每年接收200个左右的孩子,目前只发现有一个孩子是健康的。"副院长朱书翠称,这些天收到的弃婴,几乎都患有疾病,有的还是多种病症并发。

当团队成员试图打开"弃婴岛"大门,对内部情况进行进一步调研时,发现大门紧闭,无法打开,并受到相关人员阻止。

【深圳】

根据计划,深圳首个"弃婴岛"将设在深圳市社会福利中心门外,经专业人员设计,由现有的保安亭改建而成,建筑面积约为10平方米,钢架结构,婴儿床、婴儿保温箱、被动红外入侵探测器等设备已配置,"婴儿安全岛"字样采用LED技术,在夜晚也能明确识别。建造一座全新的"婴儿安全岛"造价10多万元,如果在原有建筑的基础上改造,则成本相对降低。同时,弃婴岛内不会安装任何摄像头或者拍照设备,报警按钮也设置了延时功能。一旦弃婴者将孩子放入"弃婴岛"内,并按动报警按钮,辖区派出所和福利中心的工作人员会在弃婴者离开现场后,赶去"弃婴岛"将被遗弃的孩子送入更安全的区域,同时第一时间纳入收养程序。

安全岛设置地点要求很高,最重要的是反应及时。婴儿的生命是脆弱的,被遗弃后15到30分钟内是解救这些婴儿的"黄金时间"。所以,首座安全岛选址进行了周密的规划,离深圳市福利院仅200米,离医院不到20米,离派出所不超过500米,保证24小时都有工作人员值班,30分钟至1小时内有巡警进行巡查,及时解救弃婴。而未来将考虑在福利中心毗邻区域和弃婴多发区域,与社会爱心单位共建"弃婴岛",

并在适当的交通路口设置引导牌。

2）国内其他地区"弃婴岛"现状

【全国】

2013年12月5日，民政部副部长窦玉沛谈及深圳"弃婴岛"的设立时表示，设立"弃婴岛"正是基于生命至上、儿童权益优先的原则，与中国未成年人保护法的立法精神是一致的，与刑法打击弃婴犯罪并行不悖。

国务院新闻办公室5日召开发布会，谈及深圳设立"弃婴岛"的问题，窦玉沛称，事实上，早在2011年6月，石家庄市就设立了孤儿岛，在这期间民政部和有关部门请国内外的专家学者、实务工作者、社会组织的代表进行了认真反复的论证，形成了共识，专家学者们建议在全国推广。

截至2014年2月18日，中国已有28个省区市"试水"建立"弃婴安全岛"，以及时发现和救助弃婴这一社会上最弱势的群体，保障弃婴最基本的生命权。河北、天津、内蒙古、黑龙江、江苏、福建等10个省区市已建成25个弃婴岛并投入使用，还有18个省区市正在积极筹建弃婴岛或弃婴观察救治中心。

【石家庄】

2011年6月1日，石家庄市社会福利院在院门外建起一座"婴儿安全岛"，作为弃婴接收设施和临时庇护场所。

【西安】

2013年12月，西安市儿童福利院介绍，陕西首个"弃婴安全岛"在该院投入使用，并在2013年12月4日晚上迎来首位"岛民"。

【天津】

2014年1月1日，天津市婴儿安全岛投入使用。

天津市民政局副局长程怀金表示，本着对弃婴提供人性化的服务和生命第一的原则，天津建立了国内面积最大的安全岛。

【南昌】

2014年3月17日，记者从南昌市民政工作会议上了解到，2014年南昌市将启动"婴儿安全岛"试点，并建立流浪乞讨人员1小时救助圈。

南昌市民政局相关负责人表示，为提升孤儿保障水平，做好艾滋病病毒感染儿童的基本生活保障工作，南昌今年将启动"婴儿安全岛"试点工作，与现有的弃婴观察救治中心建设有效衔接，畅通弃婴救助接收、救治渠道。

3）上海市民随访情况

根据团队成员就"弃婴岛"项目在上海实施的可行性在市民当中展开的随访，可以将市民观点整理如下：

（1）这一项目是变相纵容弃婴行为，与其设立"弃婴岛"不如设立相关基金，对残疾婴儿提供救助。

（2）这一项目有利于保障婴儿生存权，是社会进步的体现，应该大力支持。

(3) 完全没有必要，如果设立，是对财政支出的浪费。
(4) 我国目前的经济实力无法负担这一项目的大力推广。
(5) 这一项目是违背法律的，助长了弃婴的歪风，只是一场行政作秀。

4 总结

目前，上海已经与民间公益组织合作，集民间之力，为残疾婴儿提供帮助。"弃婴岛"项目固然应该得到推广，然而，目前全国各个试点所暴露出来的问题同样不容忽视。

因此，我们小组认为，在当前阶段，"弃婴岛"项目并不适合在上海推广。

家庭是社会的伦理基础，父母是最能保护儿童利益的人，但基于福利国家的理念和我国社会主义国家的性质，满足一定条件的父母享有向国家寻求救助的权利。因此，目前已经设立的弃婴岛是应当保留的，这在一定程度上确保被抛弃的婴儿得到妥善的照顾。

我们认为，首先，弃婴岛的设置应与收养制度建立良好的衔接，政府对于领养人应该有严格的规定，完善弃婴的补助救济机制，避免被抛弃婴儿再次受到伤害。另外，社会与政府应当努力从源头上减少弃婴的产生，例如，采取措施实现优生优育的政策、提高相关医疗卫生服务水平等。其次，可以在保障隐私权的前提下建立心理咨询服务机制，通过咨询交流使父母放弃遗弃婴儿的意愿。最后，应效仿德国采取循环式做法，允许父母认领回子女。

项目组成员：陈睿思　王晶晶　汪姣姣　余　燕　方昕迪
指 导 教 师：李延均

环保"新"未来

——基于新能源汽车现状的调研

摘　要：在石油能源紧缺、节能呼声日益高涨的今天，中共十八大提出把环境保护、低碳发展、节能减排作为工作重点，形成节约资源和保护环境的空间格局。可见在飞速发展的当代中国，环保将成为今后可持续发展的主旋律，研发和使用节能减排的新能源汽车已经成为解决能源和环境问题的必由之路。新能源汽车的发展有目共睹，从起初的推广现状并不乐观，政府加大财政补贴力度但收获甚小，到现在政府从基础设施、售后服务、财税政策等方面打出"组合拳"，使未来的新能源汽车发展前景变得更加明朗。因此，我们团队的结项报告将会围绕着新能源汽车发展新变化及财税政策对其的影响，通过中外对比，提出进一步推广使用新能源汽车的合理建议，为我国的环保事业更好地发展奠定基础。

关键词：新能源汽车；变化；政策补贴

如今，汽车已经成为人类不可缺少的交通运输工具，它给我们的生活和工作带来了极大的便利。目前世界汽车保有量已经突破10亿辆，预计到2020年全球汽车保有量将达到12亿辆，2050年将达到30亿辆。但是，我们也应该看到，在汽车产业高速发展、汽车产量和保有量不断增加的同时，它们也带来了大气污染，由于燃料中含有杂质和添加剂且其常常不能完全燃烧，汽车尾气不仅破坏生态环境还危害人们的身体健康。因此，汽车尾气控制和治理已成为我国重要课题，新能源汽车无疑将成为未来汽车的发展方向。

1　新能源汽车发展的变化

在一年的研究调查中，我们团队将最初的新能源汽车发展受阻归结于以下几点原因：①消费者对于新能源汽车知晓度的欠缺；②充电基础设施不完善；③售后服务无保障；④续航问题安全问题突出。而随着政府的支持力度扩大，新能源汽车的发展越发成熟，这些曾经新能源汽车发展路上的"绊脚石"，现如今有些甚至成为了吸引消费者去购买的原因。

1.1 消费者对新能源汽车的认知度提升

根据我们新旧调查问卷的对比,我们团队发现从之前消费者对于新能源汽车的不熟悉到现在有购买的想法。这些都要得力于政府的政策推动及新闻媒体的宣传,还有最重要的是人们环保意识的提高。

1.2 公共服务的带动

政府把公共服务领域用车作为新能源汽车推广应用的突破口,扩大公共机构采购新能源汽车的规模,通过示范使用增强社会信心,降低购买使用成本,引导个人消费,形成良性循环。我们可以发现,政府在公交车、出租车等城市客运及环卫、物流、机场通勤、公安巡逻等领域加大了新能源汽车推广应用力度,制定了机动车更新计划,以不断提高新能源汽车运营比重。

2014年到2016年,中央国家机关、新能源汽车推广应用城市的政府机关及公共机构购买的新能源汽车占当年配备更新车辆总量的比例不低于30%,以后将逐年扩大应用规模。企事业单位也积极采取租赁和完善充电设施等措施,鼓励本单位职工购买使用新能源汽车,发挥对社会的示范引领作用。

1.3 基础设施的完善

1) 制定充电设施发展规划和技术标准

政府制定实施新能源汽车充电设施发展规划,鼓励社会资本进入充电设施建设领域,积极利用城市中现有的场地和设施,推进充电设施项目建设,完善充电设施布局。电网企业开始开展相关电力基础网络建设和充电设施报装增容服务等工作,加快形成以使用者居住地、驻地停车位(基本车位)配建充电设施为主体,以城市公共停车位、路内临时停车位配建充电设施为辅助,以城市充电站、换电站为补充的,数量适度超前、布局合理的充电设施服务体系。并且积极投入在高速公路服务区配建充电设施和构建高速公路城际快充网络的研究。

2) 完善充电设施用地政策

在政府文件中提出,鼓励在现有停车场(位)等现有建设用地上设立他项权利建设充电设施。通过设立他项权利建设充电设施的,可保持现有建设用地已设立的土地使用权及用途不变。在符合规划的前提下,利用现有建设用地新建充电站的,可采用协议方式办理相关用地手续。政府供应独立新建的充电站用地,其用途按城市规划确定的用途管理,应采取招标拍卖挂牌方式出让或租赁方式供应土地,可将建设要求列入供地条件,底价确定可考虑政府支持的要求。供应其他建设用地需配建充电设施的,可将配建要求纳入土地供应条件,依法妥善处理充电设施使用土地的产权关系。严格充电站的规划布局和建设标准管理。严格充电站用地改变用途管理,确需改变用途的,应依法办理规划和用地手续。

2 税收政策补贴力度加大

《财政部、国家税务总局、工业和信息化部关于节约能源、使用新能源车船车船税政策的通知》(财税〔2012〕19号,以下简称通知)及《财政部、国家税务总局、工业和信息化部关于节约能源、使用新能源车辆减免车船税的车型目录(第一批)的公告》(财政部公告2012年第7号,以下简称公告)下发,明确自2012年1月1日起,对节约能源的车船减半征收车船税。对使用新能源的车船免征车船税。这是车船税法及其实施条例新增的税收优惠政策。

2.1 新能源汽车减半征收车船税

通知第一条明确,自2012年1月1日起,对节约能源的车船,减半征收车船税。通知第六条明确,所称节能汽车,是指以内燃机为主要动力系统、综合工况燃料消耗量优于下一阶段目标值的汽车。通知第三条明确规定了节能型乘用车的认定标准:①获得许可在中国境内销售的燃用汽油、柴油的乘用车(含非插电式混合动力乘用车和双燃料乘用车);②综合工况燃料消耗量优于下一阶段目标值;③已通过汽车燃料消耗量标识备案。

2.2 使用新能源免征车船税

通知第一条规定,自2012年1月1日起,对使用新能源的车船,免征车船税。通知第六条明确,所称新能源汽车,是指采用新型动力系统,主要或全部使用新型能源的汽车,包括纯电动汽车、插电式混合动力汽车和燃料电池汽车。其中,纯电动汽车,是指由电动机驱动,且驱动电能来源于车载可充电蓄电池或其他能量储存装置的汽车。插电式混合动力汽车,是指具有一定的纯电动行驶里程,且在正常使用情况下可从非车载装置中获取电能量的混合动力汽车。燃料电池汽车,是指以燃料电池为动力源的汽车。

通知第三条明确规定了新能源汽车的认定标准:①获得许可在中国境内销售的纯电动汽车、插电式混合动力汽车、燃料电池汽车,包括乘用车、商用车和其他车辆;②动力电池不包括铅酸电池;③插电式混合动力汽车最大电功率比大于30%;插电式混合动力乘用车综合燃料消耗量(不含电能转化的燃料消耗量)与现行的常规燃料消耗量标准中对应目标值相比应小于60%;插电式混合动力商用车(含轻型、重型商用车)综合工况燃料消耗量(不含电能转化的燃料消耗量)与同类车型相比应小于60%;④通过新能源汽车专项检测,符合新能源汽车标准要求。

2.3 免征购置税

2014年7月9日,国务院总理李克强主持召开国务院常务会议,决定免征新能源汽车车辆购置税。会议决定,自2014年9月1日至2017年底,对获得许可在中国境内销售(包括进口)的纯电动及符合条件的插电式(含增程式)混合动力、燃料电池三类新能源汽车,免征车辆购置税。有关部门要抓紧制定公布车型目录,让更多人选择绿色出行,为可持续发展增添能量。

3 中外新能源汽车政策补贴对比

3.1 美国:激励,再激励

美国的混合动力车退税政策包含在国会核准的能源法案里。2006年之前购买混合动力车,例如,购买丰田PRIUS普锐斯、本田思域混合动力版、丰田雅阁混合动力版、福特Escape混合动力汽车、雷克萨斯RX400h混合动力汽车、丰田汉兰达混合动力汽车等,都可以获得联邦政府高达2 000美元的减税。

美国总统奥巴马上台后,针对汽车节能减排也出台了很多政策。奥巴马明确表示,到2015年美国要有100万辆充电式混合动力车上路。为鼓励消费,购买充电式混合动力车的车主,可以享受7 500美元的税收抵扣。8月,美国政府宣布,将拨款24亿美元,用于补助新型动力汽车电池和零配件开发。此次拨款成为美国政府在发展新型电池和混合动力汽车上的最大一笔投入,获得补贴的48个项目分布在美国的20多个州。

此外,美国的地方政府和一些公司也出台了针对绿色汽车的鼓励措施,例如,美国康涅狄格州纽黑文市规定,混合动力汽车可在装有停车计时器的停车场免费停车;新罕布什尔州一家公司在公司主要入口附近为油电混合动力车预留车位;美国银行有限公司则宣布,部分购买节能车型的员工可得到3 000美元现金补贴;Google公司也规定,员工如购买混合动力车等节能车可得到5 000美元现金补贴,如租用这种车可得到2 500美元补贴。

3.2 英国:提高补贴上限

日前,英国政府宣布,为推广普及新能源车和鼓励驾驶人士购买更多环境友好型车,将对混合动力及纯电动车的补贴从3 000~4 000美元的范围提高到7 500美元,并且在2011年之前还会不断调整。英国政府是发达国家中最晚对混合动力及纯电动车进行补贴的国家,不过业内人士认为,虽然步伐迟缓,但英国力度比较大。英国汽车业一直在寻求刺激汽车销售的立竿见影的举措,这一次如愿以偿。据彭博社报道,英国首相戈登·布朗考虑给予汽车业全面补贴,并在4月下旬的财政年度预算上发表了公告。

在英国交通部的一份报告中,交通大臣胡恩解释说目前电动车仅占到英国汽车销量的0.1%,补贴政策的目标是使新能源车尽快拥有大量市场份额。除了新的补贴之外,英国政府还拨款给低碳运输的配套设施,包括建设电动车充电网络。

3.3 韩国:补贴是为了追赶

对韩国支持经济环保型车的人士来说,37名执政党和反对党的立法者日前共同通过的法案无疑是一个好消息,该法案将使他们免交50%与车相关的税、50%的停车费和过路费。

在一篇新闻稿中,宋永吉指出,与日本及其他发达国家相比,韩国汽车业与全球新能源汽车的技术水平有脱节,新能源车的销售比较缓慢。因此韩国才设计支持方案,帮助韩国汽车业在全球市场上稳健发展。然而,分析人士批评韩国对新能源车的支持范围和措施均不如法国、日本、美国的激励措施。据称,韩国政府正在考虑对低排放量的绿色环保车提供税收补贴。此外,首尔、仁川、京畿道等城市政府即将给公共停车和绿色环保车提供停车优惠。

3.4 总结

不难看出,各国对于新能源汽车的补贴政策各有侧重,各有不同。虽说国情的不同和新能源汽车在各国的发展不同导致了政策力度的不同,但无论是日韩亚洲国家还是欧美国家,对于新能源汽车的前景都是非常看好的,在支持发展上也显得非常积极。因此,我国作为一个发展中国家,不仅仅可以靠新能源汽车完成从汽车大国到汽车强国的飞跃,并且也能利用新能源汽车稳步推进环保。

4 阻碍发展步伐的"地方保护政策"

国家颁布补贴政策后,各地纷纷跟进,进行地方财政补贴。但各地补贴额度不一,甚至差距很大,在后来的新能源汽车推广中给企业设置了障碍。

2010年7月6日,深圳市出台《私人购买新能源汽车补贴政策》,确定在国家政府补贴的基础上,对双模电动车追加3万元,对纯电动汽车追加6万元补贴;1个月后,杭州参照深圳补贴办法,采用了一样的补贴金额;2012年4月出台的北京补贴办法,也参照深圳和杭州的补贴额度。

但其他城市的补贴金额却各有不同,比如在2012年12月出台的上海补贴办法中,规定纯电动乘用车补助4万元/辆,插电式混合动力乘用车补助3万元/辆;广州给予的是1万元购置财政补贴;合肥也只追加补贴1万元;有些试点城市甚至没有地方财政补贴。

地方补贴不一此后将成为新能源汽车企业在全国性推广中的最大障碍。"因为各地财政补贴要针对当地企业,才能获取培育企业之后的税收,从支出和收入的两方面考虑后,地方保护主义师出有名,并开始盛行。"一家新能源汽车企业的高管说。

5 对于新能源汽车未来发展的建议

5.1 加大财税政策支持力度

研究完善汽车税收政策体系,并且节能与新能源汽车及其关键零部件企业,经认定取得高新技术企业所得税优惠资格的,可以依法享受相关优惠政策。

5.2 营造有利于产业发展的良好环境

大力发展有利于扩大节能与新能源汽车市场规模的专业服务、增值服务等新业态,建立新能源汽车金融信贷、保险、租赁、物流、二手车交易及动力电池回收利用等市场营销和售后服务体系,发展新能源汽车及关键零部件质量安全检测服务平台。

5.3 积极发挥国际合作的作用

支持汽车企业、高校和科研机构在节能与新能源汽车基础和前沿技术领域开展国际合作研究,进行全球研发服务外包,在境外设立研发机构,开展联合研发并向国外提交专利申请。

6 小结

总体而言,新能源汽车代表了世界汽车产业的发展方向,是未来世界汽车产业的制高点,是世界各主要国家和汽车制造厂商的共同战略选择。在全球汽车交通能源面临重大挑战的21世纪,我国汽车工业唯有坚持节能降耗和开发新能源并举的双重战略举措:一方面发展节能汽车,以解决现阶段产业发展、能源安全和节能环保问题;另一方面大力发展新能源汽车,实现车用能源多元化,才能促进汽车工业的可持续发展,保障我国汽车工业逐步走向世界前沿。从国家战略的高度来审视,大力发展新能源汽车是新一轮的经济增长点的突破口和实现交通能源转型的根本途径。我国汽车工业必须积极行动起来,参与到这场全球性的新能源汽车的竞争当中去,勇于迎接挑战,才能抓住这次难得的历史机遇,实现我国汽车工业的跨越式发展。

项目组成员:邓瑾婷

指导教师:杨光焰

旧书籍都去哪儿了

——循环经济发展之路的探讨

1 项目背景

1.1 研究背景

中国作为世界第二大纸制品消费国,探索教科书回收循环之路多年,却一直未能提高国内废纸回收率。从一些废纸回收成功的国家来看,废纸回收须从教科书循环利用做起。每到学期末,我们总会有许多待处理的旧书籍。这些旧书要么低价卖给二手书摊,要么直接送人,甚至直接丢弃。这种现象既浪费资源,又污染环境。因此,我们希望通过努力组建发展大学城二手书市场交流平台,提高二手书回收利用效率,建立低碳校园、循环型校园,在构建节约型社会中发挥高校及大学生的引领作用。

1.2 必要性

从经济角度看,旧书籍的高效循环利用,有利于建立循环生产和消费的观念,转变经济发展方式,对经济的健康可持续发展有非常重要的意义。再者,二手书价格相对较低,能有效减轻在校大学生的经济负担。

从生态角度看,促进书籍的循环再利用,可以有效减少资源浪费,保护自然生态环境。当我们呼吁要保护远在南美的亚马逊森林时,却忽略了我们身边的"森林"——我们的书!由于环保意识欠缺和回收利用机制不健全,学校正在成为一个惊人的纸张吞噬机器,书籍的再利用率十分低下。中国处于工业化的快速发展时期,资源和环境压力较大。提高资源的利用效率和减少废物的产生对我国生态环境具有重要意义。

1.3 可行性

二手书市场有两大主体:消费者和商家。而消费者主要集中于学生。我们分别对学生和商家进行了可行性调查。

在对学生的调查中发现,学生认为在大学期间没有继续使用价值的书占50%以上。在处理旧书籍时69.9%的人会选择将旧书卖掉,84%的人支持二手书市场的发展。他们认为二手书价格便宜、环保便捷。

在对商家的调查中,却有点不同。看好二手书市场发展的人占34%,持观望态度的占50％,商家表示,如果有完善的市场机制,适度的政策优惠和补贴,他们会看好这个新兴市场。

综上所述,消费者和商家都对这个二手书循环市场充满期待。

2 项目内容

2.1 活动准备

1) 确定研究课题

本着"紧扣社会焦点,立足书本,走出课堂,学以致用"的原则,队员们通过讨论,兵分两路,分别通过互联网、图书馆文献资料及请教指导老师、联系自身情况,通过对比分析论证,确定了"旧书籍都去哪儿了——循环经济发展之路的探讨"这个课题。

2) 确定研究内容

通过小组讨论及指导老师意见,确定如下内容。

第一部分　研究背景和意义

（一）研究背景

（二）研究意义

第二部分　松江大学城旧书处理情况调查分析

（一）调查问卷设计

（二）调查对象和调研过程

（三）调查结果分析

第三部分　旧书处理的建议及其他高校经验借鉴

（一）学校角度:加强对旧书处理的管理

（二）商家角度:建设旧书交易市场

（三）政府角度:加大政策及资金扶持力度

（四）学生角度:建立旧书回收意识等

3) 成员分工

项目负责人黄晖负责实践活动的主题选择,拟定调查研究方案。同时,根据组员特长进行合理分工,组织并参与实践活动的各个环节,控制调研进度,并完成数据和成果整理,以多媒体形式展现小组的实践调查结果。

项目组成员沈艳博、徐鑫蕾制定调查问卷。项目组成员俞凯燕向二手书摊及同学们发放问卷,同时走访调查。最终,汇总整理各项原始资料。小组成员共同讨论分析,提出意见建议,编写结项报告书。

2.2 活动总结

与购买新书相比,旧书虽旧,却也有其独特的"魅力"。一方面,高校教材尤其是部分双语教材往往价格不菲,相比之下旧书价格低廉,经济实惠。另一方面,高校教材偏重理论研究,层次较深,往往难以在一般书店买到,购买旧书省去了去书店寻找或是网上订购的时间,更加方便快捷。同时,随着"节能减排"风尚的兴起,旧书再利用更是成为了循环经济在校园生活中的绝佳示范。

二手书交易的市场潜力巨大,行业规范亟待完善。国内外已经有部分高校建立起了校园内部的旧书回收机制,力图依靠监管的介入来规范旧书交易市场,增加旧书交易的优势。旧书回收是否应交予校方管理尚待考证,但毫无疑问,只有一个规范、公平、完善的旧书交易体系才能真正为学子生活提供便利,为商家盈利创造机遇,实现"双赢"。

3 调查成果

本次调查是针对大学城附近的本科生、研究生及二手书商对旧书籍的处理、接受程度、二手书市场发展等方面进行的问卷调查。

3.1 调查人群

本次调查共发放了 700 份问卷,回收了 668 份问卷,回收率为 95.43%;其中有效问卷 657 份,问卷有效率为 98.35%。被调查人群中大一学生 27 人占比 4.11%,大二学生 36 人占比 5.48%,大三学生 324 人占比 49.32%,大四学生 189 人占比 28.77%,研究生 72 人占比 10.96%,其他人群 9 人占比 1.37%,调查人群主要集中为大三大四的学生。调查对象的家庭状况富裕的 9 人占比 1.37%,中等偏上 72 人占比 10.96%,中等 360 人占比 54.79%,中等偏下 135 人占比 20.55%,贫困 36 人占比 12.33%。样本人群家庭状况主要是中等及中等偏下。调查对象受条件限制,可能会有一些局限性,但总体样本数据仍具有一定参考价值。

3.2 旧书的处理经历

据调查统计,76.71% 的人会定期处理自己的旧书,不主动处理旧书的仅占 23.29%。由此可见,我们提供一个完善的二手书平台或是建立有效的旧书处理机制是现阶段广大高校学生的迫切的需求。

3.3 旧书的处理方式

据调查统计,14% 的人选择将旧书送给朋友同学,14% 选择捐给福利机构,70% 会卖掉,2% 会扔掉。显然,卖掉旧书是大多数人的选择,但是旧书籍是按废纸论斤卖,还是再销售创造新的经济价值显然有很大区别。合理的处理方式例如赠送、募捐、再销售,都能带来好的社会效益。因此,我们应该做好规划组织工作,为有需要处理旧书籍的人,提供完善的渠道。

3.4 旧书的出售方式

出售二手书的人有 36.99% 会选择废品回收站,有 34.25% 会选择二手书店,有 13.7% 倾向网络平台,而另外 15.07% 则更倾向于学校及其相关机构。由此可见,二手书出售方式具有多样性,且每种选择都具备可行性。如果我们能够建立一个整体的出售平台,对待处理的旧书籍进行分类,合理规划,不仅能让出售者更加高效便利,还能充分发挥旧书籍的价值。

3.5　旧书的购买渠道

据调查,有43.84%的人从二手书店购买二手书,有39.73%的人从网上商店购买二手书,16.44%的人则是从学校及其相关机构购买。二手书实体店和网上商店已经成为购买二手书的主要渠道。

3.6　影响二手书使用的因素

影响二手书的因素有很多。76.71%的人愿意使用二手书是因为价格便宜,43.84%的人愿意使用二手书是因为二手书循环使用有利于环境保护,还有54.79%的人喜欢借鉴参考二手书上的笔记。而不愿意使用二手书的人群,有45.21%认为纸张太旧不好看,39.73%的人认为二手书内容太旧跟不上时代,26.03%的人则是因为没有市场买不到,也有46.58%的人不喜欢别人的字迹。

因此,我们归纳影响二手书使用的因素如下:

(1) 价格。价格可谓是影响二手书使用的首要因素。经调查,35.62%的人只能接受原价2折及以下的价格,50.68%的人愿意接受原价3~4折,8.22%的人能接受原价5~7折,仅有5.48%的人完全不受价格影响。而卖家平均售价在原价8折以上的占7.37%,在原价5~7折的占28.46%,在原价3~4折的占45.94%,原价2折以下的占19.67%。因此,我们想加强二手书的使用流通就要做好定价机制。合理科学透明的制定统一行业价格,让卖家能获取一定利润,同时满足买家的心理预期。

(2) 购买方式。购买方式对二手书的流通有很大的影响。31.51%的人认为去二手书实体店距离较远,携带书籍麻烦。38.36%的人则不满意实体书店无法对目标书籍进行预订。58.9%的人认为多数实体店二手书籍分类杂乱。41.1%的人认为实体店旧书折扣不透明,无法放心购买。由于实体书店的种种不足,二手书网购日趋增长,但网购仍有一定缺陷。13.7%的人对预先付费交易模式不放心,78.08%的人担心无法充分检查二手书质量,30.14%的人不知道可靠的网上二手交易平台,还有26.03%的人认为上网购买并不比在书店便宜。我们应该尽量扬长避短,减少因为购买方式不同而带来的消费心理差异。

(3) 书籍种类。被调查人群使用二手书的种类中,教辅类占72.60%,文学期刊类占30.14%,考证用书占47.95%,其他类占12.33%。而二手书商销售的书籍中,上述类别分别占50.00%、16.67%、22.22%、11.11%。由此可知教辅类图书供需最大,应重点管理分类。

(4) 书籍质量。根据数据统计,调查人群能够接受的二手书成新度均值为63.99%,而二手书摊贩也一致认为书籍新旧程度会影响二手书的销售。据此,我们可以把成新度不同的书籍粗略分类。比如根据书籍新旧程度设立2元专区、10元专区等进行促销。

(5) 其他因素。除了上述因素外,还有很多其他因素影响二手书的使用。例如,个人的看书习惯、经济状况、二手书的稀缺程度等都会影响到二手书使用。

3.7　二手书流转中的主要问题

二手书的循环使用存在很多问题。13.7%的人认为书籍的种类不多,12.33%的人认为书店回收书籍的数量过少,20.55%的人认为书籍过于破旧,53.42%的人认为二手书店缺乏系统管理。

3.8　对二手书循环使用的态度

被调查人群中有83.56%的人支持二手书的循环使用,15.07%的人持无所谓的态度,仅1.37%的人持反对态度。

3.9　各方建议

学生:73.97%的学生希望学校设置专门的教材重复使用部门,让书籍循环利用。57.53%的学生希望二手书店能合理透明设置购销价格。58.90%的学生希望有固定的网上二手书交易平台,定时发布相关信息。49.32%希望政府制定统一合理的政策,规范管理二手书店及摊贩。4.11%的学生有其他建议,如希望对成新度不同的书分类标价,加强宣传力度,提高大家对二手书循环使用的认识等。

书商:13.35%的书商希望政府给予资金补贴,46.82%的书商希望政府给予税收优惠,16.67%的书商认为需要加大宣传力度,52.17%的书商希望制定行业规范,58.43%的书商希望组建统一网络购销平台,74.16%的书商希望完善购销渠道。

3.10　汇总分析

通过以上问卷数据分析,我们不难发现制约大学城二手书市场发展的主要因素如下:

(1) 大学城二手书市场缺乏规范科学的统一管理,整个二手书市场处于较为混乱的秩序中。

(2) 政府相关机构对二手书行业的扶持力度有待加强。

(3) 学校有关机构缺乏二手书循环使用的相关配套设施。

(4) 二手书摊贩未能合理地对图书按种类、成新度进行分类,二手书价格不透明公开。

(5) 传统的实体书店的销售模式不能完全适应电子商务时代的要求,统一的二手书的网上交易平台缺乏。

(6) 二手书循环使用的宣传力度不足,部分学生缺乏循环使用二手书的理念。

此外,我们也发现了一些有利于大学城二手书市场发展的有利因素,如下:

(1) 大学城二手书的供需要求巨大,市场潜力巨大。

(2) 循环经济的理念越来越深入人心。

(3) 二手书店老板对二手书店的管理改善态度积极。

4 对策建议

根据上述的问卷调查结果,我们知道,二手书市场存在巨大的需求,然而较为混乱的市场秩序限制了它的发展,要解决这一难题,需要大家共同的努力。我们小组将从学校、二手书商、学生及政府的角度提出一些我们的看法和意见。

4.1 学校的角度

学校是大量二手书涌现的地方,尤以教科书为最。国外教材循环使用方案在许多学校都推行已久。如在澳大利亚,新入学的学生会收到学校提供的参考课本目录和借书卡,教学用书都必须从学校图书馆借阅,学期末归还,然后由下一届学生接着使用。

在我国也有少数高校试行了"教材循环"的办法。2008年5月,湖北工业大学教务处和校学生会联合开办了一家"爱心绿色书屋",由学校出面按教材定价的2折,向在校大学生有偿收购并提供旧教材,仅两天时间,就回收各类旧教材5 000余册。由校方出面组织"教材循环"的确是目前最好的办法,但这项工作的组织、实施是个费时费力的过程。

另外,北京邮电大学、台湾义守大学和深圳大学等高校采取了在校园网的基础上搭建网上二手书交易平台,供学生出售或购买二手书籍。

在我们小组看来,在校园网的基础上搭建二手书交易平台是一个很值得借鉴的方法。学校只要在平台投入少量的初期构建资及后期的日常维护费用,就能保障二手书在本校学生中高效地流转。

4.2 二手书商的角度

首先,二手书商要做的就是合理调整采购定价,我们小组了解到二手书商的书本收购金额通常在1~2折之间,部分书籍甚至是按斤收取,这样一种极低的收购金额,导致大部分学生不愿将自己几十块甚至上百块买来的书籍低价出售给二手书商们。

其次,二手书商们应改变书籍的出售地点。根据我们小组的调查,虽然部分二手书商有自己的店面,并且会做简单的分类整理。但仍有一部分二手书摊是流动摆摊,摊主将收购的二手书籍随意地放置在三轮车或简易木架上,不做任何的分类整理,这给学生们寻找书籍带来了很多麻烦。同时,书籍暴露在外很容易遭到污染和损坏,加速了二手书籍的折旧速度。

因此我们小组建议二手书商们应选择一个良好的售书场所,对收购的书籍进行系统的分类整理,并且能定期对书籍进行简单的保养,如在雨季后对二手书进行防霉晾晒的工作,以及日常工作中对书籍的定期清理等。

4.3 政府的角度

在推行二手书市场带动循环经济方面,政府这个角色是不可缺少的。政府支持二手书市场的发展很有意义。早在深圳市"图书漂流阅读大行动"启动前,已经有市民频频反应:深圳的图书市场中,二手书市场缺乏。香港凤凰卫视名嘴梁文表示,很享受在阅读二手书籍时,揣摩之前阅读者的留言、批注的过程。

首先,政府应该加大对二手书市场的扶持力度,给予二手书店一些财政补贴或税收优惠。同时,政府应该及早制定统一的行业规则,规范二手书市场的运行。

其次,政府可以在各个地方的官方主页专门设立一个二手书网络购销平台,并在网站上及时更新二手书购销信息,建立易懂易操作的搜索引擎方便市民浏览。同时,与邮政或快递公司形成售后一条链式服务,加快二手书的循环利用,更好地为市民服务。

最后,政府可以支持地方公共图书馆成立个小的二手书回收销售站,组织回收的二手书籍既可以阅读也可以再销售,这样既环保又经济。

4.4 学生的角度

我们小组在对各个人群进行问卷调查研究时,发现甚至有些同学从未使用过二手书,对问卷调查提出的问题从未考虑过。由此可知,在学生群体里推进二手书的循环利用首要工作是提高学生对书籍再利用的价值、性价比、获益程度的认识,加大使用二手书的宣传力度。

我们可以建议学校的社团组织一些关于二手书循环使用的活动。比如,立信团委的学习部一年一度举办的"图书漂流会"就是一个很好的先例。在定期的校园简报上也可以发表一些关于二手书的文章。此外,我们还设想了一个"晒书日"活动。其具体方案如下。

概述:"晒书日"活动,顾名思义就是指学生们将自己不需要的二手书籍"晒"出来,即通过跳蚤市场的方式,让同学们有机会卖出不需要的书籍,买入自己需要的书籍。使书籍在学生之间合理流通,使旧书资源得到合理的利用。

对象:全校师生,以班级为单位。

时间:开学初,由于开学初是同学们二手书需求的高峰期。

场地:学校的操场。

过程:

(1)由学生会确定具体的开展日期,为期一周左右。

(2)确定日期后,由学生会召集各班班长,提前两周通知具体活动开始时间,并对操场的场地进行划分。

(3)由各班班长通知同学,让同学们准备好要出售的二手书籍,并对属于自己班的场地进行整理装饰等。

(4)开展"晒书日"活动。

(5)活动期间由学生会组成临时监察小组,维持跳蚤市场的秩序,并督促各班级做好清洁整理工作,避免出现乱丢垃圾现象。

(6)活动结束后组织"反馈小会"对本次活动中的不足之处和优点进行整理分析,以便能使以后各学期的"晒书日"活动开展得更为顺利。

5 总结

1) 二手书不同处理方案的分析与比较

通过前期的调研活动,我们小组通过讨论,总结了如表 1 所示的几个解决的方案:

表 1 解决方案

方 案	概 述	优 点	缺 点
"晒书日"活动	通过定期在学校范围内举行"晒书日"活动,以一种"跳蚤市场"的形式为学生们提供场地,让学生们通过自由交易来处理多余的书籍,以及购买自己所需要的书籍	(1) 学校只起到监督检查的作用,不需要耗费大量的人力物力 (2) 具体活动过程交由各班级安排,交易盈亏自负 (3) 能使书籍最大程度地得到利用	管理难度较大,稍有不慎,将影响学校的秩序
图书馆回收制度	由图书馆定期向同学们回收书籍,将回收的书籍,以租赁的方式租借给同学们使用	(1) 可利用图书馆现成的管理制度,对旧书籍进行系统的分类管理 (2) 有利于同学们对于书籍的借阅与使用	(1) 需要耗费图书馆大量的人力,对旧书籍进行分类整理 (2) 可能导致图书馆图书存储空间不足 (3) 可能导致在开学初期,同学们蜂拥而至租借书籍,影响图书馆学习环境
网上交易平台	通过"易班"组建一个网上二手书交易平台,同学们可以在平台上登记自己所拥有的旧书籍,购买者通过检索搜索自己需要的书籍进行交易	(1) 操作简捷快速 (2) 管理上较为方便,不需要耗费大量人力物力	(1) 前期需要投入一定的资金来构建这个网上交易平台 (2) 在同学们购买书籍后,书籍的运费分摊问题 (3) 购书者无法对书籍的成新度、完整度有个直观的感受
引入二手书商	学校通过招标的方式,引入二手书商,在学校内建立一家二手书店,通过市价交易二手书籍,学校可协助二手书商对书籍进行回收和整理分类	(1) 由二手书商自营,不需要学校投入大量资金 (2) 使同学有途径合理买入和卖出二手书籍	(1) 需要学校监督,防止二手书商以过分压低买入价,抬高卖出价来赚取差价 (2) 需要学校提供场地供二手书商存储和买卖 (3) 需要学校协助二手书商对书籍进行归类整理

2) 结论

二手书合理高效利用对节约资源,发展循环经济意义重大,但还面临种种挑战,二手书交易市场还不够成熟,交易制度还不够完善,还需要进一步的调整。循环一本书,救活一棵树。我们认为对二手书的合理回收与高效利用,能增加书籍的循环次数,减少纸张的浪费及废弃书籍造成的环境污染,有利于保护环境,实现社会、经济与环境的可持续发展。

项目组成员:黄　晖

指导教师:彭锻炼

上海大学图书馆资源建设与利用情况调研

——基于松江大学城七校的实证调查

1 上海市图书馆建设状况

1.1 上海市图书馆建设基本情况

近年来,上海市财政教育经费使用和管理工作紧紧围绕国家和上海市中长期教育改革和发展规划纲要确定的目标任务,着力突出"为了每一个学生的终身发展"理念,全面落实年度各项目标任务,既坚持"促公平",也注重"提质量",把新增教育经费重点投向薄弱环节和关键领域,积极探索形成符合上海特点的财政教育经费投入机制,努力为建设与社会主义现代化国际大都市相适应的一流教育与文化提供支撑保障。

据上海统计局网上数据显示,2014 年上海全年实现生产总值 23 560.94 亿元,按可比价格计算,比上年增长 7.0%。其中教育总产出 909.3 亿元,比去年同期增长 8.3%,占社会服务业总产出的 4.477%。松江大学城是上海市最大的大学城,也是我国首座由多所大学抱团组成的高校园区,在全国范围内影响显著,加大松江七校各大院校的教育经费投入,为上海市高校图书馆建设事业的发展奠定了基础。

1.2 松江七校各大图书馆资源建设和利用情况

2015 年 1 月 14 日,中共中央办公厅、国务院办公厅发布《关于加快构建现代公共文化服务体系的意见》,为教育事业的科学发展指明了方向,标志着教育改革进入新的阶段,这必然对图书馆资源建设提出更高要求。松江七校图书馆作为松江区乃至上海市的教育文化建设的重要组成部分,已率先采用先进的高新技术,建立新的图书馆网络体系,打通校际图书馆资源共享通道,推动高校图书馆资源建设不断升级和完善,让新技术、新体系、新媒体能真正惠及莘莘学子。

经过近几年的建设和发展,各大高校的图书馆的新型功能也在不断扩展升级,新媒体、文献信息数字化功能、数据库网络服务功能、教育培训、学术研究、讲座、会议、文化交流、影视观摩等功能已得到蓬勃发展。据统计,松江七校图书馆总建设面积达 161 368 平方米,每年新增图书和电子资源上百万册,未来还要深入扩展手机移动图书馆服务、跨校电子资源共享等功能,松江七校图书馆资源建设蓬勃发展。尽管如此,我们小组观察发现在图书馆设施建设和资源利用等方面还存在问题,并为此展开本课题的研究。

2 松江七校图书馆资源利用实地调查分析

在前期调研的基础上,2015年1月25日,我们小组再次前往松江七校的各大图书馆进行实地调研,探讨各大高校图书馆在资源建设和利用情况过程中存在的问题,并向图书馆管理处提出解决方案和建议。

问卷调查分析:预期派发的1 000张调查问卷,收回有效问卷905份。

2.1 图书馆网络信息资源利用率的调查情况

调查显示,60%的受访学生都是为了准备学年论文或者毕业论文才去使用图书馆电子资源;而只有17%和23%的学生选择利用图书馆电子资源来进行课余视频学习和电子书阅读。由此可见,图书馆电子资源并没有很好地被利用起来,大多数学生在撰写论文的时候才想起运用图书馆电子资源,而具有自我增值的"在线学习""电子书"等资源平时却无人问津。

调查过程中我们还发现,各大高校图书馆都采购了电子期刊数据库,包括国外著名的外文数据库如springerlink数据库、Ebsco datebase数据库等,网络信息资源可以说是非常丰富,受访学生中大部分也是将要毕业的大四学生,受众人群较窄,电子资源的实用颇具季度性,造成宝贵资源的极大浪费。

要想提高图书馆电子信息资源利用率,一方面图书馆要加大电子资源的宣传力度,比如,举办图书馆电子资源使用的讲座、举办相关的有奖活动等;另一方面,尽可能丰富电子资源,充分吸引学生自觉使用电子资源进行学习。

2.2 跨校借阅和电子资源共享情况调查

在调查中我们发现,基本没有学生体验过跨校借阅的功能,首先绝大多数同学认为跨校借阅存在严重的校际保护壁垒和手续过分复杂的问题,部分学校担心图书文献在借出后被损害或者无法归还,其次就是学校宣传力度不足,部分同学表示从未听说过学校有跨校借阅的服务。

对于图书文献跨校借阅存在壁垒,我们是可以理解的,纸质传递过程中时常会出现损坏或丢失,但是我们可以把"纸质传递"发展为"电子资源传递",在规定的时间内要求借阅的学生归还电子图书,这不仅需要相关App的技术支持,也需要各大高校图书馆的通力合作及资金投入;同时,简化跨校借阅过分复杂的手续也需要各大高校间的合作与沟通。

2.3 受访学生图书借阅次数情况

据调查统计,73%的受访学生表示每月去图书馆借书少于5本,只有4%的学生表示每月平均借书15本以上。由此可见,图书馆的文献书籍没有被很好地利用,有些书籍自从被图书馆购入后就一直摆在书架上无人问津,而有些书籍由于被借阅次数太多,破旧不堪,但却是好几年前的版本,还没来得及更新。

据我们观察,受访学生不愿到图书馆借阅图书的原因有如下:①图书馆离宿舍太远,不愿意跑动;②学校馆图书不全面,有些书籍找不到或者版本太旧,再就是图书馆购买数量不足;③平时学业或者社团活动太多,没空看书。

基于此种情况,学校图书馆可以通过举办社团活动鼓励学生增加阅读量,比如,举办图书借阅节、图书心得比赛等;同时,图书馆也应加强图书采购力度,广泛听取学生阅读需求,经常更新最新版本的书籍,以此深化学校的学风建设,营造良好的学习和阅读氛围。

3 松江七校图书馆资源建设与利用面临的主要问题

3.1 图书馆资源建设的投入存在不足

虽然上海市在财经教育经费上加大了拨款力度,总额占社会服务业总支出的4.47%,但网络系统的更新和维护、电子资源的采购、技术人员的培养等需要的经费是巨大的,仅靠学校的经费拨款是远远不够的,政府的财政拨款尤为重要。

3.2 网络平台内设载体信息内容不足或不完备

当今,各大院校图书馆的网络自动化硬件平台建设,已经能够不同程度地支持馆务内容的完成。但就网络载体数据内容而言,仅是图书馆自己所拥有的资料信息回溯数据库。对于学院各专业的毕业设计、课程设计、论文撰写及科研、教学和生产等职能部门所设立的科研课题的针对性服务,其保障能力极为有限。

3.3 资源共享观念还待加强

馆际合作在形式上是迈出了一步,但各校图书馆保护壁垒,跨校文献借阅手续复杂,电子资源共享障碍重重,患得患失的思想仍然存在。比如,可以建设区域高校图书馆联盟以减少校际图书馆互借壁垒;建立电子书互借平台,实现"无纸化"书籍借阅;等等。

3.4 资源建设缺乏整体规划

一些数字图书馆项目在资源建设方面缺乏整体规划,资源建设偏重于文艺、外语、计算机、经济等方面的图书资料,因为这些方面的图书资料比较受欢迎。学科内容不均衡,资源建设缺乏连续性,资源分布不成体系并缺乏科学性,整个资源体系杂乱无章、没有条理,电子资料质量参差不齐的现象仍存在。

3.5 版权问题未能获得妥善解决

在网上图书馆建设过程中,一方面数字化文献替代传统的印刷型文献是一个不可逆转的发展方向,而另一方面文献的数字化与著作权人的版权保护之间似乎存在悖论。版权问题是数字图书馆建设的基础性问题,数字图书馆的建设必须取得出版单位与作者的双重授权,这是数字图书馆建设顺利进行的最重要保证。版权问题是制约数字图书馆发展的最主要的问题,尽管如此,作为数字图书馆的建设者,必须尊重和保护知识产权,这是关系到数字图书馆事业健康、持续发展的大计,切不可心存侥幸。比如,可以通过购买相关阅读软件(超星、皮书数据库等)来处理图书版权问题。

4 境外高校图书馆资源建设与利用的经验

通过对当下高校图书馆资源建设和利用情况分析,我们大体上能了解中国高校图书馆在资源建设方面还存在哪些需要改进的地方。国外在资源建设方面一直值得我们学习,他们运用切实有效的管理,引导图书馆应对变化、把握未来、规范组织行为、增强组织活力,而且能起到宣传图书馆的作用,使其能惠及学生。

4.1 主张资源长期保存与数字化

随着数字化技术的飞速发展,图书馆的软硬件设施不断更新,旧存储格式的数字资源便面临着损坏与丢失的风险。对此,苏格兰国家图书馆在最新的战略规划中提出了易损资源保护计划,并针对数字、胶片和语音等濒危资源制定了全面的保护措施;荷兰国家图书馆则针对数字资源的安全问题制定了数字资源安全与长期保存战略;美国国会图书馆提出了建立有效数字资源生命周期管理的工作步骤、系统及处理流程,以更好地实施资源保护战略;此外,布朗大学图书馆还在2011年的战略规划中制定了重点保护馆藏指南。

4.2 规划移动服务

在样本机构的战略规划中,移动服务与数据集服务是图书馆服务创新的一个亮点。针对移动服务,图书馆主要规划如何在移动技术环境下开展服务,利用移动设备更高效地访问图书馆的馆藏并获得其服务。例如,英国国家图书馆在规划中提出,利用移动设备完成资源和服务的传递以支持移动办公,利用移动设备为用户提供目录搜索和重要数字资源库的在线访问服务,并通过正式渠道(如利用系统销售商的软件升级计划)和其他第三方渠道共同推动该计划的实施;此外,哥伦比亚大学图书馆、利兹大学图书馆、伦敦大学学院图书馆等也在各自的战略规划中提出要利用智能手机、电子书阅读器、iPad等手持移动设备提供服务和内容。

4.3 构建信息共享空间服务

随着图书馆服务意识的转变,"空间"成为了图书馆改善服务的出发点。许多图书馆在战略规划中都计划改造旧的实体空间,规划设计一系列方便用户交流、讨论的"用户参与空间"。对此,哥伦比亚大学图书馆便计划建设分组研究讨论区、个人及协作科研区,以及小组教学区,并为区域研究和社会科学图书馆工作人员改善工作区域;杜克大学图书馆计划为教师和学生建立人文实验室和其他合作空间;美国德州大学圣安东尼分校计划构建学习服务空间、个人学习与合作式学习空间(团队学习空间),以及教师服务与指导空间;沃兹沃斯公共图书馆、Crowell公共图书馆及西雅图公共图书馆也计划从存储空间变为交流、聚会空间,并构建 The Commons 休息区、社区聚会空间、青少年室内技术中心及家庭作业辅导中心等用户交流场所。

4.4 创新其他传统性服务

图书馆在新型数字化服务、新型传递服务和定制服务等方面也有所创新。例如,美国国会图书馆新推出数字图书朗读系统(数字朗读器和数字磁带机),为美国盲人和伤残人士提供数字视听服务;哥伦比亚大学图书馆鼓励并且支持访问替代模型,规划提供按需打印、文章分级别购买、短期租用等新服务,实现文章和图书章节的桌面传递,并评估它在其他学校的图书馆推广的可行性;剑桥大学图书馆规划提供协调的可持续性聚焦服务,以支持来自研究共同体和大学生共同体的各种用户需求;另外,还有图书馆提出了新闻标题定制服务、谷歌集成搜索服务、课后作业辅导服务、知识管理服务等一系列国内尚未实施或普及的服务构想。总之,图书馆在信息检索服务、学科化服务、情报服务、参考咨询服务、信息素养服务等传统性服务上都有了新的发展计划。

5 促进图书馆资源建设与利用的若干建议

5.1 促进图书馆资源建设与利用的原则

(1)数字图书馆与传统图书馆相结合的原则。从本质上讲,网络只是一种工具和手段,数字图书馆应该而且必须与传统图书馆进行有机结合才有发展前途,这种结合表现在两个方面:第一,数字图书馆应该与传统图书馆共同发展,共同提升,数字图书馆取代不了传统图书馆;第二,数字图书馆必须继承和吸收传统图书馆的全部优点,而不能将其丢弃。

(2)政府投入与社会投入相结合原则。

(3)综合协调运用原则。

5.2 大学城图书馆资源建设与利用对策建议

1)加强信息资源的共建共享

如今的高校图书馆已逐渐突破了已有的收集、整理、传递文献信息的模式,开始步入电子化、数字化的网络时代。图书馆必须利用现代化技术手段,开发文献信息资源,对信息进行加工与快速传递,提高信息处理能力,形成支撑社会共享的基础设施资源。因此,在采购资源库的时候,应更多地考察资源的质量和资源提供商的发展能力。同时,为达到数字资源的高度共享,信息资源的建设应该在统一的标准指导下进行,要从数字资源元数据与对象数据两方面明确资源的具体标准。在共建资源及资源整合的建设中注意标准化问题,资源建设标准化和规范化是实现高校电子资源共建共享的前提和根本保障,也可为全国的数字资源的共建共享奠定基础。

2)加大经费投入

高校数字图书馆的建设是一项长期的工程。因此,需要不断地注入资金。我们认为,在早期的时候可以由地方教委拨出专项资金,用于建设网络环境、购入工具软件、采取和不断改进有关技术措施。同时,当地政府还应加大对高校图书馆网上学习平台建设的资金投入,让多媒体学习能真正成为大学生学习不可或缺的一部分。

3) 尊重与保护知识产权

显然,完全按照现有的规则来要求,就会极大地限制互联网信息资源建设;同时,如果完全不考虑互联网上知识产权的保护,就会侵害作者及其他有关权益人的权益。这样一些问题值得我们深入考虑:原创作品、再现作品、再创作品的版权保护;整体版权与部分版权的保护;所有权与使用权的保护等。中国信息资源平台对于涉及版权的资源,要取得出版单位和作者的双重授权,并对互联网条件下知识产权的保护问题进行积极探索。

4) 扩大馆藏资源的收集范围,丰富馆藏资源类型

随着计算机技术、通信技术、多媒体技术的快速发展,图像、语音和视频等非文本性多媒体资源越来越丰富,学术性多媒体资源受到越来越多的用户的青睐并且付诸使用,收集与保存多媒体资源成为图书馆构建多元化馆藏的一项举措。对此,剑桥大学图书馆在2010—2013年战略框架中指出,非文本资源对于馆藏发展非常重要,要充分利用多种渠道对此类资源进行收集与保存;此外,康奈尔大学图书馆、英国国家图书馆与沃兹沃斯公共图书馆在各自的战略规划中也制定了发展视觉资源和多媒体资源的目标。

5) 与政府、档案馆与博物馆等机构合作,协商资源的共建共享

学校图书馆的能力是有限的,只有通过和政府、地方档案馆,以及相关博物馆的合作,才能极大限度地扩展高校图书馆的馆藏范围,通过与相关机构的资源共建共享,实现文献的极大扩充、文献的跨馆互借及电子数字资源的网上共享,切实惠及学生和老师。以国立台北大学图书馆为例,该图书馆在建馆之初就实现了与台北文化博物馆的文献共享,通过网络平台就可以浏览台北文化博物馆珍贵的文献资料

项目组成员:吕家诚
指 导 教 师:杨光焰

大学生社团联盟 O2O 模式的运行实践

——以松江大学城为例

摘　要：本文首先通过分析大学生社团联盟课外兼职意向的调查问卷数据，总结大学生社团人才储备情况分析开展课外兼职的可行度。然后利用实地访谈、调查问卷等方式，分析了当前需求市场情况、两个市场对接的可行性，以及消费群体对小学生课外兴趣特长辅导的相关要求。最后，本文通过图片及相关数据展示了需求市场与人才资源的对接，以及 O2O 模式初步建立的情况。

关键词：两个市场对接；O2O 模式

随着互联网的发展，O2O 模式逐渐渗透到我们的生活，给我们的生活带来了极大的便利（如美团网、快的打车等）。虽然以 O2O 模式为载体的生活服务占据了较大的市场份额，但缺少利用 O2O 模式对大学生社团联盟进行开发的前例。因此市场潜力巨大。除此之外，从大学生优秀人才资源与社会消费群体两个方面来看，一方面大学生人才资源丰富但因未对社会开放并没有得到有效利用；另一方面随着素质教育的普及，小学生课外兴趣特长辅导市场潜力巨大，但因培训机构价格高昂等原因造成消费群体的不满。因此，打造市场平台，实现两个群体的资源对接、满足市场需求成为本项目创新亮点。

1　基于大学生社团课外兼职意向的问卷调研报告

1.1　调查报告

松江大学城七所高校社团资源丰富，现有八个大学生社团联盟（轮滑社团联盟，滑冰社团联盟，羽毛球，跆拳道，游泳，瑜伽，街舞，民族舞社团联盟）共计 300 多人次，并且社团内部成员众多，具备较强的专业技能。但成员活动仅限于大学生内部交流，未对社会开放，从而没有有效利用该部分资源。因此我们针对社团联盟的人才储备数量情况、社团成员的合作意向及时间分配等方面进行了调查研究。

1.2　分析报告

本项目采用网上问卷调查方式，共回收 582 份，本次问卷调查范围为：东华大学，上海外国语学院,上海对外贸易大学,上海工程技术大学,上海视觉艺术学院,上海立信会计金融学院,华东政法大学。

1) 关于调查对象基本情况的调查分析

从本次问卷参与人员来看,女生的比例较大,且大三大四比例占到 80.41%,大一大二的同学所占比例较小;从课业安排的角度分析,大三以下同学的课余时间较少,课程安排比较紧凑,参与课外活动或者兼职的时间不是很充分。

2) 关于空余时间分布的调查分析

从问卷可以看出,大部分同学愿意参与课外兼职活动,且时间集中于周三、周五及周末,此项还需进一步的调查,以便于对不同时间段的人员进行合理安排,既不耽误上课时间,又有充足的时间参与课外兼职活动。课余时间在周末高度集中,可以考虑在周末安排兴趣班,充分利用周末的课余时间,满足双方需求。同时,对于工作日少量时间,可以根据课表合理安排或者协调时间,以便将资源最大化利用。

3) 关于调查对象特长的调查分析

有关于兼职项目的调查,涉及的范围很广,包括球类(羽毛球、网球、篮球等),其中羽毛球所占比例高达 58.25%,人力资源很充分,可以开展相关兴趣培训班便于一对一或者一对多培训。对于轮滑类、舞蹈、跆拳道及文艺类项目,范围涉及广,但人数比较稀少,可以分配至各小学采取集体方式培训。由于调查为随机调查,样本是在校大学生,并没有对社团人员进行专门调查。但从调查数据中可以看出,在校大学生兴趣爱好广泛,大学生资源丰富,这为后期资源库的建立奠定了基础。

4) 关于调查对象相关兼职经历及获奖情况的调查分析

有关在校大学生兼职资质的调查结果,部分大学生有过相关经历,从结果中可以看出,很多同学有能力同时也希望参与到中小学课外活动教育中,其中不乏获奖无数的专业人士,从培训人员资质要求角度来看,大学生年轻富有活力,并且很多学生工作或者社会工作经验丰富,沟通能力较强,能很好地融入到教学工作中。对于没有经验的同学,也可以通过一定的培训参与到管理的团队中。

5) 关于调查对象自我优势评估的调查分析

对于在校大学生对自身优势条件的认识,大部分同学认为自己的优势在于沟通交流。从小学生管理的角度分析,沟通交流能力和专业技术要求同等重要。从实际来讲,大学生专业水平足以教授小学生,因此专业水平并不是大学生课外兼职的劣势。授课经验占较少部分,然而对于没有授课经验的同学,可以通过亲身实践来积累经验,因此经验不成为限制条件。

6) 关于调查对象理想薪资的调查分析

对于理想薪资的调查,结果显示平均薪资为 114.56 元。从课程成本角度测算,理想范围对于不同课程来说在 100~120 元之间波动;从群体授课角度来看,成本易控制;从客户角度分析,消费远低于专业培训机构;从长远角度来看,具有一定的可行性。

综合所有调查结果,在校大学生群体人数众多,兴趣爱好广泛,专业技术及沟通能力较强,提供服务成本较低(相对于专业培训机构),本次调查对大学生(样本范围为松江七校,随机调查)群体的兼职意向以及课余时间、擅长范围有了一定了解,为后续助教及主教练资源库的建立奠定了基础,对于有过授课经验及专业技术较强的同学,后续发展为主教练;对于没有专业技术及授课经验的同学,后续发展为助教。有利于资源的充分利用。同时,对理想薪资的调查有助于后续课程定价及成本的调控。

2 基于家长对于孩子参加课外特长辅导意向的问卷调研报告

2.1 调查背景

松江区小学生课外兴趣特长辅导市场潜力极大,临近大学城便有 9 所小学。随着素质教育的普及,老师和家长越来越重视对中小学生的兴趣爱好的培养,该市场需求呈上升趋势。因此我们针对小学生课余活动需求、小学生家长对课外特长辅导的要求以及对大学生社团成员开展课外兴趣辅导的接受度等方面进行了调查研究。

2.2 分析报告

本项目采用问卷调查的方式随机对社会人群进行调查,调查地点诸如:街道、社区、小学门口等,共发放 400 份问卷,回收有效问卷 390 份。

1) 关于潜在消费群体兴趣爱好的调查分析

关于消费群体兴趣爱好项目的调查,涉及的范围广泛。其中球类运动(羽毛球、网球、篮球等)、书画及街舞所占比例较大,篮球更是高达 41.03%。针对此类消费需求较高的项目,可以采取一对多的大班培训模式。而对于其他需求较低的项目,则可以考虑一对一等精品班培训模式。总的来说,小学生对于课外兴趣特长辅导热情度较高,为开展大学生课外辅导提供较大消费市场。与此同时,在结合大学生人才资源库的相关数据后,能够初步确定相关课程的开发。

2) 关于潜在消费群体通过什么渠道参加课外兴趣辅导的调查分析

调查分析显示,大部分家长支持自己的孩子参与课外兴趣辅导,这反映了小学生课外特长辅导的市场潜力。同时通过报名方式的调查结果得出大部分小学生是通过个人培训或机构培训来参与课外特长辅导。关于个人培训及机构培训还需进一步的调查,以便于了解潜在消费群体选择课外特长辅导的渠道,从而更好地宣传大学生课外辅导。

3) 关于家长对培训机构了解程度的调查分析

有关家长对孩子课外特长辅导机构了解程度的调查结果,74.36%的家长对培训机构比较了解,且绝大部分家长是通过朋友介绍来了解相关培训机构,同时也有部分是通过户外广告及网络宣传的途径来了解。因此一方面要重视品牌口碑;另一方面可通过家长并不排斥网络宣传的现象看出本项目的可行性,进而可考虑在 O2O 模式建立之初,通过线上与线下相结合的宣传模式进行推广。除此之外,我们可以看到有 35.9% 的家长通过学校介绍来选择培训机构,因此在 O2O 平台建立之初,可考虑直接与学校进行合作以获得更多消费者。

4) 关于家长对培训机构相关要求的调查分析

关于家长对课外特长辅导培训机构的具体要求,绝大部分家长认为教学质量和孩子喜好是最重要的,对于师资水平并没有特别要求。由此一方面可以看出大学生参与小学生课外兴趣辅导的可行性;另一方面则为本项目后期开展课程提供了相关标准,即尤其应重视课程的教学质量及与孩子们的沟通交流。与此同时,69.23% 的家长重视教学环境,因此在 O2O 平台建立之初资金并不充裕的现状下,应借助与学校的合作,利用学校场地来暂时解决环境与设施的问题。

5) 关于家长认为目前培训机构存在问题的调查分析

对于目前课外辅导机构存在问题的调查,结果显示,绝大部分家长都认为现在的培训机构存在问题,其中收费高的问题被 79.49% 的家长所认同。而在家长认为大学生开展课外兴趣辅导的优势调查中,则能看出大学生开展课外辅导相较于培训机构的最大优势就在于成本低。至于目前家长认为培训机构存在的教师素质及教学质量的问题,本项目一方面因为教师为大学生,有相当的教学素质保证;另一方面则因为大学生与教学群体年龄差小,双方代沟小,能够更好地沟通交流,在一定程度上亦能保证教学质量。因此相较于培训机构的弱势,大学生进行课外辅导的优势相当明显。

综合所有调查结果,潜在消费群体人数众多,市场需求较大。且小学生爱好的项目能够很好地与大学生社团实现对接。除此之外,相较于目前培训机构存在费用高、教学素质较差的劣势,大学生开展课外辅导则能体现其成本低、易与小学生沟通交流等优势。因此可看出两个市场对接的可能性。然而一方面我们应该重视大学生社团联盟参与小学生课外兴趣辅导的市场潜力,另一方面应该针对培训机构的劣势、优势进行扬长避短。本次调查对市场需求情况、家长了解培训机构的相关渠道方式及对课程的相关要求做了初步调研,对后续开展相关课程及推广 O2O 平台的方式有很大的借鉴意义。同时通过分析调查数据并结合开发初期资金情况,本项目决定寻求与学校的合作,这为本项目如何确定固定消费群体来源、租借较好的教学环境提供了解决方案。

3 产品展示

3.1 产品目标

以 O2O 为载体,搭建大学生课外兼职与小学生课外特长辅导的市场对接平台。通过整合松江七校的社团资源,实现提供优质课外特长培训、增加大学生课外兼职机会、加强小学生体质素质健康等目标。

3.2 产品规划

1) 线上平台设计

"一元体验课程"版块设计：

流程：用户可以在线浏览已分类的课程信息及师资力量，通过嗨动网提供的全面介绍，选择合适的教师进行1元体验课程预约(教师；上课地点；时间等)。

设计目的：让用户获得免费体验机会，掌握选择的主动权，促进老师和学员之间的了解，增强用户报班的科学性和适应性。

A. 对于嗨动网：首先，通过1元课程这一形式增加用户的转发量，扩大了嗨动网的知名度，获得了更多的关注量，吸引更多的用户参加体验课程；其次，对于培训教师而言，通过体验课程的设置，促进其提高教师质量；此外，嗨动网将1元钱收入(嗨基金)，用作公益储备，旨在帮助条件艰苦地区的小朋友购买运动器材，改善运动环境。

B. 对于用户：通过在线预约1元体验课程，相当于免费获得了一次体验机会，掌握了选择的主动权，加深了家长对于教师的了解，增强了选择的科学性和适应性。

2) "嗨商城"版块设计

网上售卖：将各类与嗨动网培训课程相关的运动器材放入"嗨商城"中，嗨动网与阿里巴巴等商家合作，采用分销的模式，网上售卖，赚取中间差价。

开展积分换礼活动：在线报课程获得相应积分，用此积分可以到"嗨商城"中直接换取运动器材(如1600元的课程可以获得400个积分，而一双轮滑鞋对应的积分为400分，可以在报班的同时享受免费获得轮滑鞋一双的优惠)。

3) "嗨活动"版块设计

初步设计为三部分：

寒暑假主推。由嗨动网联合大型运动俱乐部承办寒暑假小学生冬令营活动、小学生夏令营活动(此部分招生以嗨动网已注册会员为中心向外辐散，既满足了市场的需求，同时也扩大了嗨动网的知名度)。

不定期活动。微型社会公益活动。联合大学生资源和小学生资源，开展"大手拉小手献爱心"等形式的公益活动，拉近大学生和小学生的距离，丰富了双方的社会实践经历，在公益中实现了"爱与运动"的完美结合。

定期活动。整合松江七校的社团资源，激发社团的活力，加强社团成员之间的相互交流，定期开展户外骑行登山等活动，传承运动、健康的生活理念。

4) "精品视频"版块设计

该部分主要是将优秀教师上课的视频上传至嗨动网，形成优秀课程视频展示平台；初步开展的培训课程包括：羽毛球；跆拳道；轮滑课程。通过此平台，用户可以直观感受教师的教学水平，同时也可以在线学习相关课程；嗨动网也会不定期根据上课进度及训练程度实时更新视频平台，保证用户可以及时了解到师资的最新动态，保障了报班的科学性。

5）"出色师资"版块设计

此部分主要是分类汇总及详细介绍目前授课的师资情况；按照运动类别——教师姓名——教师简介的层次深入；教师简介页面主要设置包括以下几部分：教师的生活照、证件照各一张；所在学校、年级、自我介绍、社团经历、获奖经历、专业水平、特长爱好、备注等个人信息；清晰明了，便于家长有针对性地进行选择，为师资方面的安全性提供基本保障。

6）"学员风采"版块设计

此部分将着重以图片和文字为主，依托专业的技术团队实地采集上课及大型比赛等相关图片，家长可以通过此模块对上课情况进行了解，同时，此部分也是对于嗨动网和整个团队教学成绩的最直观展示，作为后期宣传销售的重要材料为嗨动网提供课程反馈与对外形象宣传素材。

4 产品运营

嗨动网自10月中旬开始招生，至今体验总人数累计达到40人左右（其中，多集中在家住松江大学城附近的6～12岁的小学生，需求项目多为轮滑，羽毛球；现招生人数为12人，每周末授课）。

授课教师：松江七校社团内优秀的轮滑社员、羽毛球社员。

授课地点：松江七校的校园操场（视情况而定）。

5 运营问题及解决方案

1）消费意愿较低

在宣传中，众多家长因学校课业压力大或已报有其他兴趣班（如书法，绘画等）、周末时间安排紧张等原因而无报班意愿。针对这样的群体，我们考虑后期平台发展较完善、大学生师资较稳定之后与学校签约，利用放学后或者体育课的时间开展课外兴趣辅导。

2）课程开发较少

初步开设的课程为轮滑、羽毛球、跆拳道，但有很多小朋友已经掌握这三个项目的基本技能，报班欲望并不强烈，反而对于高尔夫、足球、滑冰等项目较感兴趣；对此，我们采取的措施是继续引导，使其纵向深入发展；同时，我们不断开拓新的适合市场需求的项目，继续挖掘松江七校的优质社团资源，增强师资的种类和实力。

3）师资流动性较大

现有的师资为大学生社团人才，然而社团人才流动性较大，因此对课程师资的稳定性造成一定影响。不仅表现在课程时间的不固定，还有兼职大学生的不确定性。因此针对这种问题，我们考虑以二人搭档模式固定一个学期的授课，在保障一人教学的前提下，两位授课老师私下进行协调。

4) 基础设施

因现有的资金有限,并不能长期租借场所,导致家长对现有的教学环境和基础设施有所不满。因此在结合现有资源的情况下,我们考虑通过社团或者直接与大学城学校签订合约来借用相关场所,一定程度上能减少成本花费。

项目组成员:王雨薇　孙　瑜　姜　楠
指导教师:彭锻炼

高校学生使用教务系统中存在的问题及改进建议

——以上海立信会计金融学院为例

摘　要：本文首先对当前国内推进21世纪高等教育的战略改革和数字化校园进行背景分析，进而总结出高校发展教务管理信息系统的重要性，然后对上海立信会计金融学院的教务信息系统进行了具体调查，了解上海立信会计金融学院教务信息系统的发展现状以及该校学生在使用教务系统过程中存在的问题，并针对这些问题为学校提供改进建议，最后还通过对松江大学城其他部分高校教务系统的调查来为我校改进教务系统提供重要参考依据，从而为实现一流的教学打下坚实的基础。

关键词：教务系统；发展现状；改进建议

近十多年来，国内外都在积极推进面向21世纪高等教育的战略改革。高质量的教育需要高效的管理。在这个信息化、网络化的时代，如何利用现代化管理工具和管理手段提高工作效率和质量，是向21世纪大学教育改革需要解决的课题。高校教学教务管理工作是高等教育中的一个极为重要的环节，是整个院校管理的核心和基础。

1　高校发展教务管理信息系统的背景

随着网络信息技术的飞速发展及高校学分制的推广，原有的高校教学管理模式面临着新的挑战，高等教育改革也对教务管理工作提出了更高更新的要求。为适应新形势的需要，高校教学管理必须走"规范化、信息化、网络化"之路，运用信息技术，改变传统的教学管理模式，建立教务管理信息系统。所谓教务管理信息系统，就是以计算机技术为基础，对教学管理信息进行收集、传递、储存、加工、维护和使用，实现教学管理事务处理自动化，使教育教学领导决策日趋科学化的人机系统。

1.1　教学管理信息化建设的必要性和紧迫性

随着高等教育大众化的普及，国家高等教育逐渐由"精英教育"向"大众教育"转变，大多数高校的在校生人数都达到万人以上，甚至达到了数万规模，学校所设学科专业类别达到几十个，因此，教学管理工作的事务繁多，任务越来越重。在新的形势下,高校教学管理如果还采用过去规模较小时那种机械式的手工作业方式,将很难满足学校扩招后教学管理工作的需要。另外,学校规模的扩大,使得原本有限的高校教育资源更加稀缺,学校只有建立更加有效的教学管理运营机制,统一合理地调配现有教学资源,科学安排教室、机房、语音室、实验室等,提高资源的利用率,才能满足学校扩招后的基本需要。在新形势下如何将管理者从繁重的日常事务中解放出来,使其有更多的时间思考、研究教学管理规律,进一步提高工作效率,提升管理水平,推进教学管理信息系统建设的进程,就显得尤为重要了。

教务管理信息系统建设的目的在于突出研究、服务的工作主题,提升管理能力,加强各项工作,进行管理质量的全程监控,提高工作水平,提高工作效率。随着学分制的全面实行,加快基于网络的教学管理系统信息化的建设更是势在必行。教务管理系统中信息的特点是其本身的复杂性和特殊性。由于教务管理的内容较广,几乎涉及教与学的所有方面,其信息的来源是多方面的,有教师信息、学生信息、课程信息、教学质量信息、教学资源信息等,信息量庞大,信息在运行的过程中,数据变更渗透到各个环节且贯穿始终,延续性要求高。因此,研制一套适用的管理功能较为齐全并具有扩展能力的、运行安全可靠的教务管理系统势在必行。高校教学管理信息系统的建立和正常运作是学校管理水平的重要标志,是教学管理现代化的具体体现。随着教育地位的提高,教育责任的加大,教育内涵和规模的扩大,建设和实施高校教学管理信息系统,辅助日常事务处理,辅助教学的管理和调控,保证重大教育决策的准确性已成为一种趋势。

1.2 教务管理信息系统的构成

教务管理系统主要的功能模块包括学籍管理、教学资源管理、教学计划管理、选课管理、排课管理、成绩管理、评教管理等。

学籍管理。新生入学后,教务人员通过信息采集将学生信息录入到教务管理系统中,建立学生个人档案,并对学生进行编排学号、班级,建立学籍。之后学生就可以凭借学号登录 Web 端查看自己的学籍信息,以及相关的学习信息,包括后续进行的注册、选课、成绩查询、评教等操作。二级学院的教学管理人员也可以及时了解本系部新生的基本信息。毕业审核是学籍管理模块中的另一重要功能,毕业审核是一项工作量很大的工作,以往的手工审核方式耗费大量的人力、物力。利用系统中的毕业审核功能教务管理员可以根据事先设定的审核条件来自动审查毕业生是否具备毕业资格,生成相应的名单,将教务管理人员从繁复的劳动中解放出来。

教学资源管理。教学资源是高校运行的基本保障,包括校区信息、教室信息、教师教辅人员信息、教学场地信息等。教学资源信息是系统中的基础信息,是后续的教学安排、排课等功能实现的基础,所以必须保证教学资源库的全面性和准确性。

教学计划管理。教学计划管理是教学和教学管理工作的具体化,它包括:专业计划管理、教学任务管理。该功能模块是其他功能模块运行的必要前提。工作人员先对基础数据(学院代码、专业代码、课程代码等)进行维护,再根据学校人才培养方案创建学期教学任务。

选课管理。选课过程分为三个环节,每学期有上千名学生通过登陆教务管理系统对公共选修课和专业选修课进行网上选课,通过一定的条件限制进行筛选,确定学生的选课信息。选课管理的主要设置包括:课程信息设置、选课名单设置、选课时间和进程设置等。教务管理人员在对选课系统进行相应的设置后通知各院系组织学生网上选课。目前大部分的院校都只实行了部分学分制,只允许学生自选选修课,而对必修课进行提前预置。经过选课操作后生成的学生——课程对应关系将作为成绩管理的基础数据被后续调用。

排课管理。根据安排的教学任务生成相应的排课数据,系统可根据上课时间、地点等条件进行自动排课,并可以手动修改和调整,排课完成后教师和学生可以登陆到教务管理系统查询到相关的课表信息。课表编排模块能够根据各学期的教学任务调用学籍信息、教学资源、校历等信息生成科学合理的课表。课表生成以后各教研室人员可以通过教务管理系统的 Web 端核对课程安排。如需要修正,校级教务管理人员可以对生成的课表作出适当的调整。

成绩管理。成绩管理是用于管理学生在校的所有成绩。在每学期考试结束后,各任课教师可以登录教务系统录入学生成绩。成绩管理中保存着我校学生在校所修课程的所有成绩。教师和学生通过登陆教务管理系统,可以很方便地查询到相关成绩并输出报表。

评教管理。教学考评是对教师教辅人员的工作质量进行统计评价工作。以往的手工评教不仅组织麻烦、工作计算量大,还容易出现数据缺失、数据失真等情况。利用教务管理系统的网上评教管理功能可以做学生评、教师自评、互评等多层面评价,多种评教方法的设置,既保证了评教方式的多样性、数据的全面性,也更好地保证了评教数据的真实性。

教务管理信息系统是数字化校园极为重要的组成部分之一,涵盖教务业务中的各个功能部件,从学籍、注册、排课、选课、考试、成绩、教学评价等诸多方面形成一体化管理模式,是为了建设高校教务教学的数字化管理,提高教务管理人员、工作人员以及各院系教学负责人的工作效率,并且与"数字化校园"中的其他系统相配合,共同实现无冗余的、统一的信息管理。作为教务管理信息系统的主要使用对象,立信学生在使用教务系统的过程中出现了诸多问题,给学生造成了一定的困扰,因此改进立信教务管理信息系统是非常有必要的。

2　上海立信会计金融学院教务系统现状分析

我们采用线上与线下发放调查问卷的方式,对上海立信会计金融学院的部分学生进行了调查。据统计,共发放调查问卷 568 份,收回有效问卷 546 份。通过对统计数据的分析我们可以得出上海立信会计金融学院教务系统目前主要存在以下问题。

2.1 学生选课开放时间不准时

许多学生表示学校几次没有按照之前规定的时间准时开放选课,或者出现提前开放,或者是延迟开放,在延迟开放的情况中也没有及时地通知学生更改后的开放时间,使得许多学生不能顺利地进行选课。

2.2 讲座预约开放时间不准时

部分同学反映学校几次没有按照规定的时间开放讲座预约,有时延迟开放时间较长,也没有及时地通知学生更改后的开放时间,使得部分同学不能顺利地预约讲座。

2.3 网页加载慢,容易卡顿乃至系统崩溃(在选课时期尤为突出)

这种现象主要出现在选课的三选环节中,由于此时选课人数较多且集中,导致教务系统运行缓慢甚至崩溃,使得许多学生不能顺利地进行选课。

2.4 选课抢不上

学生在选课时可能会出现"两极分化"的现象,即有些同学所选课程全中,而有些同学一门没中或只选中少数几门课程。学校选课一选和二选环节是随机分配,部分学生只选中少数几门课程或一门没中也是无可奈何,虽然三选环节可以抢课,但是由于抢课人数较多,可选课程较少,所以许多学生在三选环节仍然选不到课,这就导致了部分同学所修课程不够,需要延长一学期来补修课程,给同学造成了不便。

2.5 学生对于所选课程内容一无所知

对于选课环节同学们了解的只有课程名称,对课程内容、课程安排及主讲老师一无所知,只能通过咨询学长学姐进行大致了解,这就导致了部分同学选到不适合自己的课程或对于自己而言难度较大的课程,造成这些同学所选课程成绩不理想甚至挂科的结果。

2.6 成绩查询只显示最终成绩

许多同学表示查询成绩时只能看到自己的最终成绩,对于自己的平时成绩和卷面成绩并不清楚,这不利于学生根据自己的成绩来调整自己的学习方式,尤其是成绩不理想的同学想要查询自己的平时成绩和卷面成绩只能通过联系老师的方式,这给老师和学生都造成了不便。

2.7 通知不到位、不及时

学校会经常在教务系统网站的首页发布一些通知或公告,但是学生使用教务系统的时间主要集中于选课、查询成绩和四六级考试报名,在其余时间一般不登陆教务系统,这就导致了学生对于一些通知或公告不能及时地了解。

3 上海立信会计金融学院教务系统的改进建议

针对选课和讲座预约不准时开放的问题,教务处应该特别注意开放时间,不要再出现延迟开放的情况。如果出现某些问题不能准时开放的,应该及时通知学生,避免学生浪费时间等待。

网页加载慢,容易卡顿乃至系统崩溃。教务处应该优化改进教务系统,提升教务系统网站的性能(在资金支持的前提下)。选课可以将不同年级的学生分开在不同时段进行选课,这样就大大减少了教务系统的压力。

针对部分同学选课抢不到课的情况,教务处可以适当增加开设选修课程,对没有抢到课或只抢到少数课的同学进行调整。

选课时学生对于所选课程的内容一无所知。教务处应该在选课环节中加入对选修课程及上课教师的简介,便于同学们对各个选修课程的大致了解,然后根据自己的偏好进行选课。

成绩查询时只显示最终成绩。教务处可以在成绩查询功能中增加卷面成绩和平时成绩的查询。

通知不到位、不及时。教务处发布的重要通知应及时下达给各学院,再由各学院辅导员通知给学生。

教务系统可以增加教材购买功能,让同学们可以选择购买下学期哪些课本,之后根据同学们的选择结果进行网上缴费。

4 关于进一步提高学校教学管理信息化的几点思考

通过不断的努力,学校教务管理信息化水平正逐步提高,在实现教务管理规范化、科学化方面发挥了重要的作用。但是与真正意义上的信息化管理还有一定的距离,为了进一步提高教务管理信息化水平,我们根据调查收集的数据,作了以下几点思考:

教务管理涉及全校教学工作的各个方面,应充分认识其重要性,教务管理系统需要各部门的合作与支持。各系部的积极支持、积极使用,才能发挥出系统管理的最大优势,否则信息化管理、资源共享就失去意义,教务系统在全校各部门和师生中的推广有待加强。

进一步提高教学管理人员的计算机水平,在适当的时候组织教学管理人员,包括各系部教学干事的培训学习。

目前系统主要使用到学籍管理、排课管理、考务管理等功能模块,教师管理、教材管理等模块尚未完全使用,需要进一步推广以提高整个教务管理工作的效率和水平。

系统运行需要硬件设施的完善,网络的畅通。尤其要解决选课期间教务系统网站卡顿的现象,让学生能够顺利地选课。

系统数据的准确性、规范性有待加强。

系统的安全必须得到重视,教务管理数据库是教务信息的枢纽,一旦遭到破坏会影响全校教务管理工作的正常运转,所以要重点防范来自网络上的对软件和数据库的破坏,防范网络"黑客"和"病毒"的攻击,同时管理员应做好日常维护和数据备份,及时解决发现的问题和存在的隐患。

注意与传统管理方式的整合。教务管理信息化大大提高了我们的工作效率和质量,但并不能完全取代传统的人工管理方式。传统管理方式下,教务管理者与师生接触中的语气、手势、微笑等非语言符号有时往往能使复杂的事情变得简单易行,同时又能加深师生之间的情感交流,这些都是现代网络媒体所无法替代的。因此教务管理信息化和传统教务管理手段应该相互配合、互相补充,才能收到更好的整合效果。

教务管理系统对提高高校教务管理水平所起到的作用是显而易见的。信息化的工作方式使得教务管理工作更加系统规范也更加高效。随着高校办学规模的扩大,我们逐渐意识到,教学管理信息化是提高教学管理水平的必经之路,实现教学管理信息化将提高教学管理工作的系统性,有助于提高工作效率,提高各职能部门之间的协调性,提高工作的规范性和工作职责的明确性。有助于增强各部门间的合作,减少矛盾。教务管理系统的建设在教学管理信息化建设的过程中具有核心地位,教学管理系统的良好应用将为学校管理信息化建设奠定基础。

5　上海立信会计金融学院教务系统改进意义

通过对学校教务管理信息系统的研究调查发现其中的薄弱之处,从而为学校提供一些政策建议,有利于推动高校建立高效实用的现代化信息管理系统,提高学校教务教学工作效率和推进高校教学改革,提高教学质量,并更好地为校领导提供实用的决策分析信息,从而为实现一流的教学打下坚实的基础。

实现教学管理的优质高效。教学管理信息化与传统的教学管理方式相比,在信息获取、加工、反馈、互动、交流等方面具有明显的优势,能充分提升教学管理的整体水平,创设教学管理的优良环境,使各种教学管理资源、教学管理要素和教学管理环节,经过组合、重构、融合,在整体优化的基础上产生聚集效应,从而促成传统的以人事管理为中心的教学管理结构转变为以信息的传输和共享为中心的信息化管理模式,实现管理过程优质高效的目的。

同时也有助于学校及时准确地掌握教学执行和学生管理的一些情况,增强学校同学生间的联系,通过了解学生的需求和意见,从而做出改善,更好地为同学服务,提升同学的满意度。

为教育决策者提供准确及时的管理信息。教学决策来自于对教学信息的及时、准确的掌握,教学管理信息化可以随时随地为学校领导提供教学方面的各种信息,也便于学校的各项决策能及时发布和执行。

明确教学管理工作职责,进一步制度化和规范化,使各院系和教务处之间的工作紧密地联系起来,这样就可以保证教学教务管理工作中的信息的准确性和及时性。

6　调查项目的创新点

以学生的需求为立脚点,从实际上解决教务系统使用上的问题。着眼于立信在校学生在使用本校教务系统过程中的问题及需要改善的地方,突破当前阶段教务系统的模式,从学生对教务系统实际发展需求的角度和更好地使学校准确掌握教学执行情况的角度进行调查,将学校与学生统一起来,分析总结所收集筛选的数据和资料,深入了解校教务管理信息系统的运作情况、具备的功能及存在的问题;

调查范围广,取样丰富,信息全面。以松江大学城七大高校作为调查区间,对大学城内的高校学生采用问卷调查和个别访谈的方式,总结出高校教务系统的共同问题及解决方案,同时还采用与上海立信会计金融学院教务系统管理人员访谈的形式收集有效信息,为我校教务系统的改革提供参考依据。考察更为全面、具体,为改善立信教务系统提供更加全面、更加多样的思路。

本项目可以作为立信学生与学校关于教务系统方面沟通的桥梁,将学生的意见与建议直观、客观地反映给学校。通过我们这次的调查研究,解决之前学校无法全面、有效地获取学生意见的状况,进而做出改进工作,使我校学生在教务系统的使用上更加满意,同时学校也更能够准确地掌握教学执行情况。

项目组成员:翁　韬
指导教师:王　璐

对外交流项目

中外大学教育比较

——以美国杜鲁门州立大学与上海立信会计金融学院为例

摘　要：高等学府是社会的重要组成部分之一，由于社会背景的多元化，欧美国家高校的教育与我国相比，显得更为多元化。本文以美国杜鲁门州立大学与上海立信会计金融学院为例，通过分析，对比我国与欧美高校教育的主要差异，指出可供我国大学吸收借鉴的方面及有价值的文化成果。

关键词：高等教育；教育特点特色；教育方式；中美对比

无论美国人还是中国人都有自己引以为荣的大学，如美国的耶鲁大学（Yale University）、哈佛大学（Harvard University）和中国的清华大学、北京大学，这些大学在创建的初期，就带有本国教育的特点和浓郁的民族文化气息。无论你走进哪一所大学，毕业时你身上会或多或少地带有该大学独特的韵味，大学教育会影响到一个人的行为方式、处世态度、工作能力甚至人的一生。让我们走近美国大学和中国大学，一睹各自的风采。

1　中国大学教育和北美大学教育的比较

1.1　校训（核心思想）的差别

何为校训？校训是广大师生共同遵守的基本行为准则与道德规范，它既是一个学校办学理念、治校精神的反映，也是校园文化建设的重要内容，是一所学校教风、学风、校风的集中表现，体现大学文化精神的核心内容。由于历史与文化方面的原因，中西方大学校训之间存在很多思想和形式方面的差异。

就以杜鲁门州立大学与上海立信会计金融学院为例，前者的校训是"Perusing"，即对知识的追求永不止步；后者则是"信以立志、信以守身、信以处事、信以待人、毋忘立信、当必有成"，可以简单概括为"诚信"二字，即任何事必以诚信为首。一个着重于求知，重智；另一个则强调于重德、求善。

再如清华大学的校训"自强不息，厚德载物"；复旦大学的"博学而笃志，切问而近思"与哈佛大学的校训"以柏拉图为友，以亚里士多德为友，更要以真理为友"；斯坦福大学的"自由之风永远吹"，从形式上看来，中国高校的校训大多出自古文古诗词，讲究对仗、工整、严谨,而欧美的校训则重在诱导启发。

1.2 通识教育课程选择范围的差别

通识教育源于19世纪,当时有不少欧美学者有感于现代大学的学术分科太过专业、知识被严重割裂,于是创造出通识教育,目的是使学生能独立思考,且对不同的学科有所认识,从而能将不同的知识融会贯通,最终目的是培养出完全、完整的人。20世纪以来,通识教育已广泛成为欧美大学的必修科目。

自古以来,学生们都希望成为"德智体美劳"全面发展的人才,这也证明了通识教育存在的必要性。但是中国大学的通识教育更偏"专业化",从而更好地做到了学以致用;欧美大学则更注重培养学生思辨、表达的能力。我在立信就读的大一、大二期间,修读的通识课为思想道德修养、计算机、会计学原理等基础课;而据我了解美国的通识课的设定一般为 Public Speaking(公共演讲且需穿正装)、The History of America(美国历史)等。其实两者的利弊很难说,因为在一定程度上,中国将美国的通识课作为公共选修课开设,而美国则将其作为专业选修课。

1.3 课堂氛围及教学方式的差别

首先,由于人口问题,中国大学很难采取小班化教育,因而无法顾及每一个学生,提升课堂参与度更是难上加难。当然小班化也并非北美每一所大学都可以做到的。也有人会说美国大学的实际情况并不比中国大学好多少:美国大学生的授课时间、次数比中国少得多,每节课50分钟,一周只有3节课,听课的人数非常多,有时一节课会有500多名学生,课后一般有一小时的指导,学生分小组讨论问题,课后有大量作业,如果学生完成了阅读任务并写出了自己的见解,就会得高分。

但让我觉得幸运的是,我所在的杜鲁门州立大学是一所以小班制闻名的公立学校,每个班级人数的上限为30人。在每一节课上,老师完全是有精力关注每一个学生,学生也完全可以在自己有困惑的地方举手提问。让我印象深刻的是要去机房的课程,一个机房可以容纳大约50人,但是最多只招生30人左右。

至于大小班的差异,对于自觉的同学来说微乎其微,而上课容易走神的人群或许更需要小班化课程。

其次,在欧美大学的课堂中,分析讨论,也就是"说"占了很大的比例。而中国大学课堂则是以"听"为主。这跟中国学生的性格颇有联系,在长期被引导的成长过程中,"接受"是我们习惯性的一个动作,久而久之就变成了"被动接受",在脑海中形成了这样的一个概念,家长和老师说的都是对的。换而言之,大多数的我们已经忽略了"思辨"这一重要的步骤和影响。所以现在中国大学开展的课程展示(Presentation)是一种很好的方式,让同学向老师展示自己的想法。

最后,教师的教学方式的差别,也让课堂活跃度大相径庭。就我个人而言,一个对教学充满热情的老师一定会抓住大多数学生的兴趣去授课,应该达到的理想化目标是:该教授是靠人格魅力而不是点名留住学生的。

1.4 学习环境的差别

欧美文化虽然自由,但是很注重各种不论大小的节日,因此国外大学的活动众多,学生的课余生活也更为丰富。就因为这种海纳百川、包容的态度,也使国外的校园存在着一些不和谐的现象。

我在美国期间,参加过一次"Home Coming"的大型游行活动,来自世界各地的非美国本土人都来参加,各自穿着传统服装,举着自己国家的旗帜绕着校园外的马路走一圈。而美国人则会站在路边看着一面面飘扬的彩旗,此时此刻我相信他们跟我的感触也是一样的:文化的求同存异。

尽管美国校园生活丰富多彩,但他们的教育也不是完美无缺的。虽然我们生活在一个封闭、缺乏自我人格的教育牢笼里,可是同时我们也要看到,一些危险的因素也被隔在了外面。我们的校园里不会出现吸毒、贩毒的现象,也没有持枪上课的室友、校友,更不用担心会有恐怖分子冲进教室对我们进行绑架要挟。对于这些,我们中国的大学生要感谢我们国家有这样一个和平的环境,同时我们也不得不感谢我们的传统教育,感谢它是一种导向型教育。

2 中国教育的现状分析

2.1 对于当代大学生的影响

几乎所有的大学生都会认为中国大学是"严进宽出"的,而北美的大学却恰恰相反。这两种大不相同的入学标准体现了不同的文化底蕴。美国的大学重视个人的创造力,这意味着他们不会仅仅通过一次考试来评价学生;而在中国,学生必须显示他们是通过努力学习以掌握丰富的知识,"学而不厌""满腹经纶"正是儒家思想的精华所在。

所以,中国的教育容易造成这样的一个现象:十几年苦读下来,中国的学生却时常被认为是"书呆子""计算机"。我想起很多老师讲课的时候喜欢提到美国教学的一些案例,不能否认,我国最初喊着"义务教育"也是想仿效美国,只是没在我们自己身上实践好。在美国,小学生就学会自己理财,中学生可以选择自己喜欢的课程,大学生可以自由选择是留读还是工作。

这不得不引发人们的深思:中国的大学教育给了大学生什么,或者大学生又从中国教育制度中吸收到了什么?

2.2 对于中国未来发展的影响

教育在人类步入工业文明之后,已成为经济发展的主要内生变量。在知识经济时代,一国经济发展潜力更是完全取决于教育。一方面,产品和产业的竞争归根结底是人才的竞争,国与国之间的竞争几乎可以看作是教育体系的竞争。另一方面,教育也决定着就业,影响着社会保障和财政预算,没有受到过应有教育而不能就业的人群,必然成为长期性的社会负担。所以,人力资源开发的重要性超过了任何其他资源开发,无论是从个人还是从国家的角度来分析,教育支出都是回报率最高的投资。

3 中国教育存在的问题

3.1 大班教育无法因材施教

如上文所述,中国是一个人口大国,将有限的资源平分到每个人身上,结果只可能是微乎其微。另外,班级数量越少,相应的资金投入就越少,一个班的学生越多,投入的成本比例就更小,用产业化标准来衡量,自然是班级越大越好。那么中美的差异就体现出来了:北美学校比较重视以学生为中心的课堂讨论,而中国学校以教师为中心的讲课几乎压倒了任何形式的学生讨论。前者鼓励"群言谈",后者习惯于"一言谈"。在一个自己不参与也不会有问题,参与了还不一定得到重视的环境下,当代大学生对学习的热情几乎早已消失殆尽,再加上已没有需为之付出极大努力(如高考)的原因,于是便造成了上课注意力不集中、做副业的情况,到学期末便临时抱佛脚来一个"60 分万岁"。

如果想要改变这一现象,真的可谓是"任重而道远"。

3.2 通识教育过于务实

对于通识教育的课程选择,每个人的出发点大相径庭。就比如我所在的上海立信会计金融学院,校名和历史已让人们潜移默化地认为这是一所以会计出名的大学。的确,会计对于当今的中国发展而言是一个容易就业的专业,但撇开就业这一缘由不谈,非经管类专业的学生学习这一课程的理由并不突出。

3.3 学生个性培养不够

对于学生是该有自己的个性,随时随地地展示,还是所有的学生都秉承大同的思想,这两者应该是北美教育和中国教育的体现。如果非要说个是非,最后还是只能说各有千秋。作为一个人口基数大的国家,如果每个人都强作出头鸟,极有可能会造成一定的混乱;但如果所有都持中庸思想,保持沉默,也许创新和发现就与我们渐行渐远了。

3.4 校园文化过于单一

北美的校园不会摒弃学生的特长,并且善于培养并发展他们的兴趣爱好。就好比美国杜鲁门州立大学定期会有合唱团演出,让一个叫 True Men 的合唱团在开学典礼的舞台上为大家献唱。当然不仅是合唱团,还有舞蹈队。不管是从观众的参与度和场地的设置,都让演出者感受到了重视和尊重。相对而言,中国的大学仅在重大节日或者开学初才会有迎新庆祝晚会等。

另外,北美大学的学生来自世界各地,所以开设的社团也是格外丰富。我曾收到一张宣传单,上面密密麻麻上百个社团可供选择,而社团的经费只要有正当的理由,学校总是会大力支持;对比看来,中国的社团种类也是相对较少,选择范围较狭窄,不过其原因之一也可能是同学们的参与度不高。

4 改革建议

4.1 开设小班化教育

针对大班导致教育质量下降这一点,由于财政拨款及资源的有限性,暂时还没有一种方法可以使所有的课程都小班化。但是为了同学们扎实地掌握知识,应该在开办专业课时选择小班制度,一来可以让同学们集中精力去学习专业知识,二来可以让专业课老师及时向基础课老师反馈学生学习情况。因此,立信偏好将外教课程设置为小班教学,其原因是想让同学们跟外教充分沟通。课程的效果显著,所以应选择性地在专业课程上采取这样的措施。

4.2 开设创新性课程

相对于务实的课程,选择性的开设一些创新性课程对学生的培养有百利而无一害。中国教学存在的问题之一就是:一直强调书本知识,而不结合实践;一直着重"学富五车"而非"体智并发展"。很明显,踏入社会后,在相同知识储备的情况下,能力是区分的重要因素。立信在选修课程中设置了如演讲与口才、合唱等课程,这些课程都受到了学生的追捧,在完成学业之余,还培养了"一技之长"。而我所在的税务专业开设了一门税务代理实务课程,不仅让我们分析了不同企业的真实案例,还仿真填写了企业所得税申报表等。不难发现,中国高校已经开始注重创新且积极向前发展。

4.3 注重个性的培养

现在社会中最可怕的一个复制就是性格。就好比《伤仲永》中的神童,原本有超越同龄人的智商,但是没有去培养,最后就变得跟凡人一样。古人已为这种事叹息,遂写文告诫我们。但放眼当今,似乎为了"适应"社会而磨去自己棱角的比比皆是。学校应倡导并积极培养保留不同的性格,而非强制性地"取其精华,去其糟粕"。我认为学校应尽量开设各种各样的社团,组织多样化的比赛,让同学们扬其长,找到自己的闪光点。

4.4 注重多元化的建设

虽然中文是世界难学语言之一,但是愿意来中国的海外学生逐年增加,所以我们也应该好好练习自己的口语表达能力,这一点我认为我校做得较为全面,开设了"英语角",让同学们在课余时间与外教进行交流。美中不足的一点是,虽然英语已被大众认可是全球化的一种语言,但是小语种并不会因此消失。我们学校有去法德的访学项目,却不开设相应的语言兴趣班,这样一来访学项目的成本在无形之中增加了。

另外应尽可能开设一些针对学生能力及爱好的兴趣活动,这样学生们的参与度会相对高些。

5　结束语

中国教育与北美教育的异同点这一课题,想必从发展教育时就已是热议话题。于我个人而言,这两者的不同很难说出个孰是孰非。中美的经济发展程度、人口基数、生活环境等客观因素都大不相同。在不同的国情上建立不同的教学制度也是最理想、最贴近现实的。如果一味地效仿,在各方面可能都会产生"蝴蝶效应"。如财政部大力拨款给人才发展是被支持的,但是如果要满足完全小班化经费所需,那这个拨款额度是不够的。

虽说中国教育制度是在经过多方研究调查之后制定出来的,但作为一名大学生,处在中国教育的这个圈子里,不用说也体会到了一定的弊端。比如,越到毕业季越无所适从,很多毕业生都会有一种抱着毕业文凭,走一步看一步的心态。至于如何改变这种现象,还需要国家政府机关作出一定的努力。

论文作者:秦诗怡

指导教师:罗　秦

参考文献

[1] 沈媛媛.中美大学通识教育课程比较研究[D].南京:南京师范大学,2007.
[2] 李思静.浅谈中美教育理念的差异[N].湖北水利水电职业技术学院学报,2008.
[3] 李玲.大班额教学对教学效率的影响分析和研究[J].中国电力教育,2014.
[4] 赵玉展.中美教育理念的对比研究[J].才智,2015.

中美企业年金制度的比较分析

摘 要：20世纪80年代以来,在经济危机和人口老龄化的压力之下,世界多数国家的公共养老金出现了严重的财务危机。在这种背景下,西方国家通过发展企业年金制度,完善了多层次养老保险体系。其中美国在《国内税收法》中新增第401条k项条款规定,推行401(k)计划,建立起一种由雇员、雇主共同缴费建立起来的完全基金式的养老保险制度。20世纪90年代,401(k)计划迅速发展,逐渐取代了传统的社会保障体系,成为美国诸多雇主首选的社会保障计划。近年来,我国在借鉴美国401(k)计划的基础上建立起企业年金制度,于2004年正式出台《企业年金试行办法》和《企业年金基金管理试行办法》,标志着我国多支柱的养老保险体系的形成。本文拟通过对比中美企业年金制度,探讨两者间异同,吸取借鉴美国401(k)计划的优势之处,对完善我国企业年金制度提出相关建议,并简要探讨中国版401(k)计划的可行性。

关键词：401(k)计划；企业年金制度；养老金制度

1 相似之处

1.1 政策出台背景及意义

1) 构建养老保障的第二支柱

20世纪90年代以来,人口老龄化日益严重,世界银行等国际组织将社会养老保障概括为三个支柱:第一支柱是政府基本养老院保险;第二支柱是企业年金;第三支柱是个人自愿性的养老计划安排,一般为自愿储蓄型。企业年金之所以能作为第二支柱,在于其对整个社会保障体系的延伸和完善作用。中美两国均是在人口老龄化的压力和完善社会养老保障制度的需求之下建立起企业年金制度的。

2) 促进资本市场的成熟和完善

企业年金具有长期性、稳定性和巨额性的特点,企业年金在与资本市场结合上,能够促进市场的成熟和完善。企业年金能够强化资本市场的长期性投资,有助于改善资本市场结构,提高资本配置效率。另外,企业年金进入资本市场会要求信息披露的加强,并对内幕行为等提出质询,这有助于资本市场走向规范化。从两国资本市场的发展来看,企业年金制度的建立对资本市场繁荣发展有着显著贡献。

3) 应对人才竞争日趋激烈的需要

企业年金作为现代薪酬制度中的重要组成部分,是国际大多数国家通行的做法,它对于增强企业凝聚力、稳定职工队伍、提升企业对优秀人才的吸引力具有不可替代的作用。基于此,建立企业年金制度对中美两国的发展都有重要意义。

1.2 运作模式

我国企业年金制度是在借鉴美国401(k)计划的基础上建立起来的,两者相同之处主要体现为:都采用个人账户积累制,都是单位与职工共同缴费,退休后养老金的领取金额取决于缴费的多少和投资收益状况等。这种模式一方面有利于鼓励个人储蓄,激励员工更好地工作,多劳多得;另一方面也可节省开支,管理也更为简便,投资限制也较小。

企业年金制度的筹资模式需要一个长期的基金积累过程,在此过程中可以通过投资来实现基金的保值增值,从而为员工带来更多的利益。美国的401(k)和中国的企业年金在投资时均采用"谨慎性原则"和受托责任原则,将基金交予专门机构进行专业化管理来保证基金的安全性,流动性和收益性。并且二者的投资范围均比较广泛,几乎涉及所有的投资工具,包括银行存款、债券、股票、房地产、风险投资和金融衍生品等。但是由于两国金融市场的完善程度不同,二者之间投资的限制有所区别。

2 不同之处

2.1 发展状况

2.1.1 覆盖情况

发达国家的企业年金制度,在规模和保障程度上都优于发展中国家,这是因为老年人与普通人一样,在满足了基本需求之后,便会进一步追求更高层次的需要。由于美国人均劳动生产率和人均收入都远高于中国,以401(k)计划为代表的企业年金计划的覆盖率和保障水平都高于中国。

美国投资企业协会数据显示,高收入阶层退休员工的企业年金与其他收入占总收入的70%,远超过公共养老金提供的30%的收入;而低收入阶层退休员工的退休金与其他收入只占总收入的15%,公共养老金占总收入的85%,而这一收入比例的差距还在继续扩大。美国的平均企业年金收入占退休金比重40%以上,平均公共养老金收入只占退休金的20%,而中国企业年金收入只占退休金收入的6%左右,公共养老金收入却高达60%;美国参加企业年金计划的职工占在职职工的比例超过50%,而中国这一比例只有12%。根据表1中人力资源和社会保障部公布的数据,截至2014年年末,建立企业年金的企业一共有7.3万个,仅占该年全国实有企业总数的0.1%。全国企业年金积累基金为7 688.95亿元,实际运作金额为7 402.86亿元。这表明中国企业年金制度将随经济增长有较大的发展空间。

表 1 历年全国企业年金基本情况表

年份	企业数(百个)	职工数(万人)	积累基金(亿元)
2007 年	320	929	1 519
2008 年	331	1 038	1 911
2009 年	335	1 179	2 533
2010 年	371	1 335	2 809
2011 年	449	1 577	3 570
2012 年	547	1 847	4 821
2013 年	661	2 056	6 035
2014 年	733	2 293	7 689

资料来源:中华人民共和国人力资源和社会保障部网站,《2014年全国企业年金基金业务数据摘要》,2015年3月31日。

除此之外,相对于美国401(k)计划,我国企业年金制度的发展还存在区域差异过大、行业结构失衡等问题。由于我国区域经济发展水平差异较大,发达地区与欠发达地区的企业年金参保比例、基金规模相差悬殊。发达地区如上海、深圳和大连由于经济基础好,增长速度高,企业年金的发展有良好的社会经济环境,参保企业、参保员工及基金累积数量都较大。而欠发达地区企业年金的发展因受制于经济的发展水平而呈现波动起伏势态,数量水平低,大多数尚处于不规范的状态,还有许多企业因经济效益不好而停止了已实行的企业年金计划。另外,参保企业里中小企业的数量更少,而美国有70%左右的大企业和50%左右的中小企业建立了企业年金计划,相比之下我国企业年金的覆盖范围实在是微乎其微。同时,我国企业年金覆盖的行业结构还很不均衡,建立年金计划的以国有大中型企业为主,尤其是石油、电力、烟草等垄断性行业占据了绝大部分市场,而民营及其他企业建立年金计划的比较少。

2.1.2 对经济的影响

1) 美国401(k)计划与资本市场协同发展构成了良性互动

一方面,美国401(k)计划成功的背后有一个成熟的资本市场作支撑。资本市场提供了丰富的可选投资工具,同时配套的法律法规体系和监管体系非常健全,以及美国发达的信托文化,都为养老金的长期投资提供了适宜的市场环境。与此同时,401(k)计划的大发展也促使美国资本市场不断走向成熟。

美国企业年金计划参与人所提供的收入约占参与人退休收入中的40%。而其投资于美国资本市场的资产则拥有着占美国整个股票市场近1/3的股份。401(k)计划源源不断地为美国的资本市场提供了长期资本供给,极大地推动了美国共同基金业的发展与壮大。自1978年开始逐步推行计划以来,其养老金的资产规模便在与股市形成的良性循环下迅猛增长,不但成为美国1978年至2000年长达22年大牛市的有力推手,其本身的资产规模也涨幅惊人,截至2011年一季度,美国私人部门的养老金规模已经达到了 6.27 万亿美元,是 1978 年的 17.8 倍,年复合增长率高达 9.2%,远超美国同期的年均通胀水平和固定债券收益率。可以说,美国的 401(k)计划在成立至今的三十余年以来,不但有力地助推了美国的经济发展,同时又起到了改善民生的作用,一举两得。

资本市场的长期投资价值不仅直接推动了 401(k)计划资产规模的持续扩张(如图 1 所示),还间接起到了普及投资者教育、提高养老金计划参与率的作用。1980 年至 2010 年,美国标准普尔 500 股票指数的年均收益率为 9.7%,远远战胜通胀指数。资本市场保值增值的效果显著,401(k)资产规模与美国标准普尔 500 指数的相关性高达 0.73。美国很多家庭首次接触资本市场就是从养老金投资开始的,在这一过程中,养老计划参与者对股权文化、信托文化的认识不断加深,中小投资者对美国股市中长期的发展充满信心,反过来刺激了养老金计划自身的发展。

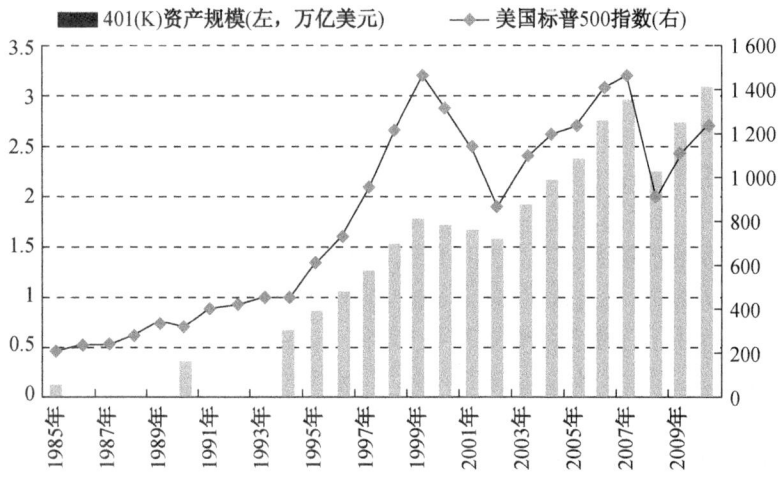

图 1 资本市场直接推动 401(K)计划规模的扩张

2) 我国企业年金回报率较低

在推动资本市场发展方面,我国的企业年金制度回报率不高。我国建立信托型企业年金制度正处于探索阶段,在人员、机构、产品等方面都难以满足年金市场投资的需要。首先,缺乏真正意义上的企业年金产品,我国还不够发达的资本市场难以提供多样化的投资工具和投资渠道,对个性化和多样化年金产品的设计和提供形成了严重制约。其次,缺乏有经验的基金管理人才和专业机构。信托型企业年金制度需要大量的投资、服务、风险管理、产品设计等方面的专业人才。再次,企业年金托管综合费用高也进一步降低了投资收益率,出现投资收益低于同期银行储蓄和国债利率的非正常现象,致使一些企业年金过度依赖缴费而不是投资绩效,最终将影响企业年金的支付能力。此外,企业年金投资渠道的狭窄,阻碍了高投资回报的获得,进一步削弱了企业年金的吸引力。

2.1.3 筹资模式

企业年金制度的建立一般有待遇确定型企业年金计划(DB 计划)和缴费确定型企业年金计划(DC 计划)两种参加模式可供选择。无论是 DB 计划还是 DC 计划都各有其适应的范围和特点。

美国在 20 世纪 80 年代初设立的适合新税收优惠的退休模式中,2/3 的企业建立了确定缴费型企业年金计划。然而 80 年代以后,401(k)计划筹资模式逐渐由 DB 型向 DC 型转换,尽管在历史较长的大企业中大部分现在仍然采用确定的退休型模式。美国由 DB 型向 DC 型转换的原因主要在于:其一,与 DB 型模式相比,DC 型模式的管理成本相对较低,特别是小规模企业,其 DB 型模式管理成本不能享受"规模利益",故促使企业向 DC 型模式转换。其二,近年来由于证券市场的繁荣和金融产品的多样化,职工希望通过自己和判断进行市场投资,那么与 DB 型相比,DC 型更大限度地为职工提供了个人投资判断的范围。其三,DB 型禁止退休前对保险金的支付,而 DC 型在子女教育费、住宅购买时可以自由支付。

从实践角度来看,在中国目前的条件下,相当一部分资产雄厚、效益好的大企业表示愿意采用 DB 计划作为员工稳定的福利,借此来鼓励和吸引员工长期留在企业。另外,从我国社保制度正处于转轨时期的特定国情来看,很多年龄大的员工面临着积累时间短的问题,常规的 DC 计划显然无法满足这部分人群对企业年金的需求,只能为他们建立 DB 计划。因此在我国,已经建立起来的企业年金计划从形式上看都是确定缴费型,都采用个人账户制,且目前政府的政策导向是企业建立确定缴费型企业年金计划。然而从实质上看,相当一部分企业年金计划——特别是一些大型国有企业、行业建立的企业年金计划则是确定收益型和确定缴费型的混合模式。

2.2 税收优惠

2.2.1 美国 EET 税收制度

401(k)计划最诱人之处就在于它为员工提供了巨大的税收优惠。具体来说,美国对合格退休金计划实施的是 EET 税制,其特点是在当期消费和后来消费之间是中立的,同时确保收入不能征税两次,它反映的是长期养老金储蓄、在生存期里收入再分配的真实性质。该制度允许雇主与雇员从他们的税前收入中扣除养老金缴费额,并减免养老金投资收益所得税,只在养老金领取时像对待其他应纳税收入一样,征收个人所得税。

EET 模式实际上是一种延迟纳税(Tax-Deference),把本来应该当期缴纳的税收延迟到退休缴纳,另外,EET 模式中也不存在对收入的双重征税。因此,它实质上就是通过减免员工和企业双方的税收,来促进美国补充养老金计划的发展。员工的税前缴费额和企业对等缴费额均可从企业的当期应税收入中刨除,故它也达到了对企业减税的目的。

这一税收政策不仅降低了企业的成本,有利于企业充分的吸收高素质、高技能的人才,而且有利于激励员工努力工作,增加工作热情。而美国的企业年金制度中禁止优惠高薪雇员,以避免一个公司为少数高管建立税收优惠退休金计划来享受大量的税惠,使得普通员工难以获得真正优惠的做法。他们所限制的雇主为不同的计划参加者提供不同程度的退休金。正是EET型的税收优惠政策,调动了雇主和雇员的积极性,使得401(k)计划非常有吸引力。

2.2.2 中国的税收模式

总体上看,我国对企业年金的税收优惠面较小,优惠幅度偏低,采取的是不完整的TEE模式:在缴费环节,企业所得税按照不超过职工工资总额5%的部分扣除应税所得;而对于个人所得税,个人缴费部分并未完全税前扣除,仅视作一项特殊的收入单独计税,对于个人所得税的额度减免较少;在投资收益和领取环节免税。在缴纳企业年金时记入个人账户中的费用无论企业还是个人缴纳的均需纳税,根据税后列支原则实施。

通过测算比较两种税收方式在20年周期内的利税差别,若个人账户资产年收益率恒为6%,所得税率为15%,截止2012年年底,中国参加企业年金计划的企业数为5.47万个,职工数1 847万人,积累基金金额4 821亿元,新增缴费1 251亿元,平均每位职工年缴存6 773.15元,通过20年的积累,两种方式导致平均个人收益相差28%,而国家税收相差2.2倍。可见企业年金计划采用延税制对企业职工尤其是政府都是有利的。相对美国401(k)计划的延税制,我国企业年金税收激励的作用微不足道。

这种税收模式很难调动人们参与年金计划的积极性,不利于扩大企业年金制度的覆盖面。且中国的企业年金体现了国家在政策上对企业年金的鼓励、倾斜和扶持,其政策对高收入者有利,具有一定的歧视性。因此,我国的企业年金一直未能快速发展起来。

目前,我国税法中有关企业年金税收的规定仍比较欠缺,有关企业年金税收优惠的规定仅仅停留在部门规章、地方性法规当中,法律层次不高、约束力不够。根据2013年财政部、人力资源社会保障部、国家税务总局联合发布的《关于企业年金、职业年金个人所得税有关问题的通知》,自2014年1月1日起,实施企业年金、职业年金个人所得税递延纳税优惠政策,这可以说是我国企业年金税收模式向EET模式的逐渐转变。

3 美国401(k)计划对我国企业年金制度发展的启示

3.1 建立多层次养老金计划

美国的企业年金制度是一个庞大的体系,符合国内税收法规(IRCD)的有401(k)计划、403B计划、457计划、501C(抵税年金,TSA)、IRA计划(408)、团体年金保险(包括IPG、GIC、DA)等等。而反观我国,企业年金制度单一导致其覆盖面狭窄。我国应该借鉴美国政府针对其第二支柱众多的退休金计划的分类,建立起合格计划与非合格计划的管理体系,鼓励发展多种不同形式、覆盖各类不同职业,以满足各种不同需求的养老金计划。

3.2 大力实施企业年金税收优惠政策

美国401(k)计划快速发展的驱动力主要来自税收优惠政策,这是促进企业年金快速向前发展的关键因素。虽然政府承担一定的税收优惠成本,但是政府换取了为401(k)计划"定制度、立规矩"的权利,获得了税惠政策的管理权。我国之所以没有在个人退休领取年金环节扣缴税款,主要是受现行个人所得税制和税务机关征管能力的制约。如果对企业年金在领取环节征收个人所得税,税务机关不仅要具有完备的个人收入信息和健全的征管机制,而且要有全国统一的信息化管理平台。因此,一方面,我们要直接制定专门的企业年金税收优惠法律法规,以较高的法律层次来统一各地千差万别的企业年金税收政策。另一方面,我国可以尝试采取EET的征税模式。在缴费环节,应该给予个人一定的减免税待遇。税收优惠是以财政收入的减少作为代价的。如果不规定一个最高限,可能会促使企业为了逃避税收而利用国家税收优惠政策。相关部门应该根据国家的承受能力,科学测算出适合我国国情的税收优惠限额。最后,可能会有个别单位钻税收优惠的空子来达到逃税的目的,所以要加强对税收优惠享受者的审查与监督。

3.3 发挥资本市场对企业年金制度的支撑作用

采用完全积累模式的401(k)计划,其个人账户中的资金只有依靠资本市场才能实现基金的保值增值。美国资本市场可供选择的投资工具非常丰富,私营养老金与资本市场协同发展,形成良性互动,这是美国401(k)计划能够迅速发展的重要原因之一。相比之下,我国资本市场有三个方面约束,一是可供选择的投资工具较少,二是上市公司缺乏长期稳定的投资回报,三是资本市场信息不对称,投资风险较大。企业年金基金应该寻求相对安全的投资工具及组合,必须在确保企业年金基金安全的前提下,追求长期稳定的投资收益。因此,不断规范、完善我国资本市场发展也成为重中之重。

4 小结

在养老保障体系的三大支柱中,企业年金与另外两项相较的特点在于:是雇主给予员工的一项主要的延期收入,是满足对于工资福利日益多样化要求的重要方式。同时,相对于第一支柱(自己老年时依赖"新人"的贡献),以及第三支柱(依赖消费自律的个人储蓄)而言,企业年金可以提供相对规律而实在的养老金规划,这些特点支持了企业年金成长为不可缺少的养老三支柱之一。本文比较了美国401(k)计划与中国企业年金计划的相似之处、不同之处,以及美国401(k)计划相对优越之处。美国的401(k)作为实行了近30年的计划必然有其优越性,值得我国去借鉴和学习,我们应该根据我国的具体国情有选择地采纳其优越之处。与此同时,中国的企业年金

国际交流项目

计划也实行了近20年,在这20年中也积累了许多经验和教训,我们在吸收美国优秀经验的同时也要不断地发挥我国企业年金的优势,在改革创新中推动我国企业年金制度快速发展。

论文作者:陈睿思

指导教师:王晓玲

参考文献

[1] 郑秉文.中国版401(k)路在何方[N].南京:中国劳动保障报,2011(8).
[2] 杨雅丽.我国企业年金存在问题与对策研究[J].经营管理者,2015(4):13-17.
[3] 王夏婷.美国401(k)计划与中国的企业年金计划的对比[J].时代金融,2012(9):30-31.
[4] 李鑫.我国企业年金投资管理现状及对策分析[J].经营管理者,2015(4):19-22.
[5] 郭娜.论企业年金制度的建立与完善[J].现代经济信息,2015(1):15-19.
[6] 刘亚丽.中国企业年金投资管理问题研究[D].太原:山西财经大学,2014年.
[7] 赵春红.中国企业年金税收优惠政策分析——基于企业年金市场的国际比较[J].现代商贸工业,2014(24):25-29.
[8] 季周.中国版401(k)来了[J].新理财,2014(12):14-16.
[9] 张剑炜.简论我国企业年金制度的构建模式与途径[D].厦门:厦门大学,2013.
[10] 李超.关于提升我国企业年金制度吸引力的研究[D].天津:天津财经大学,2013.
[11] 周稚森.美国401(k)计划对中国企业年金制度发展的启示[J].法制与社会,2014(31):29-31.

妈祖文化对台湾社会生活的影响

摘　要：妈祖文化是以妈祖信仰为载体所衍生发展的一种民俗文化，其所包含的民众寄托与精神内涵一直为台湾民众所尊崇。它在依据不同情况发展的同时，又反过来作用于社会，推动了台湾社会文化的发展。本文从台湾妈祖文化的起源与发展着眼，通过论述台湾妈祖文化习俗的演变，进一步探讨妈祖文化对台湾地区文化、经济所造成的影响，并从中探索其对大陆妈祖文化的启示和借鉴，对妈祖文化在台湾的未来发展提出展望。

关键词：台湾；妈祖文化；社会生活；影响

1　台湾妈祖文化的概况

台湾宗教信仰非常普遍，因为台湾是海岛经济社会和移民社会，并综合复杂的历史原因，所以台湾的宗教发展具有以佛道为主却又多元化的特色。

1.1　台湾宗教信仰情况概述

作为汉人社会最为主流的两大宗教，佛道两教的信徒在台湾占到了近70%，他们在台湾社会中扮演不可或缺的角色。根据美国国务院发布的2006年度《国际宗教自由报告》显示，从台湾官方发布的宗教信仰人口来看，佛教与道教是台湾最大的两大宗教。在2 300万台湾人口中，佛教徒和道教徒分别约有800万和755万人。此报告之中将台湾的民间信仰也算在了道教之中，也有一部分为多信仰人群，但道教信仰中很大一部分为妈祖信仰。由于台湾海岛经济的作用和最早的一批移民多来自于福建、广东等沿海之地的缘故，妈祖信仰在台湾十分普遍，"自大陆分香来台后，妈祖分灵之多，已超过二千多宫"[1]。据统计，"在台湾的2 000多万人当中，有三分之二的人信仰崇拜妈祖。全台主祀妈祖的庙宇1984年便有510座"[2]。可见妈祖信仰在台湾占有相当大的比例。其大致分布可见表1。

---

[1] 蒋维锬.台湾妈祖信仰起源新探[J].莆田学院学报，2005(2)：74-78.
[2] 杨文棋.促进福建涉台宗教旅游持续发展的探讨[J].北京第二外国语学院学报，1999(4).

表 1 台湾主要宗教信仰分布

宗教名	人数(万人)	百分比
佛教	800	35%
道教	755	33%
一贯道	80.5	3.5%
新教	59.8	2.6%
天主教	29.7	1.3%
弥勒大道	22.9	1%
逊尼派穆斯林	5.3	0.2%
其他中国传统宗教	92	4%

资料来源:美国国务院发布的 2006 年度《国际宗教自由报告》。

1.2 台湾妈祖的起源与发展

由于早在南宋时期之前,澎湖列岛作为台湾的门户就已经有相当数量的闽南移民,因此台湾的妈祖文化最迟在南宋即已经开始萌芽发展。而从明代开始,特别是明末清初郑成功从荷兰手中收复台湾之后,妈祖文化在台湾有了进一步的发展。所以明清两代是台湾妈祖信仰的奠基期,台湾有庙史可考的妈祖庙 39 座[①]。由于郑成功是福建人,本身拥有妈祖信仰的基础,同时,在战争过程中他认为多次胜利是由于妈祖显灵的缘故,所以在郑氏时期台湾妈祖文化发展迅速,并兴建多处妈祖庙。其中,三座明确建于明郑时期的妈祖庙分别是:安平天妃宫,台南开基天后宫,高雄旗后妈祖宫。妈祖文化能在中国有如此迅速的发展与传播,离不开中国特殊的生态环境。"中国是一个兼具海陆生态环境多样性的大国,海洋是中华民族生存和发展的重要环境,经过了许多岁月的积累,中国发展了自己独特的海洋经济、海洋社会和海洋人文模式,体现了中国文明海洋性的一面"[②]。因此妈祖文化在福建广东等地发展迅速,是因为有很广泛的信仰根基。台湾由于早期汉人移民多自中国大陆福建渡海而来,且台湾四面环海,海上活动频繁,因此妈祖成为台湾人最普遍信仰的神明之一。村落街庄,或者城市都会,妈祖庙的身影几乎都可见到。

台湾妈祖的发展因历史与地理环境等因素经历了不同的阶段。妈祖信仰是台湾最普遍的民间信仰之一,据资料显示,妈祖信仰能在台湾发展迅速除了先民多来自福建、广东等地有其信仰基础之外,更与台湾当时的生活环境息息相关。由于常年出海等生计所需,最常见的是两方面的祈求:一是求平安,多见于女性祈求自己的丈夫、儿子出海平安;二是祈求出海或其他生计能有大丰收,多赚一些。这方面祈求则以男性

---

① 周金琰.妈祖信仰对台湾社会生活的影响[J].宗教与民族·民间信仰研究,2012.
② 蔡泰山.妈祖与海洋文化发展的关系[J].中国海洋大学学报,2005(2).

居多。

同时,妈祖在台湾经历了一系列的演变,形成自己的独有特色。台湾妈祖多为黑面,与大陆消瘦的粉面妈祖极为不同。黑色一方面象征香火旺盛,另一方面也象征了汉人社会里的不正常死亡。妈祖原是海神,保佑海上安全救助海难,但是台湾先民到台湾后妈祖已然台湾化,发展出了雨水之神的性格,"大道公风,妈祖婆雨"之说十分兴盛,又因此有了农业神的形象,此外还有"港口妈"和"内山妈"的变化。台湾主要港口无论河海,基本都有妈祖庙,既是护佑船只出入平安,也是庇护当地居民。如此之多的港口妈祖屹立在港口,且规模通常较大,护佑船只,符合了其海神的形象。而内山也有妈祖,更多的是对于雨水的祈求,希望多下雨或者少下雨,体现了其控制雨水的力量。这些改变多是建立在具体生活需求之上,无论是农业方面祈求风调雨顺还是出港祈求平安,很多都是因职业、地理位置而异。

2 台湾妈祖文化的特殊习俗及其对台湾社会生活的影响

台湾妈祖经过长久的发展与许多其他地方的妈祖文化有一定的不同。这些不同体现了妈祖文化在台湾的本土化发展,同时也反过来对台湾社会有一定的影响。

2.1 热衷于前往湄洲谒祖进香,带动经济发展

台湾近年来十分注重正统,"正统才有灵,有灵才有香"①的想法使得很多妈祖庙前往湄洲进香。由此,又发掘出许多曾经早已存在的交流记录。日据时代的《台湾日日新报》即有记载:1912—1924 年之间,共有 8 个妈祖庙(嘉义溪北六兴宫、台中市万春宫、彰化鹿港妈祖庙、新竹天后宫、云林西螺麦寮拱范宫、嘉义朴子脚配天宫、新竹长和宫、基隆庆安宫),9 次(新竹天后宫前后去两次)前往湄洲进香。他们的目的各不相同,有的想借此提高地位名望来吸引更多参拜者,有的则是更为直接地寻求灵力以求得香火。前往湄洲进香一度在 1949 年中断,直到 1989 年开始才又恢复。同时台湾也喜欢迎请湄洲妈祖来台绕境。1997 年 1 月 24 日,湄洲祖庙的妈祖神像来台巡境 100 天,引起轰动。同时在日据时代也可寻到记载,湄洲妈祖在大正元年到大正 14 年(1912—1925 年)之间来台有 4 次,分别由 4 个妈祖庙迎请(基隆庆安宫、大稻埕天母教会、台中万春宫、鹿港天后宫)。

由于进香是一种群体性的宗教活动,行程在于回溯移民拓垦的路线。但多数进香活动参与者时常会邀请一些亲戚朋友同行,即使是大型的进香活动也多会有许多个村庄一起共同举行,形成大型的神明会,通过这种区域性地方性的联系可以很好地增强内部的凝聚力,为村庄、地方的发展营造了良好的氛围。同时,进香还可以吸引更多信徒来此促进繁荣,有利于地方经济的发展。例如,近年台湾喜欢到大陆进香,多数是通过旅行社,使得进香带有旅游性质,既促进了两岸的交流,也带来了地方经

---

① 何绵山.台湾妈祖信仰文化探论[C].北京:方志出版社,2003:368.

济利益。这些都使得进香不再仅仅局限于宗教活动,而是更多地带动了区域交流,极大促进了当地文化的发展。这也是政府所乐意看到的。

2.2 热衷于竞争系谱上排行的大小,加强了两岸联系

台湾的妈祖庙间喜欢竞争排行大小,许多妈祖庙之间都会就正统问题进行一些争执。这样的争论既是对于故乡的眷恋及先民开台的无畏精神的敬仰,同时也在一定程度上是妈祖庙对于香火的争夺。

台湾的妈祖庙多是大陆妈祖的分灵,主要方式包括"分身"和"分香"。在先民出海之前到妈祖庙内祭拜,奉请神符或者香火上船,等平安到达台湾之后于当地修建妈祖庙进行祭祀,这就是"分香";如果有神像,则是"分身"。"福建民间神灵向台湾'分身'和'分香'的过程,贯穿于闽人向台湾移民的始终"①。虽然妈祖普遍被认为以湄洲为发源地,但是"台湾妈祖的来源地实则不尽相同,有温州妈、温陵妈(福建泉州)、银同妈(福建泉安)、兴化妈(福建兴化)、清溪妈(福建龙溪)等,虽然来台方式不一,但其福嗣关系仍在"②。人们认为只有分灵而来的妈祖庙才是正统的,才"灵",因此往往会拥有更多的香火。比如,鹿耳门的显宫里与土城子两个村落的妈祖庙,曾争论谁是正统鹿耳门妈祖。当年郑成功从荷兰殖民者手中收复台湾时,传说行至鹿耳门港时妈祖曾显灵助阵,故鹿耳门港妈祖被当时移民看作是自己的保护神,有一定开创意义。

这样的争论体现出台湾妈祖文化已经不仅仅局限于风调雨顺或是出海平安又或者是能有大丰收这样的原始诉求,台湾的妈祖信仰起初有先民对于故乡眷恋之意,而今也包含了台湾对于先民开拓进取,面对艰难生活无畏无惧奋勇向前的崇敬之意。另外与谒祖进香相似的是,对于正统系谱排行的竞争,也暗含了台湾与大陆同根同源的不可分割性。对于根源的执著也促使两岸在开放之后,越来越多的信仰者回到先民故地进香,也进一步加强了两岸的联系。

2.3 热衷于通过区域联系以形成妈祖庙之间的网络,繁荣地区文化

由于台湾广泛的妈祖信仰,学者林美容研究整理提出了信仰圈的概念,即以某一神明或(和)其分身之信仰为中心,信徒所形成的志愿性宗教组织,信徒的分布有一定的范围,通常必须超越地方社区的范围,才有信仰圈可言。信仰圈涵盖了一定地域范围,通常是超越最大的地方社区的,也就是超越乡镇的界限,并且由于香客越多香火越旺,又会引来更多香客,所以并不排除外地的香客。比较大的信仰圈有彰化妈祖信仰圈和关渡妈祖信仰圈。

根据上述所说,台湾妈祖信仰有几个信仰圈,关渡、台中、彰化等各大妈祖庙在其区域内各自形成其分香网络。拥有此关系的庙宇之间便建立了"拟母子关系",此神明信仰犹如人类社会一样,将祖先牌位分至后代儿子家祭拜,以此传承父系血缘祭

---

① 范正义,林国平.闽台宫庙间的分灵、进香、巡游及其文化意义[J].世界宗教研究,2002(3).
② 郭庆文.台湾妈祖信仰的渊源、特色与活动[J].社会科学战线,1990(4):219.

祀。神明也通过分香将灵力分至其他庙宇,形成传承。而这样的信仰圈所建立的分享网络很大程度上又促进台湾地方的交流,使得文化和经济有进一步的发展。

在彰化妈祖信仰圈中,当有"过炉"或者"作会"仪式时,大多会请曲馆或者武馆表演。这些曲馆或者武馆是传统的子弟组织,多以头人制为组成方式,由村庄子弟利用闲暇时间学习乐器、唱曲或者舞狮功夫。在以前的农业时代,对于白天辛苦工作的农家子弟,农闲或者夜间的习曲或者习武是他们很好的休闲娱乐。而且这样的活动使得很多人不会无所事事、好吃懒做,某种程度上说也是对人情操的培养,对于地方的安定和谐有积极作用。另外,这些组织也有许多其他功用,如增加了村落之间的互动甚至村民可以借此识字。各地之间通过这些互动加大了交流,一定程度上促进了经济的成长,更有利于文化的繁荣。这些曲馆及武馆的发展演变,同时也成为了村庄建立的基石,拥有相同的信仰和爱好对于一个地区的发展与和睦有着非常好的促进作用。时至今日,仍有不少曲馆、武馆存在。在彰化妈祖信仰圈内有记录可寻的194个曲馆中,现在还存在并且仍旧有活动的曲馆,计有 110 个,存续率约为 60%[①]。在现今社会曲馆仍旧有如此存续率,可见其受到高度认同,影响力依旧。

区域性网络组织通过各种活动增加了不同村落地区的交流,除了宗教影响之外还间接促进了文化的传播,使得各地之间的联系越发加强。并且频繁的交流及文化的相对繁荣也会促进经济的发展,这对于台湾的地方繁荣起了很大的作用。

3 未来妈祖文化在台湾的展望

妈祖信仰在许多传统文化中占有重要地位。无论是对祖先的敬重之情,还是祈求妈祖保佑风调雨顺及出海顺利,在今天的台湾依旧有其意义。不过相对于过去来说,在科技更为发达的今天,这方面的作用可能会有所减少。因此妈祖信仰在未来一方面会由于其重要的历史文化价值而更受重视,但同时也要有所变化。可见的是,现在台湾妈祖越来越多地借助一些现代传播媒体来拓展和稳固自己的影响力,已经有一些大型的进香活动通过两岸的电视台进行了转播。不过现在生活节奏日益加快,年轻人的生活和其所接受的教育不同于以往,各种娱乐活动都吸引着新一代的年轻人,传统宗教则难以迎合新一代人的生活习惯和喜好。针对现代人特别是年轻人做出相应改变是十分必要的,台湾道教包括其他宗教都一样,将来的发展应该会越来越自由,要学会通过新媒体等方式包装自己。既要留有一定历史厚重感和文化传承,又要能在快节奏生活中占据一席之地,从而在世界宗教的发展中展现出自己独特的一面。

论文作者:陈黄嘉
指导教师:李海扬

[①] 林美容.妈祖信仰与台湾社会[M].台北县芦洲市:博扬文化,2006:330.

国际交流项目

参考文献

[1] 温国良.台湾总督府公文类纂宗教史料汇编[M].台湾省文献会,1999.
[2] 中华人民共和国国家民族事务委员会.台湾的宗教信仰[EB/OL].2005.
[3] 张珣.台湾妈祖信仰的特色[DB/OL].2013.
[4] 林美容.妈祖信仰与台湾社会[M].台北县芦洲市:博扬文化,2006.
[5] 蒋维锬.台湾妈祖信仰起源新探[J].莆田学院学报,2005(2):74-78.
[6] 何绵山.台湾妈祖信仰文化探论[C].北京:方志出版社,2003:359-368.
[7] 王见川,李世伟.台湾的宗教与文化[M].台北:博扬文化事业有限公司,1999.
[8] 翁卫平.台湾妈祖信仰的民俗发展及其功能[J].莆田学院学报,2003(1).
[9] 陈国强,陈文彬.论妈祖信仰[A].林文豪.海内外学人论妈祖[C].北京:中国社会科学出版社,1992.
[10] 何绵山.台湾妈祖研究[J].广西民族研究,2003(4).
[11] 台湾寺庙整编委员会.全国佛刹道观总览(天上圣母专辑)[M].台湾:桦林出版社,1987.
[12] 江中龙.台湾民众的妈祖情结[J].两岸关系,2006(10).
[13] 王秀华.妈祖文化与海峡两岸民间信仰[J].经济与社会发展,2008(11).
[14] 王丽梅.妈祖文化的核心价值及其现代社会功用[J].重庆文理学院学报,2010(1).
[15] 周金琰.妈祖信仰对台湾社会生活的影响[J].宗教与民族·民间信仰研究,2012.
[16] 范正义,林国平.闽台宫庙间的分灵、进香、巡游及其文化意义[J].世界宗教研究,2002(3).
[17] 曲金良.海峡两岸妈祖文化遗产传承的比较与思考[J].民间文化论坛,2013(5).
[18] 郭庆文.台湾妈祖信仰的渊源、特色与活动[J].社会科学战线,1990(4).

台湾房产税制要素分析及其对大陆房产税的启示

摘　要：近年来,房产税改革成为热点问题。本文主要运用实证分析、对比分析等方法对台湾地区房产税税制构成要素进行分析,也对台湾地区的税收政策与制度进行规范分析。另外,还对大陆房产税制现状进行分析,指出大陆房产税存在的问题。最后,提出完善的房产税税收制度的优化方案。本文主要通过对台湾地区房产税制的比较评价,结合大陆地区房产税制相关情况,获取借鉴经验与启示,旨在完善我国房产税制,并给出最终的解决建议与意见。

关键词：台湾；房产税；税制要素；税收政策

引言

早在 2013 年 11 月份的时候,中共十八届三中全会就明确表示,政府日后的工作重点将会放在地方税体系的不断完善和税收制度改革这两个方面,争取在最短的时间里将税收比重提升上去。在这个大的时代背景下,结合我国房地产市场迅速发展的现状,以及在这个过程中不断凸显的问题,人们逐渐把视线转向具有调节作用的税收上面。近年来,国家屡次出台政策来调节房价,效果差强人意。且目前中国经济正处于调整转型的关键时期,是改革的攻坚时刻,地方政府的财务负担普遍较重,过度依赖土地财政不可持续,迫切需要寻找一个持续、稳定、安全、高效的经济收入来源。在目前产能过剩的状况下,这一稳定的财政收入来源只能借助于房地产行业所带来的税收收入。

资本主义背景下的台湾地区,有相对稳定的房产税收入,本文试图以资本主义制度下的房产税为切入点,通过研究台湾地区房产税税收要素的情况来获得经验借鉴。目前大陆地区和台湾地区均有对房产课征税收,但由于各自的政治社会环境和市场经济发展模式不同,其中既有相似之处,也有不少差异,可互为参考借鉴。本文侧重从税制要素方面对台湾地区的房产税进行分析,希望得到对当前房产税制改革的启示。最后结合我国国情,得出经验借鉴与优化建议。

国际交流项目

1 中国大陆地区房产税的概况

1.1 大陆房产税的现状

我国现行的房产税主要依据《暂行条例》来征收,条例规定了我国房产税的纳税人、征税对象、适用税率、计税依据、税收减免,以及征收管理。如表1所示。

表1 我国房产税暂行条例

纳税人	应税房产的产权所有者为房产税的纳税人。
征税对象	房产税在城市、县城、建制镇和工矿区征收,对农村房产免税。
适用税率计税依据	计税依据分为两种:房产的折余价值和租金,适用税率按年计算,用途不同税率也不同,自用房税率为1.2%,而对于出租房,计税依据为房产租金,适用税率为12%。
税收减免	对非营利性房产免税,包括:事业单位、个人等拥有房产。对困难的纳税人,当地人民政府应根据其实际困难程度减征或免征应纳房产税。
征收管理	房产税由房产所在地的税务机关征收,按年征收,分期缴纳。

资料来源:《中华人民共和国房产税暂行条例》。

我国房产税收入归地方政府所有,为地方政府提供稳定持续的财政收入,是地方税制体系的重要组成部分,但房地产税收往往重流通环节轻保有环节,各地方房产税收入占地方财政收入的比重很低,房产税过于注重税收计划,实际执行能力较差,公民的纳税意识也较薄弱,政策执行也比较混乱,如表2所示。

表2 房产税占地方财政收入比重

年份(年)	房产税(亿元)	地方财政收入(亿元)	所占的比重(%)
2006	514.85	18 303.58	2.81
2007	575.46	23 572.62	2.44
2008	680.34	28 649.79	2.37
2009	803.66	32 602.59	2.47
2010	894.07	40 613.04	2.20
2011	1 102.39	52 547.11	2.10
2012	1 372.49	61 078.29	2.25
2013	1 559.08	68 969.00	2.26

数据来源:根据历年《中国统计年鉴》整理计算。

从表2中我们得出:"从2006年至2013年间我国地方财政收入逐年增长,但房产税所占的比重逐年下降。"仅2009年和2012年有所回归,但上升幅度并不大,反映出房产税占地方财政收入的比重很小。从表中可以看出,近年来房产税所占的比重还没有超过 3%,这远远不能满足地方财政的需要,且上升幅度很小,基本是持平的,很难为地方经济的增长提供长远的发展。

从增长的角度看,房产税占地方政府的增长幅度,如图 1 所示。从图中可以看出,地方财政收入逐年快速增长,而房产税收入发展十分缓慢,增长曲线趋于平缓。

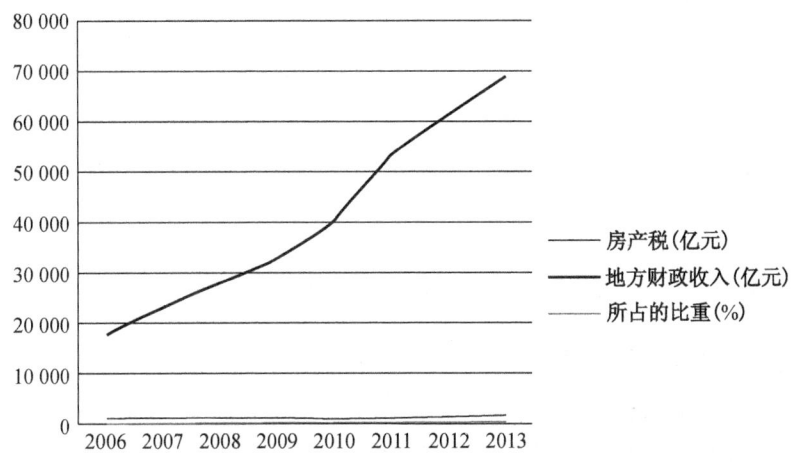

图 1　房产税与地方财政收入增长比较及所占比重图①

由此可以得到结论:我国现行房产税无论是在总量上还是所占比重上都明显偏低,与整体国民经济快速发展的大环境极不协调。

1.2　大陆房产税试点政策

就当前情况而言,重庆及上海作为我国房产税试实施地点,发展方向上存在极大差异,因此其具体制度也大相径庭。

重庆主要对以下几个对象进行收税:①拥有独栋商品住宅的个人。②新购高档住房的个人。所谓高档住房即为其占地面积包含该地主城九区面积的两倍的面积。③作为房屋第二次回馈的客户,并且此类客户并不属于当地人口,且处于无业状态。此税率就会以房屋种类予以规定:第一,独栋房屋及高档住房占地面积包含该地主城九区面积的 3 倍之内的一类,税率为 0.5%;3 倍(含 3 倍)至 4 倍的,税率为 1%;4 倍(含 4 倍)以上的税率为 1.2%。第二,根据重庆市的税率规定,对于一些不是当地户口且处于无业状态的房屋第二次回馈客户所承担税率即为 0.5 个百分点。该市税收规定对于家庭购房实行优惠政策,即可享受每户免税制度。对于房产税收机制落实之前而购买的房屋,可以免除 180 平方米的税额;而在税收制度实行后所购买的房屋,可免除 100 平方米的税额;对于以家庭为单位购买多于一座以上的房屋,通过购

---

①　数据来源:根据历年《中国统计年鉴》整理计算。

买的先后进行免税扣除实施;属于该市无业人员且不是本地户口的购房者都无权享受免税制度。

根据上海市房产税收制度可知,若购房者需通过扣除税收面积进行免税,则一律需在正式交接房屋手续之前向有关部门提交相关材料,以便相关部门进行调查审核,其审核制度均以购房者户口、身份证等为基础予以判定。该市的税率按以下两种制度予以执行:房屋价格处于去年价格的2倍之内,则其税率定为0.4%;超过2倍的房产,税率为0.6%。上海房产税的免税条件为:在该市以家庭为单位进行第二次或多次房屋回购的购房者,将其所有房产面积予以累积且核算后,若家庭住房面积在人均60平方米的范围内,则可享受暂时免税政策;若其核算结果高于60平方米,购房者则需向有关部门缴纳多出60平方米以外面积的税款,其缴税规则均以当下政策为准。

2 大陆房产税存在的问题分析及解决思路

2.1 大陆房产税存在的问题

2.1.1 征税范围过窄

一方面我国现行的房产税征收范围规定房产税仅对城镇的经营性房产征收,并不对农村个人自有房产征税。在经济的高速发展下,农村自建房产规模逐年扩大,城乡一体化发展越来越快,农村中出现了大量经营性用房,特别是沿海富裕农村、城中村,征税范围不包括农村地区,会出现房产因所处区域不同而承担不同税负的现象,这不仅纵容了农村乡镇企业与非农业滥用耕地,也违背税收的公平原则,而且会对地方政府房产税的收入造成影响,造成房地产税款的严重流失。同时,现行房产税的免税范围比较广泛,经过了20多年的市场改革发展,我国可将具有企业性质的事业单位所属的房产、城镇居民性用房等纳入征税范围,全面规范征税范围,提高税收的公平和效率。因此,房产税在对象上应当全面涵盖各种类型的房地产。

2.1.2 计税依据不科学

现行房产税计税依据分别为房产折余价值和租金价格。由于我国的房产税暂行条例是在计划经济时代制定的,没有预料到市场经济下房地产市场突飞猛进的发展情况,按房产的原有价格折余反映的是房产的原值而不是现值,而房产的现值远远大于当时房产的市场价格,即使新建成的房产不如原来的,房产的市场价格也是相差甚远。以房产原值扣除一定比例后的余值作为计税依据,对旧房征收的税收轻且在持有房产期间承担的税收也很少,对于新购的商品房不公平,不利于有效配置整个社会的房产资源。在经济快速发展的今天,房产价格持续上升,房产的现值远远大于房产原值,用房产原值作为计税依据显得十分陈旧而不合理,房产的原值已经远不能反映房产的真实价值,采用从价征收方式体现了资金价值的累退性,因居民的个人收入是上涨的,而房产税年纳税额不变,房产税所占居民收入的比例越来越小,不利于经济的发展。

采用租金价格作为计税依据,从长期来看,随着商品房价格的上涨,房屋租赁价格也在同时上涨,二者的上涨比例是一定的,这样房屋的租赁价格会大于房产的折余价值,所缴纳的房产税也会增加。还有按房产的用途设置不同的税率,自用住房税率远远低于出租住房的税率,那么对于从事经营活动的自用性住房征收的房产税少于出租此房屋缴纳的房产税,这样会增加租客的经济负担,不利于房屋租赁市场的稳定。目前房产租金收入也很模糊,没有明确的收费凭证,存在暗箱操作的可能,还有的一些不征税房产也在用于出租,致使出租房屋房产税征收混乱。

2.1.3 税率设置不合理

我国现行的房产税制度有两类税率,第一种适用税率为 1.2%,第二种适用的税率为 12%。实行统一的税率没有考虑各地区经济发展的差别,对经济发展不同的城市房产税所占的比例有很大影响,房产税占地方财政收入的比重不同,难以判断房产税对地方政府的贡献,对当地房地产市场起不到积极的调控作用,因此可以给地方政府适当的权限,使其根据本地区实际情况灵活设置不同的税率。按房产的租金收入适用的税率 12%比按房产余值适用的税率 1.2%要高得多,对租房者来说不公平,长期下去会遏制房产租赁业市场的发展,租客为了逃避缴税会采用非法手段,不利于社会的长期稳定,也违背了房产税的公平效率原则。

2.2 大陆房产税问题解决思路

对于房地产税税收的具体细则设定与具体执行都需要遵循公平与效率原则,并在非营利原则和弱势群体保护原则等基础上有效地完成。

2.2.1 完善房产税制度要素设计

(1) 规范纳税人。在我国,房产的所有人和使用人都属于房产的保有人。因而房产税的课税对象也应该对他们进行充分的考虑。对于房产的所有人而言,他们属于房产税的纳税人,他们的财产所有权为他们纳税能力的反映;同时,房产使用人作为纳税人,他们接受政府为他们所提供的公共服务,具有纳税义务。

(2) 规范房产税的征税范围、明确征税对象、充分考虑不同地域的现实情况,这些都是房产税征收所需要切实考虑的各种要素。具体来说,除了"城市、县城、建制镇、工矿区"等现行的征收房产,还应该将农村的房产也列入征收范围;商业房产征收和个人住宅财产征收都应该纳入征收范围;新购住房等也应该纳入征税范围。但是若是只对增量房产进行征税,并没有反映出纳税人的真实支付能力,与税收的公平原则是背道而驰的,也不利于国家对收入分配的有效调节。

(3) 在税率的形式上进行科学的设计。适宜中国的形式应联合应用定额税率与差别比例税率两种类型,其中差别税率的主要机制是通过类型不一致的不动产将享受不同程度的公共服务,如果不动产的供给弹性处于最低值,其设定的税率便较高。

(4) 设置合理、有效的税基,建议中国房产税应按照"从价计征"的方式征收,不管是出租房还是自用房产,税基均来源于房产评定价值的相应比例。由于产权人为了保证有效地使用房屋会支付一些费用,如用于房屋保养及维修等方面,因此最适合的税基为评估价值中的 70%~80%。

(5) 房产税的计税标准应体现出公平性。公平的房产税计税依据的实现,关键不在于技术,而在于制度的设计与实施。第一方面,构建的估价部门应具有专业、中立的特征。建议成立真正中立的专业财产估价机构。第二方面,有利于使评估价值与市场的实际交易价更接近。现行大陆地区房产税试点的两个城市评估价偏高。

2.2.2 将房产税设为地方税收体系中的主体税种

就现实的发展情况看,我国的房产税收入在发展中增长较快,其比重在地方财政收入中也积极地保持着上升趋势,但是这个上升的幅度不是很大。

对房产税实施征收,能够收获较为稳定的地方财政收入,因为房地产的课税对象是比较稳定的,持有房产的所有者人数也比较多,还能够对征收情况进行良好的监督、控制、管理,提高税收征收率的同时做到了公平。鉴于这种实际情况,尽快对房产税进行征收,着手将其培植为地方税体系中的主体税种是具有十分重要的现实意义与作用的。而这种处理的有效推进,不仅完善了地方税收体系,还能够保证地方财政收入的稳定性与丰富性。具体的操作方法可以借鉴香港地区房产税做法,并结合大陆土地所有权与使用权分离的情况,将房产按照自住与出租两类进行不同的征收。对于自住房产进行较低的比例税率设定,做到宽税基低税率,以减轻自住房产房主的压力,并保持地方税收收入的稳定性,以实现增加地方政府财政收入的目的,支持地方政府各项建设的积极发展。

2.2.3 加强房地产税收管理

想要快速地推进中国的房产税改革进程,其条件为税收管理机制良好、税收征管能力较佳。基于此,亟须一套科学的、完整的、有效的、富有权威性的、接受度高的评定技术和方案。另外,还需不断地推动房产数据的采集收录及有关机构的交流和沟通,组建一个较好的信息共享、房产登记系统,充分满足征管房产税提出的需求。此外,房地产的评估部门也应该进行统一的部署,规范化的处理当前属性不一致的评估部门。当前的评估部门及其工作者并不能较好地处理复杂多变的征税要求,因此应该建立专业的中介部门,配备专业的评税者。避免出现房产的投机炒作事件,如今很多地方都采取了限购制度,主要出发点便是控制一户或者一人买入几套房产,避免炒作房地产市场。由购买面积与超额累进税率之间的比例也能够达到以上目的,也就是某人买入的房产面积如果大于人均标准面积值,就会使用累进制度,联动房产面积和税额。在进行征收管理时,需要控制税源,税务机构与土地房产管理机构应该充分履行各自的职责。土地房产机构工作中心不注重"房屋"而关注"土地"。一方面,企业的账面房产价值应该符合实际价值,而单位及个人的房产转让和登记信息应该完整,宗教、公共及慈善等机构暂时不需要收取房屋税的房屋同样应具有一个完整档案。另一方面,税务机构还需要大力地宣传税收相关知识,调动房屋税纳税人申报的积极性,并且开通 12366 热线服务、网络平台等更便利地为纳税人服务。除了以上两个方面外,政府机构间还应保持长期、有效的信息沟通,并与房管、国税、交通及国土等机构建立密切的合作关系,构建一个实时交换中心以完成土地及房产信息登记工作。

3 台湾地区房产税制要素比较

3.1 纳税义务人

在台湾,所有的房屋持有者都需要承担纳税义务。如果有典权人的居住信息不清楚,相关的管理人或现住者则需要承担起纳税义务;如果房屋被出租出去,则承租人需要承担起这个纳税义务。

3.2 征税对象

台湾:在直辖市和县区范围内发生的、尚未根据相关法律规定征收土地改良物税的、以土地为依附的、能够带来收益的建筑物和房屋,都需要缴纳房屋税。征收对象所指的房屋是指"以土地为依附的用来居住、营业和工作的建筑物"。

3.3 税率

台湾房屋税实行比例税率。台湾地区房屋税税率一般分为三种情形,分别按住家用房屋、非住家用房屋与混合使用房屋(即部分住家用,部分非住家用)三种不同情形规定房屋税税率:①征收对象是住家房屋的,征收的房屋税最少要等于房屋现值的1.2%,但最多不可以高于房屋现值的2%。但自住房屋为其房屋现值1.2%;②如果房屋不属于住家用而是营业性的,则最少需要缴纳3%的房屋现值份额作为房屋税,最多限额为房屋现值的5%。如果房屋是用来作自由职业事务所、私人医院或者诊所的,也需要缴纳不低于房屋现值1.5%的房屋税,最高征收限额为2.5%。③如果房屋既是非住家用又是住家用的,则需要根据使用的实际面积来征收房屋税。需要注意的是,非住家用的面积的课税征收范围必须要大于或者等于房屋全面积的1/6。

3.4 计税依据

台湾地区房屋税征税依据是房屋现值。房屋现值=房屋标准单价×面积×(1-折旧率×折旧经历年数)×地段等级率。第一,房屋现值。房屋现值由主管稽征机关依据"不动产评价委员会"评定核计房屋现值,并通知纳税义务人。第二,房屋标准单价,此价格由"不动产评价委员会"依据下列事项分别评定:①按各种建造材料所建房屋,区分种类及等级;②各类房屋的耐用年数及折旧标准。第三,地段率。另外,由于国民住宅的特殊性,其评估价值不同于一般房屋,一般从构造类别和楼层考虑,设计不同的评估单价。钢骨造、钢骨钢筋混凝土造为一类别,钢筋混凝土造和预铸混凝土造为另一类别,楼层从低到高分别核定单价。如钢骨造、钢骨钢筋混凝土造其最低1~3层单价为2 960元新台币,最高30层为6 260元新台币,每层单价核定上涨几十元至一百多元不等;钢筋混凝土造和预铸混凝土造最低1层为2 300元新台币,最高

30层为5 740元新台币。

3.5 税收减免

台湾地区的《房屋税条例》对税收减免做了较为详细的规定(如表3所示),分为公有房屋和私有房屋两种情况,而对于其他的一些物业单位,包括居民住房、非营利性公共机构等,都进行了相应的减免政策的制定实施。

表3 台湾房屋税减征规定表

房屋税减征优惠	私有房屋	政府平价配售的平民住宅	减半征收
		合法登记工厂供直接生产使用的自有房屋	
		农会所有自用仓库及检验场	
		受重大灾害损毁三成以上不及五成的房屋	
	特定房型	都市更新区房屋	减半征收两年
		新市镇区房屋	第一年免征 第二年减征80% 第三年减征60% 第四年减征40% 第五年减征20% 第六年不予减征
		眷村改建房屋	完工后未移转前免征
		重大公共建设的民间机构房屋	与建营运期适当减免
		私有历史建筑物	在50%内减征

资料来源:《102税法稽要》(印刷版)。

4 台湾房产税经验借鉴

4.1 纳税义务人

我国房产税纳税义务人应界定为房产的保有人,包括房产的所有人和使用人。理论上说,对于如何实现税收负担的公平分配,存在着两种解释——受益原则和支付能力原则。受益原则要求按照纳税人从政府公共支出中所获得的收益大小来分担税收;支付能力原则要求按照纳税人的负担能力分担税收。一方面,以房产所有人为纳税人,由于财产所有权代表所有人的纳税能力,对房产课税符合支付能力原则;另一方面,房产使用人承受了地方政府提供的公共服务,规定房产的使用人具有纳税义务,符合税收受益原则。

4.2 征税对象

大陆地区现行《房产税暂行条例》的征税范围规定没有具体划分对象范围和地域范围,尤其是对于对象范围没有详细阐述。但是重庆市和上海市房地产税改革试点方案的征税范围则明确涵盖了地域范围和对象范围。在描述对象范围时,这两个城市均采取了具体列举的方式,对于地域范围,重庆市进行了具体列举,上海市则直接涵盖全上海市行政区域。我认为房地产税的地域范围为全国行政区域(仅限国有土地),对象范围为纳税人所有或占有、受益的土地、房产和房地合一的不动产及其附属物,同时房地产税的征税对象范围必须涵盖存量和增量房地产,毕竟在财产税视角下,存量房产是房产税的基本征税对象。否则房产税如果主要对增量房征收,其较窄的税基范围和较小的税收规模,都难以使其成为房地产税收体系中的重要税种,改革的目标难以真正实现。由此,未来的房地产税要直接通过单独的条文规定:"房地产税的征税范围为国有土地上的存量和增量房地产,集体所有土地上的存量和增量房地产不予征收。国有土地与集体所有土地的划分依照宪法确定"。

4.3 税率

从重庆、上海两处试点适用的房产税税率来看,税率的设计应考虑到不同的房产形态,应保证税率的变化与不同收入群体的税赋敏感性相挂钩。同时,税收不能影响纳税人的基本生活水平也是房产税税率设计必须遵守的前提条件。内地当前实施的房产税计征有两种操作办法:一种方法是在房产原值的基础上,一次性的将总数值减除 $10\%\sim30\%$,并将所得余值作为计税依据;另一种方法的计税依据是用出租房产的房产租金做计量。具体来说,采用第一种办法进行计征,虽然十分稳定,但合理性很差,因为房产账面价值存在着巨大的升值空间,也会产生折旧的客观事实。同时,当前的房地产保值升值能力都很强,如果依靠房屋的账面价值、房屋租金等都是与现实的收入不对等的。必须明确的是房屋账面价值属于房屋历史成本的反映,这一数值是没有什么变动,但是房屋租金收入则不然,它是房屋市场价格的反映,会随市场价格的变化而变化。因此,房产计税的价格和房产的市场价格在现实的处理中价值不相符合的情况十分严重。

考虑到大陆地区经济发展整体水平,因此在税率设计方面须谨慎考量。在税率形式上,我国适宜采用差别化比例税率和定额税率相结合形式。采用差别税率,可以依据不同类型不动产享受公共服务的程度不同,对供给弹性最小的不动产设定较高的税率。具体税率设计为:对经营性房产,采取 $1\%\sim3\%$ 的浮动税率。对个人房产,区分两种情况:一般商品房采取 $0.5\%\sim1\%$ 的税率;由公房转为私房的房产,采取定额税收。同时,允许各地在中央规定的税率幅度内根据实际情况自行决定适用税率。

4.4 计税依据

大陆地区的房地产税的计税依据可以借鉴香港地区房地产税计税依据的形式,但对于内容一定要结合自身的实际情况。《房产税暂行条例》规定的房地产税是按照历史成本余值或者出租的租金作为计税依据,渝沪房地产税改革试点方案是以市场交易价格作为计税依据,很显然这两种设计本质上都是按照房产原值征税,既不能真实反映房产作为一种重要的财产的价值,也不能通过税收来实现调控房地产的增值收益。因此,我们可以借鉴香港地区的经验,运用科学的评估方法,将房地产市场评估价值作为计税依据,计税依据一定要包括房地产的自身价值,不能仅仅涵盖房地产的租金收入,这种计税方式能比较客观地反映房地产价值和纳税人的承受能力,体现公平的原则。在具体的操作层面上,大陆地区已经基本形成了具体的操作规范,主要表现在:一是已经建立了多部门配合的评税工作模式;二是初步建立了评税技术标准;三是开发了结合现行税收征管水平的计算机批量评税系统。房地产税的计税依据也应当直接通过单独的条文规定,即:"房地产税的计税依据为应税房地产的市场评估价值"。需要在每个征收年度实施全面性的准备工作,采用一次性征收的方式实现。

4.5　税收优惠

我们可以按照房屋的用途实施减免:对于孤老、残疾等特殊人群拥有的自住住宅实行减免;对于受重大自然灾害,损毁面积达到一定比例的房屋,在一定时期内实行减免;对于经济适用房实行减免;其他减免。对于房地产税的减征可以这样规定:①符合国家法律规定的低收入纳税人,减按应征税税率的50%征税。纳税人应缴房地产税额达到家庭收入30%的,减按应征税税率的50%征税。②对于居民所拥有的首套自住房地产,应规定人均40平方米的免征面积,此处的房地产的套数的计算应以房地产管理机关颁发的房产证为准,而不以房地产自然套数为准。可以扣除免征面积的纳税人以房产证上的所有人为限,不能按照户籍涵盖的家庭成员为标准,这样做有利于保护相对弱势的家庭一方,促进家庭和睦。③对于公共服务目的的房地产,免税按照房地产的属性进行规定,"以下房地产免征房地产税:国家机关、军事、外交机构和宗教场所等自用的房地产;由国家财政部门拨付事业经费的单位自用的房地产;其他依法可以免征房地产税的房地产"。

税收优惠需要结合经济发展的具体实况,尤其是东西部、南北部等经济发展不均衡的实际现象做具体的考虑,允许地区之间的执行标准有一个可以调节的差异范围,同时有效发挥税收对房产需求的正确引导作用,以推动全国各地房地产市场的积极有效发展。

5　总结

本文仅对台湾房产税的税制要素进行了分析与评价,并未涉及该税种的全部内容。而且我国内地房产税还处于试验阶段,在不断的成熟完善中,有许多需要向台湾地区房产税借鉴的地方。但是,目前台湾地区房产税也需正视自身存在的问题,与大陆房产税一同在各有利弊的情况下不断进行改进。因此,大陆与台湾地区应通过互相交流与借鉴,取长补短,使两岸的房产税在各自优化的基础上逐步趋同,从而建立一套科学的、完整的、具体的房产税立法经验。另外,还应该吸纳国际上的相关经验,借鉴其房产税的管理和实施方法,与中国的国情相结合,改善房产税征管的现状,推动我国经济的快速发展,提升广大群众的生活质量,最终提高我国的综合竞争力。

论文作者:黄怡楠
指导教师:彭锻炼

参考文献

[1] 任寿根.港澳台房地产业与房产税制度[J].涉外税务,2000(2).
[2] 杨志安,郭矜.完善地方税体系 培育地方性主体税种[J].税务研究,2014(4).
[3] 陈小安.房产税的功能、作用与制度设计框架[J].税务研究,2011(4).
[4] 罗劲.我国征收房产税之合法性研究[D].上海:复旦大学,2011.
[5] 周娅秋.海峡两岸分税制比较研究[D].重庆:重庆大学,2013.
[6] 叶少群.论大陆与台湾地区税收关系的调节处理[J].当代经济,2006(10).
[7] 福建省地税局"台湾税收研究"课题组.海峡两岸税制比较研究[J].福建论坛(经济社会版),2002(10).
[8] 黄璟莉.国外房产税的征收经验及对我国的启示[J].财政研究,2013(2).
[9] 傅樵.房产税的国际经验借鉴与税基取向[J].改革,2010(12).
[10] 沈灵燕.房产税的经济效应分析及其改革优化建议[D].上海:华东师范大学,2014.
[11] 何峰.台湾地区房屋税及借鉴[J].国际税收,2014(4).
[12] 戴长松.两岸房产税制要素比较分析[J].知识经济,2014(24).

台湾夜市的功能与启示

摘　要：台湾夜市是台湾的重要特色之一。台湾夜市文化源远流长，在台湾特殊的经济环境、港埠荣景及酬神庙会的影响下充分发挥了其经济功能、社会功能和文化功能。相较之下,大陆夜市定位模糊,功能单一,知名度不高。台湾夜市在活络地方经济,充分发掘夜市功能,打造夜市品牌等方面,为大陆夜市提供了很好的范例。

关键词：台湾夜市；商业区位；社会功能

1　引言

根据台湾"交通部观光局"的调查,自 2003 年起,夜市便占据了国际观光客来台主要游览景点的第一名[①]。美国《圣荷西信使新闻》也刊载专文介绍台湾的夜市,并指出"夜市是拥抱传统的最佳文化现象"[②]。而相比之下,海峡对岸的大陆夜市少有声名在外。台湾夜市在东南亚地区非常著名,她汇聚了世界各国的名小吃,集休闲娱乐、购物为一体,如台北的士林夜市、高雄的六合夜市、台中的逢甲夜市、台南的花园夜市等人气都很高,且颇具特色。在台湾,夜市不仅仅发挥着观光功能,它对商业机会的创造、个体经济的繁荣及税收的贡献也是不容小觑的。台湾夜市这种独具一格的庶民经济更是给了我们不可多得的研究案例。夜市热闹非凡,给许多名人明星提供了提高曝光率和知名度的绝佳平台,其社会文化功能颇为丰富。台湾夜市的成功得益于其历史文化背景,但其独特的经营理念、管理方式、灵活的政策才是其成功的真正原因。中国大陆的夜市经济尚不繁荣,夜市文化尚未形成,而台湾夜市给我们提供了很好的借鉴,本文也将对完善大陆夜市的功能提出一些设想和建议。

2　台湾夜市的简要介绍

2.1　台湾夜市的兴起与发展

台湾夜市起源于国民党迁台后,那时百废待兴,经济贫瘠,公共设施缺乏,百姓商

---

① 中国新闻网.来台观光客调查：美食及风光景色成岛外游客最爱. 2006 年 06 月 05 日. http://news.sina.com.cn/o/2006-06-05/13259123563s.shtml
② 中国台湾网.美国媒体介绍台湾夜市/称是拥抱传统的最佳文化现象. 2012 年 10 月 23 日. http://www.taiwan.cn/xwzx/bwkx/201210/t20121023_3213349.htm

业形态从店铺到摊贩,凡是能够创造生活收入的经营模式都零散地上了街头。由于台湾的气候四季如春,冬不冷夏不热,适宜的温度让摊贩能全年度地经营,经营内容多为小吃类和日用品类。

后来摊贩汇集到了大面积的空地或一条街,就成了集市;经过日晒雨淋的煎熬,有些非街道式的公有空地就或由私人或由政府建造了能遮阳遮雨无墙式的顶棚。由于贫穷的压力增强了台湾人的主动性与研发性,因此他们在食物烹饪技术上做了诸多的改良,甚至对作为原料的果蔬种植技术也进行研发改造,使得台湾的小吃与农业种植、农业休闲逐渐闻名于世界。

几十年来,随着台湾经济的逐渐好转,街道两旁除了在夜间临时设摊,在白天恢复正常通行的夜市步行街外,多数夜市已有环境良好的公共舍内建筑,或私人投资的夜市广场,或片状地区沿街店铺组成的庞大的夜市,最大的有台中逢甲大学夜市、台北的士林夜市、淡水的老街夜市、台南的花园夜市、高雄的六合夜市及难以数尽的各县市夜市群经济体。在台湾当局卫生主管单位的强力监督下,各商家对卫生标准的遵守也比较自觉。

2.2 台湾夜市的特征

夜市小吃美味有特色,各个夜市都有自己的品牌。例如,台北士林夜市以"士林大香肠"最为著名,台中逢甲夜市以"章鱼小丸子"最为著名,嘉义文化路夜市以"蚵仔煎"最为著名,台南花园夜市以新鲜水果最为著名,不胜枚举,每个夜市都有自己独特的标签。

台湾人民淳朴、随性、低调,亿万富翁、大牌明星都是常客。不论是周杰伦、潘玮柏、罗志祥、陈乔恩、林志玲、林依晨等娱乐明星,还是马英九、连战、蔡英文等政治明星,都会光顾夜市,这也不失为提高人气的好机会,假如店家得到明星的签名或者合影,都会自豪地展示出来。

营业时间长,夜晚最热闹,甚至通宵达旦。比如,台北市士林夜市 12:00 至凌晨 1:30,基隆市庙口夜市 10:00 至凌晨 2:00,台中市中华路夜市 17:00 至凌晨 3:00,高雄市六合夜市 17:00 至凌晨 6:00。

顾客中的绝大部分是年轻人。拿台北士林夜市来说,周围学校林立,有铭传大学、东吴大学、北士商等高校,每到黄昏时刻,大量的下课下班人潮群涌而入,为这商圈带来了大量的商机及热闹的气氛,小吃、服饰、娱乐应有尽有,是年轻人的最爱。

个体经济占主体,规模小、商铺多。大部分的商铺是以家庭为单位经营的,老字号的店铺甚至是几代传承,店铺普遍不大,小的二三平方甚至只有个手推车,大的也不会超过一百平方。商铺排列紧凑,密密麻麻排列在街道两旁,一些繁华的夜市甚至一位难求。

2.3 台湾夜市形成的区位因素

1)交通便利

台湾知名度最高的几大夜市,如台北士林观光夜市、台中逢甲夜市、高雄六合夜市等,每天可以吸引好几万的消费者,节假日则会更多。热气腾腾、风味独特的台湾传统美食,吸引着大批游客,也是大陆游客赴台旅游的必选之地。到这些夜市的交通非常方便,当地居民和外地游客都可以快捷地前往,从而为夜市带来人气。比如,到台北的士林夜市,就可以乘坐"捷运"(台湾的城市轨道交通),"捷运"为士林夜市专门设站,到淡水线剑潭站后下车即到。公交车有数条线路到达士林夜市。在士林夜市外,修建有大型的旅游大巴停靠点,且针对旅游大巴的停车费很便宜,就是为了吸引游客。

2) 位置优越

台湾的夜市都拥有很高的人气,地理位置优越也是非常重要的一个原因,这些夜市多位于城市的中心区,或靠近城市中心区的景区。笔者在台北生活数月,多次游逛市内夜市,发现了台北夜市的一些特色。比如,西门町夜市白天是笔直的大马路,到了晚上化身为热闹集市。并且有固定的夜市开市时间,一般来说,是傍晚六点至凌晨两点,用临时护栏把路的两头一围,全封闭成步行区,这为城市中心区缺乏用地提供了可借鉴的方法。在靠近城市中心的景区设夜市,花莲南滨夜市是一个典型例子。花莲南滨夜市就在南滨公园里,这里是以吃、玩为主,还可以欣赏海滨美景,也有很多游客慕名前往。

3) 创业环境好

很多想创业又缺乏雄厚资金的台湾青年,往往邀三两好友凑些资金,跑到夜市摆小摊创业。笔者在士林夜市中,看到很多摊主是二十多岁的年轻面孔。台中逢甲夜市就临近逢甲大学,也成为台湾青年创业的天堂。夜市中的创业者完全不用花推广费用,马上就可知道市场反应。一旦获得游客的认可,有人在摊位前大排长龙,就能迅速打响其品牌。如果得到台湾美食节目的青睐,运气就更好了,做连锁、搞加盟,也是可能的。这种麻雀变凤凰的小青年致富故事,近十年在台湾不断上演。

4) 媒体的帮助

台湾夜市名气大,台湾娱乐节目也功不可没。笔者在台湾看到的很多美食娱乐节目,都不遗余力地搜罗台湾夜市的美食。香港著名导演麦当雄在台湾拍摄《黑金》,就曾在士林夜市取景;徐熙媛和罗志祥拍摄台湾偶像剧《转角遇到爱》,美食主角"蚵仔煎"也是深受台湾人喜爱的夜市小吃。近年来,台湾还进行了"十大观光夜市"比拼,组织特色夜市的评选活动。台北也曾专门举办"台北十大夜市小吃"网络票选活动,"蚵仔煎"拔得头筹,成为人们最爱的夜市小吃。

3 台湾夜市的功能分析

3.1 经济功能

1) 促进观光旅游业发展

在晚间展现灯火通明的喧闹,除了当地人喜欢游逛,还足以吸引各地的观光客,不但能促进消费,增加经济收入,而且能提升地方知名度,成为一个观光标的。如此一举数得,所以台湾有些地方发展协会就会极力推荐当地夜市,以台北为例,台北的士林夜市与西门町夜市都是游客必去的景点,这给笔者留下了深刻的印象。

2) 繁荣周边经济

夜市还为个体工商户创业提供了良好的平台。资金较少、工具简单,加上辛勤的劳动,自己便能成为一个在夜市中淘金的商贩。一定程度上,夜市的兴盛带来了创业机会,为缺少资金的创业者带来机遇。同时,夜市还悄然改变了周边经济。因为存在特殊的"草根品牌",不断吸引夜市消费群体的脚步,也逐渐带火了周边经济。通常在夜市四周,餐饮、娱乐、副食店等场所几乎一应俱全。以一个夜市为中心,辐射范围能影响好几条马路,就连附近一家小小的副食店,它的租金也很可能会水涨船高。在台湾,除了城市夜市之外,还有许多夜市所在地段位于乡镇边缘的区域,带来人潮与商机,于是周边住家逐渐增多,一旦住民进驻,当地的生活机能得到提升,无形之中生活圈腹地也就扩大了。

3) 消费者获得便利与实惠

夜市的经营内容多样,商品种类繁多,消费者吃喝玩乐的需求基本都可以满足,临街又方便了购买,不失为大众享受美食、休闲娱乐的好去处,所以夜市的人气很高。夜市的商品价格亲民,以小额消费为主,来到夜市的顾客,小小的花费就能享受到吃喝玩乐,自然而然门庭若市,所以夜市相当亲近一般市井小民。

3.2 社会功能

1) 提供地方政治人物发展人际网络的平台

毕竟夜市的人潮汹涌,大多以就近的住民为主,富有地缘关系。于是夜市选举造势"拜票",要往人多的地方,每到选举期间,可见拜票团游走于各大夜市,寻求曝光的机会,争取选民的支持。而且,选举候选人当选后,回过头会关心夜市的相关议题,可说是一种社会关怀。

2) 助益乡镇行政事务与支持地方建设经费

因为夜市营业的摊商通常必须缴纳水电费与清洁费,除了支付固定的开销以外,其余能应用的方向不少,尤其是针对老人会、庙宇、义警消防队、村里办公处等,运用从夜市得来的费用,适当地支付执行经费或庙事活动,不仅受惠的人群广泛,而且颇能在符合社会公众利益的前提下达到多方受益的效果。

3) 丰富居民的业余生活

在学习工作之余,逛逛夜市已经成为许多人必不可少的业余活动。一般来说,逛夜市最大的乐趣在于呼朋引伴,或是一家老小;或是三五好友;或是出双入对的情侣,来到夜市,分享吃喝玩乐的欢娱,缩短人与人之间的距离。

3.3 文化功能

1) 培育平民文化

夜市,从根本上来说,是一种平民文化。"平民"就是日常生活中的普通百姓,是社会实践的主体,他们的文化生活和反映他们日常生活、精神风貌的文化作品,共同构成了丰富多彩的平民文化。夜市作为平民自发聚集而形成的场所,富有浓浓的生活气息;夜市也反映出一个城市的饮食文化和最纯正的风土人情,凸显了城市特色;夜市所呈现的也是人们最真实的一种生活状态,蕴含着浓浓的生活气息与人情味。所以维护与促进夜市的发展,是对平民文化的保护与丰富。

2) 融合传统与现代文化

夜市融合了传统文化与现代文化,诉说着城市历史的同时,展示着城市风貌。夜市需要传统的承袭和保存,也需要现代元素的接轨与融入。传统元素是特色,是标志,是品味;时尚元素是流行,是趋势,是魅力。而夜市正是一个大熔炉,存在着新与老、内与外的文化交融。

3) 凸显旅游文化

夜市越来越成为一种旅游文化。将夜市与旅游最为紧密地结合在一起的当属台湾地区,甚至有人说,"不去夜市,不算到过台湾"。现在大陆也有越来越多的地区提出要结合地方特色,打造"品牌夜市",将夜市纳入旅游文化的一部分。

4 对大陆夜市完善功能的启示

4.1 健全经济功能

要把夜市的经济功能发挥到最大,就要解决夜市过于冷淡、商品质量过低、运营成本高等问题。比如,可以选择有市场前景的次干道,将夜市设在老城区或商业区的支路上,规定晚上禁止车辆通行,允许摊贩设摊经营。如此,通过商业区的人气带旺"夜市经济",又比较不会影响居民的晚间休息。在新区建设中,应兼顾夜市经济发展的需求做好选址,有针对性地在一些节点进行策划,建设一批特色夜市重点项目。就一座城市而言,要做的就是科学规划,集中力量打造几条特色夜市街区,使之成为点亮夜市经济的代表品牌。夜市既要有品牌店,更要有特色小店;既要有高端产品,更应有适合大众消费的中低端产品。同时,加强政策引导,在税费、用电、用水等方面给予优惠扶持,以吸引更多的从事夜市经济的商家来投资。特别是对象为大学生、下岗工人等群体时,更应给予税收等方面的优惠扶持,拓展他们的就业空间,使夜市经济在增加就业、构建和谐社会方面发挥独特功效。

4.2 扩展社会功能

夜市发挥社会功能的瓶颈在于脏乱差、营业时间短、经营内容单一。要解决这些问题,就应该由政府牵头,从城管、工商、卫生、食品药监和环保等部门抽调精干人员组成联合管理机构,加大对夜市的联合整治力度,规范夜市商贩的经营行为。对规模较小、交易相对分散的小型夜市,可以采取放开、搞活的措施,按照"谁创办、谁受益、谁管理"的原则,引导企业、社区、个人多方参与,积极兴办和管理夜市。采用疏堵结合的方式治理流动摊贩,可以在保证环境卫生的前提下,设置临时性占道夜市,吸引流动摊贩进入夜市。鼓励摊贩加强自我约束,与市场管理者订立约束条款,只有多方共同努力,才能形成规范的夜市秩序和繁荣的夜市文化。可以合理增加营业时间段,延长营业时间,不只在周末节假日营业,工作日也可以适当推出活动吸引消费者观光购物,同时也应该引入麦当劳、永和豆浆、全家这样一些24小时营业的店铺。夜市的经营内容也不应该只有清一色的食品类,应该兼具日用百货、鞋帽服装等商品。为了吸引年轻人的光顾,应增加一些酒吧、网吧、KTV、健身俱乐部等场所。

4.3 发掘文化功能

大陆夜市不愠不火的一个很重要的原因在于缺乏文化内涵、自主品牌与观光价值。为此可以精选全国各地名小吃,特别是老字号,积极引商入驻,努力打造当地夜市的知名度。同时,大力推进"品牌"商品等入驻夜市,发展多行业经营,促进商贸、餐饮、娱乐一体化建设。积极引导夜市商业、夜商休闲、夜间服务业、夜间文化活动等一起"动起来",构成一个立体多元化的夜市氛围,形成一个开放的、多元的消费模式。每年定期举办名小吃评比大赛,对各种本土小吃进行分类评比,提高本土小吃的知名度,以体现当地夜市的特有内涵。开设具有地区、民族特色的饭店,满足国内外游客少数民族、商人等的餐饮需求。可以加大对夜市的宣传力度,采用多种宣传手段,如报刊广告宣传、网络论坛宣传及市民之间口头宣传等,提高夜市的知名度,吸引更多的人到夜市休闲娱乐,享受生活乐趣。培养市民的"在地情感",把市民热爱的当地文化情感、宣传当地文化特色的自觉性与夜市文化的培育结合起来,突出地方特色,增加夜市文化内涵,发展观光夜市。

5 总结

大陆夜市的长远发展,可以借鉴台湾经验,从经济功能、社会功能、文化功能三个角度把握夜市发展的规律,深层次地挖掘夜市的价值。但是,台湾夜市的发展有雄厚的经济基础及较高的人文素质做支撑;而大陆与台湾相比,在经济硬实力与人文素质软实力上都存在差距。所以对于大陆夜市文化功能层面的深入与发展,有待于大陆整体经济水平和人文素质的同时提升。因此,一方面,我们可以借鉴学习台湾经验;另一方面,我们也应该立足实际,结合现状,循序渐进地提出可行性方案。

论文作者:刘志光
指导教师:苗　青

参考文献

[1] 庄雷霆.细说台湾夜市之由来[J].上海商业,2011(6).
[2] 查梦娜,胡菁,钟博文.基于两岸差异对比的夜市功能分析与定位研究[J].科技视界,2013

(21):15-16.
[3] 王鹏程,蔺爽.台湾夜市经济的启示与借鉴[J].辽宁科技学院学报,2012(4):48-50.
[4] 林竹.台湾夜市文化的繁荣对天津夜市发展的启示及建议[J].城市,2014(6):49-51.
[5] 文新军,刘艳.让夜市成为一道新景——七星区夜市规范化管理扫描[N].桂林日报,2007-06-03.
[6] Wikipedia. Night markets in Taiwan [EB/OL]. http://en.wikipedia.org/wiki/Night_markets_in_Taiwan,2014-07-21.

"营改增"背景下两岸电信业税制比较

摘　要：本文针对2014年6月1日全国范围内电信业实行"营业税改征增值税"这一税制改革背景,初步探讨"营改增"对大陆电信业的影响,比较两岸电信业在税制上的异同。"营改增"的一项重要目的是消除重复征税,使改革行业的整体税负不增加或略有下降。那么,电信业作为基础服务业,试点"营改增"将给它带来哪些影响?上下游企业的税负变化如何?这些都成为社会关注的热点。通过分析"营改增",本文拟对增值税提出合理建议。

关键词：电信业；营改增；加值型营业税；两岸比较

1 电信业"营改增"的基本情况

1.1 "营改增"背景

我国自1994年税制改革以来,确立了对货物和加工、修理、修配劳务征收增值税,对其他劳务和无形资产、不动产征收营业税的税收制度,形成增值税和营业税两税并存的格局。随着我国经济的市场化和国际化程度日益加深,新的经济形态不断出现,货物和劳务的界限日趋模糊,增值税和营业税并存所暴露出来的问题日益突出,其中最突出的结构性问题就是重复征税。

因为营业税具有"全额征税"的特点,它是针对经营者的营业收入征收的税种,一般以营业收入的某一比例征税,经营者会将税收加到商品或服务的价格中,传导到下游的企业或终端消费者。虽然表面看起来营业税的税率比较低,但商品每经过一道流转环节就要纳一次税,流转环节越多,重复征收越严重,税负越重。一种税率为5%的商品如果流转4次,其税率至少加到20%,成为重税。

与营业税"简单地"根据营业金额来核算不同,增值税则具有"层层抵扣"的特点,仅对商品生产、流通、劳务服务中的"增值部分"征收。通俗而言,按照企业的"收入部分"确定应征税额的"销项"后,可以用"成本部分"作为"进项"用来抵扣,抵扣得越多,企业要缴的增值税越少。

"营改增"改革的目的,是解决服务业和制造业税制不统一问题,打通增值税抵扣链条,取消重复征税,促进社会分工协作,使我国财税制度更加符合市场经济的发展要求,提高市场效率。从国际上看,增值税是一种成熟的、得到广泛认同的税种,进行

"营改增"是符合国际化的趋势。"营改增"于 2012 年 1 月 1 日起率先在上海实行试点以来,改革的红利也不断显现,截至目前,全国已累计减税 2 203 亿①元。

1.2 电信业概况

2014 年 6 月 1 日前,电信业属于邮电通信业的应税范围,税目包括:电报、电传、电话等,适用税率为 3%。6 月 1 日后,在财税〔2013〕106 号文件中,电信业服务被纳入应税服务范围。

电信业,指利用有线、无线的电磁系统或者光电系统等各种通信网络资源,提供语音通话服务,传送、发射、接收或者应用图像、短信等电子数据和信息的业务活动。电信业包括基础电信服务和增值电信服务。基础电信服务,是指利用固网、移动网、卫星、互联网,提供语音通话服务的业务活动及出租或者出售带宽、波长等网络元素的业务活动;增值电信服务,则是指利用固网、移动网、卫星、互联网、有线电视网络,提供短信和彩信服务、电子数据和信息的传输及应用服务、互联网接入服务等业务活动。卫星电视信号落地转接服务,按照增值电信服务计算缴纳增值税。在境内开展电信业营业税改增值税试点,实行差异化税率,基础电信服务和增值电信服务分别适用 11% 和 6% 的税率,为境外单位提供电信业服务免征增值税。

1.3 电信业为何"营改增"

1.3.1 电信行业需借力转型

随着互联网的不断发展和创新,电信业中互联网业务及智能手机等产品已经普及到人们的日常生活中,这大大促进了移动互联网业务替代传统电信业务中的品牌和产品。目前,电信业要实现从传统基础网络运营商向现代综合信息服务提供商的转型思路,要实现从移动互联网及语音经营走向流量经营的发展趋势。三大运营商的财务报表均显示出收入下滑和收支不同步的现象。这就意味着依赖高成本投入拉动增长的发展模式已经随着收入的下滑和用户消费模式的转变而难以发展,因此,我国的电信业已经面临着紧迫的转型发展要求。2012 年,电信行业的转型浪潮风起云涌,已经开始向智能模式转型。营业厅也开始向手机卖场、流量经营、单独销售等经营模式转型。目前,我国的电信业也需要进行深层次的改变。例如,集约化降低了成本,但是也给市场带来了许多的不良反应,虽然移动互联网业务得到了大力的发展,但是公司体制和互联网行业的运行模式却存在着矛盾。例如,基地模式虽然在短期内出现了业绩上升,但是在长期的培育下矛盾却日益显现。因此,需要借助外力推动体系内的转型。电信业"营改增"将作为一种外力推动其发展。

1.3.2 完善增值税抵扣链条

电信业是重要的生产性服务业,将其纳入"营改增"试点,有利于进一步完善增值税抵扣链条,增加下游企业进项税抵扣,让更多的企业享受改革红利。

---

① 选自《浅析电信业营改增的影响》《税闻天下》,2014.5.30)

"营改增"前,固定资产等基础设施不能进行进项税抵扣,电信企业的税负颇高。但如果增值税抵扣链条打通了,税负即可降低。可以预计,未来几年,电信基础运营商将投入大量资金建基站,完善基础设施,部分企业会出现增值税在以后数年抵补不完的情况。

前期纳入"营改增"试点的行业都是相对独立的领域,而电信业与每个行业和个人都息息相关,此时选择将电信业纳入改革范围,可使抵扣链条更加完善,具有承前启后的作用,有助于改革的有序推进。

2 电信业"营改增"对电信企业的影响

假设"营改增"前营业收入111元,在11%税率下,"营改增"后将分离为营业收入100元和销项税11元,相当于打了9折。成本则由于"营改增"试点目前仅在部分地区、部分行业推行,可以取得增值税专用发票的项目较少而难以大幅下降(如折旧费、人工成本无法取得抵扣凭证,水电费、渠道酬金、维修费等难以取得专用发票)。成本下降的幅度将远低于收入下降幅度,从而导致利润下降,税负上升,短期内企业经营压力增加。接下来我们具体分析。

2.1 三大电信运营商短期利润减少

中国移动和中国联通均已发布相关回应,称"营改增"后利润将降低,即短期内财务指标下降明显。中国移动发布公告称,由于增值税属于价税分离的价外税,"营改增"后,营运收入将相应减少,并且目前本公司成本和资本开支中能获得的增值税进项税抵扣较少,如折旧摊销、人工成本等项目不能抵扣,营运支出和资本开支将略有下降,因此预计短期利润将有较大的负面影响。

2.2 三大电信运营商短期税负增加

举例而言,客户预存1 000元话费,送价值800元的手机一台。"营改增"之前,应交税金=1 000×3%(营业税率)=30元,"营改增"之后,销项税额=1 000÷(1+11%)×11%=99.1元,视同销售销项税额=800÷(1+17%)=116.2元。即使可以扣除一定额度的进项税,但是企业税负短期内还是明显增加。

影响三大电信运营商增值税税负的主要因素:增值税税率和可抵扣成本占比。可抵扣成本占比取决于成本结构、其他行业的税改进展、资本支出、电信企业的运营和供应商管理等。由于进项税额发票不能成功取得,按照"应抵可抵"计算,初步测算电信企业实际可抵扣成本和资产项目占全部成本资产项目的比例不到32%。按"营改增"后的增值税率11%初步测算,电信企业平均税负6%以上,远高于目前的营业税税负水平。

2.3 加大了电信行业管理工作的难度

在会计核算上,需对资本开支收入费用与成本等实施价格分离;在经营分析与核算考核上,当取数口径产生变化时,需要对数据实施调整;在发票管理上,因增值税的专用发票和现金管理相同,需投入更多的资源来管理这些专用发票与其他的一些增值税发票;认证操作比较复杂且繁琐,在增值税管理过程中每张专用发票都需经过相关税务机关来认证,待认证通过以后才能抵扣;在电信行业中,增值税的申报与计算都较为复杂,且实施增值税管理工作时需全员参与,这样才可获得满足规定需求的相关进项抵扣凭证。

2.4 加大了IT系统的改造难度

不管是成本核算进项的抵扣,还是收入核算的价税分离,均需要IT系统作为依托。如计费系统,要想实施计费,不仅需要提供相应的价税结算报表,同时还需要提供计费报表,且在计算过程中,还需要按照不同的税率来分别进行收入和销项税金的计算。如果在计算时,各家运营商自身都具备相应的营销方案或者大量的资费套餐,其计算的复杂程度也就不言而喻。

3 两岸电信业税收制度比较分析

3.1 中国大陆电信业增值税

2014年6月1日前,大陆电信业都是征收3%的营业税,之后改征增值税。提供基础电信服务,税率为11%;提供增值电信服务,税率为6%。此外,以下情况为特殊情况:"买一赠一"等需要分别核算;特服号可以继续差额征税;"走出去"提供服务免税;积分兑换不征收增值税;部分卫星通信服务可以简易计税。

3.2 台湾电信业加值型营业税

台湾自1986年4月1日开始采用加值型营业税,即为大陆的增值税。其目标为建立公允合理的销售税制度,既存的产销活动加值型体系营业税制度仅对产品的最终使用者课税,对外销采零税率,购入固定资本形成的产品可退税,借以增加外销竞争力,提高投资意愿,以增强经济发展的动力。

台湾的电信业被定义为"凡以有线电、无线电、光学、电磁系统或其他科技产品从事发送、传输或接收符号、信号、文字、影像、声音或其他性质讯息等服务之行业均属之。"电信业所涵盖的范畴包括:有线通信服务、无线通信服务、卫星通信服务及网际网络接取服务(IASP),但对收视户提供付费节目之播送服务则不包括在内。电信业为典型的公用事业,就销售货物或劳务过程中所增加的价值课税,即按进销的差额课税。就纳税人某一期间销售货物或劳务所收取的税额,减去其购入货物或劳务所支付的税额求得应纳税额。计算公式:销项税额－进项税额＝应纳(溢付)税额。举例说明,销项税额＝1 500×5%＝75元;进项税额＝1 000×5%＝50元,应纳税额＝75－50＝25元。

免税项目为:邮政、电信机关依法经营的业务及政府核定的代办业务。

3.3 两岸税制比较分析

中国大陆现行电信业税收制度所缴纳的增值税和台湾的电信业税收制度所缴纳

的加值型营业税计税原理相同。同样采用计算公式:销项税额－进项税额＝应纳(溢付)税额。

受台湾和中国大陆的经济发展水平、税收征管的技术条件及政府的税收政策方向不同的影响,其整体的架构面差异性不大,但在各项细节规定上,仍有些许不同。台湾的加值型营业税在制度和内容上,较贴近于欧洲国家的水准,且具备了成熟型加值税的基本特征,较大陆的增值税制度更胜一筹。

(1) 由于台湾的加值型营业税设计良好,现行实施的加值型营业税税率为5%,在世界是最低的。普遍较大陆的税负轻,可增加产业的竞争优势。

(2) 台湾电信业价值型营业税应税项目划分粗略,免税项目少,因此操作起来简便明了,也减少了税收征管成本。不过,这也与两岸产业有关。中国大陆面临的市场颇大,面临的实际问题也会更多。

(3) 大陆"营改增"后实行差异化税率,对市场竞争度高、创新性强的增值电信服务设置为6%税率,可以鼓励新型业态发展,增强行业发展活力。而台湾采用5%的单一税率。

(4) 台湾于1986年将电信业直接纳入加值型营业税征税范围,而大陆在1994年分税制改革后将电信业纳入营业税的征税范围,随后于2014年再次纳入增值税征税范围。两岸电信业税制发展相差了28年。

4 结论

随着全球经济的快速发展,中国大陆必须随时应对外界的快速变化,以对税收政策做适时的调整。鉴于台湾早在28年前就已将电信业纳入增值税征税范围,且税率较低,税负较轻,结构简单,征管成本低,笔者预测这将会是大陆增值税未来发展的大方向。在落实科学发展观和构建和谐社会的大环境下,大陆应借鉴台湾地区税制改革的经验,深化我国新一轮税制改革。此次"营改增"对电信业影响不小,利弊兼有。对此,电信业应做好应对措施:第一,应站在战略的高度上,充分认识到这次税制改革对电信业转型的深刻影响。第二,要推行科学发展观,丢弃短期和急功近利的发展目标,在根本上减少税务的变动,加强对应收账款的管理,如实地反映收入,做到诚信经营。

论文作者:毛樱诺

指导教师:赵海益

参考文献

[1] 国民所得统计年报.(民国98年)(台湾).
[2] 福州市国税局.台湾税收概览[M].福州:福建人民出版社,2009.

国际交流项目

[3] 福建省地方税务局.中国台湾税收制度.2008.
[4] 戴肇洋.以无私的理念推动赋税改革刍议.www.doc88.com/p-34513354707.html.
[5] 颜庆章.租税法[M].自版,1998.
[6] 五南法学研究中心.新编实用六法参照法令判解全书.2008.
[7] 王诚尧.对我国进行全面性税制改革的探讨[J].税务研究,2005(1).
[8] 王建煊.租税法[M].文望出版公司,第29版,2005.
[9] 孙利春."营改增"对电信业的挑战及对策——基于某电信运营商省公司的分析[J].实务探讨,2014(11).
[10] 胡芸玮."营改增"对我国电信业的影响[J].财会月刊,2013(11).
[11] 中国注册会计师协会2014年度注册会计师全国统一辅导教材.税法.北京:经济科学出版社.2013.
[12] 梁季.聚焦电信业营改增[N].中国财经报,2014-5-20.

高校社团文化研究

——台北大学社团文化借鉴

摘 要：随着我国高校推行素质教育、实施学分制及大学城高校园区宿舍社区化的发展，班级文化对大学生的影响越来越小，与此同时，社团文化作为校园文化的重要组成部分越来越被老师和学生所重视和关注。伴随着班级文化的衰弱，班集体对班级成员的凝聚力和影响力大不如前，大学生对于班集体的归属感也日渐减弱。相对传统的班级文化已经满足不了追求自由、张扬个性的90后，而社团文化则内容丰富、形式多样，对大学生有着强烈的吸引力。文章借鉴台北大学社团文化的实际情况，就如何引导社团文化及财税学社发展提出看法与建议。

关键词：社团文化；创新管理；素质提升

1 社团文化是校园文化的重要组成部分

社团文化是以学生为主体、社团为载体、校园为空间、社团活动为形式的一种文化，没有社团文化的校园文化就不完整。有人曾把社团文化划分为四层：形象层、制度层、行为层和价值层。其中行为层与价值层相对比较重要，行为层反映了社团内部成员之间的关系是否融洽，是否能够全力合作等。价值层反映了社团的集体价值观，即社团在长期发展中所形成的基本信念和行为准则。行为层和价值层是社团文化的核心，有了行为层和价值层的社团文化才是校园文化不可或缺的一部分，而其重要性体现在以下五点。

1.1 校园文化中的社团文化

社团活动是高校校园文化建设的重要载体。大学生通过参与丰富多彩的社团活动，在满足了课余文化生活需要的同时，又为多姿多彩的大学校园文化平添了一道亮丽的风景。社团具有活动类型层次多样、活动性质健康积极的特点，是当代大学生最乐于喜爱的活动形式之一。通过参与社团活动，让大学生感受校园文化，在感受校园文化的同时又在不断创造校园文化，学生社团是一个让更多的学生深入了解和感受高校校园文化的平台，同时也是学生参与建设校园文化最有效的平台。

随着高校学分制的逐步施行，班级这一概念在高校越来越模糊，学生的学习、生活方式也出现新的变化,社团组织日益成为学校具有重要影响力和凝聚力的群体。在社团影响力不断扩大的当下,社团成为了学校精神文明建设中校风、学风的重要表现形式之一,对于营造学校文化氛围,形成学校办学传统和办学特色起到重要的作用。各种各样的社团活动深深影响了大学生的学习生活,学生通过自治的管理方式,以及自我创新的意识不断完善社团文化,使这些社团不断朝着个性化的道路成长,同时再通过自身的活动不断建设和繁荣校园文化,帮助学生成长成才。

1.2 社团活动更受学生的欢迎

社团活动是第二课堂的延伸和拓展。在拓宽和加深必修课基础的各科学习中,充分挖掘本土资源,延伸学习领域,是社团活动的重要阵地。丰富多彩的课外活动,有助于提高学生组织能力和培养集体主义精神。社团活动是对第一课堂学习的延伸、补充、发展,具有广泛的、深刻的、生动的教育效能,可以丰富学生精神生活、陶冶情操,可以使学生学到新鲜知识,有助于培养兴趣和爱好,发展学生的智能。社团活动是由学生组织,组织者了解学生,知道学生的需求,会根据需求来安排活动计划,故相对课堂教学活动而言,社团活动更具有吸引力。

1.3 社团能够吸引学生外出活动

进入大学以后,原来熟悉的生活发生了很多改变,特别是平时的空闲时间大大增多,很多大学生面对多出来的时间感到十分茫然,无从安排。由于高中时的强大压力瞬间释放,许多大学生觉得上大学以后是该好好玩一下了,再加上笔记本电脑也成了大学生的必备之物,于是许多大学生便一头扎进了网络的世界。

大学生沉迷于网络、不重视学习与生活实践的问题已经越来越突出,成为了当今社会的一个普遍问题,并且过度使用电脑而缺乏锻炼导致大学生身体素质的不断下滑。根据这几年的研究调查,大学生体质健康状况不容乐观,这不仅影响了大学生当前的学习,而且会对他们未来所从事的事业产生不可忽视的影响。所谓"身体是革命的本钱",没有一个健康的身体,做任何事都是很难成功的。因此,让大学生丢下电脑,走出寝室,更多地参加户外锻炼,培养大学生自我锻炼的能力,增强他们的体质,就显得极为重要了。

社团活动大部分都是在户外开展,需要学生走出教室,离开寝室,例如,在食堂门口进行滑轮练习,在篮球场进行投篮训练等。这些社团活动都能够锻炼大学生的身体素质,尤其是现在国家出台政策,大学生体测不及格不能顺利毕业,社团活动的重要性就更加明显了。

1.4 参与社团活动能够提升综合素质

当代大学生既要张扬个性、有自由的发展空间,也应该学会互相交往、互相学习、互相信任、互相尊重、互相合作。而社团是以学生相同或相近的兴趣、爱好、特长、信念、观点或自身需要为基础而自发成立的群体。它既为学生提供发挥特长、表现个性和施展才能的场所,更为学生提供交往、合作、学习的机会。通过各式各样的社团活动的开展,营造出一种生机勃勃、积极向上的校园文化氛围。而置身其中的学子们,受到这种精神的熏陶,耳濡目染、潜移默化,久而久之就会成为一个有知识、有教养、有进取精神、有良好气质、天天向上的人。

社团活动是提升学生素养的有效途径。社团的成员来自不同年龄、班级,具有不同的家庭背景,在这样一个具有较强发散性的组织中,不同学生思维方式和知识背景的交叉,促使每个社团的不同学生相互影响、相互受益。学生社团以提高学生文化修养和培养学生实践、创新能力为最高目标,有利于培养和提高学生的综合素养。

1.5 社团文化对于高校文化是一个机遇

社团文化对传统的校园文化是一个冲击,也是一个难得的机遇。学校可以通过各种创新合理引导社团建立良好的社团文化,具体有以下三个方面的创新:

(1) 内容创新。大学生对于社团活动的需求是多层次、多样性的,应该以创新为导向,提升综合素质为基点,进行社团活动内容创新。社团活动应该具有时代特色,能够反映社会文化特色,还应该满足大学生获取知识、文化素养提升和兴趣发展的需求。

(2) 形式创新。社团活动在形式上不应该"千篇一律",需要多和学校、社会团体、企业等单位合作,开展各种形式的社团活动。在社团活动中加入其他元素,如表现优异者可以获得企业实习机会等。

(3) 管理创新。首先应该实行规范化管理,虽然学生社团是自治组织,但还是需要有一定的规章制度来明确社团的核心目标;其次是制度化管理,主要针对日常活动的开展,让社员开展活动的时候能够"有制可依";最后是人性化管理,学校应该相信学生能够自我管理,减少对社团事务的干预,让学生自主管理。

2 台北大学社团文化

台湾的高校注重校园文化建设,为学生营造清雅的学习环境以涵养学生心灵、陶冶学生情操,既保留了中华传统文化,又吸收借鉴了西方高校文化。所以台湾的高校社团相对大陆而言,对于校园文化的建设发挥着更重要的作用。在台北大学校园内,到处都可以看见各种各样的社团活动,社团文化有着蓬勃的生命力,具体表现在以下四个方面。

2.1 每个社团都有专业指导老师

台北大学的每一个学生社团都要求有一个专业的指导老师,指导老师可以是本专业的老师,也可以是校外的老师。每次社团活动,指导老师都需要在场,给出相应的意见。

社团的指导教师能够在学生社团开展活动的时候提出专业参考,在学生社团需要的时候给予专业帮助,又能指导社团朝正确的方向发展。要办好一个专业性的学术社团,需要通过开展丰富多彩的具有专业性质的社团活动来团结全体社员,进而增强社团的凝聚力,让社员对社团有归属感,为能够成为这个社团的一员而自豪,而这些都离不开指导老师的指引。

指导老师还是学生社团思想的领航员,引导学生社团朝着健康的方向发展。大学生们年轻、充满活力,具有丰富的想象力和创造精神。但是,由于社会阅历不足、实践经验有限、辨别是非的能力参差不齐,所以考虑问题有时会有片面性、过于偏激。指导老师能及时纠正大学生的错误思想,引导社团健康成长。

2.2 社团与社会有良好的互动基础

台北大学的大部分社团不仅活跃于校园内,更多的是走入社会,参与社会活动。法律学院的法律服务社团定期免费为需要法律帮助的人提供法律援助,而且是由老师牵头,以大三、大四学生为主体开展社会公益性服务。一方面能够帮助需要帮助的弱势人群;另一方面也能够让学生提前拥有较为丰富的社会实践经验。

台北大学有这样一个原住民之友社,不分专业,以高雄屏东籍学生为主要社员。每个暑假社团都会对新加入社员进行野外素质培训,然后安排他们去乡下偏远的小学支教,帮助山里的小朋友学习知识。有这样经历的社员,也许在这个暑假学不到科学知识,但是却能收获很多社会经验。

2.3 有完善的社团规章制度

台北大学的租税服务社有完善的社长选举制度、社团活动安排制度等。所有的社团活动都能够在社团规章中找到对应的规定,而且租税服务社的每次活动都组织得很好。因此建章立制在社团发展建设中显得尤为重要。社团应完善标准化的规章制度、干部岗位责任制及考核细则和奖惩措施。当社团拥有一个完善的规章制度,那么社团的运作就有透明性和有序性。社团是社员为了一个共同的目标而聚集在一起产生的集合体,社员能够在既定的社团规章制度下合理地进行社团活动。当然社团只有完善的制度还是不够的,还需要每一个社员都能够自觉遵守制度。优秀的社团即使没有社长,日常的社团活动也能照常进行,这就是制度的魅力。

2.4 良好的社团文化

社团的良好发展需要社团文化来支撑,一个好的文化氛围,会使其中的成员有很大的认同感,促进组织的持续发展。台北大学很多社会通过做一些实践性的项目来推动内部文化建设。在做项目的过程中,社员能够更加团结,增强集体荣誉感,形成一种脚踏实地的精神,潜移默化地形成了社团文化。同时,还会经常性地开展一些娱乐活动,增强内部凝聚力。有些社团会有自己的会旗、会徽、会标、口号、社团核心理念、社团宗旨、社团使命等。培养社团文化的目的是为了增强社团内部的凝聚力,使社团有更好的发展。

3 立信财税学社借鉴发展之处

上海立信会计金融学院财税学社是一个以财税专业知识学习研究为内容的学术

性社团。财税学社成立于 2008 年,至今已有 6 年历史。财税学社自成立以来,坚持以丰富学生的财税知识,提升和塑造学生专业素质和能力为宗旨,学社在自身建设、为校服务、举办活动等方面均走在学校社团建设的前列,是广大同学施展才华的舞台。财税学社每年还组织承办形式多样的财税专业知识比赛,包括税法知识竞赛和税收筹划方案设计大赛等大型校际比赛。但是近两年财税学社发展愈发乏力,在借鉴台北大学社团诸多优点的基础上,财税学社可以从如下几方面加强建设和发展。

3.1 加强与其他团体的合作,完善大型比赛、充实社团活动

一直以来,财税学社的活动基本上限定在社团内,很少与校内其他部门和校外其他团体开展合作。借鉴台北大学的租税服务社,财税学社可以与辩论队合作,以当下财税热点话题为辩论主题,邀请社团外学生与社员一起参与,以非正式的方式展开辩论赛。财税学社可以与学生会合作,参考"开心辞典"模式,开展财税知识问答比赛,邀请学校其他专业的学生一起参加比赛,让学生在欢乐比赛的同时还能学习到实用的财税知识。此类活动的举办,一来可以扩大财税学社在校园内的专业影响力;二来可以促进社团内部的自我提升。

由于教师资源的不足,学社的大型比赛无法提供赛前辅导,学社可以请学院领导联系相关事务所,为参赛人员提供培训,进而提升参赛人员的专业水平。为了加强与兄弟院校的联系,学社可以主动邀请他们来参与税收筹划大赛,增加参与大赛的学校数量,提升大赛的水平。在条件允许的前提下,每周开设社团课程,安排各类形式和主题的授课,可以是主题辩论,也可以是财税前沿问题讲解,还可以组队参加各类竞赛。

此外财税学社还可以与税务局联系,为纳税服务大厅提供导税服务的社员。由财税学社与税务局共同培训导税人员,而后安排社员定期为纳税人提供纳税服务,既能减轻纳税服务科的工作量,也能给社员提供一个参与社会实践的机会,提升专业能力。

3.2 让学社成为一个交流平台

老师们可以在学社与大家分享他的专业视角,给大家普及课堂外的专业知识。学生可以通过学社与老师探讨交流自己的研究成果。学社还可以邀请校外的专家来社团为社员做讲座等。可以在学期初请专职老师选一个他擅长的主题,汇总、整理老师们的主题后,与老师协商时间,排出座谈会的时间表,在易班或者校内网主页上发布公告,并及时更新。这样大部分老师每学期只需要做一次准备,并且是自己最擅长的领域,可以在给社员传授专业知识的同时,减轻活动给老师带来的负担,让财税学社成为一个知识交流的平台。

当学社成为一个交流的平台以后,它就能够像一个生态系统一样自由、快速地成长,吸引越来越多的老师、学生加入。这样学社会成为一个信息的汇集地,未来老师或许会在学社中挑选学生作为自己科研项目的助理,学生会习惯性地在学社中交流

学术问题。学生能够在学社的帮助下,自由组队参加挑战杯等活动,在学社这样一个思维碰撞的平台上,肯定能够迸发出一些创新的想法。

3.3 完善社团章程

当前财税学社存在一个高年级人才难留的问题。很多有意留在学社的高年级学生,没有精力开展对低年级社员的管理,而社长、部长岗位有限,所以必须改进学社的社团章程。

首先,完善社团选举制度,实行委员制,社团的重要事务应该由社团委员会表决,高、低年级学生都可以竞选委员会委员,评选委员有相应的评分或者选举制度,进而营造一种有利于优秀的高年级学生留在社团的氛围。社团委员会有权制定社团的规章制度,社长等必须遵守执行。其次,编写岗位责任书,确定社长等职位的权利与义务,每位社员都有权监督其是否违反岗位责任书和社团的规章制度,在制度下行使社长的权利。最后,需要同时对社员制定奖励制度,奖优不惩劣,最大可能地调动社员的积极性。

论文作者:孙通航

指导教师:王 亭

参考文献

[1] 施露静.浅谈高校社团的发展与管理[J].湘潮(下半月),2010(9):68-69.

[2] 唐生虎.青海高校学生社团建设研究[D].西宁:青海师范大学,2013.

[3] 朱军.论和谐视野下的高校社团文化建设[J].思想教育研究,2007(11):22-24.

[4] 张勇.思想政治教育视域下的高校社团文化建设[D].上海:上海师范大学,2010.

[5] 段昌强,高峰.高校社团发展现状及科学发展对策研究[J].赤峰学院学报(自然科学版),2012(16):151-153.

[6] 李彦鑫.高校社团发展现状及对策分析[J].吉林华侨外国语学院学报,2008(2):135-138.

台湾环境保护规范之演进与借鉴

摘　要：本文运用社会学之"民间观点",从社会生活的经验出发,用真实存在的社会现象和事实来探讨台湾地区环境保护规范的演进。并辅以经验研究的方法,探究台湾地区环境保护法体系中"废弃物清理法"于1999年所增订的刑罚规定的立法起源与社会背景,以及运作效果。同时通过对比目前两岸环境问题与治理规范的差异,对大陆日益严峻的环境问题提出解决建议。

关键词：社会学；环境保护规范；废弃物清理法；两岸对比

1　绪论

1.1　研究背景：自然环境的不断恶化

当我还在上海的时候,那场长时间、大规模的污染让我第一次深刻地感受到环境污染所带来的恶劣后果原来离自己的生活如此之近。当沙尘暴出现的次数越来越多,情况越来越恶劣,人们对环境恶化的危险性与严重性确实有了越来越多的认识,但是对环境问题的反省与前瞻似乎仍然不足。

人们总坚信"人定胜天",对山川大地过度开发,对自然生态肆意破坏,这种以破坏环境为前提取得经济发展的代价是巨大的。而现在人们不得不面对日益恶化的环境问题。前段时间甚至出现了"雾霾险"(只要连续5日空气污染指数监控大于300,保险公司将给付1 800元污染津贴)。在感到匪夷所思的背后,是人们对待污染的无奈态度。

现在身处台湾地区的我,对台湾地区的环境问题产生了浓厚的兴趣。我很好奇,在台湾地区的经济成长过程中有没有也同样经历过这样一段迷茫的时期。台湾地区政府是如何平衡经济发展与环境保护之间的关系。现在在台湾地区的环境保护又做得如何。在查阅资料之后发现,台湾地区在经济发展的背后也伴随着环境破坏的副作用,如"公害"事件的成长。台湾地区环境问题也经历了环境污染的潜在期和环境污染爆发期。而台湾地区在面对这一难题时的一大重举就是立法。

1.2　研究目的：从台湾环境保护规范的演进得出环保经验

本文旨在探究台湾地区环境问题的形成历程、发展经历与现阶段的规范演进,思考究竟制定怎样的行政与法律规范，才能有助于增强人们的环保意识，缓解日益严峻的环境问题。本文想要探讨的问题有：

（1）台湾地区是如何构建环境保护的体系、如何使之完善的？

（2）在环境保护议题中，制定法律的目的和政策取向是什么？

（3）在制定环境保护规范的过程中会受到哪些因素的影响？

（4）在制定规范后，实施的效果如何？是否能充分地解决社会问题？

（5）未来环境保护的方向如何？是否有可能加以预测？

（6）目前大陆的环境保护规范现状如何？是否能从台湾地区的环保规范中得到一些经验教训，以指导今后的环保规范制定？

我想在这篇文章中，针对上述问题，通过资料的收集与研究方法的辅助，提出自己的观点与观察所得的结果。

2 台湾环境保护规范：概况与演进

2.1 台湾环境保护规范的概况

台湾环境保护规范从一开始的不成文法，发展至今已经形成了一个全面的体系。台湾环境保护规范由政府和民间的社团法人共同组成，除了政府出台相关的环境保护规范，还有台湾环境保护联盟（Taiwan Environmental Protection Union，TEPU）监督辅助。台湾环境保护联盟的全名为社团法人台湾环境保护联盟，一般简称为台湾环保联盟或环盟，是台湾一个资深且非常重要的非营利环保组织，于1987年11月成立于甫解严后的台湾。长期从事反公害运动、环境保护运动、反核运动与环境教育。在这两者的共同作用下，现在台湾的环境保护规范更加的全面具体且具有操作性。

2.2 台湾环境保护规范的演进

台湾环境保护法规范在历史上的发展始于日据时期，因羡慕西方物质文明，日本等东亚国家对于自然环境大多抱持尽量予以经济开发的态度。故当时的行政法规，并不重视环境保护。

国民党政权接收台湾地区以后，仍以经济开发主义为思维核心，尤其是20世纪60年代，其对台湾地区自然资源的管理，都是为了"反中复国大业"的虚幻目标，而非以永续经营台湾为目标。进入20世纪70年代，产业发达导致自然环境的破坏，于是台湾当局制定了"国家公园法""水污染防治法""废弃物清理法""空气污染防治法"。19世纪80年代政治民主化后，一般民众越来越勇于要求政府善尽环境保护之责，于是有了"毒性物质管理法""野生动物保育法"，1988年还设立了行政院环保署。在20世纪90年代，更有来自国际的环境压力，而环保法也渐渐发展成一门独立的学问。

再将焦点移回到现行"废弃物清理法"，从形式上来看，该法在最初实施的6年内几乎没有什么动静，它仅是一部纯粹的行政管制法规，也未采用压制性较高的刑罚。但到了1999年，因台湾不断发生严重的有害废弃物随意倾倒的现象，于是台湾当局开始对废弃物严加管制,其后仍接连不断有所修订。

3 台湾环境保护规范:成功与不足

3.1 台湾环境保护规范的成功

讲到台湾地区有关环境保护方面的成功案例,不得不提的就是台塑事件。台湾塑料工业股份有限公司在柬埔寨施亚努市非法倾倒汞污泥事件的展开始于1998年12月15日,由柬埔寨媒体报导一批由台湾进口的废弃物被弃置于施亚努市附近。此报道引起了市民群众的不安,引发了一系列的示威暴动,甚至引发民众集体的逃亡潮。而台湾地区有关单位的处理速度缓慢且时间不断拉长,使台湾一时间成为各界人士的众矢之的。在台湾地区媒体披露这一事件后,人们除了想要解决好这一环保问题外,也重新开始了对企业的废弃物最终应该何去何从的广泛讨论。经过对"废物清理法"的时空背景的考察,我们发现:法律规范的产生,与特定、重大社会事件的发生,是有密切因果关联的。换句话说,法律的确起源于社会,并且法律法规的不断明细化,刑罚的不断加重,在环境保护领域中也是事实。所以,这也是台湾环境保护规范发展至今取得成功的原因,就是起源于社会,并不断地发展与完善。

3.2 台湾环境保护规范的不足

针对台湾地区现行的众多环境保护规范,我们对台湾"废弃物清理法"的具体执行实效进行分析。首先,在处理环境污染的问题上,以刑罚的方式将行为人或负责人与社会隔绝,作用是不大的。因为污染问题发生后往往引发许多清理与赔偿的善后责任,有待污染者承担,将其隔离,反而会使其逃避责任。其次,法律法规固然有吓阻的作用,但是很难说其作用一定会比经济上的制裁来得更为有效。然而,针对受法律制裁的污染者而言,其时间、人身自由及名誉上受到的惩罚,往往是最大的吓阻力量。值得注意的是,由于法律有伦理性,触犯法律已经不只是单纯的思想道德水平低下的问题。法律的制裁与处罚可以很大程度上地满足社会正义感。如公布违法者的姓名,对违法者而言会是一件非常羞愧的事情。所以,制定有关环境问题的法律规范是非常有必要的,也是值得我们借鉴。但是台湾方面在对违法者的后续处罚的方式方法上还有很大的改进空间。这也是台湾环境保护规范的不足之处。

4 两岸环境治理规范:内容与差异

4.1 两岸环境治理规范内容

台湾地区在制定环境治理规范时,社会上形成的共识是:"环境基本法"内容跟随着台湾社会变迁与环境问题处理的差异,以及国际环境典范变迁而更动。在制定"环境基本法"的过程中,人是其中最重要的因素之一。同时,"立法委员"会顾及行政单位的困难,而政府行政单位对于较具前瞻性的相关规定,也会配合排除困难拟定执行计划并全力执行。

大陆地区制定的环境保护规范,主要是指 1989 年 12 月 26 日在中华人民共和国第七届全国人民代表大会常务委员会第十一次会议通过的《中华人民共和国环境保护法》。主要包括环境监督管理、保护和改善环境、防止环境污染和其他公害、法律责任等。主要是由相关专家及人民代表大会常务委员会共同制定通过的。

4.2 两岸环境治理规范的差异

首先,两者的完善程度不同。由于台湾地区制定相关环境治理规范的时间较早,并且有与时俱进的意识,所以台湾地区的"环境基本法"内容是随着台湾社会的不断变迁与新的环境问题的出现而进行相对应的修正改进。而大陆地区的环境治理规范起源相对较晚,并且由于近几十年一直是以经济发展为中心,对环境的关注程度还不够,所以环境法发展至今仍没有根据现在环境情况的不断恶化而有所改进。这与我们立法程序相对困难也有关系。但是,从近几年的情况来看,人民群众、中共中央和人大对环境问题的关注度不断上升,所以,环境法的修正改进也是指日可待。

其次,两岸环境治理规范体系有所不同。台湾地区在制定一项环境保护规范后,有比较详细和具有操作性的子规范配合。大陆地区在制定完《中华人民共和国环境保护法》后,尚缺相配合的子法。而制定一项全面的法律应该有母法和子法之分,总体应该有缓有急,应该制定具体的制法时间,否则就是空谈。

最后,两岸的环境保护规范还存在着制法团体专业能力上的不同,在制法时所掌握的相关资料的不同,以及在选用人才时所具备的专业能力不同等。

5 大陆地区环境治理之路:发展与借鉴

5.1 大陆地区环境治理之路的发展

随着大陆经济的不断发展,日益严峻的环境问题也引起了人们极大的关注,大陆地区的环境治理之路还需要不断地进步与发展。从目前已经制定的《中华人民共和国环境保护法》来看,大陆地区在环境问题还没有凸显之时就已经高瞻远瞩,制定了相关的法律。但是此一时彼一时,现在的环境和当初制定法律时已经有了很大的变化。科技的发展带来高效益的同时也带来了新污染,所以大陆地区更应该与时俱进,根据现在的环境情况和新的污染源,制定更具操作性和时代性的环境治理法。大陆地区环境治理之路还有很远的路要走。

5.2 大陆地区环境治理之路的借鉴

从长远来看,台湾地区的发展和大陆地区的发展有着很相似的地方。台湾地区的环境也像大陆地区一样,经历过由污染到治理的过程。所以环境治理方面相对更完善的台湾地区有很多值得大陆地区借鉴的地方。

首先,大陆地区在日后公布改进的环境保护法后,应该修正一些配套的子法。要有缓有急地将日后的进程制定出来,这样才不会使环境法沦为纸上谈兵。

其次,在今后的制法过程中,应该集合各方面的人才,比如,法律方面和环境保护方面的专家,在基层有过经验的技术人员,在国际前沿有研究的学者等,集合各方的专业知识和能力才能制定出更加全面的法律。同时应该收集具有实效性的资料,如目前国际最新环境资讯,以供立法者在立法之时检阅参考。

最后,在修订的环境保护法公布实施之后,也要对一些不合时宜的相关法条进行修改。此时,可以成立环境保护法修法小组,商榷具有前沿性的法令。

最重要的是,在修订法律之时可以从社会学的角度出发,法律应源于社会,在社会中实施、发展与完善;要做到以人为本。虽然法律是道德的最后底线,但是从根本上树立人的环保思想,才是制定法律的最高目的与境界。

论文作者:夏晓燕
指导教师:李永刚

参考文献

[1] 章裕民,王以宁.废弃物处理法的研究[J].环境保护,2006(2):76-79.
[2] 邓子基.资源回收知多少[J].台湾论坛(人文社会科学版),2007(1):10-15.
[3] 杨盛行,林正芳.废弃物处理与利用[J].国立台北大学学报,2007(1):23-26.
[4] 焦国华.环保与生活[J].环保论丛,2003(6):30-40.
[5] 卓业.环境与生态漫谈[J].国立台北大学学报,2003(10):4-6.
[6] 王玮.垃圾减量轻松做[J].台北大学学报,1996(2):60-63.
[7] 刘国艳.固体废弃物处理[J].环境研究参考,2009(27):18-31.
[8] 谢正一.环境未来学[J].佛光人文社会学院学报,2009(6):35-37.
[9] 邓宏乾,徐松明.濒危的地球[J].学术论坛,2010(1):107-112.
[10] 游以德.环境问题探索[J].环境研究导刊,2010(6):26-28.

台湾城市治理：无障碍环境建设的经验与启示

——以台北市为例

摘　要：无障碍环境的建设是一座城市文明程度的重要指标之一，本文对台北市的无障碍环境进行了简要的介绍，从人行道路、公交系统、无障碍厕所及视障者辅助设施四个方面阐述了台北市无障碍设施的建设情况，并分析了台北市无障碍环境健全的原因，以期对大陆地区城市建设提供有益的建议。

关键词：无障碍环境；台湾无障碍设计；台北市无障碍设计；城市治理

1　无障碍环境概述

20世纪初，由于人道主义的呼唤，建筑学界产生了一种新的建筑设计方法——无障碍设计，它运用现代技术建设和改造环境，为广大残疾人提供行动方便和安全的空间，创造一个"平等、参与"的环境。国际上对于物质环境无障碍的研究可以追溯到20世纪30年代初，当时在瑞典、丹麦等国家就建有专供残疾人使用的设施。1961年，美国制定了世界上第一个《无障碍标准》。此后，英国、加拿大、日本等几十个国家和地区相继制定了有关法规。

无障碍环境指的是一个既可通行无阻而又易于接近的理想环境，环境无障碍主要是要求：城市道路、公共建筑物和居住区的规划、设计、建设应方便残疾人通行和使用，如城市道路应满足坐轮椅者、拄拐杖者和视力残疾者的通行需求，建筑物应考虑在出入口、地面、电梯、扶手、厕所、房间、柜台等地设置残疾人可使用的相应设施和方便残疾人通行的道路等。无障碍设施的建立，有助于弱势群体独立生活，增加他们参与社会生活的积极性。所以城市无障碍设施建设也是反映社会公平、衡量城市文明程度的重要标志之一。

台湾城市的无障碍设施建设比大陆地区起步早，设计与规划也更加成熟。笔者在台湾交换学习期间对台北的无障碍环境有切实的体会，也希望能够为大陆地区的无障碍设施建设提供一些可借鉴的经验。

2 台北市无障碍环境的设计情况

2.1 人行道与坡道

台北市的人行道比车行道高 0.1~0.2 m,在各路口处则设计成过渡坡道,方便轮椅通行。人行道的边缘涂有红色或黄色的线条,与车行道相互区隔,在一些人行道的外侧还设有机车停靠位,以免机车占据人行道。但台北市的有些人行道几乎没有铺设盲道,经过查阅资料后得知:台北政府工务局在经过调研后发现,现代人穿的皮鞋不能很好地感觉到盲道的向导作用,旧有人行道上设置的导盲砖反而会给轮椅族及行人带来不便,因此台北新建的人行道均不再铺设导盲砖。由此可见无障碍设计过程中对使用者细致入微的关怀,台北市因地、因时而异的设计提高了无障碍设施的可用性[①]。

在坡道设置上,台北市的公共建筑进出口均设计有供轮椅、婴儿车等手推车通行的坡道,方便残疾人、老人和孕妇进出。据笔者在台北生活期间的观察,如故宫博物院、101大厦、总统府等知名的旅游景点的进出口都设有坡道,所有的大型商场、商店、超市,或是公园、医院、图书馆、学校等环境的建筑物内外都设有坡道,甚至有的体育馆、游泳池都设有坡道,以保证残疾人能享受到与健全人同样的服务与尊重。

2.2 公共交通设施

2.2.1 捷运

台北的各捷运(即地铁)站外有明确的指引标志引导行动不便者使用无障碍坡道至车站出入口或无障碍电梯。而站内的无障碍设计则更加细致入微。各车站询问处都采用通用设计的原则,其窗口高度可供一般旅客及行动不便的旅客共同使用。除了服务一般旅客外,问询处还对行动不便的旅客提供一般协助,并有轮椅借用服务。台北各捷运车站至少设有一台无障碍自动售票机,其高度低于一般自动售票机,方便轮椅使用者及儿童购票。每个车站也都至少设有一台无障碍验票闸机,其宽度足够驾驶电动轮椅通行,携带自行车的骑行族或是拉着大件行李的乘客也可以使用该闸机便捷地通行,且该闸机通常位于询问处旁边,并设有服务铃,以便得到站务人员的及时协助。各车站内的楼梯台阶前缘,也安装有红色的止滑条,除具防滑功能外,也可提供弱视者及年长者辨识地坪高低差。除此之外,捷运站内还设有车站月台警示砖和警示灯、旅客资讯显示系统、轮椅专属候车区、多功能无障碍厕所、无障碍电梯及低位公用电话等无障碍设施[②]。

为了最大程度地给轮椅使用者提供便利,每班捷运列车上都设有轮椅专属停靠区。在高运量的列车上,将轮椅专属停靠区设置在首节及末节车厢靠驾驶室后方,这

---

① 王旸、张宇红:《台北市无障碍设施设计初探》。
② 王旸、张宇红:《台北市无障碍设施设计初探》。

样司机也可以适时提供必要的服务。另外,每节车厢中都配有深蓝色的博爱座,供老人、孕妇及行动不便者乘坐。同时,每节车厢中还具有较为完善的资讯系统,包含预录广播系统、车侧目的显示器、到站显示器及路线识别灯等,而且站名也会用国语、闽南语、客家话、英语这四种不同的语言播报以供听障者与视障者获取信息。

2.2.2 公交车

截止至 2012 年 11 月,台北市的低地板公交车已经超过 1 500 辆,达到公交车总量的 40%。① 低地板公车的设计就是专门为了方便乘客快速上下,其地板高度从普通公车的 750~900 mm 下降至 350 mm 左右,普通乘客可以一步跨上汽车。低地板公车的车门处设有可遥控的延伸板,当有坐轮椅的乘客时,司机可操作使延伸板连接地面和车厢,乘客便可以轻松地将轮椅推上车。

不仅是上下车更便捷,在公交车厢内也设有轮椅区,会用醒目的黄色标示,并且车厢地板上装置有专门固定轮椅的锁扣以保证身障者在车上的安全。

2.2.3 出租车

除了捷运、火车、公交车以外,台北的出租车也能提供无障碍服务。据 2013 年 7 月的新闻报:"台北市已有 30 辆无障碍出租车投入运营,年底将增至 100 辆。"② 经过改装的出租车设有轮椅座位区,设有可活动斜坡道,司机只需打开后厢盖,放下坡道,将轮椅乘客推进车内即可,不需要将乘客抱上抱下。而老人、行动不便者,或是一般市民也可以搭乘。

2.3 无障碍厕所

台北的每一处公共场所几乎都能找到无障碍厕所,不论是车站、捷运站,还是酒店、商场,只要有公共厕所必然会配备有无障碍设施。无障碍厕所的设计不仅能够方便轮椅族的使用,也考虑到老年人、孕妇、儿童的需求。

无障碍厕所是台北公共建筑的必备设施,即使一些残障人很少的场所也配有无障碍厕所。其面积较为宽大,厕所内至少有 1.5 米直径的回转空间,供轮椅回转。厕所门的宽度在 0.9 米以上,采用轻巧的手动悬吊横拉门,没有门槛,以方便轮椅进出。厕所内的马桶只有坐垫和靠背,没有马桶盖和水箱,一般采用按压式冲水,其冲水按钮多设置在马桶后面的墙上。马桶两侧设置有形式不同的扶手:高度一般在 64~66 cm,两支扶手的间隔一般为 69~71 cm。一侧的悬吊式扶手可上下旋转,长度约 70 cm。另一侧墙上的扶手呈 L 型,各长 80 cm 左右。这样的设计也是充分考虑到下肢行动不便者的使用习惯:坐轮椅者在进入厕所时,将一侧的活动扶手推上固定,接着回转轮椅倒行至马桶一侧,以一只手压住马桶另一边,横移上马桶,因此马桶一侧至少有 75 cm 以上的空间,而另一侧则靠近墙壁。在 L 型扶手附近设置有抽纸盒和紧急求助按钮,L 型扶手的下方还设置有一个低位紧急求助按钮,以便使用者不

---

① 中国台湾网,编辑 原博。
② 中国新闻网,《福建日报》,编辑 杜静。

小心摔倒也能及时按压该按钮向外界求助。厕所内的面盆多为悬挑型,下面有足够的空间便于轮椅接近。面盆周围设置有不锈钢扶手,以提供使用者支撑身体。为了照顾低位的轮椅使用者,面盆上方的化妆镜也做了向下倾斜式设计。此外,由于无障碍厕所面积较大,设备较为昂贵,且使用率有限,一些无障碍厕所为了提高使用率而加入儿童马桶、婴儿椅、换尿布台等设施,以扩展厕所的多功能性,达到通用设计的目的。①

2.4 视障者的辅助设施

对于视障者的无障碍环境,除了盲道的修建,也包括声音提示设备和盲文标示。台北市的所有公共交通工具上都设有语音提醒,捷运、公交车、火车、高铁都有语音报站系统,视障者得以实时了解讯息。在人行道口,行人红绿灯不仅有灯光显示,还有不同声音的蜂鸣声代表"通行"或"止步",视障者只要听声音就可以判断红绿灯的情况。

在一般公共场所,电梯、进出口、指示牌旁都有盲文标示,以方便视障者了解信息。

3 台北市无障碍环境完善建立的原因

3.1 完善的法规与条例

完善的法规与条例无疑是无障碍设计得以实施的必要保证。早在1980年,台湾政府公布的"残障福利法"中就指出各项公共建筑及活动场所应设置便于残障者行动的设备。而在1998年出版的"公共建筑物供行动不便者使用设施与设备设计施工手册"中则对各项无障碍设施建设的标准做出了细致的陈述。

"台湾残疾人保护法"对无障碍环境的建立也有明确的规定,尤其在公共场所和交通设施方面有特别要求。法条中规定"建设、工务、国民住宅主管机关"负责"公共设施及建筑物无障碍生活环境等相关事宜之规划及办理";"交通主管部门"负责"提供残疾人公共交通工具及公共停车场地优惠事宜、无障碍公共交通工具与生活通讯等相关事宜之规划及办理"。②

3.2 政府在残疾人保障领域的大力扶持

台湾当局也在不断努力改善残疾人的无障碍环境,积极推广公共设施、建筑物及活动场所的无障碍设计。一是修订建筑技术规则,各地方政府依辖区实际需求制定分类、分区、分期执行计划及限期公告,对于确有困难的场所,必须提交替代改善计划。二是成立"公共建筑物无障碍生活环境中央督导团",定期赴各地了解并督导无障碍环境的执行工作。三是制定"身心障碍者特别服务实施办法"等法规,提升工作

---

① 王旸、张宇红:《台北市无障碍设施设计初探》。
② 台湾"行政院内政部":《台湾残疾人保护法》2006年6月23日修正版。

人员的专业能力,加强倡导无障碍人文环境的观念。另外,各县市政府也设有"公共建筑物行动不便者使用设施改善、咨询及审查小组"负责新旧建筑物的无障碍设施检查。[①]

援引资料中看到的一个细节[②]:台湾有关部门在2007年拟定新版"建筑物无障碍设施设计规范"中邀集专家学者与身心障碍团体代表共同参与。在23位规范草案审查委员中,专家学者有14位(其中1位与辅具有关、1位与复健有关,其余12位都与建筑或设计有关),身心障碍团体代表有9位(其中肢障团体5位,视障2位,听障1位及残盟代表1位)。这样使设计者得以充分了解身心障碍人士的真实需求,从而也能提升无障碍设施的辅助效果。从这可以看得出台湾地区政府部门认真负责、设身处地的工作态度。

3.3 关怀理念的普及以及公众监督

一个文明、友善,平等的社会环境是营造无障碍环境的重要前提之一,当人们都发自内心地去关爱身心障碍人士时,必然就会设身处地地替他们改善生活的环境。台湾社会充满人文关怀,也重视公德教育,经常能看到"关怀弱势群体"的广告牌或宣传片,政府也大力为弱势群体提供生活保障,并鼓励残疾人就业。在这样一种对弱势群体充满关爱、平等对待的社会环境下,普通民众和公职人员的责任感会提升,同时对于弱势群体而言,他们维护自身权益的意识和信心也会增强,同样对社会公平也会起到促进作用,无障碍环境设计也必然不断得到完善。

3.4 借鉴先进国家成功经验

台湾地区向先进的城市借鉴无障碍环境治理的成功经验,综合日本、美国等国家的做法,因地制宜并加以改善。早期,台湾地区的无障碍设计规范主要参照日本标准。直到后来留美归台的建筑师和设计师逐渐增多,便开始综合两国的标准制订无障碍设计规范。例如,台湾人的体格与日本人相近,因此像坡道扶手的高度和手把粗细等,是参考日本规格来制定。而无障碍厕所扶手的设计又是同时采用美国和日本的规则:美式的无障碍厕所是将扶手设置在马桶旁边一侧及背后,便于肢障者使用;日本则是设计在马桶两旁,对脊髓损伤者较方便,台湾制定的无障碍设施规范,则同时兼顾这两者的需求,要求对无障碍厕所的扶手同时采用这两种设计方式。[③]

4 对大陆地区的启示

4.1 完善无障碍环境硬件设施建设,加大监管力度

无障碍设施的设计与建造难度并不大,但无障碍设施的普及范围还需要扩大,我

---

① 孙一平、崔影:《台湾及香港地区无障碍设施》。
② 王鹏:《台湾地区残疾人福利保障制度及其启示》,《台湾研究》,2009年第1期。
③ 王珍吾:《建筑环境设计呼唤人文关怀——感悟无障碍环境设计》,《开发天地》,2003年4月。

国目前大部分城市除了人行道及坡道这些基础道路设施,许多公共场所的无障碍环境都有待改进。参考上述的一些无障碍设计,比如,无障碍公车、无障碍厕所、盲文标示,这些与弱势人群生活息息相关的设施都是我国无障碍环境目前的缺口。政府部门首先应完善相关法规、条例,细化无障碍设施的设计规范及施工要求,明确各公共场所无障碍设施应达到的数量比例。其次在法规、条例实施过程中应加大监督管理的力度,确保无障碍环境建设的质量,对不达标的设计及时进行改造。同时也要加强对无障碍设施使用情况的管理,保证无障碍设施不被破坏、占用、挪作他用,对违规占用无障碍设施的行为要严厉处罚。

4.2 提高政府对无障碍环境建设的财政支出比例

无障碍化的生活环境是一个城市或国家文明程度的体现,它展现了对残疾人、弱势人群的关怀与尊重,无障碍环境也是弱势群体保障服务的重要组成部分之一。无障碍环境的建设必然离不开政府财政的资金支持,各地政府应增加对无障碍城市环境的资金投入,促进无障碍环境的改造进程。

对无障碍环境的建设支出,应进行常态化、制度化、法制化管理,保证无障碍财政支出的资金落实。要把好设计审批关,将残疾人无障碍环境建设列入项目建设评审标准范围。要把好督查验收关,加大监督检查力度,组织相关部门对各项目无障碍建设情况进行督查考核,保证专项资金的物尽其用。

4.3 提升社会对弱势群体的关怀意识

无障碍环境的设计目的在于确保残疾人、老年人等弱势人群的出行自由,扩大其活动范围,使其能平等充分的参与社会活动。有些人会认为"为少数人花钱不值得",也有人会无所顾忌地挤占残疾人设施,而消除这些观念和行为的根本在于提升公民的素质和公德意识。我国的残疾人数量已超过 8 500 万,超过全国人口 6%[1];2013 年我国老年人口数突破 2 亿,老龄化水平达到 14.8%[2],弱势群体都是无障碍环境的受惠者,因此城市无障碍环境的建设不是小事,而是文明社会建设过程中的大事。加大对无障碍环境的宣传力度,当民众、政府官员和城市建造者都能够意识到无障碍环境的重要性时,无障碍环境的建设工作才能更顺利地开展。

4.4 促进相关部门、民间团体与先进地区的交流学习

应多鼓励我国相关部门与团体去学习和借鉴成功的经验,加强文化、技术方面的交流学习,以促进我国的无障碍环境的改善。以笔者的经历为例,在台北交换学习的过程中,笔者发现台北市的很多无障碍设计要优于大陆地区,通过比较能直观地发现大陆无障碍环境中存在的问题,并有所启发。不仅台湾地区在无障碍环境建设方面有很多可取之处,像美国、日本、英国、瑞典、加拿大、西德、以色列等国家无障碍环境

---

[1] 来自第六次全国人口普查数据。
[2] 来自《中国老龄事业发展报告》数据。

国际交流项目

的建设都比中国大陆起步早,也更加成熟完善,因此政府部门更应该多创造互相学习的机会,以加快我国大陆地区无障碍环境建设水平的提升速度。

论文作者:杨洁心

指导教师:李永刚

参考文献

[1] 台湾"行政院内政部". 台湾残疾人保护法. 2006.
[2] 王鹏. 台湾地区残疾人福利保障制度及其启示. 台湾研究,2009(1).
[3] 王珍吾. 建筑环境设计呼唤人文关怀——感悟无障碍环境设计. 开发天地,2003(4).

台湾便利店的经营特点研究

摘　要：本文研究台湾便利店的经营特点。台湾便利店有顾客至上的经营理念，有强大的配送系统，有集点营销与买赠玩偶的营销手段，有具有特色的产品与服务，还有满足人们需求的强大功能。研究台湾便利店的特点，对我们大陆地区刚刚起步的便利店的经营管理具有重要的意义，它可以促进我们大陆地区便利店的高效运营，采用创新的营销手段促进居民消费，方便人民生活，树立良好形象。

关键词：台湾；便利；经营特点

　　台湾是世界上便利店密度最大的地区，因为这些便利店的存在，台湾被认为是一个生活起来非常方便的地方。台湾便利店有其生根发芽、形成规模的历史，有方便人们生活的强大功能，也有对当地人民的深刻影响。研究台湾便利店的经营特点，对大陆便利店的发展有很多借鉴意义。

　　7-Eleven便利店是台湾便利店发展的典范。1979年，台湾统一集团从美国引入7-Eleven，第一批便利店开始在岛内出现。起初，由于人们收入水平不高，加上还未很好地适应市场，便利店并没有吸引到消费者，人们宁愿去熟悉的店铺购买食品和日用品，这时便利店规模偏小，市场占有率不高。不过，经过一段时间的市场适应期，加上人们收入水平的提高，生活节奏的加快，人们开始更加注重快捷，这时省时省力的便利店逐渐战胜了传统杂货店的价格优势，融入到了台湾民众的生活之中。1988年至2000年，台湾便利店高速发展，先入者7-Eleven加速了市场扩张。2001年以后，台湾便利店加剧了市场竞争，除7-Eleven之外，还有全家、莱尔富和OK等连锁便利店，均是24小时营业、全年无休。目前，7-Eleven在台湾已有将近5 000家连锁店，是岛内便利店企业的龙头。而整个台湾的便利店数量已经过万。在台湾各地，便利商店随处可见。甚至在有些地方，不到100米的街道竟有三四家便利店，而一条街的正对面就有可能各开着两家同一品牌的便利店，可谓是"转角遇到便利店"。

　　笔者作为交换生刚到台北大学时，有很多生活上的需要，而且又面临着很多人生地不熟的问题，这时我们老师就教我们"绝招"："你们生活上有什么需要的话，基本都能在便利店得到满足。就把便利店当成是一个公共场所。你可以在里面歇息，上洗手间，即使什么都不买，也没有人会赶你走的，就把便利店当成自己的家，到便利店就到家了。"我们当时感觉有点不可思议，但是当我们去便利店感受了之后，才发觉其实便利店比老师说的还要好。便利店服务员的服务态度好,总是微笑着问你需要什么,并热心地满足你的需要,还一直笑着和你说谢谢。你真的会忘记掉这是一个盈利的商店,在你的记忆里,也许只会记得这是一个温暖的家。

本文采用文献研究的方法。通过查阅相关文献,归纳整理出了台湾便利店的五点经营特色:顾客至上的经营理念、功能强大的配送系统、集点营销与买赠玩偶营销手段、特色鲜明的产品与服务和超乎想象的强大功能。

1 顾客至上的经营理念

台湾便利店总是把顾客放在第一位,有自己的经营原则。

(1) 不能因为不盈利而不开便利店。人们去郊外旅游,在人流稀疏的路上总还是可以看到几家便利店的。这些便利店,在这些人流非常少的地段依然存在,绝不是因为在这些地方开设效益会好。相反,在这些地方开设便利店,绝大部分是亏损的。但是人流少、效益不好并不代表不需要。你可以想象当旅途中的人们,拖着疲惫的身躯,又饿又渴的时候看到一家便利店在前面不远处安静地等着他的到来,这对于这个游客来说是多么欣喜幸福的事情。这时他自然而然会对这家便利店公司产生一种非常好的情愫。

(2) 不能因为盈利损害便利店的便利。一个便利店的店长曾经推出过店内现场制作早餐三明治的活动,但他后来又不得不停止。原因不是因为这个产品卖得不好,相反,由于顾客非常喜欢这种三明治,排队购买的人特别多,这位店长认为这样一来会使便利店不便利了,因而就不再做了。可见台湾便利店把顾客放在效益之上,目光长远。

(3) 不能没有人情味。有一年夏天,由于物价持续上涨,许多家庭的消费状况低迷。又赶上电费的上调,人们即使在特别炎热的时候,也不愿意开冷气。有备考需要的家庭都希望为孩子找到一个凉爽又舒适的复习场所。7-Eleven 看到了消费者的这种需要,于是就打出广告,欢迎学生来便利店里面上自习。学生们在这里上自习感到安逸和自在,遇到问题的话,也可以彼此之间相互讨论。一名在这里上自习的学生说:"店长店员们总是鼓励我们要加油学习,还会请我们吃一些小零食。店长还承诺如果我们考得好,还会给我们奖励。"正是得益于这些进进出出的家长和学生,7-Eleven 便利店的销售业绩不知不觉又提升了不少。

2 功能强大的配送系统

(1) 集约化的配送订货系统。随着便利店的进一步发展和完善,台湾便利店业开始和批发商建立一个集约化的配送订货系统。集约化是指在一定区域内,指定一家特定批货商来负责某区域中的几个小区域,并给他授权不同商品,管理该小区的供货商,再统一向便利店配货。以 7-Eleven 为例,7-Eleven 每日配送的最主要商品有

"出版物""常温食品""低温食品""生鲜食品"四个大类,分别对应专门的配送中心。各配送中心根据商品不同的需求量,配合各区配送中心的频率。并根据食品特性,以温度建立配送体系,分为"冷冻类""微冷类""恒温类""暖温类"四类。这套严密的配送系统使得 7-Eleven 实现了"一日三配",还能做到碰上特殊情况造成缺货时,及时补充配货给追加的商品。这一套配送体系中大量地采用了先进的现代物流技术,包括订发货在线网络、数码分件技术、进货车辆标准化系统及专用物流条形码技术等。在这些技术的支持下,7-Eleven 的细化配送的程度达到了常人难以想象的水平——以分钟计算配送流。7-Eleven 就是在压缩其经营成本的基础上,逐渐扩大了盈利空间。

(2) 反应及时的信息系统。信息管理系统对便利店经营有非常大的帮助。

首先,由 pos 系统和盘点系统进行统计监测,公司总部可汇总分析数据,监测消费者的需求变化,并对各个门店所提供的商品及服务进行准确快速的调整。台湾便利店公司可以一天三次获得其所有分店的销售信息,而且 20 分钟内就能获得分析的结果。这样,公司就能很快知道哪一种商品或包装更受顾客的欢迎。其次,强大的信息管理系统还可以改进公司供应链的效率,使订单周转得更快,有效降低库存。一般情况下,台湾便利店从下订单到收到货物仅需 7 分钟。

3 集点营销与买赠玩偶营销手段

(1) 买赠玩偶。可爱、时尚的公仔玩偶,对便利店的主力客群年轻人来讲,有着非常大的吸引力。在玩偶形象选择上,多是当下比较流行或比较经典的高人气卡通形象,如全家曾引进的海贼王系列,7-Eleven 引进的 hello kitty、蜡笔小新系列等。这些玩偶不仅是便利店很好的营销工具,而且同时还赋予了便利店浓厚的时尚气息。

(2) 集点营销。单纯地购满一定金额,就赠送奖品,这已经不再新鲜。而台湾便利店却能够通过集点的方式,创造出很多新意。例如,2013 年 2 月份 7-Eleven 举办的"hello kitty 梦幻变装吊饰印章"买赠活动。参与该活动的顾客,首先要领取到一张划分为 24 方格半个手掌大的表格。然后顾客每消费一定金额,都会获得一张可爱的卡通贴纸,贴在表格上,算作一个点。待消费者贴满了 24 个格子,就可以到便利店兑换出一个精美的 hello kitty 印章。在这些活动的过程中,便利店还可以通过改变一些规则来推销新品或者促销滞销的产品。例如,便利店可以推出优惠活动,如果当天购买该项商品,可以得到双倍的点数,往往都能够得到很好的促销效果。

4 特色鲜明的产品与服务

在竞争更加激烈的今天,台湾的每家便利店都在绞尽脑汁推出特色产品和服务。

(1) 引进独特的产品来增加自身特色。炎炎夏日,最受台湾人们欢迎的莫过于冰激凌了。7-Eleven 看到了这个机会,在冰激凌上做出新意,推出了"北海道进口奶源"的冰激凌,并且在每家店门口都打着醒目的广告。这种冰激凌受到了人们的热烈欢迎,人们只要感觉到酷热,想吃冰激凌降温,就会直奔 7-Eleven 便利店买这种冰激凌,7-Eleven 因此招揽了旺盛的人气。

（2）利用当地独特的风景增加自身特色。捷运淡水站旁的 7-Eleven,因靠近淡水河入海口而风景怡人,便利店的店外设有专门的座位区。夕阳西下,落日余晖洒在淡水河畔,潮水轻轻拍打堤岸,在此边喝咖啡边赏美景,的确是一种"小确幸"。南投县仁爱乡的全家仁爱高山青店,被当地人称作"山里云中的便利店"。这家店的户外座位区有 1 650 平方米左右,坐在这里,可以远眺满山的樱花。每年 2 月的赏樱朝圣期,这里的樱花衬着咖啡香,绝对是一大特色。

（3）通过发挥独特功能来增加自身特色。最近几年,公路骑行在台湾青年中广为流行,一些沿公路开设的便利店,除提供大片停车场供骑行族休息外,还提供各类食品,因此被骑友们亲切地唤作"骑友补给站"。台北市内湖区的全家江宁便利店为吸引大陆游客,还推出了人民币付款业务。在这里,大陆游客们购买特产后,只要填写一张表格,注明收件地址,货品就能寄送到家中,非常方便。

5　超乎想象的强大功能

台湾便利店功能非常强大。在面积只有几十平方的便利店里,日常所需的商品应有尽有。

便利店里的商品不仅有食品、饮料、护理用品、杂货和热食,还有当天的报纸及图书杂志等;便利店里设有桌椅,可以供大家休息和用餐。即使你什么都不买,也可以在这里休息。如果你口渴了,便利店里还有免费的开水可供饮用;便利店有无线 Wi-Fi,可以供大家免费上网。当你需要用网络,找便利店就行了;便利店里设有一台金融自动服务终端,这不光可以随时取钱,也可以购买动车票、电影票、演唱会门票等,还可以缴交水电费、煤气费、通讯费等;各种缴费事项都能在便利店一站搞定,最为常见的事项是给捷运"悠悠卡"充值、代交交通违规罚款等;便利店里还提供影印、传真等文体服务;还可以寄送和收取快递;每逢重要节日,还可以在这里预定相关的礼品糕点。台湾一位媒体人评论道:"台湾可以一日无政府,但不可一日无便利店。"

6　结论

台湾便利店的发展对大陆有很多的借鉴意义。目前,便利店在大陆的大城市里也逐渐兴盛起来,但规模还很小,运营方式也还不够成熟,没有像台湾那样形成特色。大陆在便利店方面可以学习台湾便利店成功的经验,打造便利店在人们心中的良好形象,更好地发挥方便人民生活、服务人民的作用。比如,逐渐在大城市增大便利店规模,并且扩展到中小城市;逐步以便利店替代杂货店,使商店运营更加规范,实现更大的经济效益和更好的社会效益。

本文主要研究台湾便利店的经营特点,由于本人精力有限,查阅相关资料不够广泛,未能对大陆便利店的运营状况及存在的缺点作更为具体的探讨和比较,此为本文所缺之处。希望有更多关于大陆方面便利店的研究分析,也希望大陆便利店能够茁壮成长,成为人们生活中的好帮手,为人民生活带来更多的便利。

论文作者:左博文

指导教师:苗　青

参考文献

[1] 廖家骏. 台湾便利店带给国内便利店的启示[N]. 中国经济导报,2013(7).
[2] 丁昀. 竞争中繁荣的台湾便利店[J]. 销售与市场,2013(5).
[3] 李向娟. 台湾便利店为何如此火[N]. 人民日报,2014(2).
[4] 李坤明. 便利商店市场领导厂商竞争策略——以台湾 7-Eleven 为例[D]. 台北:台湾经济研究院,2007.
[5] 杨玛利著. 台湾 7-Eleven 创新行销学[J]. 天下杂志,2010(10).

两岸房产税税制比较

摘　要：本文从发展历史、房产税基本要素、征管制度、运行效果这五方面对大陆房产税制度与台湾房屋税制度进行比较，汲取台湾地区的经验，以更好地推进大陆房产税制度改革。

关键词：房产税；两岸税制；政策比较

1　两岸房产税税制发展史概述

房产税，又称房屋税，是国家以房产作为课税对象向产权所有人征收的一种财产税。对房产征税的目的是运用税收杠杆，加强对房产的管理，提高房产使用效率，控制固定资产投资规模和配合国家房产政策的调整，合理调节房产所有人和经营人的收入。而大陆地区实行的房产税和台湾地区实行的房屋税相似却又不同，就这两者的发展史，我们也能看出些许端倪。

1.1　大陆房产税的发展历程

中国古籍《周礼》上所称"廛布"即为最初的房产税。至唐代的间架税、清代和中华民国时期的房捐，均属房产税性质。对房屋征税，中国自古有之。周期的"廛布"，唐朝的间架税，清朝初期的"市廛输钞""计檩输钞"，清末和民国时期的"房捐"等，都是对房屋征税。在近代中国，最早的房产税始征于1986年。当时制定的征税范围包括城市、县城、建制镇和工矿区，其中建制镇的征税范围是否包括所辖行政村，由省级人民政府决定。

而进入21世纪后，随着人民生活水平的提高，大陆地区对于房产税如何征收也越加关注。2010年7月22日，在财政部举行的地方税改革研讨会上，相关人士表示，房产税试点将于2012年开始推行。但鉴于在大陆地区推行难度较大，试点将从个别城市开始。

2011年1月28日，上海、重庆开始房产税试点改革，上海征收对象为本市居民新购房且属于第二套及以上住房和非本市居民新购房，税率暂定0.6%；重庆征收对象是独栋别墅高档公寓，以及无工作户口无投资人员所购二套房，税率为0.5%~1.2%。

2014年1月，住建部力推村庄整治，房产税立法或含村镇房屋。

1.2　台湾房屋税的发展历程

首先，台湾房屋税源于1936年3月1日施行的"土地法"，其中第四编第五章设定了土地改良物税,对于自住房屋及地价低廉之房屋不予征税。1947年3月27日公布的"土地改良物税征收规则"细化了土地改良物税制度。其次,依据"房捐征收条例"征收房捐。为充裕当时战时地方的财政收入,行政院于1941年11月公布"房捐征收通则",并于1943年3月11日将上述通则修订为"房捐征收条例"。上述条例变更了"土地法"的规定,将自住房屋纳入征税范围。最后,依据"房屋税条例"征收房屋税。1950年将"房捐征收条例"更名为"房捐条例",并于1955年12月31日公布施行。为改进税制、加强征收,台湾地区于1960年拟定"房屋税条例"草案,经过多方博弈,于1967年4月11日正式公布,基本继承了房捐条例的立法精神,但提高了自住房屋税率。

"房屋税条例"自1968年1月1日施行后,经过了1970年、2007年等多次修订。

2 两岸房产税基本要素比较

2.1 纳税人的规定不一致

台湾房屋税征税对象是房屋与相关建筑物。其一是固定于土地上的可以用来居住、工作或营业的房屋;其二是可增加该房屋使用价值的建筑物,即附属于房屋的其他建筑物如电梯、车库等。台湾房屋税的纳税义务人为房屋所有人或者房屋的实际管理人。所谓房屋所有人,指已办妥房屋产权登记的所有人及未办理所有权登记的实际房屋所有人。但新建房屋未经所有权移转,应以营建申请人为房屋实际所有人。房屋设有典权人的,纳税义务人为典权人。所有权人或典权人住址不明或非居住于房屋所在地时,应由管理人或现住人负责缴纳,其属出租者,应由承租人负责代缴,抵扣房租。

大陆房产税的征税对象是房产。所谓房产,是指有屋面和围护结构,能够遮风避雨,可供人们在其中生产、学习、工作、娱乐、居住或储藏物资的场所。但独立于房屋的建筑物如围墙、暖房、水塔、烟囱、室外游泳池等不属于房产,室内游泳池属于房产。

由于房地产开发企业开发的商品房在出售前,对房地产开发企业而言是一种产品,因此,对房地产开发企业建造的商品房,在售出前,不征收房产税;但对售出前房地产开发企业已使用或出租、出借的商品房应按规定征收房产税。

房产税由产权所有人缴纳。产权属于全民所有的,由经营管理单位缴纳。产权出典的,由承典人缴纳。产权所有人、承典人不在房产所在地的,或者产权未确定及租典纠纷未解决的,由房产代管人或使用人缴纳。因此,上述产权所有人,经营管理单位、承典人、房产代管人或者使用人,统称房产税的纳税人。

2.2 计税依据与税率的规定有很大差距

台湾房屋税计税依据是房屋现值。房屋现值=房屋标准单价×面积×(1-折旧率×折旧经历年数)×地段等级率。第一,房屋现值。房屋现值由主管稽征机关依据"不动产评价委员会"(下文详述)评定核计,并通知纳税义务人。第二,房屋标准单价,此价格由"不动产评价委员会"依据下列事项分别评定:首先,按各种建造材料所建房屋,区分种类及等级;其次,各类房屋的耐用年数及折旧标准;最后,地段率。另外,由于国民住宅的特殊性,其评估价值不同于一般房屋,一般从构造类别和楼层方面考虑,设计不同的评估单价。钢骨造、钢骨钢筋混凝土造为一类别,钢筋混凝土造和预铸混凝土造为另一类别,楼层从低到高分别核定单价。如钢骨造、钢骨钢筋混凝土造的最低 1~3 层单价为 2 960 元新台币,最高 30 层为 6 260 元新台币,每层单价核定上涨几十元至一百多元不等;钢筋混凝土造和预铸混凝土造的最低一层为 2 300 元新台币,最高 30 层为 5 740 元新台币。

台湾房屋税一般税率分为三种情形,分别按住家用房屋、非住家用房屋与混合使用房屋(即部分住家用,部分非住家用)三种不同情形规定房屋税税率。台湾地区"房屋税条例"第五条规定:"一、住家用房屋最低不得少于其房屋现值 1.2%,最高不得超过 2%。但自住房屋为其房屋现值 1.2%。二、非住家用房屋,作为营业用房,最低不得少于其房屋现值 3%,最高不得超过 5%。作为私人医院、诊所、自由职业事务所及人民团体等非营业用房,最低不得少于其房屋现值 1.5%,最高不得超过 2.5%。三、房屋同时作住家及非住家用房,应以实际使用面积,分别按住家用或非住家用税率,课征房屋税。但非住家用房,征税面积最低不得少于全部面积 1/6"。

大陆的计税依据分为两种,按照房产余值征税的,称为从价计征。房产税依照房产原值一次减除 10%~30% 后的余值计算缴纳。扣除比例由省、自治区、直辖市人民政府在税法规定的减除幅度内自行确定。这样规定,既有利于各地区根据本地情况,因地制宜地确定计税余值,又有利于平衡各地税收负担,简化计算手续,提高征管效率。房产原值应包括与房屋不可分割的各种附属设备或一般不单独计算价值的配套设施,主要有暖气,卫生,通风等,纳税人对原有房屋进行改建、扩建的,要相应增加房屋的原值。另外一种,按照房产租金收入计征的,称为从租计征,房产出租的,以房产租金收入为房产税的计税依据。

而大陆房产税的税率按房产余值计征的,年税率为 1.2%;按房产出租的租金收入计征的,税率为 12%。从 2001 年 1 月 1 日起,对个人按市场价格出租的居民住房,用于居住的,可暂减按 4% 的税率征收房产税。

3 两岸房地产税收征管制度比较

3.1 税收收入管理目的相同

税收管理体制是税收管理制度的核心问题,其实质上就是解决中央与地方在税收管理权限分配等方面的矛盾关系。税收管理体制如果不完善,税收管理制度就难以完善。

从实践角度来看,我国台湾地区与大陆地区在税收管理体制的改革方面具有一定的共性。台湾在 20 世纪 60 年代以前,税收管理权限高度集中于台湾省政府,而市、县政府的税收管理权限非常有限。这种高度统一的税收管理体制显然难以适应市场经济的发展,后来经过多次改革和调整(主要于1951年、1967年和1992年进行),使得台湾省的市、县政府逐渐具有一定的税收管理权限,拥有一定税种的征管权和收入权,但是比较有限。目前,凡收入弹性大和征收范围广的税种,如所得税、关税、货物税、矿区税和证券交易税等均为台湾省政府掌握,其取得的税收收入占全部财政收入的六成,而市、县地方政府仅为四成。由于税收管理权限被台湾省政府较多掌握,基层政府的积极性受到很大影响,进一步下放税收管理权限的呼声一直存在。

大陆的税收管理体制在建国初期高度集中于中央政府,后来经过几次下放和集中,反复多次,但总体还是以集权为主要特征。从20世纪80年代开始,为适应经济改革需要,中央开始较大幅度下放税收管理权(主要收入分享权),直至1994年的分税制改革。1994年进行的分税制改革,地方政府虽然拥有了几个地方税种的征管权,但是主要税种的收入基本由中央分享。由于地方税种收入相对较少,难以满足大多数地方政府履行公共职能的需要,使得一些地方政府"税外收费"的问题比较严重。可见,大陆地区1994年开始实施的分税制,其结果使中央集中了大部分的税收财力,在增强中央政府宏观调控能力的同时,也在一定程度上影响了地方政府的正常运转。所以,目前乃至今后的一段时期,应该按照公共财政基本框架的总体要求,进一步改革和完善我国大陆地区的税收管理体制。

由上可见,大陆和台湾地区的税收管理体制改革就总体方向而言是一致的,都是逐步向基层政府"放权让利",以不断完善"分税制"(其实这也是市场经济发达国家和地区比较典型的做法)。不过,从改革的实践来看,大陆和台湾的分税制改革还都不彻底,税收管理权限都过多集中于高层政府,基层政府履行职能的财力还难以得到有效保证,这显然难以适应市场经济的健康发展,因此进一步下放税收管理权,就成为今后海峡两岸税收管理制度改革的一个共性问题。

3.2 纳税申报体制不同

1) 台湾特色:"蓝色申报"制度

纳税申报制度是税收管理制度的起始环节。台湾的纳税申报制度的一个重要特色,就是对所得税收实行"蓝色申报"制度。所得税收的征管比较复杂,难度相对较大,因此如何有效预防所得税收的偷、逃税问题,也是现代税收管理实践中迫切需要解决的一个课题。台湾省在所得税方面实行"蓝色申报"制度,通过将纳税人分类管理,较好地激励和约束了纳税人依法纳税。

台湾地区的税收管理制度规定,营利事业所得税的纳税人(相当于我国企业所得税的纳税人及个人所得税中私营企业和个体工商业户等),凡能够按照会计制度和税收管理制度的规定,有健全的财务制度(设置专门财务部门、人员,据实登记账簿、保留凭证等),并且能够依法申报纳税的,可以申请使用"蓝色申报表"。使用蓝色申报表的纳税人,在申报纳税时可以享受很多便利和优惠。如简化审核程序、允许延期申报、延长亏损抵补、提高业务招待费列支标准等。可见,使用蓝色报表进行纳税申报的纳税人,可以得到实实在在的便利和优惠。对于税务机关而言,也可以减轻对这部分纳税人报税资料的审核与稽查压力,从而将稽查的主要精力转向使用其他报表的纳税人。可见,"蓝色申报"制度对于提高我国台湾地区的税收征管水平有着重要作用。

2) 大陆借鉴的效果不明显,有待完善

大陆地区从2001年开始借鉴台湾等地的经验,对纳税人试行"A、B、C、D"评级和分类管理制度,即将纳税人按照纳税信用程度从高到低划分为4个等级,A、B级的纳税人可以享受较多税收优惠,而C、D级纳税人将是税务机关稽查的重点。这一税收管理制度对于预防偷、逃税具有一定的现实意义。不过,由于经验不足,现行的纳税人分类评级制度还难以做到像台湾地区那样完善,特别是对纳税人等级的评定工作,目前主要由基层税务机关进行,有的税务机关在评定时甚至存在"矮子中选高个子"的问题,这显然不利于这一制度的有效实施。基于此,可以借鉴台湾的"蓝色申报"制度,将纳税人的信用评定工作进行科学量化和动态跟踪调整,并与具体重点税种的征管相联系,从而让这一制度真正对纳税人起到激励和约束作用。

4 近年来两岸房产税运行的效果比较

无论是在台湾还是大陆,房地产税主要是调节高端人群收入状况,可以让更多高收入者、富裕者缴纳更多税收,为大多数老百姓减少税收负担,在实际运行中具有非常明确的"削富济贫"效果。一方面可以将以往开征的多种间接税负担并入房地产税税种,减少大多数老百姓的税收负担;另一方面,作为直接税,房地产税的税负不能轻易转嫁给别人。

大陆税收体制一直都是间接税比重偏高,而间接税带来的税收负担,很容易转移给中低收入人群,所以中低收入群体税负总体上来看是偏重的。而房地产税属于直接税,可以如愿以偿地调节到社会收入结构中的高端人群,从而可以置换、替代间接税收入,减少中低收入人群的税收负担。

以台湾高雄市为例,2011年房屋税占全年地方税收收入的26.1%,房屋税与地价税占据了地方税收收入一半以上的份额,成为地方税主体税种。虽然在大陆地区房产税的征管还不成熟,不能像台湾地区一样成为主要税种,但台湾地区的这种方式值得我们深思和借鉴。

5 台湾房屋税对于大陆房产税未来发展的借鉴作用

5.1 借鉴台湾房地产税收经验,规范和修订现行税种

首先,将房地产税全部纳入地方税权,并对现有税收进行调整和改革。包括:房产税目前应该将从价计征和从租计征的办法统一为从价计征,并按房屋评估现值征收,税率可取2‰~5‰;应取消土地使用税,因土地价值已体现在房产价值之中;城乡维护建设税应变为独立税种,以营业额为计税基础,税率取1%~5%为宜;土地增值税应通过评估土地的自然增值来征收。农地使用税税种以集体土地为对象,减少

其他不合理分配和摊派,真正减轻农民负担。在城镇,增设空地税对城镇空地征税,达到提高土地利用效率的目的。在农村,取消农业税、完善耕地占用税,并增设土地荒芜税,以加大现有税制的农地保护程度,并在完善财产税的基础上,尽快开征遗产税和赠与税。

其次,实行国民待遇,统一内外房地产税收。包括:将城市房地产税并入房产税;所得税应将企业所得税、外商投资企业和外国企业所得税、个人所得税合并,税率略降;将土地使用税和土地出让金统一为土地批租金;在税收优惠上,应对同一税种内的不同主体一视同仁。

5.2 完善辅助配套制度,以实现房产税的顺利征收

首先,土地管理制度的改革。应尽快将存量土地中的划拨用地纳入有偿使用的轨道,并严格规定划拨用地的使用范围,逐步减少以划拨方式供地的比例,使国有土地所有权以地租的形式得以充分体现,以加强国家对土地一级市场的垄断,从而避免土地市场的失控。还要加大出让用地中招标和拍卖所占的比重,尽可能减少人为因素对地租量的影响,使地租能够准确地反映土地市场的供求状况,便于政府及时掌握和分析土地市场的有关信息,以引导土地市场健康、有序地发展。

其次,建立和健全房地产评估制度,规范房地产评估行业,加强对其的管理,以服务于房地产税收的征管。

5.3 借鉴收入分配方面的经验,遵守分配公平原则

调节收入分配也应该且必须是房产税改革的题中应有之意。因为完善和改革地方税制的几个基本原则中,就包括"要有利于强化税收调节收入分配的作用"。我国住房制度改革后,城镇居民住房逐步商品化,一些高收入者拥有了别墅、豪宅和多处房产,房产税作为政府调节个人存量房产的重要手段应该发挥积极作用。现行房产税容易使纳税人在购置房产时,主要考虑建造成本或房价,而难以衡量持有成本的高低。改革、完善房产税制,将促使纳税人在购置房产时充分考虑持有成本因素,从而有利于发挥税收对土地集约节约利用、生态环境保护的调节作用。

论文作者:邓瑾婷

指导教师:李　婉

参考文献

[1] 李佩芬.实用不动产税法精义[M].台北:新文京开发出版股份有限公司,2010:205.
[2] 陈家正.我国房屋税评价制度之探讨——以高雄市为例[EB/OL]. http://www.kctax.gov.tw/tw/book02/opennews07.aspx?1=1&ItemID=15,2013-05-12.
[3] 甘黛媛.现行房屋与土地征税评价之研究[EB/OL]. http://www.kctax.gov.tw/tw/book02/opennews07.aspx?1=1&ItemID=15,2013-05-12.

国际交流项目

[4] 财政部赋税署.税法缉要[M].台中:五南图书出版股份有限公司,2012:485.
[5] 荣红霞,付林.基于税收负担的房产税改革的税率设计分析——以黑龙江省为例[J].哈尔滨商业大学学报,2012(1):54.
[6] 李英.全球视野下的财产税制改革——兼论对中国物业税改革的启示[J].涉外税务,2005(3):20.
[7] 高雄市西区税捐稽征处网站资料[EB/OL].http://www.kctax.gov.tw,2013-05-12.

台湾证券交易所得税制度演变

摘　要：证券交易所得税课征与否的话题在台湾地区争论了几十年，开征停征反复多次，基本隔几年就会有不同的法案出台，如此朝令夕改，不仅不利于建立健全的税制，对民众而言，也成为证券市场中的一颗迟早要爆破的"定时炸弹"。本文将具体介绍和分析台湾地区证券所得税的课征背景、政府目的、改革历程及其效果和原因。

关键词：证券交易所；资本利得税；证券交易所得税

1 证券交易所得税的课征背景及意义分析

1.1 台湾地区证券交易所得税课征背景及目的

2012年，刘忆如女士上任后的首要任务就是检讨台湾地区的税负制度，因为"根据最新的民调显示，近五成的人认为当前税制不公，主因是富人课税太少，薪资阶级负担太重"。根据2009年瑞虎洛桑管理与发展学院（IMD）的竞争力报告，"台湾企业缴纳营利事业所得税（我国称企业所得税）只占GDP的3%，是四小龙、中国大陆地区、日本、美国中最低的"①。在台湾地区，企业营利事业所得税的税率是25%，但实际上收到的税收不符合税率。

另外，在台湾地区，目前对于股票的买卖，只有课征股票交易税的千分之三，与一般的综合所得税的6%到40%相比实在是微不足道。正如台湾《天下杂志》445期中提到的，有些人没有工作，收入只有股利60多万，每年只要缴6%的税，但实际上靠着股票投资赚到的利润却高达四五百万，而对于这些政府却几乎课不到税。

在这种税负不公的情况下，证券交易所得税被寄予了改善贫富差距的期望。证券交易税实质是一种资本利得税。资本利得指的是资产出售时的卖价超过当初购买的原始买价的部分，常见的资本利得如股票、债券、贵金属、房地产等所获得的收益。台湾地区这几年财政状况越来越差，从过去的税收盈余，到现在的赤字，长期减税是主因，政府希望通过不断减税来增加企业的投资意愿，但结果却是经济增长与税收几乎脱钩，加上没有对资本利得课税，使得富人可以靠着证券与房地产来进行合法的逃、漏税。2006年在综合所得税的税收来源中，近800万受雇员工薪资所得占比高

---

① 贺桂芬：《台湾沦为不义之岛》，《天下杂志》，2010(445)，第102-108页。

达 73.5%,股利所得占 12%,财产交易所得只占 0.2%。① 因此,减税与没有资本利得税的漏洞造成的税收负担都压在薪资所得者的身上。概括来说,一方面,课征资本利得税可以增加政府财政收入,并可以针对资本交易获利却免于缴纳个人所得税的投资者,加强税收公平原则;另一方面,政府想借证券交易所得税这只无形的手对证券交易市场实施宏观调控。

同时,证券交易所得税的开征与税收原则有着密不可分的关系,在下文中将具体讨论。

1.2 证券交易所得税课征的一般意义

课征证券交易所得税是税收原则的体现。

1) 税收公平原则的体现

课征证券交易所得税除了上述课征资本利得税的一般优点外,还可以抑制股市过度投机行为,给投资者以合理行为的示范,体现政府对股市健康发展的宏观调控作用。比如,1985 年到 1990 年,台湾股市从谷底 636.02 点起步,1990 年 2 月 10 日竟然创下了 12 495.34 点的记录,股指增长了 18.65 倍,可谓波澜壮阔。究其原因,80 年代台湾地区大批留学人员学成归台,带回了先进的技术和管理知识。台湾轻工产品和电子产品发展迅速,一跃成为世界级的制造基地。据统计,自 1986 年以来,台湾贸易顺差每年都在 100 亿美元以上,闲置资金不断增加,同时新台币不断升值,其中大量资金入股,几乎达到"全民皆股"的盛况。此时,一些专家学者发表危机言论,认为股市涨幅过猛,应当打压调控。1998 年 9 月 24 日,刚就任台湾地区"财政部部长"3 个月的郭婉蓉女士召开记者招待会宣布重新开征"证券交易所得税",虽然政策出台略显仓促,不够成熟,造成了股市暴跌,但对于过度投机行为的警示作用还是显而易见的。②

因此,证券交易所得税的开征对股市的宏观调控作用体现了税收公平的原则。由于证券交易市场本身的缺陷,如证券价格波动较大,投资者的专业知识水平参差不齐,出现有的投资者从证券市场中获取暴利,而有的血本无归的情况。这就需要政府这只有形的手通过税收手段予以调控,设计出一个相对公平合理的税制来引导投资者的证券交易行为,创造一个经济公平的投资环境,弥补市场固有的缺陷。

2) 量能原则的体现

证券交易所得税被学界认为是最符合量能课税精神的税种。尽管证券交易所得有着非劳动所得的鲜明"个性",但毋庸置疑,它也是所得的来源之一。根据量能税收原则,只要有合法的所得时就应缴税。通过持有证券而分得红利、股息应同通过自己辛勤劳动所得的报酬薪资一样缴税。因此,证券交易所得税的开征应秉承有所得就要缴税,多得者多缴,少得者少缴,不得者不缴的原则。

---

① 陈一姗:《谁偷走了你的未来》,《天下杂志》,2008(406),第 47-52 页。
② 卢爽:《牛市中的暴跌——记台湾开征证券交易所得税风波》,《新财经》,2002(5)。

3）公共利益原则的遵循

税收政策的正当合理性在于税收政策能够实现对纳税人的经济或其他行为的干预和诱导，从而实现公共利益。以证券交易所得税的开征对安定证券交易市场的作用为例，证券交易市场的安定是证券交易活动开展的一个重要的前提保障，通过设立证券交易所得税，可以对证券交易市场的证券交易价格及交易量进行适当调控，防范风险，尽量避免证券交易价格的不合理波动或将其波动维持在一个合理范围内。

2　台湾地区证券交易所得税制度改革

证券交易所得税一直是台湾地区证券市场中主要交易的税源，最早从1955年12月31日开始征收，至今已有将近60年的发展历史。其改革历程也是波折不断，证券交易所得税的税率经历了十多次的调整变动，甚至有4次停征，至今证券交易所得税条例于1965年6月19日颁布实施后，先后经历了1978年11月27日、1989年12月30日、1993年1月30日、1993年7月30日、2006年1月1日及2012年7月25日的6次修订。据此，证券交易所得税的变革可分为以下几个时间段。

证券交易所得税在台湾地区的开征最早可追溯到1963年1月1日，直至1973年2月28日，这段时期的证券交易所得税表现为仅对公司的证券交易所得课税。由于个人投资者的课税制度不完善，加上申报流程复杂，对个人投资者实施免征证券交易所得税，因此实质课征对象仅限于公司的证券交易所得，对公司的证券交易行为合并课征营利事业所得税，即企业所得税。但也因为个人投资者与公司课税规定的不同，使得证券交易市场出现公司利用个人投资者免征政策疯狂开立个人账户买卖股票的现象，一时造成证券交易市场征管混乱。

意识到上述问题后，1973年3月1日至1975年12月31日期间，台湾地区政府恢复对个人投资者持有未满1年的证券交易所得课税。对个人投资者开征必定一石激起千层浪，民怨不断，台湾地区政府为了平息民怨，于1974年5月18日重新调整个人投资者起征点，证券交易额在30万元以下或所得在3万元新台币以下者，可以免征证券交易所得税。但当时由于能源危机，经济不景气，政策调整的效果杯水车薪，依旧民怨不断。迫于各方压力，1976年1月1日至1984年12月31日，政府又实施全面停征，包括对公司的证券交易所得。

证券交易所得税的一时停征导致税源流失，政府财政紧张，而80年代正值人才归国，台湾地区经济发展迅速，大量资金涌入股市，股数大幅攀升，台湾股市涨幅巨大，1987年至1988年股市加权指数从2 000多点暴涨至8 000多点，政府不能对证券交易市场的这块肥肉熟视无睹，便于1985年1月1日至1988年12月31日全面复征，不论个人投资者还是公司，其证券交易所得全部纳入公司合并所得课税。而在此过程中，全球经济发展波折不断，1987年，全球经济不景气，加上当局施压，台湾股市出现暴跌，在复杂的经济环境中，政策来不及调整适应。

1989年1月1日至1989年12月31日，政府宣布，为建立公平合理的所得税税收制度,有所得即要课税,于1989年伊始全面复征,对个人投资者,起征点调整为当年股票出售总额达1 000万新台币以上,但如果持有时间超过1年以上可减免课税,证券交易的损失可以递减当年财产交易损失,当年不足抵的损失可以往后延长3个纳税年度申报递减。公司证券交易所得全部纳入营利事业所得合并课税,交易损失递减项目不限财产交易所得,可以递减一般营利所得5个纳税申报年度。参照证券交易所得税初征阶段仅对公司征收之税制结构设置不合理的状况,再次出现公司利用个人账户享受起征点免税额避税,税收课征及征管出现漏洞,一时舆论不断。因此,1990年1月1日,政府再次宣布停征,但于1998年修正了所得税规定,对公司保留盈余不分配的部分,加征10%的营利事业所得税。

2006年1月1日,基于税收公平原则,政府颁布"所得基本税额条例",实质将证券交易所得并入综合所得税和营利事业所得税申报。对于个人投资者,未上市、未上柜与私募基金的收益,纳入基本所得税申报范围,税率为20%,免税额为600万元。对于公司,将所有证券交易所得纳入基本所得税申报范围,税率为10%,免税额200万元。

2012年,刘忆如女士提出税负不公的主因是资本所得者课税太少,并于2013年1月1日开征证券交易所得税。对个人投资者实行设算课税及核实课税双轨制,个人投资者须于2012年12月15日前向证券交易户所申请选定改采核实课税,从而免扣缴。设算所得按出售金额至一定比例计算证券交易所得额,该比例以出售日前一交易日台湾证券交易所得发行量加权指数之收盘指数为准:未达8 500点者,免缴;达8 500点未达9 500点者,为1‰;在9 500点以上未达10 500点者,为2‰;在10 500点以上者,为3‰。持有期间的认定采用先进先出法。对于公司,税率从10%提高到12%。

3 台湾地区实施证券交易所得税实施效果及原因分析

3.1 台湾地区实施证券交易所得税实施效果

台湾地区实施证券交易所得税是失败的。虽是试图通过实施证券交易所得税对证券交易市场起到宏观调控作用,减小股市波动,合理引导股民,但事实证明,证券交易所得税的一次又一次开征停征不仅会引起民怨,还会给股市带来更大波动。如1993年12月31日,当台湾地区"财政部"又宣布复征证券交易所得税,并定于1994年7月1日实施时,就引起了一场轩然大波,股价指数暴跌,政府迫于社会舆论压力,在考量经济发展等各方因素后,只得暂时冻结了该方案。

证券交易所得税的调整也对股市有过积极的推动作用。如2013年5月16日,台湾地区确定将取消对个人投资者8 500点的门槛,即散户免征。当时,8 500点被台湾各界舆论喻为台北股市的"天险",压低了股市能量,导致股市沉闷难以突破。而消息一出,便引发了台北股市的强烈反映。台北股市在2013年16日从7 146点大涨至8 390点,盘中一度攻上涨至8 414点,量能创自2012年11月底以来新高。专家也表示,证券交易所得税是影响台股量能及投资人进场意愿的重要指标之一,散户被排除在课征范围之外,可以化解散户进场的疑虑,对台北股市量能有正面帮助。

证券交易所得税的实施不仅对股市波动影响大,且就台湾2011至2013年税收收入数据来看,证券交易所得税的不断变革对于股市的推进作用可能是暂时的,证券交易所得税收入逐年降低且总体经济发展缓慢:2012年台湾的经济增长率为1.25%,2013年为1.48%。政府课征证券交易所得税的动机是通过加强对富人资本所得课税,扩大税源,增加税收收入,加强税收公平原则,促进经济发展,但数据表明新税的实施并未达到预期目标。

3.2 从证券交易所得税实施失败的原因分析

从流转税的角度分析,开征证券交易所得税会有以下几方面影响:

(1) 证券交易所得税属于流转税,易于转嫁,资本拥有者通过购买股票,转嫁给资金使用者即厂商,在台湾这样的小型开放地区,商品价格由国际市场决定,因此厂商无法将税负转嫁给消费者,只能通过降低劳动成本的方式转嫁给劳动供给者。即需要通过提高劳动力价格、减少劳动使用量来降低劳动成本。

(2) 开征证券交易所得税r,增加了生产成本,会扭曲企业家投资行为,如图1灰色部分所示,将导致社会福利的损失,同时会导致供给曲线由$S1$上升到$S2$,而需求曲线D不变,导致资本使用量由$K1$下降到$K2$。

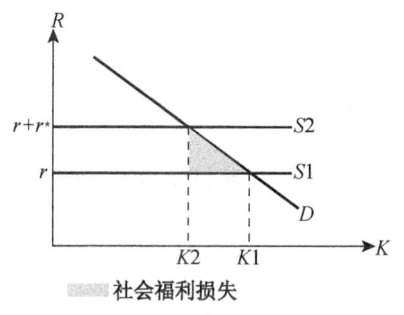
图1 资本要素市场均衡图

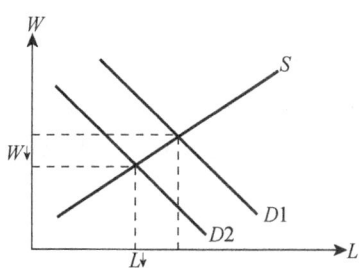
图2 劳动力市场均衡图

(3) 由于资本使用量减少,不利于社会经济发展。

由图2可知,资本使用量减少,会导致劳动边际生产率MPL下降,薪资水平W和劳动力数量L下降,进而导致企业产出Y下降,假定全要素生产率为A,则有如下公式。

$$Y = A \times f(W, L)$$

(4) 由于生产成本提高,企业可能会减少设备投资,导致技术退步和劳动边际生产率下降。

从证券交易所得税对投资者投机投资行为影响的角度分析,一方面,尽管税法试图通过针对散户和企业不同的结构安排来体现立法者一定的政策导向性,但纳税人往往通过转变身份或转换收益形式来规避其中较重的税负。纳税人这种选择的结果导致税法结构统一化,对纳税人不利的部分规定形同虚设。另一方面,开征证券交易所得税客观上会挫伤个人股民入市的积极性。相较于个人股民,机构投资者通常具有更加雄厚的资金、高素质的分析与操作人员、交易场所中的有利地位,这些优势使得散户股民常常成为机构投资者的下家。跟风、抬轿者越多,对机构投资者越有利。况且,目前机构投资者通常以个人投资者的面目操作,享受国家给予个人的税收优惠,获利更多。正是这些因素,双重打压了个人股民入市的积极性。

从政策推行的角度分析,台湾地区在实施证券交易所得税过程中反复开征停征,历经八个阶段,并且这个趋势也将持续下去,这种现象和证券交易所得税的性质、公平性及量能课税原则的精神密不可分。但台湾"几年一法案"的做法是对税收制度建设的一大挑战,如此要征又不征、征了又停征、停征又复征的法案只会加剧证券市场的投资风险。台湾地区政府的当务之急并不应该是匆忙出台一个法案,而应该以长远的视角重新审视台湾地区的证券市场,作一个明确的市场定位和分析。只有明确了市场定位,才能为市场的安定提供法律援助。

论文作者:辅奕婷

指导教师:王晓玲

参考文献

[1] 台湾"财政部"网站 http://www.ntat.gov.tw.
[2] 许淑芳.复征证券交易所得税对投资人租税负担之模拟分析[D].台北:台湾国立政治大学,2007.

国际资本流动多样性下的国际税收趋势讨论

摘　要：全球化发展的加快,使得国际贸易形势日渐严峻,我国自加入WTO后相继作出了建立亚投行、发展"一带一路"等战略决策。国家税务总局提出了建立"一带一路"税收服务网页的应对措施,同时,我国税务机关也应该顺应其税收制度自身发展趋势,合理设计"两税合一"制度发展步骤,调整税收政策,通过签订税收协定防止双重征税,帮助企业"走出去",降低税收成本,提高竞争力。

关键词：全球化；新变化；战略决策；税收制度

1 当前时代背景下,中国的国际贸易发展现状

1.1 全球化飞速发展,贸易形势日渐严峻

第二次世界大战后,国际贸易进入了全球性快速发展阶段。随着世界市场的不断扩张、经济的持续发展和人们对环境状况的极大关注,环境和贸易的关系问题日益突出。中国作为逐步融入国际市场的发展中大国,进出口水平受到全球瞩目,然而国际市场上产品环境标准的不断提高越来越多地影响到我国国际贸易发展。

目前,主要发达国家在环境标准等方面对我国产品出口造成的影响相当大,包括两大方面的内容,一方面是市场准入限制、国际竞争力、环境贸易自由化和可持续发展的静态效应分析；另一方面是动态效应分析,涉及环境规则与创新、环境标准与发展机遇、绿色产品的竞争力和中国市场对外资的吸引力等问题。

国际金融危机以来,全球市场低迷,国际贸易和全球发展环境趋于严峻,各国都在寻找新的经济增长点。在这样的背景下,经济全球化受到越来越广泛的关注,成为国际经济的竞争焦点和合作热点。

1.2 如何解决危机——亚投行的建立

20世纪70年代中期,经济全球化刚刚起步之时,中国开始改革开放；20世纪90年代初,经济全球化潮流真正形成之时,中国开始深化改革、扩大开放；21世纪初,经济全球化加速之时,中国也不甘人后,积极融入世界经济全球化的浪潮之中。

与此同时,中国一直以来都奉行"以邻为伴、与邻为善"和"睦邻、安邻、富邻"的

周边外交方针,绝不搞霸权主义。因此,2013年10月2日下午,中国国家主席习近平在雅加达同印度尼西亚总统苏西洛举行会谈时表示,为促进本地区互联互通建设和经济一体化进程,中方倡议筹建亚洲基础设施投资银行,愿意向包括东盟国家在内的本地区发展中国家基础设施建设提供资金支持。2014年10月24日,包括中国、印度、新加坡等在内的21个首批意向创始成员国的财政部长和授权代表在北京签约,共同决定成立亚洲基础设施投资银行。2015年3月12日,英国正式申请加入亚投行,成为首个申请加入亚投行的西方国家。

印度商业和工业部长尼尔马拉·西塔拉曼曾表示:"若布雷顿森林体系未来不再为新兴经济体提供基础设施融资,那么我们只能另辟蹊径。"现有的主要国际金融机构已存在几十年,国际上几乎没有人否认它们需要改革,但由于各种原因,改革步伐相当迟缓。与此同时,很多国家,特别是发展中国家和新兴经济体对资金的需求旺盛。亚投行的成立正是要解决这种需求,因此也符合国际社会的期待。

亚投行的建立可谓好处颇多。

第一,它对促进亚洲国家经济发展与区域经济一体化具有重要意义。创建亚洲基础设施投资银行,通过公共部门与私人部门的合作,有效弥补亚洲地区基础设施建设的资金缺口,推进了亚洲区域经济一体化建设。

第二,有利于扩大全球投资需求,支持世界经济复苏。

第三,有利于通过基础设施项目,推动亚洲地区经济增长,促进私营经济发展并改善就业。

第四,通过提供平台将本地区高储蓄率国家的存款直接导向基础设施建设,实现本地区内资本的有效配置,并最终促进亚洲地区金融市场的迅速发展。

1.3 国际贸易新发展下的国家发展战略——一带一路

亚投行建立的当下,中国经济正面临"三期叠加"的新常态,国内产能过剩,经济下行风险加大,推动企业走出去,寻找海外市场消化过剩产能成为重要选择,"一带一路"战略就此提上日程。

与此同时,在世界经济复苏乏力,发达经济体货币政策走向分化的背景下,很多国家的经济可能面临困境,亟需新的经济增长点,亟需新的经济火车头来带动世界经济。中国借此机会,将有利于几乎所有国家的中国战略、政策融入到"一带一路"和APEC当中,实现共赢。

中国为推动区域经济一体化作出了很多战略规划,包括21世纪海上丝绸之路战略、丝绸之路经济带战略、中印缅孟经济走廊战略、中巴经济走廊战略、东北亚经济整合战略等。这些战略中,每个都是以区域经济一体化为核心的,每个都是以中国的国家战略为基础的,每个都是符合亚太乃至亚欧几乎所有成员国的战略利益的。

以APEC为例,随着中国经济的发展,美国在APEC的话语权被削弱了,因此美国一直在推动要把中国规避在外的TPP,希望通过TPP的建设,在经济上孤立中国,用TPP替代APEC。而2014年北京APEC会议,中国力推亚太自贸区和"一带一路",就是要强化 APEC 的作用。因为 APEC 才更代表亚太利益,代表整个亚太的利益也就是代表中国的利益,中国的发展趋势和亚太深化合作是一致的。中国强化 APEC 同时能起到对冲美国 TPP 战略计划的作用。一旦欧亚大陆完成了经济整合,美国在亚太的力量必然被挤出,美国必然失去全球霸权。这也是全球性的一个战略博弈。

因此,上述这些战略,最终都可以统合到更广大的战略——欧亚大陆经济整合的大战略当中。如今,欧亚大陆经济整合的大战略由中国提出了两个符合大方向的战略:丝绸之路经济带战略和 21 世纪丝绸之路经济带战略,即"一带一路"。中国所有区域经济战略,都可以融入到上述两个战略当中。

虽然这个战略提出时间只有 1 年多,但显然已经获得包括亚太国家、中亚和欧洲国家的认可,中国这一战略很显然要和 APEC 这个平台对接,中国要努力推动融合欧亚大陆甚至欧亚非大陆的经济整合,走互惠互利的发展共赢之路。

这就是中国的包容性发展战略,实现合作共赢是战略的中心思想,这也是中国最高国家战略的包容性体现。

2 国际贸易的新发展

2.1 国际贸易新发展给中国市场带来的影响

国际贸易的飞速发展,有利于资源和生产要素在全球的合理配置,有利于资本和产品的全球性流动,有利于科技的全球性扩张,有利于促进不发达地区经济的发展,是人类发展进步的表现,是世界经济发展的必然结果。但它对每个国家来说,都是一柄双刃剑,既是机遇,也是挑战。特别是对经济实力薄弱和科学技术比较落后的发展中国家,面对全球性的激烈竞争,所遇到的风险、挑战将更加严峻。我们亟需解决的问题是建立公平合理的新的经济秩序,以保证竞争的公平性和有效性。

2015 年 3 月 29 日,国家主席习近平在同出席博鳌亚洲论坛 2015 年年会的中外企业家代表座谈时,以"四个扩大"阐释中国机遇。习近平强调,随着中国经济发展步入新常态,中外经济合作也在同步提升,意味着给世界各国及各国企业提供了新的合作契机。当前,中国同世界的互动越来越紧密,机遇共享、命运与共的关系日益凸显,中国机遇的内涵在不断扩充。

(1) 中国的市场机遇在扩大。习近平表示,中国在今后相当长的时期仍然处于发展上升期,蕴含巨大内需。中国居民消费的拓展空间很大,提供安全优质产品和服务的企业会有良好发展前景。

(2) 中国的投资机遇在扩大。习近平表示,基础设施互联互通和新技术、新产品、新业态、新商业模式的投资机会正在不断涌现,新兴产业、服务业、小微企业作用更加凸显,小型化、智能化、专业化生产的发展催生更多机遇。

(3) 中国的绿色机遇在扩大。习近平表示,我们要走绿色发展道路,让资源节约、环境友好成为主流的生产生活方式。我们正在推进能源生产和消费革命,优化能源结构,落实节能优先方针,推动重点领域节能。

(4) 中国对外合作的机遇在扩大。习近平表示,我们支持多边贸易体制,致力于多哈回合谈判,倡导亚太自由贸易区,推进区域全面经济伙伴关系谈判,倡导筹建亚投行,全方位推进经济金融合作,做经济全球化和区域一体化的积极推动者。

2.2 贸易发展对国际税收政策的影响

在经济全球化的背景下,各国税收政策的相互影响和相互联系不断加强,为此,各国需要进行广泛深入的国际税收协调。这对税收主权的权力行使和利益产生各种影响和挑战。为了妥善地应对处理各国税收冲突,合理地协调各国税收利益,主权国家应当对本国社会和国际社会负责任地行使税收主权,并以负责任的税收主权为原则和理念,建构一个公正和谐的国际税收协调秩序。

2015年4月,国家税务总局发布《关于落实"一带一路"发展战略要求做好税收服务与管理工作的通知》,提出依托税务总局网站,于2015年6月底前建立"一带一路"税收服务网页,并从四季度开始,分国别发布"一带一路"沿线国家税收指南,介绍有关国家税收政策,提示对外投资税收风险,争取在2016年底前全部完成。

2015年5月,国家海关总署对外通报了服务"一带一路"建设实施方案,提出16条支持措施,其中包括:优先考虑"一带一路"沿线地区口岸基础设施建设,扩大内陆地区口岸对外开放,支持"长安号"等西向国际货运班列运营,完善内陆和沿海沿边海关的协作机制,推动打造陆海统筹、东西互济的全方位对外开放新格局。

2.3 全球化发展对我国税收选择的影响

当今世界各国相互依存、相互依赖,虽然一些大国和富国在相互依赖的国际社会中处于优势地位,但是发展中国家在这种相互依赖的国际社会中如果能够把握好自己的机遇,是能够获得一定的利益的。中国加入WTO意味着开始加快融入经济全球化浪潮的进程,税收作为政府试图获得经济全球化利益和减少其消极影响的不可或缺的手段,只有与国际惯例接轨进行调整,才能适应经济全球化的客观要求,才能确保中国入世后获得经济发展与政治发展的双赢效果。中国税制改革的进程实际上是不断借鉴各国税制改革成功经验的历程,是逐步实现国际化的过程。我国1994年进行的税制改革从税制国际化的角度来说,是一次具有初步接轨意义的改革。目前世界各国推行减税,尤其是与中国处于同等地位的国家实施减税,将直接影响到中国市场对国际资本和人力资源的吸引力。因此,认真研究世界减税政策,对中国的经济运行现状及其税制和税负进行客观科学的分析,实施结构性减税,既是遵循税收国际化发展的需要,更是我国经济应对经济全球化挑战的政策选择。

在当代经济全球化条件下,如何适应国际经济与税制改革发展趋势,建立符合本国国情的税收制度,是所有发展中国家也是中国面临的重大问题。到底中国税制应向何处去? 我认为,要从本国经济、社会实情出发,冷静思考加入WTO后如何坚持进一步扩大对外开放政策,适应经济全球化及 WTO 的原则要求,走国际化与本土化相结合的发展道路,在新一轮改革中对税收制度作进一步的调整与完善。

随着中国环境的不断优化,通过对外资向中国农产品加工业投资动因、投资方式、投资战略,国内外企业所得税税制,国际税收竞争的发展趋势等因素进行比较分析表明:"两税合一"政策的实施不会影响中国农产品加工业利用外资的进程,更不会造成现有外资的撤资与回流。

我国内、外资企业所得税法"两税并存"的局面从改革开放之初至今已有 20 多年。随着中国加入 WTO 及经济的市场化与国际化程度不断提高,自 2003 年起,"两税合一"呼声日渐高涨。国家相关部门也为"两税合一"做着准备工作,同时有专家预计中国将于 2008 年开始实施"两税合一"。

"两税合一"政策是指内、外资企业所得税的两部税法合并。中国现行内、外资企业所得税法分属两部不同的法律,即外资企业所得税征管适用《中华人民共和国外商投资企业和外国企业所得税法》和内资企业所得税征管适用《中华人民共和国企业所得税暂行条例》(简称"两税并存"),而"两税合一"将使内、外资企业所得税实行同一部税法,对目前中国所赋予外资的税收优惠政策进行相应的改进和调整,以产业导向的"特惠制"取代"普惠制",而不再唯"外"是举。其目的是形成一个公正、公平的税收制度,为内、外资企业打造一个公平竞争的平台。

目前,中国发展农产品加工业很重要的一个方式就是利用外资。但是由于"两税合一"政策实施的呼声越来越高,一些政府部门和有关专家开始担心:"两税合一"政策导致的农产品加工业利用外资税收优惠政策的缺失,会大大降低中国农产品加工业对外资的吸引力,而税率的提高又会影响该行业利用外资的进程,严重的话还可能导致现有的农产品加工业的外资企业从中国撤资。

其实,只要"两税合一"的制度设计合理,这种负面影响完全可以降到最低。并且通过以下分析可知:"两税合一"不会影响未来外资投向中国农产品加工业前进的步伐,更不会因为"两税合一"的实施吓跑外资。

3 寻找有利于中国市场发展的国际税收策略

3.1 税收国际化的具体内容及措施

2010 年 12 月 20 日,中国正式加入国际联合反避税信息中心(JITSIC),并已向该组织伦敦办公室派驻代表,全面参与 JITSIC 的各项工作。

JITSIC 成立于 2004 年,旨在通过开展双边税收协定框架下的实时信息交换,更有效地识别和遏制各种恶意税收筹划。目前 JITSIC 共有 7 个成员国(澳大利亚、加拿大、日本、英国、美国、韩国和中国)及 2 个观察员国(法国和德国)。JITSIC 先后在美国华盛顿和英国伦敦设立办公室,各成员国均派出代表分别参与两个办公室的工作。

在经济全球化和税收国际化的大背景下,通过滥用税收协定、利用各国税制差异及避税地进行避税的行为日益复杂、隐蔽。各国代表利用 JITSIC 这个平台,共同研究分析各类避税模式和动向,实时交换涉税信息,提高跨境交易透明度,追踪调查纳税人的逃避税行为,分享各自经验,共同识别和打击恶意税收筹划,为成员国有效行使税收管辖权,防止税收流失提供了强有力的支持和帮助。

在各成员国税务当局和派驻代表的共同努力下,JITSIC 已经成为国际税收征管合作的重要平台,其在打击国际避税行为中的作用受到各成员国税务当局的高度重视。中国国家税务总局将充分利用 JITSIC 形成的有效机制,积极参与各项工作,强化国际税收征管合作,促进纳税遵从度的提高,维护国家税收权益,为纳税人营造更加公平的税收环境。

3.2 采取税收国际化战略给中国(国际)市场带来的优势

2014 年 11 月中旬在澳大利亚举行的 G20 峰会领导人声明一致确认,启动"税基侵蚀和利润转移(BEPS)行动计划"(俗称"对抗跨国公司避税行为计划"),并在 2015 年前共同完成国际反避税行动第一阶段任务。

中国全面加入 G20 框架下的国际反避税大行动,意味着中国政府将通过加强国际税收合作提升自己的反避税水平,力阻跨国公司的避税行为。

业内人士称,G20 峰会启动的这项国际反避税行动计划,堪称近百年来国际税收体系最大的改革。据介绍,目前企业所得税的国际规则是 20 世纪 20 年代建立起来的,适应于传统经济时代,能够解决经济全球化初期重复征税的问题。然而,随着经济全球化的不断深入,各个国家和地区之间的经济联系日益加深,如今全球企业利润中至少有 50% 以上涉及国际交易。跨国资本流动的便利及"税收洼地"的存在,使得很多跨国公司通过跨境转移利润等手段来逃避纳税,因此,国际社会亟需携手改革现有国际税收规则体系。

据悉,此次 G20 峰会确定的改革原则是:企业利润的征税应发生在经济活动发生地和价值创造地。一些业内人士指出,中国是"世界工厂",实体经济活动丰富,外国投资规模巨大,总体上,G20 峰会的此项税收共识对中国有利,对避税地和低税率国家不利。根据 G20 峰会共识,为防止跨境逃避税,近百个国家和地区还将在对等基础上实施金融账户税收信息自动交换标准。

近年来,全球反避税合作行动一浪高过一浪,作为最大的外国直接投资引进国,中国也积极参与其中,并早已做出了积极部署。2008 年,中国出台的《企业所得税法》便前瞻性地建立起了反避税法律框架。同年,国家税务总局制定了《特别纳税调整实施办法(试行)》,并陆续下发了十几个相关的规范性文件。2013 年 8 月,中国加入了《多边税收征管互助公约》(俗称"国际反避税公约"),成为该公约第 56 个签约国,这是中国签署的第一份国际多边税收协议。

近些年,我国税务机关还初步构建了反避税防控体系,成功阻止了欧美经济危机中外国母公司向中国子公司的损失转移。另外,国家税务总局正在研究开发跨国公司利润指标监控体系,全面跟踪和监控在华跨国公司利润水平变化情况,为保护中国税基安全提供技术保障,并与国际社会一起努力建立打击国际避税的监控网络。

3.3 "一带一路"下的税收选择

2015年以来,税制改革稳步推进。2015年上半年,"营改增"共减税1 102亿元,其中试点纳税人直接减税600亿元,原增值税一般纳税人因增加抵扣减税502亿元。小微企业优惠政策的落实也取得明显成效,全国共有239万户纳税人享受了小微企业所得税优惠,减税86.54亿元;2 700多万户小微企业和个体工商户享受了暂免征收增值税、营业税优惠政策,减税399.77亿元,有力扶持了小微企业发展。

税收工作在各地稳增长、调结构中扮演了重要角色。面对国际、国内钢材市场需求日益饱和的现状,传统钢材企业"非钢"产业改制已成趋势。江西新钢集团公司加快了产权制度改革和主辅分离、辅业改制步伐;江西新余国税主动与企业对接,支持新钢公司将"非钢"产业完全剥离,按照国家政策规定,使公司享受税收优惠1 700多万元。

此外,税务部门以支持经济发展为己任,围绕服务"一带一路"、京津冀协同发展、长江经济带三大战略和自贸区建设,实施了一系列创新税收服务措施。

在支持"一带一路"发展方面,2015年4月,从"谈签协定维权益、改善服务促发展、加强合作谋共赢"三个方面研究提出了服务"一带一路"发展战略的10条税收措施。比如,充分利用税收协定项下的双边磋商,开通税务纠纷受理专门通道,为跨境纳税人避免双重征税或税收损失服务。

在促进京津冀协同发展方面,成立京津冀协同发展税收工作领导小组,并于2014年10月研究推出促进京津冀协同发展的"一统三互"措施。"一统"即统一办税平台;"三互"即资质互认、征管互助、信息互通,目前各项工作成效初显。

在推动长江经济带发展方面,2015年2月,制定出台"一个窗口、两区运作、统分结合、协同服务"的跨区域税收服务与管理举措。目前,一个窗口即长江经济带税收服务之窗已初步建成,长江经济带24个国税、地税局共同签署了长江经济带税务部门信息共享协议书,推动创新服务措施的落实。

同时,税收工作还着力支持服务自贸区发展。国家税务总局为支持上海自贸区建设,于2014年6月,围绕"税收一网通办、便捷优质高效"出台10条税收服务创新措施,帮助上海打造创新高地、改革高地,并将上述措施分步在部分地区复制推广。同时,为支持上海和天津、广东、福建自贸区发展,在2014年"办税一网通"10项创新措施的基础上,再推出10项新举措,形成"办税一网通10+10"格局。

在国际合作方面,全国人大常委会于2015年7月1日正式批准了《多边税收征管互助公约》。《多边税收征管互助公约》是一项旨在通过开展国际税收征管协助,打击跨境逃避税行为,维护公平税收秩序的多边条约。这一公约由经济合作与发展组织与拥有47个成员国的欧洲委员会于1988年在法国斯特拉斯堡共同发起,并向两组织的成员开放。近年来,该公约影响力快速上升,正日益成为开展国际税收征管协助的新标准。2010年5月,经合组织与欧洲委员会响应二十国集团号召,按照税收

国际交流项目

情报交换的国际标准,通过议定书形式对《多边税收征管互助公约》进行了修订,并向全球所有国家开放。2013年8月,中国履行二十国集团承诺,成为该公约的第56个签约方,这也是中国签署的第一份多边税收条约。据介绍,截至2015年3月19日,已有70个国家签署这一公约,其中48个国家交存了批准书。

国家税务总局局长王军说:"我国作为世界第二大经济体,在外资不断进入的同时,对外投资亦发展迅速。加强跨境税源管理,打击跨境逃避税,是我国税收征管面临的难题。批准这一公约,将有助于拓展我国国际税收征管协助的广度和深度,提高对跨境纳税人的税收服务和征管水平,挤压跨境逃避税的筹划空间,维护我国税收权益。"

且据国家税务总局介绍,该公约批准后,将修订有关工作规程,充分运用公约赋予我国的权利,加强我国税收征管服务,同时履行公约义务,加强国际合作,与国际社会携手共建透明、健康、公平的国际税收秩序。

论文作者:黄芸琳
指导教师:何自强

关于大陆与台湾发票管理制度的比较分析

摘　要：发票是税务机关控制税源、征收税款的重要依据。大陆地区的发票一般是由政府或税务机关统一集中管理，对于发票的每一个环节都予以一套严格的办法来规范。与大陆地区的发票制度相比，台湾地区实行的"统一发票制度"较为注重实现发票的基本功能，真实地记录与反映经济活动，较合理地处理了发票的集中管理问题，使其成为推动商品交换的重要因素。这对大陆地区的发票制度有一定的启示：大陆应当考虑使发票更好地实现自身职能，而不是一味地强调发票管理的行政色彩。

关键词：发票；统一发票制度；制度比较

1　发票的职能及管理制度

发票是指一切单位和个人在购销商品、提供或接受服务，以及从事其他经营活动中所开具和收取的业务凭证。它出现于销售环节，与流转额相生相行。

发票大致有以下几个职能：一是记录经营活动的一种原始证明，这也是发票最基本的职能。二是加强财务会计管理，保护国家财产安全的重要手段。三是维护社会经济秩序的重要工具。此外，发票的派生职能还包括被用来计算应税收入，被当作是税务稽查的重要依据，这也是发票与税票的区别所在。当发票成为计税依据时，才成为税票，而没有成为计税依据的发票只能作为一种记录商品交换活动的凭证。

我国的发票历史悠久，最早可追溯至上古的"结绳记事"时期。那时文字还没有发明，人们用在绳子上打结的方式来记录交易等各种事项。到炎帝时代，原始的"结绳记事"逐渐被"书契"所代替，"书契"即是我国发票的雏形。商代出现了一种叫"记事刻辞"的经济交往活动的记录方式，"记事刻辞"不仅记载有各种实物的收支数量，而且还记录有经济事项发生的时间、地点等内容，是我国发票发展史上的一个里程碑。东晋时期，作为经济交往的凭证，发票开始成为官府稽征税款的依据，当时把这种方法叫做"输估"。到了宋代，发票已经开始实行统一格式，由于有了统一格式，给税款的征收带来了许多方便。到了清代光绪年间，对各类收支凭证都有了统一要求，并统一颁发使用，这是我国经济交往凭证（发票）运用方面的明显进步。到民国时期，在北洋政府所颁行的《普通官厅簿记》中，把国家规定使用的各类原始凭证看作控制收支的重要手段，明确提出凡账面记录必须以合法凭证作为依据这一原则。

发票的管理制度大致分为两种类型。以韩国为例的国家的发票制度,其指导思想为:发票是应当由企业管理的,政府或税务机关没有责任统一印制发票并且统一发票的格式、纸质及开票方式。此种发票管理制度被称为民主型发票管理制度,在此种制度下,企业可自行印制且管理发票,但是对纳税人的会计核算要求非常严格,即要求纳税人记录与保管各种明细账簿与小费收入登记等,如果纳税人的会计核算登记、发票管理等不符合税务管理当局的要求,其自身利益将会受到很大伤害。国家正是通过这种手段来间接进行发票管理。

我国大陆及台湾地区有着相同的发票起源,在此基础上均把发票管理纳入了政府行为的范畴,给发票管理涂上了浓重的行政色彩。因此,不同于韩国等国家的民主型发票管理制度,我国大陆与台湾地区实行的是集中管理型的发票管理制度。

2 台湾的"统一发票制度"

1950年12月12日,基于公平税赋原则,台湾地区"财政厅厅长"任显群研拟出"台湾地区营利事业统一发货票办法"及"台湾地区统一发票给奖暂行办法",并在1951年的元旦开始实施,目的是使民众出于对发票的中奖预期,要求商家开立发票,以防止商家漏税,增加财政税收。

"统一发票使用办法"规定,只要是营业人(不管是哪一类),均须按规定使用某一类或几类的统一发票,营业人必须于每年营业开始之初,或者是新办营业的开始之初,按一定的程序向税务稽征机关申请、购买统一发票,并在开展业务的过程中使用,同时对各种统一发票的开立都规定了一定的时限。

台湾的"统一发票"一共有五类:

(1)三联式统一发票。该种发票为一般营业人销售货物与提供劳务时开立,并在计算加值型营业税(即增值税)时使用。这类发票相当于大陆的增值税专用发票,其第二、第三联开给购买方,用于抵扣税额。因此,这类统一发票通常还用于加值型营业人之间的业务往来。

(2)二联式统一发票。该类发票适用于一般营业人与非营业人之间的业务往来。例如,一般营业人向消费者销售货物与提供劳务时开具给非营业人的发票。

(3)特种统一发票。该类发票为非加值型营业人,即特种营业人,在提供劳务时使用。在台湾,特种营业人的范围很小,包括小规模营业人、咖啡厅、酒吧、有娱乐性活动的餐饮店和茶室、银行、保险、信托投资、证券、短期票据、典当业。

(4)电子计算机统一发票。该类发票使用了电子计算机系统,能很有效地节约人力成本,一般营业人和特种营业人均可使用。

(5)收银机统一发票。该类发票为一般营业人销售货物与提供劳务时,按照一般营业人的规定计算加值型营业税(即增值税)并用收银机开立统一发票时使用。台湾的销售额采用价内税,即销售价格为含税价格,所以一般营业人在使用统一发票时,需要区分不同的税率分别开具发票,且在统一发票明细表课税别栏注明。

统一发票威力不同凡响,自 1950 年起执行一年期间,台湾地区营业税收入 2 900 多万台币,使用发票后,1951 年,税收增加到 5 100 多万台币,成长率高达 76%。

但是,随着统一发票的发展,人们发现,过去民众拿到一张传统的统一发票,其中的关系是独立的,发票与人没有联结关系,谁持有就是谁的,且不易保存、容易忽略错过兑领奖时间。而企业开出一张发票牵动的是企业的出货、验收、核销及支付,进而是进销等 ERP 系统,且购买预印的发票,用不完要缴回,若是自印的发票,纸张成本较电子发票高,且需保存存根联 5~7 年,其中递送过程的邮资甚高。

于是,台湾地区行政机构于 2000 年 8 月 30 日通过"知识经济方案",将电子发票列为发展方向之一,揭开了电子发票的序幕。

台湾地区摒弃传统思维,顺应时代潮流,为了进一步完善台湾的经济体,保护人民的权益,于 2006 年 8 月 15 日启动"电子发票整合服务平台建置及维运委外服务案",建立安全可靠的电子发票应用推动基础环境。电子发票整合服务平台于 2006 年 12 月 6 日上线运作,提供企业对消费者(B2C)电子发票应用机制及企业对企业(B2B)电子发票基本处理功能,并支持加值中心之间的整合连接,建立畅通无阻的电子发票应用环境,以期加速电子发票应用之扩散。2011 年"财政信息中心"启动了"二代电子发票推广辅导及监督审验委外服务案",解决了过去民众与企业使用统一发票的问题,创新了统一发票的价值,而这个全世界所注目的新价值除了督促营业人诚实纳税外,还可以让民众将领到的奖项作为爱心捐赠给社福团体,透过电子发票的"爱心码"让更多弱势团体有机会接受捐赠,平衡了以往公益团体大者恒大、捐赠资源不平均的生态环境。

此项目堪称台湾地区有史以来横向、纵向交叉矩阵最多利害关系人的项目,因为此项目攸关 2 000 万台湾人民的权益,不分区域性、族群、性别、年纪,特别是现在有统一发票的千万奖金,更是为人所关注。一张小小的统一发票,其前端涉及的是一个产品、服务的供应链及就业机会等总体经济。

电子发票应用推动后,民众可以通过各式电子发票应用程序(APP)进行个人及家庭的理财管理,且电子发票容易保存,简化了兑领奖的流程,甚至可选择使用手机条形码的半自动式兑领奖(若中奖,台湾地区"财政部"将以 E-mail 通知),或是选择归户全自动式兑领奖(若中奖,台湾地区"财政部"将主动汇兑中奖金额)。企业节省开立端的纸张成本,精简发票开立、传送、接收的流程相对也提升了企业营运效率,存根联云端化更是大幅降低了仓储成本;使用热感纸打印比传统打印方式快,降低了顾客等待时间,企业可通过纸本电子发票上的 QR 代码(Code)弹性增加营销信息及优惠活动等。使用电子发票更有助于企业节省人力成本及建置成本,以越少的成本经营企业,企业的相对获利空间越大。

除了电子发票的应用,台湾地区行政机构于 2013 年 4 月 11 日通过了"加值型及非加值型营业税法修正草案",取消特定行业免开统一发票的"帝王条款"。这意味着,未来营业额 20 万(新台币,下同)以上的小吃店、加盟或连锁店都要强制开立发票,等于美容、美发、出租车业不再享有免开发票的特权。据悉,位于内湖的"来来豆浆店"、大直的"台湾第一家盐酥鸡"及"阜杭豆浆"等知名小吃店,过去曾被消费者投诉未开发票,经税务局辅导,均已陆续开立发票。对于未来适用开立发票商店家数,税务局尚未有正式统计。只要修法通过取得法源后,当局就会强制辅导并拟定统一标准,但应否开立统一发票,还须要由税务局进行认定。台湾当局"财政部长"张盛和强调,有些行业有连锁店、加盟店必须开立发票,"财政部"会视性质核定店家应使用的发票,此举有助于税制健全。

在台湾地区,常见的捐款箱中的物品不是钱,而是发票。台湾当局一方面鼓励消费者索取发票;另一方面又能够筹集善款。工作人员会统一收集箱子里的发票进行兑奖,奖金用于公益活动。这是个规模不大、受众及影响力广泛,且有多重益处的好主意,值得参考学习。

台湾地区最大的流转税是营业税,包括总型营业税和加值型营业税。在他们看来,增值额是营业额的一个组成部分,即增值税就是营业税的一种特殊形态,因此没有"增值税专用发票"一说。无论是何种营业税,发票管理仅有联次的区分,在本质上都没有区别,因为台湾地区只有"统一发票"的概念。每一类营业人都必须使用统一发票,各类发票之间没有歧视性规定,政府也在鼓励人们使用统一发票。在营业人看来,由于人人都可取得统一发票,因此其就不像大陆的增值税专用发票那样"珍贵",这样就可以有效地抑制纳税人虚开发票的动机,大大降低了偷税避税的可能性。

为配合统一发票制度,台湾当局还实行了一套奖励办法:从全年营业税收入总额中提出3%作为统一发票奖励的经费,以有效地吸引大众索取发票,一定程度上抑制了营业人员利用发票避税偷税的行径。税务机关只要针对应设行号、大宗课税资料加以掌握运用,即可达到有效税务管理的目的。这些措施都大力推广了统一发票的使用。

3 两岸发票管理制度的比较

与台湾地区的"统一发票制度"相比较,两岸都把发票作为记录商品交换活动的凭证,用行政意识使发票变成为税票,以票管税,对发票进行直接的管理控制,这具有明显的行政色彩。此外,两岸都对发票赋予了统一严格的税票功能,使发票的本质产生了蜕变,这种功能不是发票最主要的功能,它使发票变成了税务部门的原始记录,这是纳税人不愿意接受的,因此纳税人会想方设法逃避这种记录以逃避税款,使发票成为了买卖双方讨价还价的一个筹码,这在大陆地区非常常见,即以不开发票作为一种价格的空间。纳税人不真实地填写发票或虚开发票等行为,使发票既不能成为正常的计税凭证,又无法准确履行记录职能,扰乱了商品交换的正常秩序,甚至成为商品交换的障碍。这种情况在大陆地区尤其突出,增值税专用发票管理制度及其产生的管理上的后续问题就是一个突出的例证。台湾地区也有这些情况,其发票有奖制度就是一个证明。

在台湾地区,围绕着流转额实行的发票管理,是针对整个营业税而不是某种专门的税来考虑的。因此,台湾增值税的征税范围很宽,能较充分地体现增值税的优越性。小规模纳税人也可以自主选择按加值型营业人缴纳增值税或者按非加值型营业人缴纳增值税,即使选定为小规模纳税人,也可以有10%的进项抵扣。这使得发票对于纳税人而言没有什么特别的价值,人人都可以拥有。而相比之下,大陆地区在"营改增"项目进行之前,将营业税与增值税完全隔开,使得营业税范围相对较大而增值税的征税范围相对较小,并在两大类税种中实行完全不同的两类发票。并且,大陆对于小规模纳税人的管理非常严格,一旦被认定为小规模纳税人就不能随意改变,并与增值税专用发票隔断了一切联系,从而隔断了小规模纳税人与一般纳税人之间的通道。

台湾地区虽然规定了五类统一发票,但实际上只有前三类具有一定的区别:第一类"三联式统一发票"是在一般纳税人之间使用;第二类"两联统一发票"是在一般纳税人与消费者之间使用;第三类"特种统一发票"适用范围很小。也就是说台湾地区的统一发票区别也就在于第一、第二两类统一发票——第二类比第一类仅少了一个抵扣联,其他一切均一样。因此,台湾地区的纳税人没有增值税发票的概念,所索取的发票均是一样的。而在大陆地区,发票分为增值税专用发票和普通发票两大类,这两类发票在申请购买、开具、使用及票面内容结构等方面完全不同。由于增值税纳税范围较小,很多非增值税纳税人无权拥有增值税专用发票,这种规定阻断了一般纳税人、小规模纳税人及其他非增值税纳税人的联系。因此大陆地区的发票管理较台湾地区更为突出了直接的行政管理特点和歧视性特点,它使得大陆地区的增值税专用发票有了很高的"含金量",从某种意义上说,纳税人拥有了发票就是拥有了特别的资源或权利,这驱使很多纳税人不开发票、逃税避税。

由此看来,在中国,较为科学的发票管理方法是直接管理与间接管理相结合,一方面发票管理的过分民主会导致经济体系的混乱;另一方面又不必在发票管理上有太强烈的行政色彩,不必人为设置多种"障碍"使发票变得"珍贵",诱发纳税人避税的动机。应尽量避免这些"障碍",促进不同类型的纳税人之间的交往。加强纳税评估与一定的惩处手段,使发票管理制度得到有效发展。

论文作者:吴筱璠
指导教师:王 瑶

台湾遗赠税制度及其对大陆的启示

摘　要：遗赠税是财产税系的重要组成部分,历史悠久,开征普遍,其对于调节社会财富分配,促进社会公平,维护国家税收主权,鼓励公益事业的发展具有重要意义。我国大陆地区至今未开征遗赠税,但已经草拟了遗赠税条例。我国台湾地区从20世纪70年代便开设遗赠税并不断完善,发展日趋成熟。分析台湾地区现行的遗赠税,对大陆地区未来遗赠税的设计与实行有一定的益处。

关键词：遗赠税；遗赠税的设计与实行；启示

遗产税属于财产税类,是个古老的税种,已有100多年历史,目前世界大约有一半以上的国家和地区开征遗产税,并以赠与税作为其补充税种。我国改革开放30多年来,经济发展突飞猛进,但贫富悬殊日益严重。开征遗赠税曾被多次提上日程讨论,但因为诸多原因被不断搁置。而我国台湾地区在1973年开始正式实行"遗产及赠与税法",后期不断完善,发展至今已日趋成熟。台湾地区和祖国大陆文化同源,生活方式相近,为加快我国遗赠税立法进程,有必要从我国台湾地区现行遗赠税的制度设计和实行中获取有益启示。

1　遗赠税概况

1.1　遗赠税的概念

遗产税、赠与税(以下称"遗赠税")是对财产无偿转让时课征的一种财产税,属直接税。具体来说,遗产税即以被继承人去世后所遗留的财产为征税对象,向遗产的继承人征收的税。赠与税,是以赠送的财产价值为课税对象而向赠与人或受赠人征收的一种税,是为防止遗产税逃漏而设立的税课,使财产所有权人无法在生前以赠与方式分散财产,因此赠与税对遗产税具有辅助作用。在各国两者常常合并立法与开征。

遗赠税有助于加强对遗产和赠与财产的调节,防止贫富差距过分悬殊,以促进社会公平,同时也有利于维护国家税收主权,鼓励发展公益事业。

1.2　遗赠税的分类

1) 总遗赠税

总遗赠税是对财产所有人死亡后遗留的财产总额综合进行课征。规定有起征点,一般采用累进税率,不考虑继承人与被继承人或赠与人与被赠与人的亲疏关系,以及继承人或被赠与人的个人情况。

2) 分遗赠税

分遗赠税是对各个继承人分得的遗产或被赠与人分得的财产分别进行课征。考虑继承人与被继承人或赠与人与被赠与人的亲疏关系和继承人或被赠与人的实际负担能力,采用累进税率。

3) 总分遗赠税

总分遗赠税,也称混合遗赠税,是对被继承人的遗产或受赠人的财产先征收总遗赠税,再对其继承份额或受赠份额征收分遗赠税。先总税,后分税,两税合征,使课税更加公平,但有重复课税之嫌,同时使遗赠税制复杂化。

1.3 遗赠税的发展起源和趋势

1) 遗赠税的发展起源

遗产税是一个历史悠久、开征广泛的税种。遗产税的历史最早可以追溯到 4000 多年前的古埃及,埃及法老胡夫为了筹措军资而征收遗产税。而近代遗产税的开征则起源于 16 世纪末的荷兰。目前,世界上有 100 多个国家开征遗产税。早期遗产税的目的是筹集国家战争军费,但随着经济发展,个人收入差距也在不断扩大,致使遗产税筹集军资的功能逐渐弱化,调节社会贫富差距成为各国开征遗产税的主要目的。而赠与税作为遗产税的配套税种,最早出现在 1924 年的美国。现在征收遗产税的国家和地区大都同时征收赠与税。

2) 遗赠税的发展趋势

第一,目前多国将赠与税作为遗产税的配套税种,在未来,两税配合问题有望实现新的突破。各国寻求两税配合问题的解决途径已有多年,两税合并将有利于简化税制,减少征收阻力,尤其发展中国家两税合一的可能性更大。此为遗产税与赠与税未来发展趋势之一。

第二,两税可能逐步转化为地方税种。遗产税和赠与税在多数国家是放在中央税收中,这与征收这两个税种公平财富分配的目的是分不开的。长期以来政府调节作用都是着眼于中央政府,而往往忽视地方政府,但在征收过程中,这两个税的收入不多,所费成本不少,由中央政府征收不如交给地方政府征收。且近年来各国都比较重视地方体系的发展和调整,从调动地方积极性,便于征管的角度考虑,遗赠税将有望转归地方政府规管。

第三,税率设计将更加趋向简单化并兼顾公平。由于税率是关系到纳税人税负和国家税收收入的核心,税率的设计和变动将更谨慎。今后各国税率仍将以超额累进税率为主,另外还会根据继承人的亲疏关系的不同而采用不同的税率。

2 我国大陆地区和我国台湾地区的经济现状

2.1 我国大陆地区经济现状

1978年改革开放之后,我国经济突飞猛进,人民生活质量和水平逐步提高,但也出现了改革开放的丰硕成果过度集中在少部分人手中的情况,贫富差距日益拉大,且高收入人群财富增长速度呈递增趋势。诺贝尔经济学奖得主西蒙·库兹涅茨在《经济增长与收入不平等》中研究了人均财富的差异与人均财富的增长之间的关系,指出"从收入分配相对均等的农业社过渡到工业社会经济增长的早期,劳动力快速向收入较高的工业部门流动,不平等迅速扩大,社会变得很不稳定"。而我国目前正处于这个经济发展的特殊时期。相比西方发达国家,中国的个人财产积累虽然起步较晚,但富裕群体的财产累计增幅较大,现今富裕人士的财产已经开始进入代际传承阶段,且受中华文化和社会背景影响,中国人的遗赠动机较为强烈。中国财产分布不均不断扩大的趋势在未来很长时期内将不易被改变,而财产的代际转移无疑加剧了财产分布的不公平程度。

2.2 我国台湾地区的经济现状

台湾地区经济发达,以外向型经济为主,在1949年往后的40余年里,年均经济增长率达到8%,是"亚洲四小龙"之一,但进入21世纪后经济增速逐渐放缓。低薪和失业成为困扰台湾地区经济的最大问题。虽然内外部经济环境变数多,但总体上仍呈现较为平稳的增长态势。台湾地区的遗产税和赠与税可以追溯到1938年10月6日由当时的国民政府在大陆地区颁布的"遗产税暂行条例",该条例明令于1940年7月1日在全国范围内开征遗产税。但碍于抗日战争致使国家长期动荡,经济大幅度波动,后推迟于1946年4月16日公布施行"遗产税法"。1973年2月,台湾当局颁布并实施"遗产及赠与税法"以取代"遗产税法",减少了前法不规范的立法之处所造成的逃税漏税,并增加赠与税作为遗产税的补充税制。台湾地区遗赠税自颁布实施以来,为了配合时代变迁与经济发展,于40多年间对税制进行了10余次的修订,使遗产税和赠与税的课税朝着公平正义与经济效率原则兼顾的方向发展。

3 台湾地区的遗赠税制度

3.1 纳税义务人

遗产税的纳税义务人包括有遗嘱执行人的,为遗嘱执行人;无遗嘱执行人的,为继承人及受赠人;无遗嘱执行人和继承人的,为依法选定的遗产管理人。所谓遗产管理人,是指依民法规定,配偶拥有相互继承遗产的权利,除配偶外,遗产按直系血亲卑亲属(如子女,养子女及代位继承的孙子女等)、父母、兄弟姐妹、祖父母顺序继承。

　　赠与税的纳税义务人为赠与人。但在赠与人行踪不明，或者应缴纳税款超过期限仍未缴纳，而且在台湾地区没有可供执行的财产的情况下，则以受赠人为纳税义务人。受赠人如有2人以上，应按照受赠财产的价值比例，计算应缴税款，承担纳税义务。

3.2　征税范围

　　遗产税的征税范围包括：经常居住在台湾境内的居民死亡时遗留有财产的，应就其在台湾境内外的全部遗产征税；经常居住在台湾境外的居民及外国人，死亡时在台湾境内遗留有财产的，就其在台湾境内的财产征税。赠与税的征收范围包括：经常居住在台湾境内的居民，应就其在台湾境内外的财产赠与征税；经常居住在台湾境外的居民及外国人，应就其在台湾境内的财产赠与征税。

3.3　计税财产的范围及价值计算

　　1) 遗产税和赠与税的计税财产范围

　　赠与税的计税财产是指赠与人每年所有赠与财产的总额。计入遗产总额征税的财产有：被继承人死亡时遗留有的不动产、动产及其他一切有财产价值的权利；被继承人死亡前3年内赠与其配偶及顺序继承人的财产；被继承人死亡后，原服务单位所付的退职金、慰劳金和丧葬费；夫先妻死亡，在1985年6月4日民法修正前，以妻之名取得的财产，除妻之原有及特有财产外，其余属夫所有的联合财产，应合并申报遗产税，但在税法公布前取得的，如经妻认为是其夫所曾云属妻的特有财产，税务机关经查实后，可以免缴遗产税；妻先夫死亡，在1985年6月4日民法修正前，以妻之名义取得的财产，除妻的原有及特有财产应申报缴税外，其余属夫所有的联合财产，免并入妻的遗产征税，但应变更财产名义为夫所有。

　　2) 遗产税和赠与税的价值计算

　　财产的价值计算是以被继承人死亡时或赠与人赠与时的时价为准。被继承人属宣告死亡的，以法院宣告死亡判决内所确定死亡日的时价为准；土地以土地公告现值或评定标准价格为准；房屋以评定标准价格为准；公开上市的股票等有价证券，以证券市场收盘价为时价；未公开上市的公司股份或者独资合伙商号的出资，以该公司或者商号的资产净值估计其时价；以自己的资金，无偿为他人购置财产的，其赠与财产的价值以出资金额为准。但逾期申报、短报、漏报或隐匿不报的，以逾期申报日或查获日的时价与死亡时或赠与时的时价进行比较，按孰高原则定时价。

3.4　适用税率

　　台湾遗赠税税率采用十级超额累进税率，分为遗产税税率和赠与税税率。如表1和表2所示。

表 1 台湾遗产税十级超额累进税率表　　　　单位:新台币元

级次	遗产净值	税率	累进差额
1	670 000 元以下	2%	0
2	670 000~1 670 000 元	4%	12 000
3	1 670 000~3 340 000 元	7%	57 000
4	3 340 000~5 010 000 元	11%	177 000
5	5 010 000~6 680 000 元	15%	357 000
6	6 680 000~11 130 000 元	20%	657 000
7	1 130 000~16 700 000 元	26%	1 257 000
8	16 700 000~44 530 000 元	33%	2 307 000
9	44 530 000~111 320 000 元	41%	25 507 000
10	111 320 000 元以上	50%	14 507 000

资料来源:台湾财政部门台财税字第 09504571050 号公告。

表 2 台湾赠与税十级超额累进税率表　　　　单位:新台币元

级次	赠与净额	税率	累进差额
1	670 000 元	4%	0
2	670 000~1 890 000 元	6%	12 000
3	1 890 000~3 120 000 元	9%	63 000
4	3 120 000~4 340 000 元	12%	147 000
5	4 340 000~5 570 000 元	16%	303 000
6	5 570 000~8 020 000 元	21%	553 000
7	8 020 000~15 580 000 元	27%	985 000
8	1 580 000~32 280 000 元	34%	1 965 000
9	3 280 000~50 090 000 元	42%	4 285 000
10	50 090 000 元以上	50%	7 885 000

资料来源:台湾财政部门台财税字第 09504571050 号公告。

4 我国开征遗赠税的依据

4.1 我国开征遗赠税的必要性

1) 开征遗赠税是经济发展的必然要求

前文已经提到,改革开放使我国经济飞速发展,但贫富差距日益拉大。我国的基尼系数呈现不断上升的趋势,2000年以后基尼系数已经超过了国际公认的警戒线0.4,贫富差距所引发的矛盾在当下中国社会引起广泛关注。税收作为国家宏观调控的手段之一,理应调节财富,维护社会公平。目前,中国现行税制中,对个人收入的调节主要体现在个人所得税上。但个人所得税并不是我国税制结构中的主体税制,它调节收入分配的作用十分有限。同时,现行税制对个人收入、财产悬殊的调节作用有限,主要表现在:第一,税制不够健全;第二,税收征管措施不力,缺乏有效监控措施,税收征缴困难;第三,对于税收违法行为的处罚力度不够。鉴于此种原因,我国开征遗赠税对于调节个人收入和财产悬殊的矛盾可以起到一定的作用。

2) 开征遗赠税是维护国家税收主权的必然要求

遗赠税在全球2/3以上的国家开征,经济全球化的背景下,一国税制的制定和优化不仅要考虑本国国情,还要同时权衡外国税制建设的情况。我国至今仍未开征遗产税和遗赠税,这造成了我国税收主权受损及税收收入的流失,并在国际税制建设大环境中处于一种不对等的地位和状态。因此,开征遗赠税有助于维护国家主权。

4.2 我国开征遗赠税的可行性

1) 税源条件成熟

改革开放使我国经济飞速发展,经济实力不断增强,从个人收入来看,自社会主义市场经济实行以来,我国职工工资总额不断增长,城镇居民的可支配收入和储蓄存款也在大幅度提升。同时社会贫富差距日益扩大,我国已经成为了世界上富裕人士增加最快的国家之一,富裕阶层的财富积累速度之快、规模之大是我国历史上任何时候都没出现过的。这种个人收入增加并且收入分配差距不断扩大、财富过度集中的趋势,为我国遗赠税的开征奠定了经济基础。

2) 相关法律制度的健全和完善

征收遗赠税是以国家承认私有财产的合法性为基本前提的。近年来,我国与遗赠税相关的法律制度,如《继承法》等相关法律的不断完善,金融、房产、车辆等相关管理法规的确立和健全,标志着我国财产支配领域的法律制度的进一步健全,为开征遗赠税提供了法律基础。

3) 对税源控制力度加强

自1994年税制改革以来,我国税收征管改革也取得了长足的进步,全国范围的信息化管理系统也提升了税收征管硬件配件和征管能力。因此,就我国目前的征管水平而言,开征遗产税已经拥有一定的技术装备和人员素质的保证。

5 我国开征遗赠税所面临的问题

征收遗产税的前提,是准确掌握纳税者的全部财产信息,而目前中国税务机关只能掌握公民的工资等相关信息,诸如纳税人的房产、股票持有、机动车占有等数据,对于纳税者的总额财产税务机关很难掌握。当前的财产登记制度、评估制度等还比较落后,税务机关征管水平不高,遗产税的征纳成本却很高,加之逃税漏税显现普遍使得我国税收执法的整体环境不容乐观,这一切都是遗产税开征所要面对和解决的问题。

5.1 个人财产评估机制尚未完全建立且个人财产难以监控

目前我国尚未建立起统一的的个人财产评估机制,且对非金融财产如房屋、土地价值的确定也十分复杂。完善的个人资产评估机制,应该通过综合考察影响个人财产评估的客观环境,包括经济、金融、司法、社会、工商、财产等诸多因素,使用科学严谨的分析方法对个人进行全面客观的估价。但至今仍未建立起由专业机构对非金融资产例如土地,房屋等的价值评估制度。我国内陆地区现有的评估机构的评估标准、方式、方法,以及从事此类工作的专业人才的数量、素质都无法满足开征遗产税的需要。另外,财富集中在富人,他们的财产流动性往往很大,且其收入的隐形化也是困扰着个人所得税的一个难题。中国社会长期以来"财不外露"的观念,加上部分富人财富来源于灰色收入甚至不合法收入,使得我国个人财产十分隐蔽,而能否实现隐形收入显性化则是遗产税能否发挥作用的关键。

5.2 税收执法难度大

当下我国税收执法的整体环境不容乐观,各种逃漏税现象较为普遍。遗产税在我国是一种新税种,在未来开征后的一段时间里,可以预见的是一些纳税人会主观故意地去钻遗法的法律漏洞,从而减轻甚至免除纳税义务。现今我国相关税务机关的相应执法权力仍有待提高,内外部执法监督机制仍未全面建立,因此,应大力加强税收稽查和监督工作,保证未来遗产税的顺利实施。

6 台湾地区遗赠税对大陆开征遗赠税的启示

6.1 建立健全个人财产评估及推行个人财产登记和申报制度

做好个人财产的评估制度,首先必须建立一个权威性的评估机制,聘请专家和专业技术人员参加对财产价值的评估。其次就是要确定合适的财产评估方法。台湾地区对个人财产的评估制度采用的是市场现值法,即按照财产所有人死亡时的市场价格来确定财产的价值。

建立个人申报和个人财产登记制度时,可以借鉴台湾地区的做法,以身份证为唯一实名证件,作为个人终生唯一账号,个人所有的收入和支出均从这个账号上反映,而且有严格的制度限制交易中的资金流动。此种办法不仅能够全面真实地反映个人的财产状况,并且能够有效地监督个人财产的流动。

2015年2月3日,我国《税收征收管理法修订草案(征求意见稿)》在国务院法制办征求意见截止,这份内容丰富的意见稿的一个突出特点就是明确了纳税人识别号制度的法律地位。国家拟定的个人税号,最合适的无疑是以身份证号作为个人税号。

6.2 加强立法,完善税收法律体系,加强执法和监督

我国大陆地区目前仍未制定统一的税收基本法,单行税法条例规定大多,缺乏统一、细致的规定,且税法之间缺乏一致性和透明性,使得税收执法难度大。因此应尽快制定税收基本法以完善税收法律体系和健全执法监督制度,为强化税收执法监督提供依据。税收基本法的制定,是遗产法实行的前提,同时,开征遗产税还应同时做好继承法、民法中相关内容的修订和完善,使各法与遗产法的衔接顺利。在执法过程中,要明确划分征收、管理和稽查三个环节的工作职责,形成分工合理、权责分明、科学管理的新机制;坚持税务稽查的查案、审理和执行彻底分离;做好税务违法案件查处工作中立案调查、审理与作出处罚决定和收缴罚款的分离工作。此外,还应建立起由税源监控系统、税务机关内部检查监督制度、职能部门的检查监督制度、纳税人监督制度为一体的多层次、全方位的监督体系。

论文作者:卓晓君

指导教师:李永刚

参考文献

[1] 马伟.台湾地区税收制度[M].北京:当代中国出版社,2014.

[2] 禹亏.中国遗产税研究:效应分析与政策选择[M].北京:经济科学出版社,2009.

[3] 徐艺.我国遗赠税制的设计与构想[M].广州:世界图书出版广东有限公司,2013.

两岸个人所得税制度比较分析

摘　要：本文通过文献研究法，从税率、费用扣除、申报方式及纳税单位四个方面比较两岸个人所得税制度的差异，分析两岸个人所得税的优缺点以及大陆地区个人所得税改革可以向台湾地区借鉴之处。

关键词：个人所得税；课税模式；中国大陆；台湾地区

个人所得税是世界各国普遍开征的一个税种，最早产生于18世纪的英国。目前，世界各国的个人所得税制度可分为三种类型：①综合课税模式，产生于19世纪中叶的德国。这种模式是对纳税人全年各种不同来源的所得（包括以现金、财产或劳务等各种形式取得的收入）综合计算征收所得税。②分类课税模式，创始于英国。这种模式是将所得税按来源所得划分为若干类别，对各种不同来源的所得分别计算征收所得税。③混合课税模式，也称分类综合所得税模式，起源于法国。混合税制是对纳税人的各类所得先课以分类所得税，然后在按其全年所得对一定数额以上的所得运用累进税率征税。我国大陆地区采用的是分类课税模式，台湾地区采用的是综合课税模式。

1　税收要素的比较

1.1　税率的比较

台湾实行综合所得税，其目前实行五级超额累进税率，税率有5%，12%，20%，30%，40%。如表1所示。

表1　台湾个人所得税及税率表

级数	全年综合所得税	税率	速算扣除数	总税额（万元）
1	0～50万元	5%	0	所得税×5%
2	50～109万元	12%	3.5万元	2.5+超过50万元的部分×12%
3	109～218万元	20%	12.22万元	9.58+超过109万元的部分×20%
4	218～409万元	30%	34.02万元	31.38+超过218万元的部分×30%
5	409万元以上	40%	74.92万元	88.68+超过409万元的部分×40%

大陆地区根据不同应税所得分别实行累进税率和比例税率两种形式。工资、薪金所得，适用七级超额累进税率，税率为3%～45%。个体工商户的生产经营所得和

对企事业单位的承包经营、承租经营所得,适用5%～35%的五级超额累进税率。稿酬所得,适用比例税率,税率为20%,并按应纳税税额减征30%,故实际税率为14%。劳务报酬所得,适用比例税率,税率为20%。个人一次取得劳务报酬,应纳税所得额超过20 000元的部分加成征收;超过20 000元～50 000元的部分,按20%计算应纳税额后,再按照应纳税额加征五成;超过50 000元的部分,按20%计算应纳税额后,再按照应纳税额加征十成。特许权使用费所得,利息、股息、红利所得,财产租赁所得,财产转让所得,偶然所得和其他所得,适用20%的比例税率。居民个人出租房减按10%计税。

1.2 费用扣除的差异

费用扣除是两岸个人所得税最重要的差异。台湾综合所得税是以一个家庭为纳税单位,以一个财政年为时间单位,全面综合考虑费用扣除,并实行费用扣除的指数化管理。

从具体内容上看,台湾综合所得税税前费用扣除分为三方面。

1) 标准扣除

这是一项最基本的扣除,人皆有份。这类似于大陆地区个人所得税的工资、薪金所得每月3 500元的"免征额"。与大陆不同的是,台湾地区的标准扣除额是在不断变动着的:台湾"所得税法"第5条之第1款规定,标准扣除额、薪资所得特别扣除额、残障特别扣除额每遇消费者物价指数较上次调整年度之指数上升3%以上时,按上涨幅度相应调整。这在台湾称为"物价指数运动法",其目的是抵冲因通货膨胀对纳税人带来的损害。

2) 列举扣除

台湾"所得税法"第17条规定列举扣除额有六项,即捐赠、保险费、医药及卫生费、灾害损失、购屋借款利息、房屋租金支出。但最近几年实际实行的却是八项,在前六项的基础上又加上"政治献金法"规定的捐赠或竞选经费和私立学校捐赠两项。这项扣除不是每个纳税单位都可以享受到,纳税人可根据自己的需要,在列举扣除与下述的特别扣除之间选其一。

3) 特别扣除

台湾地区"所得税法"规定的特别扣除项目有五项。它们是财产交易损失、薪资所得、储蓄投资、残障、教育学费。每项都有一定的适用条件,并都要以相应的扣除的凭证为依据。2008年,马英九当上台湾地区领导人后,立即把薪资所得从每人扣除7.5万元提升至10万元。这项提升很得台湾人民的欢迎。值得一提的是营利事业所得税的抵扣,这是台湾地区所得税"两税合一"制的一项根本内容。台湾地区"所得税法"第3条第1款规定:营利事业缴纳的1998年度或者1998年度以后营利事业所得税额在盈余分配时,由其股东、社员、合伙人或资本家将获配股利总额或盈余总额所含之税额,自当年度所得税结算申报应纳税额中扣抵。简而言之,就是纳税人的股利在股东阶段所缴纳的税款,准其在当年度的综合所得税中抵扣。这些政策都比较成熟，既考虑了一般老百姓的基本生活，还考虑了居民政策效应，又考虑了产业升级的政策需要，创造了一个较为合理的投资环境与税收环境。

大陆地区个人所得税是分类所得，因此是"分类扣除，分类计税"，其扣除项目是每类不一。在免征额与扣除额方面，大陆地区个人所得税则不够规范。与台湾地区综合所得税相比，大陆地区个人所得税免征额规定比较简单，没有系统地按纳税人的负税能力来设置，在十项应税所得中，只有工资薪金所得规定了每月每人3 500元人民币的免征额；在扣除额规定方面，是分项扣除、分项定率、分项计税，每项所得或按年、或按月、或按次一项一项地分别处理，每项所得，其扣除额都有差别，比较繁杂而且不是很公平合理。其最大的不合理就表现在不是以纳税人的总体税负能力为依据来确定扣除，而是在没有区分纳税人的具体情况和实际负担能力的情况下，以单身个人为申报单位，只要纳税人收入相同，就不管其负担能力是否不同，一律执行相同的费用扣除标准。这是未来中国大陆个人所得税改革最重要的内容之一，台湾地区综合所得税将成为大陆地区的一面镜子。但是，标准费用扣除体系的建立必须与综合所得税制及其相关的一系列机制相结合，需要有较高水平的个人收入水平为基础，需要全体国民有较高的纳税意识，更需要有较高水平的征管技术。

1.3 申报方式与纳税单位的差异

1) 纳税单位

纳税申报方式与纳税单位是紧密相连的两个概念。在这方面，海峡两岸有很大的不同。大陆地区个人所得税目前实行的是以从源扣缴为主、自行申报为辅的过渡性征收方式。应税个人所得有支付单位的，由支付单位向纳税人支付款项时，依法代扣代缴其应当缴纳的个人所得税；没有支付单位的或在两处以上工作取得工资、薪金和应税所得而没有被扣缴的义务人，由纳税人向税务机关自行申报，缴纳个人所得税。这样的并行申报方式与其他国家和地区基本一致。与分类所得税制相适应，大陆地区个人所得税纳税单位是个人，只对取得所得的本人征税，不考虑配偶或家庭其他成员，并且对工资薪金所得征税的部分，是每个月进行一次源泉扣缴。这种制度假定无论单身还是已婚，只要每一自然人的所得类别相同、数量相同，即适用相同的费用扣除，并使用相同的税率。因此，大陆地区个人所得税从所得申报、费用扣除直至最后的税款的缴纳全是围绕着个人，而且是一项一项分别进行的，复杂繁琐，造成一系列的不公平不合理的现象。这可能是大陆个人所得税的最明显的不足之处，未来改革首当其冲的就是纳税单位。

2) 申报方式

台湾地区"所得税法"中对综合所得税规定了自行申报和源泉扣缴两种方式，但是以个人的自行申报方式为主，即要求纳税人应就个人综合所得进行年度结算，自行申报。特殊规定股利所得、机关团体事业单位执行业务者所给付的薪金、利息、租金、权利金等项所得必须设账，实行从源扣缴方式。在自行申报方面，台湾地区主要采用合并申报制度，也称消费单位制，在计税时对家庭的各种关系进行综合考虑。因此，产生了四类计税单位:第一,单身申报单位。即以单身个人为申报纳税单位。在台湾地区,除本身没有谋生能力,或身心残障,或在校就学者外,凡年满 20 岁的台湾单身"国民",均应单独申报缴纳个人所得税。这种纳税申报单位多为未婚者。第二,夫妻合并申报。这是夫妻双方都有收入时使用的一种申报方式。在具体申报时可以有三种申报方式供选择:一是以丈夫为纳税人,就将妻子的所得分开计税,但应与丈夫的所得合并申报;二是以妻子为纳税人,将丈夫的所得分开计税,但应与妻子的所得合并申报;三是夫妻全部所得合并计税,合并申报,即以一个家庭为申报单位。纳税人可根据这三种情况,试计算后择一而用,较为灵活。第三,家庭结构有变化时的报税单位。这种方式主要是对新婚或刚离婚的家庭规定的。按规定,新婚或刚离婚的夫妻,于年终申报综合所得税时,可以有两种不同的选择:一是夫妻二人分别申报;二是合并申报。第四,已分居夫妻。一般是夫妻双方分别申报,并在申报书配偶栏写明"已分居"。税务稽征机关会将两份申报书归户,剔除重复列报部分。如需补税时,税务机关会按夫妻所得比例向夫妻双方发出补税通知。从目前的情况看,大陆地区个人所得税很难进行如此复杂的设置,只能把它作为一种制度目标来考量。

3 两岸课税模式的优缺点比较

3.1 大陆地区分类课税模式的优点

分类课税模式效率高,适用于大陆地区 20 世纪 80 年代居民收入方式单一的经济初步发展阶段,同时它计征简单、计算方便、征收快捷。分类课税模式以源泉课征法为主,自行纳税申报为辅。由于源泉扣缴制度中扣缴义务人能够代替税务机关实行代扣代缴,不需税务机关进行相关的征管工作,这样税务机关在提高征税效率的同时也降低了征税的成本。大陆地区个人所得税以个人为申报单位,对于婚姻不惩罚也不鼓励,即对婚姻"中立"。

3.2 大陆地区分类课税模式的缺点

以代扣代缴的征收方式为主,个人申报为辅的征税方式,造成纳税人并不了解也不关心自己的纳税情况,主动纳税的意识比较单薄。

现行分类税制以正列举的方式规定课税对象,造成课税对象范围不完整。尽管税法规定了"经国务院财政部门确定的其他所得"作为课税对象兜底性条款,但是当前我国社会正处于转型期,新的经济形式和收入分配方式不断出现,如各种形式的违约金和赔偿所得、取消农业税和农业特产税后大规模农林业生产经营所得、新农村建设中集体收益分配所得、各种委托理财所得等。纳税人取得的很多合法收入都无法归入现行税法规定的应税所得范围。

个人所得税对收入分配的调节作用较弱,主要的原因还在于个人所得税制度的不完善,限制了居民收入分配差距调节功能的有效发挥。现行的个人所得税征收模式与其开征之初的居民收入状况是相适应的,但近些年我国大陆地区居民收入水平有了较大幅度的提高,其收入来源呈现趋于多元化,分类征收与现在经济发展不吻合的现象逐步突显,其弊端越来越多。首先,分类所得税制度可能导致纳税人的所得失真,使多源和高收入者纳的税较少,而来源少、收入集中纳的税较多,而且对个人收入按不同类型,使用不同的税率和扣除标准来课税,导致不同类型的所得间税收负担不平衡,即有相同所得的个人,如果所得类型不一样,其税收负担可能不同。其次,收入来源广的高收入者可通过对其收入及类型进行多样式的变化等方式,达到减少应税所得、增大扣除或避免按较高税率交税的目的,现行的模式不仅没有起到缩小居民收入差距的作用,反而使两极分化的现象越来越严重。最后,我国大陆地区的个人所得税对相同数额而不同来源的所得采取不同税率,比如,一般高收入者的收入较多地来源于资本和财产性收益,而对这两项收入却是按税率较低的比例税率来征收的,并非如同工资薪金所得那样采用超额累进税率,高收入者的税收负担相对较小,从而影响到个人所得税对收入公平性的调节。

税率设计不科学。首先,我国大陆地区个人所得税的税率为混合式,工资薪金等劳动所得采用的是累进税率,财产租赁、利息、红利所得等非劳动所得采用的是比例税率,导致税收劳动收入与非劳动收入之间的不平衡,在一定程度上挫伤了劳动者的工作热情;即使对一些劳动所得采取累进征收,却发挥不出其应有的作用,因为大部分高收入者的收入来源主要不是工资薪金,其只需缴纳很少的税,而对收入不高且来源单一的工薪阶层征的税较高,进而加剧了税负的纵向不平衡。其次,税率级数偏多,最高边际税率过高,在我国 7 级累进税率中,只有前四个级别的税率较为常用,而后三个级别的税率形同虚设,实际意义不大,且影响了个人所得税的累进性作用;同时,工资薪金的税率设计中,最高级别为 45%,从国际上看,除经济较为发达的部分欧洲国家以外,我国的最高累进税率处于最高位置;较高的累进税率会迫使高收入者为了降低税率标准少缴税,他们通常会通过分解税基而达到少缴税的目的,这无疑会造成我国税收收入的流失,所以过多的税率级次会减小税收的累进作用,过高的边际税率会造成税收收入的减少。最后,税率结构复杂,从上文的分析中可以看出我国大陆地区税率结构的复杂性,收入来源不同所适用的税率及档次也不同,这样复杂的税率结构既不便于纳税人的理解和掌握,也不利于税务机关的征收管理,而且还在一定程度上刺激纳税人分散收入、变换收入形式以避免高税率,比如,纳税人通过工资薪金与劳务报酬的相互转换、奖金与红利的相互转换,就可以通过税制中的漏洞逃避高额税赋。

以个人为申报单位,容易出现家庭成员之间通过分散资产、分计收入的办法分割所得,逃避税收或者避免使用较高档次的累进税率。同时这种制度不能做到按纳税能力负担税收,因为取得同样收入的不同纳税人,会因其赡养人口数量不等、家庭负担不同而具有不相同的纳税能力,所以负担同样的税是不公平的。

3.3 台湾地区综合课税模式的优点

以家庭为申报单位,充分考虑了家庭成员的收支状况确定税收负担,有利于税收负担的公平与合理。

征管系统完善,征收程序规范,个人所得税流失较少。

不仅是货币资金收入要征税,实物所得也要征税,这使得税基广泛、征税对象规范,体现税收公平。

费用扣除个性化。台湾地区的费用扣除充分考虑了纳税人自身的个性化,同时根据消费者物价指数进行调整,与大陆地区的标准统一的个人费用扣除形成了鲜明的对比。台湾地区的综合所得税的费用扣除包括免税额和扣除额两个部分。免税额的优点是除了综合个人的各种所得来衡量其纳税能力外,同时更考虑个人的家庭状况,通过本人、配偶及扶养亲属免税额的确定,可使相同所得的纳税人,因其家庭负担的不同,而缴纳不同的所得税,使综合所得税的公平性充分发挥。扣除额中,对财产交易损失、薪资、储蓄投资、残障、教育学费等都有特别扣除额,体现了税收的弹性原则。

薪资所得阶层之就源扣缴均能确实掌握,并无逃漏可能。台湾所得税法的各类所得,均可减除必要费用,如执行业务所得,可以在收入中减除业务所付房租或折旧、业务上使用器材设备之折旧及修理费、收取代价提供顾客使用之药品材料等之成本、业务上雇用人员之薪资、执行业务上之旅费及其他直接必要费用,而扣除后之余额即为所得;又如自力耕作之农业所得,可以依照所得额减除相当比例之费用。

3.4 台湾地区综合课税模式的缺点

实施综合所得税课税模式,征收手续复杂,税法内容多,在经济落后的国家或地区不宜推行。同时要求纳税人有较高的纳税意识、配套健全的财务会计和先进的税收管理制度。征收成本较高,也容易隐匿,伪报逃漏。

4 大陆地区个人所得税改革

从台湾地区的个人所得税发展来看,其经历了分类课征制、分类综合课征制和综合课征制三个阶段。相同的文化传统、密切的经济往来、相近的地缘因素使台湾地区的综合所得税制度及征收管理为大陆地区的个人所得税改革提供了可资借鉴的经验,实行分类课征制是大陆地区个人所得税被广为诟病的问题,现已提出综合与分类相结合的课征模式。通过比较,本文认为大陆地区的个人所得税改革应主要着力于以下几个方面。

4.1 征税对象规范化

大陆地区和台湾地区对征税对象均采用正列举的方式,但台湾地区明确对实物所得进行征税。大陆地区的个人所得税的征收对象需要逐步规范化。在大陆地区各种形式的附加福利大量存在,既有实物性的,也有货币性的。当附加福利等以实物形式存在时,由于种类繁多且难以核算,将其当作个人所得的一种进行个人所得税征收在操作上存在着较大的障碍。但是,从目前的情况来看,大陆地区的附加福利有从实物性向货币性转变的趋势,例如,原有的福利分房变为货币补贴、公务用车也逐渐采取货币化和社会化的方式进行,将附加福利等纳入个人所得税征收范围的条件日趋成熟,若继续将这类个人收入排除在征收范围之外,不仅严重侵蚀了税基,同样也不利于税制公平的实现。因此,在条件成熟时,应当将附加福利等也纳入到应税范围。更规范的方法是对工资薪金进行货币化改革,规范工资薪金发放,逐步减少直至取消非货币形式的工资薪金及其他所得。

4.2 减少税率的档次

在全球范围内,个人所得税不断向简单化方向发展。在这种改革浪潮下,我国的个人所得税税率档次不宜过多,以3~5档较为合适。

4.3 完善个人所得税征收管理的配套条件

一是要尽快建立居民个人收入和财产申报登记制度,大力推行个人收入支付的票据化,实行银行与税务部门的计算机联网,提高居民个人收入和财产的透明度,以利于税务机关控制水源。二是修订和充实《税收征管法》,使之更适应个人所得税的征收管理需要,为个人所得税的征收管理工作提供法律保障。

论文作者:余婷婷

指导教师:赵海益

参考文献

[1] 王乔,席卫群. 比较税制[M]. 上海:复旦大学出版社,2009.
[2] 赵迎春. 中国税制[M]. 上海:立信会计出版社,2011.
[3] 刘剑文. 解析两岸个人所得税制度[J]. 东方早报,2013(10).
[4] 叶少群. 海峡两岸个人所得税制度比较借鉴[J]. 宁德师范学院学报,2012(3).
[5] 经庭如,崔志坤. 大陆与台湾个人所得税制比较与借鉴[J]. 地方财政研究,2011.
[6] 夏宏伟. 中国个人所得税制度改革研究[J]. 北京:财政部财政科学研究所,2013.
[7] 刘卫杰. 我国个人所得税课征模式转型研究[D]. 天津:天津财经大学(硕士论文),2013.
[8] 任芳. 个人所得税费用扣除:国际比较与中国实证[D]. 济南:山东大学(硕士论文),2014.
[9] 胡荣明,赵元成. 台湾"所得税法"的家庭为度:历史与启示[J]. 现代台湾研究,2015.
[10] 靳东升,庞迪. 海峡两岸个人所得税制度比较[J]. 涉外税务,2011.
[11] 潘明星,张大伟. 海峡两岸个人所得税制度比较研究[J]. 当代经济,2008.
[12] 史义. 我国现行个人所得税问题研究[J]. 电子制作,2014.
[13] 施正文. 分配正义与个人所得税法改革[J]. 中国法学,2011.
[14] 贾康,梁季. 我国个人所得税改革问题研究[J]. 经济学动态,2010.
[15] 李文. 国外个人所得税改革的趋向及动因[J]. 涉外税务,2009.
[16] 王强. 我国个人所得税制度改革研究[D]. 哈尔滨:黑龙江大学(硕士论文),2014.